Heinrich Harrer
Das Buch vom Eiger

Der Seilschaft gewidmet

HEINRICH HARRER

DAS BUCH VOM EIGER

Pinguin-Verlag, Innsbruck

Das vordere Umschlagbild zeigt Fulvio Mariani im
Hinterstoisser-Quergang.
Im Hintergrund die Kleine Scheidegg.
Foto Peter Geyer

Das hintere Umschlagbild zeigt das Gemälde
»Der Eiger« von Alex Walter Diggelmann, der auch das
Buch durch die eingefügten Zeichnungen verschönerte.

Die Panoramakarte auf dem Vorsatz wurde uns
freundlicherweise von der Kunstanstalt Brügger AG,
Meiringen, Schweiz, zur Verfügung gestellt.

Copyright 1988 by Pinguin-Verlag, A-6021 Innsbruck
Alle Rechte vorbehalten
Druck- und Bindearbeiten: Druckerei Theiss,
Wolfsberg
Lithos: Ifolith, Fotolitho, Innsbruck
Printed in Austria
ISBN 3-7016-2290-6

Inhalt

Vorwort 7

ZUR EINFÜHRUNG
Grindelwald und seine Besucher 11
Bergführer aus Freude 16

EINMAL MUSS ES GELINGEN
Die Weiße Spinne 21
Versuche in der Eiger-Nordwand 27
»Ich kann nicht mehr...« 35
Eiszäpflein, die sich schneuzen 48
Erfolgreicher Rückzug 61
Die Erstdurchsteigung 67
Nachgedanken 117

IM GEIST DER NEUEN ZEIT
Prüfstein für die Weltberge 119
Große Namen 137
Wand des Lebens und des Todes 158
Die Schrecken sind geblieben 164
»Fame! Freddo!« — Hunger! Kalt! 168
Das Ende der Tragödie 189

DIE WAND DER WÄNDE
Neue Herausforderungen 203
Ein tückischer »Silbergraben« 207
Viele Nationen — eine Sprache 212
»I am sorry, Brian...« 218
Alpinistinnen versuchen die Wand 225
Katastrophen überschatten die Erfolge 231

SUPERLATIVE
Michel Darbellay 239
Protokoll der Kantonspolizei 244
Erste Frauenbegehung und Direttissima 248
Die Japaner kommen 254
Die Materialschlacht geht weiter 257

ZWISCHENBILANZ

Retter aus der Luft 259
Die erste Direktrettung aus der Eiger-Nordwand 264
Aus der Statistik des Polizeichefs 282
Was sonst noch alles am Eiger geschah 287

IM ZEICHEN DER MASSENMEDIEN

Schifahrer 289
Neue Rekorde 292
Eiger-Nordwand ohne Ende 297
Das Unmögliche filmen 301
Dem Teufel vom Karren geholt 305
Sie warten auf die Sonne 308
Das Jahr vor dem Jubiläum 309

NACHGEDANKEN

Das Hüttenbuch vom Stöckli 313
In der Eiger-Nordwand tödlich verunfallt 316
Von der Gefahr der Erfahrung 318
Die Seilschaft 323
Aus der Chronik des Eiger 328

Register 348

Routenbeschreibung der Eiger-Nordwand 357

Quellenangaben 359

Vorwort

Wenn einem Menschen die Gnade geschenkt ist, ein hohes Alter zu erreichen, so mehren sich zwangsläufig die Ereignisse, derer man auch als Jubiläum gedenkt. Die Erstbegehung der Eiger-Nordwand vor fünfzig Jahren ist für mich so ein Anlaß: Dankbar, auch heute noch gesund die geliebten Berge zu genießen und am Geschehen um sie teilnehmen zu dürfen, denke ich an diese Tage zurück. Erinnerung ist etwas Schönes und — wie mir scheint — Besänftigendes und Versöhnliches.

1957 schrieb ich das Vorwort zu meinem Buch »Die Weiße Spinne«, Geschichte der Eiger-Nordwand. Heute, mehr als dreißig Jahre später, sehe ich die Ereignisse um diesen Berg unter einem etwas weiteren Blickwinkel. Es ist nicht nur die Wand, die mir von Bedeutung scheint, sondern es liegt mir daran, den Kreis um den Eiger zu vergrößern; es soll ein abgerundetes Bild entstehen. Dazu gehört vor allem der Ort, dessen Hausberg — neben dem Wetterhorn — der Eiger ist; und zu dem Ort gehören die Menschen, die sich um die Überlieferung der Geschichte und Tradition bemühen. Sie möchte ich kurz schildern und ebenso die Bergführer, die mit dem Eiger eng verbunden sind. Die Geschichte der Nordwand werde ich mit den mir am wesentlichsten und interessantesten erscheinenden Begehungen bis 1988, dem 50. Jubiläumsjahr der Erstbegehung, ergänzen.

In diesem neugestalteten »Buch vom Eiger« möchte ich der Erfolge und Tragödien an diesem außergewöhnlichen Berg gedenken, dessen Schicksal mich in fünfzig Jahren nicht losgelassen hat. Ich will mich erinnern und neu berichten.

Ein Aufenthalt im Winter 1986/87 in Grindelwald ließ mich so viel Aufmunterung, Unterstützung und selbstlose Hilfsbereitschaft erfahren, daß sich die Unterlagen auf meinem Schreibtisch wieder einmal zu Bergen türmen, aus denen ich eine sorgfältige Auslese treffen muß. Auch schon 1957 türmten sich bei mir zu Hause Bücher, Zeitungen und Zeitungsausschnitte — an die zweitausend in verschiedenen Sprachen —, die alle das Thema Eigerwand behandelten. Zahllose Briefe hatte ich erhalten, jeder das Dokument einer Persönlichkeit. Mein Freund Kurt Maix, ein Bergsteiger und herausragender Bergschriftsteller, der inzwischen leider verstorben ist, unterstützte mich bei der Niederschrift meines Buches »Die Weiße Spinne«. Aber es sind noch viele andere, denen ich danken muß, vor allem denen, die an meinem neuen »Buch vom Eiger« Anteil haben. Sie gleichen den Trägern und jenen Begleitern einer Expedition, die Lager errichten und

7

Pendeldienst versehen, damit die Gipfelmannschaft nach oben stoßen kann. Wie viele Nachrichten, Quellenmaterial und besondere Eiger-Literatur erhielt ich von Othmar Gurtler, dem Schweizer Bergsteiger und Schriftsteller. Und welche Freude schenkte mir die Bekanntschaft mit Guido Tonella. Aber auch allen anderen, die durch ihre Briefe und Berichte halfen, danke ich: Thomas M. Breuer, Chris Bonington, Leo Dickinson, Ludwig Gramminger, Anderl Heckmair, Toni Hiebeler und Arthur Roth sowie den Grindelwaldern Samuel Brawand, Josef Luggen, Hans und Rudolf Kaufmann, Rudolf Rubi, Kurt Schwendener, Hermann Steuri und dem Direktor der Jungfraubahnen, Dr. Hirni.

Ein wunderbares menschliches Erlebnis, das ich am Ende meines Aufenthaltes im Winter 1987 in Grindelwald hatte, soll mithelfen, den Inhalt dieses Buches auch künstlerisch zu gestalten. Wer sich für Heimatkunde und alpine Geschichte interessiert, findet ein Museum im Ort, das alle Wünsche erfüllt. Hier zeigte der stets hilfsbereite Rudolf Rubi, Direktor des Hauses, meiner Frau und mir ein Bild des Wetterhorns von dem berühmten Schweizer Bergmaler A. W. Diggelmann. Beide waren wir sofort gefesselt von der Ausdruckskraft dieses Künstlers, und unser Entschluß stand spontan fest: Ihn müssen wir finden, müssen ihn für unser neues Buch gewinnen. Wir spürten, aus diesen Bildern weht der Geist, der auch aus unseren Worten sprechen soll.

Schon wenige Stunden später standen wir in Zürich dem 85jährigen Maler und seiner zarten, lebhaften Frau gegenüber. Wir sprachen über unsere Wünsche und Pläne und wurden gleich verstanden. Wir berichteten über unsere Begegnung mit seinem Gemälde vom Wetterhorn und wie stark es auf uns gewirkt hatte. Er lächelte und meinte, gerade dieses Bild bedeute ihm viel, denn genau in seiner Geburtsstunde, am 20. August 1902, tobte ein fürchterliches Unwetter auf diesem Berg, dessen Gewalt das Leben von vier Bergsteigern forderte. Im Museum hängt noch eine Gedenkschrift, auf der geschrieben steht: »Vier Leben auf einmal gefällt vom Wetterstrahl«. Es starben am Wetterhorn Samuel Brawand und Fritz Bohren, Bergführer der beiden mit ihnen verunglückten Engländer, Revd. Robert B. Fearon und seines Bruders Ch. D. Fearon. Später fand man den langen Pickel S. Brawands mit vom Blitz gespaltenen Schaft und der leicht angeschmolzenen Haue. Er hängt im Heimatmuseum neben dem Ölgemälde von Diggelmann.

Blättert man in dieser Gedenkschrift, fällt einem zuerst die liebevolle Gestaltung mit Illustrationen von E. Buri aus Grindelwald auf. Margeriten, kleine Tulpen, Alpenröschen schmücken als Girlanden die

8

Ränder der Seiten. Trollblumen und Akeleien lehnen sich an die Rundungen der Anfangsbuchstaben eines Kapitels. Und eine längst vergessene Sprache schlägt den Leser, der solches wahrzunehmen versteht, in ihren Bann — eine Sprache: schlicht, bescheiden und voller Gefühl. Die letzte Seite zeigt eine Aufnahme der vier Gräber, vier einfache Holzkreuze. Auf denen der Engländer steht neben den Namen nur der Satz: »Killed by lightning on the Wetterhorn«. Auf den Kreuzen der Schweizer Bergführer: »Verunglückt am Wetterhorn«. Auf der Erde ein Teppich von Herbstblumen, bunt und vielgestaltig, aus denen die Kreuze herauswachsen.

Das Wetterhorn, das Diggelmann auch bestiegen hat, begleitete sein ganzes Leben und fand seine Krönung in dem Gemälde, das er dem Museum in Grindelwald schenkte.

Tief beeindruckt erlebten wir in der nächsten Stunde, mit welcher selbstverständlichen Großzügigkeit und Noblesse das Ehepaar uns die Werke des Malers über die Eiger-Region zur Verfügung stellte.

Mit seinen schlanken Händen legte er uns ein Bild nach dem anderen auf den Tisch und erweckte in uns mit seiner eigenen Ausdruckswelt den Wunsch, das Buch möge sich in seinem Text der Klarheit und Weisheit dieser Berggemälde, die es illustrieren, würdig erweisen. Um so mehr, als wir während der Arbeit an diesem Buch die traurige Nachricht von seinem Tod erhielten.

ZUR EINFÜHRUNG

Grindelwald und seine Besucher

Grindelwald, das bekannte Gletscherdorf am Fuße des Wetterhorns und der Eiger-Nordwand, zählt zu den größten Ferienorten der Schweiz. Wunderbare Schigebiete auf der Kleinen Scheidegg, Männlichen und First mit prachtvoll präparierten Abfahrtspisten üben auf Touristen ihren Reiz aus. Aber das allein ist es nicht. Abfahrtspisten mag es in den Alpen viele geben, längere, schwierigere, aber an keinem anderen Ort der Welt hat man dieses Panorama: Eiger, Jungfrau, Mönch und Wetterhorn mit ihren weithin leuchtenden Gletschern, die bis in die grüne Talsohle vorstoßen.

Niemand sollte es versäumen, mit der Jungfraubahn von Grund über Alpiglen und die Kleine Scheidegg auf das 3454 Meter hohe Jungfraujoch zu fahren. Im Tunnel durch die Nordwand von Eiger und Mönch legt diese Bahn Zeugnis ab von dem, was durch menschlichen Pioniergeist technisch möglich ist.

In der Station Eigerwand können vier Züge anhalten, und für jeden gibt es ein eigenes Fenster, aus dem man in die Nordwand schauen kann. Bei schönem Wetter gibt es Tage, an denen fünf- bis sechstausend Menschen hier herauffahren und mit leichtem Gruseln in die dunkle Wand starren.

Selbst bis ins ferne Japan dringt der Ruf dieses Schweizer Ortes. Auf einer Europareise gehört der Besuch von Grindelwald für Gäste aus dem Land der aufgehenden Sonne unbedingt dazu. Der Philosoph Heidegger schrieb 1972 in seinen »Reisebriefen durch die Schweiz«: »Die meisten kommen in die Schweiz, gehen in ein paar Hauptstädte, dann in den Grindelwald und wieder zum Land hinaus.«

Das Berner Oberland, vor allem die Täler von Lauterbrunnen und Grindelwald mit ihren Gletschern waren Naturwunder, die schon in frühesten Zeiten vornehme Touristen aus der ganzen Welt anlockten. Die Notiz in der Chronik, daß »selbst Frauenzimmern von den beiden Naturwundern angelockt werden«, zeigt, wie populär der berühmte Wasserfall und die bis ins grüne Tal hinabreichenden Eisströme waren. In diesem Winter 1987, der Neuerkundung für mein Buch, saßen wir, eine kleine Gruppe Gleichgesinnter, auf der Terrasse des Hotels Gletschergarten. Ich wollte vom Kurdirektor Josef Luggen, vom Direktor der Bergbahnen Dr. Hirni und den Bergführern Obmann Gottfried Egger und Hans Kaufmann erfahren, wer in vergangenen

Zeiten die Strapazen der damals noch mühsamen Reise auf sich genommen hat, um diese Naturwunder des Berner Oberlandes zu erleben. Da wir gerade von A. W. Diggelmann gesprochen hatten, fiel auch der Name eines anderen weltberühmten Malers, Ferdinand Hodler, der 1887 hier in Grindelwald für einen Wettbewerb in zehn Tagen sein bekanntes Bild »Die Lawine« gemalt hat. Er gewann den ersten Preis und 200 Schweizer Franken. Heute hängt dieses Gemälde im Museum in Solothurn, und sein Preis ist unschätzbar. Als wollte uns die Natur zeigen, was Hodler damals erlebt und in ein großes Kunstwerk umgesetzt hatte, hörten wir das Rauschen und Donnern einer riesigen Lawine nicht weit von uns entfernt, der »Breit-Lauine« — so der lokale Name für diese Lawine —, die von den Hängen des Mitterberges herunterkam, jenem Gipfel, der zwischen Wetterhorn und Eiger steht. Östlich davon könnte man noch gut ein Dutzend bekannter Lawinen nennen, die alle ihren Namen haben und bei den Einheimischen wohlbekannt sind. Sicherlich die eindrucksvollste kommt vom »Hühnergutzgletscher« unterhalb des Wetterhorngipfels und ist besonders im Sommer von unglaublicher Gewalt. Diese »Wetter-Lauine« bietet ein grandioses Schauspiel von Macht und Stärke der Natur, ebenso wie »die Schüssel-Lauine«, die vom Hörnli, dem östlichen Ausläufer des Eigermassivs, zu Tale stürzt.

Auf der sicheren Terrasse unseres Hotels und bei strahlendem Sonnenschein, vor uns die Silhouette des kleinen Kirchleins, sahen wir Wolken von Schneestaub und dicke Eisbrocken durch die Luft fliegen. Alles geschah so schnell und mit solcher Gewalt, daß man ermessen konnte, was mit einem menschlichen Körper geschehen würde, der diesen Naturkräften ausgesetzt wäre. Ich dachte dabei an meine Überzeugung, die ich in fünfzig Jahren Bergsteigen und Expeditionen immer wieder bestätigt fand: Die Natur läßt sich vom Menschen weder beherrschen noch besiegen. Und darum bin ich ein Gegner der so oft gebrauchten Formulierungen, den Gipfel oder die Wand erobert oder besiegt zu haben, oder gar die Berge zu beherrschen. Zuerst müssen wir lernen, uns selbst zu beherrschen, dann können wir uns der Natur in aller Bescheidenheit nähern.

»Habt ihr es schon einmal erlebt, wenn die Sonne durch den Eiger strahlt?« fragten uns die netten Wirtsleute auf der Terrasse des Hotels. Erstaunt schüttelten wir den Kopf. »Durch den Eiger?« Verwundert ließen wir uns erzählen, daß an bestimmten Tagen im Jahr, jeweils am 30. November, am 1. und 2. Dezember und am 11., 12., 13. Januar, dieses »Wunder« um die Mittagszeit zu beobachten ist. Man muß sich in die Nähe des kleinen Kirchleins stellen und warten, bis die Sonne hinter dem Eiger verschwindet. Noch ein paar Minuten Geduld, und sie strahlt durch das sogenannte Martinsloch hindurch. Es ist ein phantastisches, aber leider seltenes Ereignis, denn diese Monate im Winter sind meist trübe und wolkenverhangen. Aber manchmal sieht man es doch, dieses Schauspiel, von der Natur inszeniert, geologisch gesehen eine Erosion durch Wasser, Wind und Temperaturunterschied. Die alten Grindelwalder wußten aber nicht nur um das Walten der Natur, sondern erzählten eine Geschichte, die Rudolf Rubi in seiner Sagensammlung aufgeschrieben hat.

»Martin«, berichteten sie, »ein Mann von großer Gestalt und Kraft hatte zum Wohl der Talbewohner den Mettengang und den Eiger auseinandergedrückt, auf daß sich die Wasser- und Eismassen nicht mehr hinter dem Felsriegel stauen konnten. Den Rücken an den Mettenberg gelehnt, mit Füßen und Stock gegen den Eiger sich stemmend, schuf Martin eine Lücke. Sein mächtiges Hinterteil hinterließ dort den ›Martinsdruck‹ am Eiger, jedoch hatte der Mann bei seiner Kraftanstrengung die Felswand mit seinem Stock durchstoßen. Und seither gibt es das ›Martinsloch«.

Der Maler Ferdinand Hodler kam später noch einige Male nach Grindelwald zurück, so 1912 und 1915, und ließ sich inspirieren von dieser außergewöhnlichen Bergwelt. Sir Arnold Lunn (1889—1974), Schipionier, Alpinist und bekannter Bergschriftsteller, hinterließ seine Spuren im Gletscherdorf genauso wie sein berühmter Landsmann Winston Spencer Churchill, der in jungen Jahren — wer hätte das vermutet? — das Wetterhorn bestiegen hat (1894). Die Engländer waren es, die in der Mitte des vergangenen Jahrhunderts Schwung in die Alpinistik brachten. Sie waren nämlich nicht nur gute Bergsteiger, sondern verstanden es mindestens ebensogut, über die Ereignisse zu schreiben. Die Frage, ob Mr. Fox aus England wirklich der erste gewesen ist, der den Grindelwaldern das Schifahren auf Brettern gezeigt hat, ist nicht ganz unumstritten. Aber sicher ist, daß er 1881 als erster und wahrscheinlich auch als letzter seine Bretter schon im Hotelzimmer anschnallte, dann damit durch die Halle und die Korridore des Hotel Baer ins Freie rutschte, seinen langen Alpenstock in den Schnee steckte und, in Hockstellung balancierend, den Hang hinunterglitt.

Nach Fox kamen der englische Hochadel, russische Großfürsten und gekrönte Häupter aus aller Herren Länder, darunter die holländische Königsfamilie, deren Mitglieder bis zum heutigen Tag begeisterte und gute Schifahrer sind. Der Preußenkönig Friedrich Wilhelm III. stattete Grindelwald 1814 einen Besuch ab, ebenso sein Sohn, der spätere deutsche Kaiser Wilhelm I., und die 1814 entthronte Kaiserin Marie Louise. Aber auch von Künstlern und Gelehrten berichtet die

Chronik. 1779 hat Johann Wolfgang von Goethe über seinen Besuch am Unteren Gletscher und die Weiterreise in einem Brief an Charlotte von Stein geschrieben: »Um 4 Uhr Nachmittags kamen wir nach Grindelwald sahen noch vor Tische den sogenannten untern Glätscher der bis ins Thal dringt und daran die herrliche Eishöle woraus das Eiswasser seinen Ablauf hat und suchten Erdbeeren in dem Hölzgen das gleich darueben steht. Den 12. Oktober früh um 7 Uhr ab. Es war sehr kalt und hatte gefroren.«

1831 kam der Komponist Felix Mendelssohn-Bartholdy, der seine Empfindungen so treffend auch in Worten ausdrücken konnte: »Es ist in den Alpen alles viel freier, schärfer, ungeschlachter, wenn Ihr wollt, aber mir wird noch wohler und gesünder drin zumut. Ich wollte, ich könnte beschreiben, wie frisch mir wurde, als ich seit der Schweizer Reise zum ersten Mal wieder die tolle Gletscherwirtschaft und die Zacken sah, man kommt sich da sehr winzig vor.«

Die Dichterin Johanna Spyri, deren Buch »Heidi« auf der ganzen Welt bekannt ist und bis zum heutigen Tag gezeichnet und verfilmt wird, fühlte sich in Grindelwald genauso wohl wie Hermann Hesse, der große Lyriker und Schriftsteller. Zwischen 1833 und 1873 besuchte der dänische Märchendichter Hans Christian Andersen insgesamt zwölfmal die Schweiz und war von den Bergen der Jungfrauregion so fasziniert, daß er seine Eindrücke in dem Märchen »Die Eisjungfrau« verarbeitete. »... Die Jungfrau stand da in einer Pracht und einem Glanz, umgeben von der nahen Berge waldgrünem Kranz...«, schrieb er zum Lobe dieser Bergwelt.

Beliebig ließen sich die Huldigungen noch zitieren, denn ihre Urheber waren alle gekommen, um die Schönheiten Grindelwalds auf sich wirken zu lassen und in der hochalpinen Natur neue Kräfte zu schöpfen.

Ein langes Kapitel in der Geschichte Grindelwalds ist den Japanern zu verdanken. Die Leistungen der Japaner in der Eiger-Nordwand ziehen sich wie ein roter Faden durch ihre Besteigungsgeschichte und werden auch in dieser chronologischen Beschreibung ihren verdienten Platz finden.

Begonnen hatte alles mit der großen bergsteigerischen Leistung eines jungen Japaners, der im Jahre 1921 mit den Grindelwalder Bergführern Samuel Brawand, Fritz Amatter und Fritz Steuri als erster den Eiger über den Mittellegigrat bestiegen hat. Denn damit, meinte man, sei das letzte alpine Problem dieser Gegend gelöst worden. Yuko Maki blieb zwei Jahre in Grindelwald und war nach dieser Erstbesteigung so glücklich über seinen Erfolg, daß er eine Summe von zehntausend Schweizer Franken zum Bau der Mittellegihütte stiftete. Seither pilgern Jahr für Jahr japanische Touristen nach Grindelwald, jenen Ort, wo so viele ihrer Landsleute beachtliche bergsteigerische Erfolge errungen haben. Sogar das Kaiserhaus folgte den Spuren der japanischen Bergsteiger: 1926 beehrten Prinzessin und Prinz Chichibu, Bruder des Kaisers Hirohito, Grindelwald als Feriengäste. Auch das Wetterhorn, einer der Hausberge, wurde von einem Japaner erstbestiegen. Urumatsu schaffte dieses Unternehmen über den Westgrat zusammen mit Samuel Brawand und Emil Steuri. Brawand wurde immer mehr zum Bergführer der japanischen Alpinisten. Er führte nicht nur namhafte Bergsteiger, sondern auch den kaiserlichen Prinzen in die Berner Alpen.

Aus Dankbarkeit wurde Brawand nach Japan eingeladen, geehrt und gefeiert wie kein anderer Schweizer; von Prinzessin Chichibu, der Witwe seines einstigen Bergkameraden, wurde er sogar im Kaiserpalast empfangen. Wichtig zu erwähnen ist noch der Besuch von Kronprinz Akihito, des inzwischen greisen Kaisers, im Jahre 1953.

Steht man heute, im Jahr 1988, vor dem Hotel Bellevue auf der »Kleinen Scheidegg« und schaut zur Station der Jungfraubahn, so drängen aus ihren Wagen fast so viele Japaner wie andere Nationen zusammengenommen. Fröhlich, behängt mit den neuesten Errungenschaften japanischer Fotoindustrie, strömen sie förmlich zu diesem »Sanktuarium« ihrer Bergsteiger.

Bergführer aus Freude

Grindelwald verdankt seine Beliebtheit unter den Bergsteigern und Touristen nicht zuletzt seinen hervorragenden Bergführern, verantwortungsbewußten Männern, die sich im Umgang mit Fels und Eis einen Namen gemacht haben. Schon um das Jahr 1850 waren Christian Michel, Peter Bohren und Christian Almer mit dem bernischen Bergführerpatent Nr. 1 weit über die Grenzen ihrer engeren Heimat bekannt. Spaziert man heute zu dem kleinen, idyllisch gelegenen Bergfriedhof von Grindelwald, dessen kunstvoll geschmiedete Eisenkreuze in diesem Winter 1987/88 nur mit den obersten Spitzen aus dem tiefen Schnee herausragten, kommt man auch zur Ruhestätte Christian Almers, auf dessen Grabstein zu lesen steht:

> Galt's Berge zu bezwingen,
> Gab's keinen besseren Mann.
> Wer mit Dir stritt und siegte,
> Dich nicht vergessen kann.

Die Grindelwalder Bergführertradition ist bis herauf in unsere Tage erhalten geblieben, wenngleich sich im Laufe der Jahrzehnte manches verändert hat. Schon 1856 gab es im Kanton Bern ein erstes Reglement für Bergführer und Träger, das die Männer verpflichtet, zur Ausübung ihres verantwortungsvollen Berufs ein Patent vorzuweisen, einen guten Leumund zu besitzen und Kenntnisse der Pässe, Namen und Höhen der Gebirge und Sehenswürdigkeiten zu haben. Die Bergführer werden ermahnt, sich höflich und anständig zu benehmen und ihre Pflicht gewissenhaft zu erfüllen. Sie müssen für die Annehmlichkeiten der Reisenden sorgen und sich »namentlich vor Trunkenheit hüten«, usw. Gegründet auf jene von hohem menschlichem Wert geschaffenen Anweisungen stand und steht der Beruf heute noch in hohem Ansehen. Eines allerdings war früher anders als heute. Die Reisenden kamen damals nicht in den Ort, um sich für einige Tage einen beliebigen Bergführer zu mieten, dem sie zwar vertrauten, zu dem sie aber kaum einen engeren Kontakt hatten. In früheren Zeiten hatten Alpinisten stets ihren Bergführer, mit dem sie eine Freundschaft verband. Denken wir nur an Samuel Brawand und seine enge Beziehung zu dem bedeutenden Alpinisten Yuko Maki oder zu den Brüdern Taguchi und Saburo Matsukata bis hin zum japanischen Kaiserhaus. Die Japaner, meist wohlhabende und einflußreiche Leute, wohnten früher rustikal und bescheiden bei ihren Bergführern.

Manche, wie Yuko Maki, haben sogar den Schweizer Dialekt gelernt. In den einfachen Häusern ihrer Führer fühlten sie sich wohl und genossen das gesunde Essen und die imposante Landschaft ringsum: die grünen Almwiesen mit den knorrigen Arven und darüber, alles beherrschend, die gigantischen Eis- und Felsriesen des Berner Oberlandes. Einladungen nach Japan wurden ausgesprochen und Gegenbesuche in der Schweiz gemacht. Es war die Zeit der Blüte des Alpinismus.

In diesem Zusammenhang denkt man natürlich sofort an einen der bekanntesten Vertreter dieser glücklichen Zeit, Hermann Steuri, dem ich heute hier in Grindelwald gegenübersitze. Der blendend aussehende fast Achtzigjährige kommt gerade von einem Golfturnier in Interlaken, und wir erinnern uns vergangener Zeiten. Zum erstenmal begegnete ich Hermann Steuri vor dem Krieg, als wir beide Mitglied der Schi-Nationalmannschaft unserer Heimatländer waren. Später trafen wir uns einmal unerwartet in den Rhododendron-Wäldern Sikkims, und heute möchte ich von ihm hören, was er zu dem Beruf des Bergführers zu sagen hat. Seine Vorbilder waren sein Vater, Fritz Steuri, der Wengener Hans Schlunegger und der berühmte Dolomitenführer Angelo Dimai. Von ihnen lernte er und wurde bald selbst erfolgreich. So gelang ihm der erste Durchstieg der Matterhorn-Nordwand ohne Biwak. Heute, weise geworden, sagt er mir: »Man kann und muß am Aufbau seines Lebens arbeiten, aber man kann nichts erzwingen.«

Mit großem Wissen schildert Steuri den Beruf des Bergführers. Steuri ist ein Mann, der eine vielgestaltige Palette von Menschen erlebt hat, denn am Berg kann man nichts verheimlichen. Auch er war natürlich der Führer vieler berühmter Leute, und wir erinnern uns an König Leopold von Belgien, meinen Freund und Begleiter vieler Expeditionen. Auch Hermann Steuri lernte wie ich die Bescheidenheit dieses noblen Menschen kennen, den er zusammen mit seinem Vater, König Albert, auf manchen Gipfel geführt hatte.

Die Bergführer vergangener Zeiten waren meistens Bauern, die sich mit der Betreuung der Gäste aus dem In- und Ausland ein willkommenes zusätzliches Einkommen verschafften und diese Tätigkeit auch noch als Hobby betrachteten, das ihnen große Freude bereitete. Bis heute hat sich an ihrer Berufsauffassung nichts geändert. Bergführung ist nach wie vor »Berufung« und Tradition. Die Männer gelten als etwas Besonderes und werden in der Bevölkerung geachtet. Dafür müssen sie meist finanzielle Opfer bringen. In früheren Zeiten verdiente ein Bergführer das Fünf- bis Sechsfache eines Handwerkers; er hatte seine Kunden, auf die er sich verlassen konnte und die er

17

über Wochen betreute. Heute ist die Situation anders. Der Bergführer benötigt, um seine Familie ernähren zu können, ein Handwerk oder einen anderen Nebenberuf. Aber es ist eine unsichere Sache, denn er muß immer zum Führen bereit sein und kann daher seinem Nebenerwerb nicht regelmäßig nachkommen. Bergführer waren und bleiben Idealisten, und ihr Berufsstand genießt zu Recht ein hohes Ansehen. Von vielen berühmten Touren, welche die bekanntesten Bergführer mit ihren Herren gemacht haben, wäre zu berichten, aber es ginge zu weit und über den Rahmen dieses Buches hinaus.

Nachdem die wichtigsten Gipfel der Alpen bezwungen waren, begleitete so mancher Grindelwalder Bergführer seinen ehemaligen Herrn auf große Expeditionen in ferne Länder. So finden wir einheimische Bergführer im Kaukasus, Himalaja, in den Bergen Neuseelands oder in den Anden. Man denke nur an Dölf Reist, der an der zweiten Besteigung des Mount Everest teilnahm und heute einer der bekanntesten Berg- und Porträtfotografen ist. In Europa sehen wir uns leider recht selten, aber bin ich in Bhutan, Ladakh oder Tibet, kann ich sicher sein, irgendwo bei einem Tempel oder mitten unter den Einheimischen dem stets freundlichen Dölf Reist — sein Gesicht halb verdeckt von seiner Leica — zu begegnen.

Mit der Zeit machte sich eine erhebliche Umschichtung des bergsteigenden Publikums bemerkbar: Anstelle der Ladies und Lords, der Grafen und Fürsten mit Gefolge und dick gefüllten Portemonnaies kamen Menschen, die es sich nicht mehr leisten konnten, zwei oder mehr Führer für eine lange Zeit anzustellen, denn auch die Preise der Bergführer mußten sich selbstverständlich den ständig steigenden Lebenskosten anpassen. Die sechs Franken pro Tag gehören der Geschichte an.

An manches Neue mußte sich der Bergführer von heute gewöhnen. Wenn seine Domäne auch nicht die inzwischen so beliebte Extremkletterei ist, so muß er sich doch mit ihr befassen und ihre Technik kennen, um gemäß den Aufgaben seines Berufs bei Unglücksfällen rettend beistehen zu können. Es gibt genügend Beispiele, auch in der Geschichte der von mir in diesem Buch behandelten Eiger-Nordwand, wo sie sich hervorragend bewährt haben und manches Menschenleben retten konnten.

Der Grindelwalder Polizeichef Kurt Schwendener, von dem später noch die Rede sein wird, zuständig für alle Bergunfälle diesseits der Scheidegg auf der Grindelwalder Seite, leitete einmal eine große Übung für einen Fernsehfilm, wobei 600 Meter lange Stahlseile vom Gipfel des Eiger bis zur Rampe hinunter gelassen wurden, um dort filmen zu können. All dies ist inzwischen möglich und auch notwendig.

Geblieben aber ist das, was Dr. Senger in seinem Buch »Wie die Schweizer Alpen erobert wurden« vom guten Bergführer sagt: »Er ist für viele der Mittler zum Berg, zum Alpinismus überhaupt, und was jeder Tourist in seinem Bergführer zu finden hofft und an ihm zu schätzen weiß, das ist weniger die Größe, sondern die Einfachheit, Zuverlässigkeit und Bereitwilligkeit. Die Größe liegt hier im Kleinen verborgen.«

Anläßlich der Vierzig-Jahr-Feier der Erstbegehung der Eiger-Nordwand, 1978, überreichte mir Obmann Ueli Sommer das Buch von Samuel Brawand »Grindelwalder Bergführer« mit der Nummer 425, gewidmet von S. Brawand und dem Illustrator Diggelmann. Heute nimmt dies mir so wertvolle Buch einen Ehrenplatz in einer Vitrine des Heinrich-Harrer-Museums in Kärnten ein.

Blick in das Tal und auf den Gletscher von Grindelwald. Aus der Privatsammlung von Alfred Krebs.

EINMAL MUSS ES GELINGEN

Die Weiße Spinne

Vor 130 Jahren, 1858, wurde der 3970 Meter hohe Gipfel des Eiger im Berner Oberland zum erstenmal von Menschen betreten. Vor fünfzig Jahren, 1938, wurde seine Nordwand zum erstenmal durchstiegen. Erst durch diese Wand wurde der Eiger weltberühmt. Sein Name wurde bekannter als der des Matterhorns und des Montblanc. Er wurde Millionen Lesern in unzähligen Zeitungsberichten vorgesetzt, wurde hundertemal von Rundfunksprechern genannt. Er wurde zum Inbegriff alles Tragisch-Sensationellen, das die Alpinistik dem Leser zu »bieten« hat. Und Millionen, die den Berg oder die Wand nie gesehen hatten, machten sich ein Bild davon. Es mußte ein Zerrbild werden.

Ich will hier versuchen, an dessen Stelle ein richtiges Bild zu zeichnen. Es wird kaum weniger spannend sein, aber seine Dramatik wird in der Wahrheit liegen, in den Tatsachen, nicht in der Phantasie eines Schreibtischmenschen. Die wahre Geschichte der Eiger-Nordwand ist furchtbarer und großartiger, als Menschen sie je erfinden könnten.

Ich gehöre zu den vieren, die vor fünfzig Jahren, im Juli 1938, die Eigerwand als erste durchstiegen haben. Die Erinnerung daran hat mich bis heute in ungeschwächter Kraft begleitet. Sie wurde auch durch das große Erlebnis Tibet nicht ausgelöscht, das meinem Leben eine so entscheidende Wendung gab.

Ich glaube nicht, daß einer von uns, die wir damals durch das 1800 Meter hohe Bollwerk aus Stein und Eis stiegen, Angst um sein Leben gehabt hat. Aber nach der Rückkehr empfanden wir das Lebendürfen bewußter. Und dieses bewußte Empfinden hat mich seit der Begehung der großen Nordwand nie mehr verlassen. Vielleicht gab mir die Erinnerung an die Eigerwand oft die Kraft, die Geduld und das Vertrauen, aussichtslos scheinende und gefährliche Situationen zu bestehen, wenn auch alle äußeren Umstände hoffnungslos schienen.

Der Glaube an sich selbst ist ein wertvolles Gut. Ihn bekommt man nicht geschenkt. Der blind Überhebliche besitzt ihn am allerwenigsten. Um diesen Glauben zu haben, muß man sich selbst in Augenblicken kennengelernt haben, in denen man an der Grenze stand, in denen man einen Blick »hinüberwerfen« durfte. Man muß sich in schonungsloser Offenheit erforschen, um zu wissen, wie man damals empfunden, gedacht und gehandelt hat.

In der »Spinne« der Eiger-Nordwand erlebte ich solch eine Grenz-
situation, als Lawinen über uns hinwegbrausten und kein Ende nehmen
wollten. Dieser Teil der Gipfelwand des Eiger hat seinen Namen nach
der äußeren Ähnlichkeit mit einer riesigen Spinne erhalten. Selten
wurde nach dem äußeren Bild ein Name gefunden, der gleichzeitig
das Wesen des Benannten so vollkommen erfaßt. Die Spinne der Eigerwand ist weiß. Ihr Leib besteht aus Eis, aus ewigem Eis, aus ewigem
Schnee. Auch ihre hundert Meter langen Beine und Fangarme sind
weiß. Lauter Eis ist es, das von dem ewigen, unheimlich steilen Firn-
feld durch Rinnen, Risse und Spalten zieht. Hinauf, hinunter. Nach
rechts, nach links. Nach allen Richtungen, in jeder Steilheit.
Die Spinne wartet.
Alle Bergsteiger, die ihren Weg durch die Nordwand des Eiger wählen,
müssen über sie hinweg. Sie können ihr nicht ausweichen. Und auch
die besten und schnellsten mußten in der Spinne die härteste Probe
bestehen. Einer verglich die ganze Eigerwand einmal mit einem riesigen
Spinnennetz, das der Spinne ihre Opfer zutreibt. Dieser Vergleich
ist unpassend, übertrieben und erweckt ein billiges Gruseln. Das
haben die wilde Wand und der schöne Berg nicht verdient. Auch nicht
die Bergsteiger. Bergsteiger sind nicht Fliegen oder Käfer, die blind
in ihr Verderben taumeln, sondern Männer mit Verstand und Mut.
Und doch scheint mir die Weiße Spinne wie ein Symbol für die Eigerwand. Ihre Gefahren hat der Bergsteiger erst im letzten Drittel der
Wand zu bestehen, nachdem er von vielen Stunden und Tagen an-
strengender Kletterei ermüdet, vom kalten Biwak geschwächt ist.
Aber wer dort müde wird, darf nicht rasten.
Wer dem Strom der Lawinen in der Spinne entrinnen will, muß erkennen, daß es aus diesem abenteuerlich steilen Gelände keine Flucht
gibt; er muß seine Kräfte mit Geduld und Überlegung einzuteilen
wissen. Oberhalb der Spinne beginnen die überhängenden, vereisten
Ausstiegsrisse. Dort braucht man die Kraft. Wer Geduld und Klug-
heit mit angstgepeitschter Hast vertauscht, wird tatsächlich zur
Fliege, die so lange im Spinnennetz zappelt, bis sie gefangen ist.
Die Weiße Spinne des Eiger ist nicht nur der Prüfstein für die tech-
nische Meisterschaft eines Bergsteigers, sondern auch für seinen
Charakter. In späteren Jahren, wenn mir das Schicksal den Weg mit
unzerreißbaren Netzen zu versperren schien, habe ich oft an die
Weiße Spinne denken müssen. Und immer bewährten sich auch im
Leben, selbst wo es scheinbar keinen Ausweg mehr gab, die Mittel
und Eigenschaften, die den Weg aus der Eiger-Nordwand bahnten:
Überlegung, Geduld und sehender Mut. Angstgetriebene Hast und
daraus erwachsende Tollkühnheit müssen im Verderben enden.

Ein Wort von Schopenhauer fällt mir ein: »Wie der Wanderer den zurückgelegten Weg erst, wenn er auf der Höhe angekommen ist, im Zusammenhang überblickt und erkennt, so erkennen wir erst am Ende einer Periode unseres Lebens auch den Wert derselben.«

Die Eigerwand, der Gang über die Weiße Spinne war für mich Weg und Lebensperiode zugleich. Das erkannte ich allerdings erst viel später. Heute besteht für mich kein Zweifel über den Wert, den der schwierige, für manche unbegreiflich gefahrvoll scheinende Weg auf diesen Berg für das weitere Leben eines Mannes bedeutet. Ich glaube nicht an ein blindes Schicksal, dem wir unterworfen sind. Ich kann auch nicht dem Schopenhauer-Wort: »Das Schicksal mischt die Karten, und wir spielen«, vorbehaltlos zustimmen. Auch wir mischen mit — davon bin ich überzeugt.

Eher ist es so, wie der Athener Menander vor mehr als zweitausend Jahren geschrieben hat: »Die Art und Weise eines Menschen ist sein Schicksal; und was er als Schicksal benennt, ist nur seine Wesensanlage.« Die Wand der Weißen Spinne brachte mir diese Wahrheit zum erstenmal klar zur Erkenntnis. Vielleicht hatten wir alle vier die glückliche Wesensanlage, die zur Basis unseres Erfolges wurde. Training, gewissenhafte Vorbereitung und Ausrüstung waren nur notwendiges Beiwerk.

Die Nordwand des Eiger wurde in der alpinen Literatur zum erstenmal von A. W. Moore in dessen prächtigem Buch »The Alps in 1864« in ihrer ganzen Wildheit beschrieben. Moore und seine Bergführer und Begleiter, unter denen sich auch eine Dame, Miss Walker, befand, kletterten anläßlich der vierten Besteigung des Eiger am 25. Juli 1864 ein Stück über den Nordwestgrat, von wo sie unvermittelt in den Abbruch der Nordwand blickten. Moore schreibt:

»Von den Tausenden, die jährlich unter dem Schatten dieser grandiosen Mauer vorbeigehen, die an Höhe und Steilheit die Nordwand des Wetterhorns noch übertrifft, ist wohl jeder von dem wilden Abbruch zutiefst beeindruckt. Aber so überwältigend der Anblick dieser Felsabstürze auch von unten sein mag — niemand kann sie richtig einschätzen, der nicht von oben in sie hineingeschaut hat. Nicht einmal in der Dauphiné habe ich einen so jähen, glatten Abbruch gesehen. Ein Stein, der von der Gratkante abbricht, fällt Hunderte Meter hinunter, ohne einmal aufzuschlagen. Es ist fast verblüffend, daß die Westseite dieses massigen Felsberges verhältnismäßig leicht zu begehen ist, während die Nordwand so jäh in die Tiefe stürzt, als ob hier der ganze Berg abgeschnitten wäre. Glatt und absolut unersteigbar...«

Man hat kritisiert, daß gerade bei der Eigerwand-Begehung und den Begehungsversuchen das Ethos des Bergsteigens verblasse, weil die Wand zur Arena geworden sei, zur Naturbühne, auf der man jede Bewegung der Akteure verfolgen könne. Beifall, der den Erfolgreichen nach glücklichem Abstieg gezollt werde, sei ein äußeres Zeichen inneren Verfalls...

Heute allerdings, wo Profi-Bergsteiger von Kamerateams begleitet zum Einstieg kommen, haben sich die Werte verschoben. Darauf komme ich in einem späteren Kapitel noch ausführlich zu sprechen. Die meisten Bergsteiger bedauern dies selbst, sie wollen nichts als Ruhe, wollen unbeobachtet sein. Sie sehnen sich nach der Zeit der Großväter, da niemand sie beachtete und beobachtete.

Zum erstenmal bestiegen wurde der Eiger am 11. August 1858. Heute wissen wir das. Aber als ich in den alten, zeitgenössischen Ausgaben des »Alpine Journal« nach einem Bericht über diese immerhin beachtliche Erstbesteigung suchte, hatte ich kein Glück. Ein Mister Harrington oder Harington soll mit einigen Führern den Gipfel zum erstenmal erreicht haben. Nirgends sonst wird der Name Harrington erwähnt. Das ist kein Wunder. Denn der Erstbesteiger hieß gar nicht Harrington, sondern Barrington. Mr. Charles Barrington.

Erst 25 Jahre nach der Erstbesteigung, im Februar 1883, schrieb Charles Barrington den lange fälligen Bericht in Form eines Briefes an den Redakteur des »Alpine Journal«. Wir erfahren aus diesem Briefartikel, daß Mr. Barrington — keineswegs Mitglied des damals schon einjährigen Alpine Club — Anfang August 1858 nach Grindelwald gekommen war und dort zwei berühmte Bergführer engagiert hatte: Christian Almer und Peter Bohren, der den bezeichnenden Beinamen »Gletscherwolf« trug. Am 6. August wurde das Strahlegg bestiegen, am 9. August die Jungfrau von der Faulberghöhle aus. Noch am gleichen Abend erfolgte der Abstieg nach Grindelwald. Der Gletscherbrand mußte Barringtons Gesicht ziemlich arg zugerichtet haben, denn er schildert drastisch humorvoll, wie er die Nacht verbracht hat: »Sleeping with a beefsteak on my face...«[1]

Mit seinen alpinen Taten schien der junge Mr. Charles keineswegs zufrieden. Was könnte man noch unternehmen? fragte er sich offenbar mit der Großzügigkeit eines Mannes, der zwar keinen Groschen im Sack hat, sich aber doch erkundigt, was die Welt kostet. Guter Rat ist zwar billig, aber die Ausführung teuer. »Machen Sie das Matterhorn — oder den Eiger. Beide sind noch unbestiegen«, riet man ihm. Barringtons Überlegungen waren in etwa folgende:

1 »Alpine Journal«, Februar 1883.

Das Matterhorn ist drüben im Wallis und kostet bestimmt viel mehr. Der Eiger steht vor der Nase, und für den reicht das Geld. Also geht es auf den Eiger.

Um Mitternacht des 10. August erreichten Charles und seine Führer die Wengern Alp. Barrington warf sich auf ein Sofa und schlief drei Stunden. Am 11. August 1858, um drei Uhr morgens, verließen Barrington, Almer und Bohren das Haus und begannen den Aufstieg Richtung Eiger. Sobald sie die Felsen erreichten, übernahm — nach seiner eigenen Schilderung — Barrington die Führung. Sie stiegen dank der Kletterfreudigkeit des jungen Charles nicht auf dem heute gebräuchlichen Normalweg, sondern fast auf der Schneide des Nordwestgrates empor und erreichten kurz vor Mittag schon den Gipfel. Beim Abstieg folgten sie dem Couloir und gingen entlang der Flanke, wo der heute übliche Anstieg verläuft. Freilich waren noch einige Abenteuer zu bestehen. Zweimal wurde die Partie beinahe von Lawinen erfaßt. Aber eben nur »beinahe«, und vier Stunden nach dem Aufbruch vom Gipfel waren alle drei wieder wohlbehalten auf der Wengern Alp. Barrington schrieb abschließend: »So endete mein erster und einziger Besuch in der Schweiz. Da ich nicht genug Geld hatte, um auch noch das Matterhorn zu probieren, fuhr ich heim. Wäre ich nicht so ›fit‹ gewesen wie mein altes Pferd ›Sir Robert Peel‹, mit dem ich den Großen Irischen Nationalpreis gewonnen habe, hätte ich nicht die halbe Strecke gesehen...«

Die Geschichte des Eiger ist ein Stück Geschichte des Alpinismus: Zuerst also kam dieser Charles Barrington, der in seinem naiven, unverwüstlichen Draufgängertum sich den Gipfel »holte«, weil ihm das Matterhorn zu kostspielig war. Schon ein Jahr später finden wir im Bereich des Eiger einen der feinsinnigsten Alpinisten, Leslie Stephen[1], der 1859 mit George und William Mathews und drei Führern das Eigerjoch überschritt.

1874 wurde der Südwestgrat, 1876 der Südgrat des Eiger erklettert. 1885 gelang Grindelwalder Führern der Abstieg über den Mittellegigrat, der die kürzeste Verbindung vom Eigergipfel in ihr Heimatdorf bedeutet hätte — wäre er nicht so schwierig gewesen. Über die große Steilstufe im oberen Gratteil seilten sie sich ab.

1912 bringt den Triumph der Technik: Die Jungfraubahn wird fertiggestellt. Viele Kilometer läuft die Trasse durch den Berg, durch den Felsenleib des Eiger. Nur zwei Fenster führen aus dem Stollen ins

---

1 Leslie Stephen, »Tummelplatz Europas« (Playground of Europe), übersetzt und herausgegeben von W. Rickmer Rickmers, Gesellschaft Alpiner Bücherfreunde, München.

Freie der Nordwand. Sie werden einmal in den Nordwand-Tragödien eine Rolle spielen.

1921 gelingt es endlich, den Mittellegigrat im Aufstieg zu erklettern. Wieder sind es drei Grindelwalder Bergführer: Fritz Amatter, Samuel Brawand und Fritz Steuri senior, die einen Touristen begleiten: den blutjungen Japaner Yuko Maki. 35 Jahre später wird er eine japanische Expedition auf den achthöchsten Berg der Erde führen, den 8128 Meter hohen Manaslu. Yuko Maki stellt zum erstenmal, wenn man so sagen darf, eine Verbindung zwischen Eiger und Himalaja her. Später sollte es selbstverständlich erscheinen, daß die Namen vieler Besteiger der Eiger-Nordwand auch im Ringen um die höchsten Berge der Welt immer wieder genannt werden.

1932 wird auf dem Eiger die letzte große Erstbesteigung im klassischen Stil durchgeführt: Dr. Hans Lauper und Dr. Alfred Zürcher, die beiden hervorragenden Schweizer Alpinisten, stiegen mit den weltbekannten Walliser Führern Joseph Knubel und Alexander Graven über die Nordostwand zum Eigergipfel auf.

Alle Seiten des mächtigen Berges sind nun bestiegen. Nur eine fehlt noch: die absolut unersteigbare, die unmögliche, »Die Wand«, die das von Norden und Nordwesten heranstürmende Wetter als erste empfängt und festhält; die Wand, in der die Weiße Spinne, mit gefährlichen, Hunderte Meter langen Armen aus Eis und Firn in die Felsen gekrallt, zu warten scheint.

Zu warten?

Nicht »die Spinne« wartet. Die Menschen warten. Die Jugend wartet. Sie wartet auf ihre Zeit. Es ist kein Matterhorn mehr da, das man erstmals besteigen könnte, keiner der jungfräulichen Gipfel, die sich die Pioniere des »golden age« nach Belieben aussuchen konnten. Auch »gibt es keine großen Wände mehr«. 1931 haben die Brüder Schmid die Matterhorn-Nordwand durchklettert, und 1935 ist durch Peters und Maier auch die Nordwand der Grandes Jorasses erstiegen worden. Aber die Wand des Eiger, die Wand der Weißen Spinne — ist ihre Durchsteigung wirklich unmöglich? Gibt es nicht vielleicht doch einen Weg?

Die Antwort kann nur einer geben, der es versucht hat. Einmal müssen die ersten kommen.

Sie kommen im Sommer 1935.

Versuche in der Eiger-Nordwand

Nicht nur die Jugend ist »schnell fertig mit dem Wort«; auch die breite Masse des Publikums fällt leicht und leichtfertig ein Urteil über Geschehen und Dinge, die sie nicht versteht oder verstehen kann. Die moderne Wissenschaft und die Psychologie geben ihr Fachausdrücke an die Hand, die Kritik und Urteil unterbauen sollen. »Überkompensation von Minderwertigkeitskomplexen«, »Selbstbewährung von Menschen, die sonst im Leben versagten«, »Scheinheldentum« — man könnte die Liste der Ausdrücke seitenlang fortsetzen, mit denen man den Sinn und Unsinn des Bergsteigens scharfer Richtung zu charakterisieren und zugleich zu brandmarken versucht.

Aber glaubt man denn, daß beispielsweise Fridtjof Nansen im Jahre 1888 die Durchquerung des Inlandeises von Grönland auf Schiern unternahm, weil er an Minderwertigkeitskomplexen litt? Oder daß dieser große norwegische Forscher und Friedensheld seine aufsehenerregende Tat ausführte, nur um der Wissenschaft zu dienen? Es war das große Abenteuer, das ihn lockte, die ewige Sehnsucht des schöpferischen Menschen, in Neuland vorzustoßen, eine neue Erkenntnis zu erwerben — auch von sich selbst. Hier liegt der zündende Funke, die geheimnisvolle Kraftquelle, die zum Außergewöhnlichen befähigt. Sinn oder Unsinn? Wer kann es entscheiden? Wer darf ein Urteil fällen? Schenkt das erlebte und bestandene Abenteuer greifbaren, allgemeinverständlichen Erfolg, dann spart das Publikum nicht mit Beifall. Es ist nur zu gern bereit, den zuerst Verachteten, zur Lächerlichkeit Verdammten, des Leichtsinns Bezichtigten nach dem Erfolg in das Rampenlicht der Öffentlichkeit zu zerren und ihn auf das Piedestal des Helden zu stellen. Verachtung und Heldenverehrung sind gleich ungesund, und beide können Unheil bringen. Aber seit es Menschen gibt, mußten die kühnen, wagemutigen Männer ihr unübliches Tun immer zwischen den beiden Extremen Spott und Ablehnung — Anerkennung und Verehrung in die Tat umsetzen. Das wird immer so sein.

Bei den Bergsteigern kommt noch etwas hinzu: In eine Durchsteigung der Eigerwand kann man auch beim besten Willen keinen allgemeinen Nutzen für die Menschheit hineingeheimnissen. Sie blieb ein rein persönlicher Erfolg für die Kletterer selbst. Und mag man noch so viele materiell wägbare Werte finden — sie stehen in keinem Verhältnis zum Risiko, zu den Mühen und Schwierigkeiten, die das Letzte an körperlicher und geistiger Widerstandskraft fordern. Berühmt werden durch die furchtbare Wand? Selbstbewährung? Kompensation von Minderwertigkeitskomplexen? Ein Bergsteiger, der es wagen darf, in die Eigerwand zu steigen, muß sich vorher schon hundertmal bewährt haben.

Lassen wir dem Mut und der Abenteuerlust ihre Existenzberechtigung, auch wenn wir keine materielle Begründung finden.

Kurt Maix sagt in seinem Dachstein-Buch: »Bergsteigen ist der königlichste Unsinn, aus dem der Mensch in seiner schöpferischen Einbildung höchst persönliche Werte formt.« Die persönlichen Werte, die uns der Gang zum Berg schenkt, sind so groß, daß sie unser Leben bereichern. Liegt nicht im Unsinn des Zwecklosen der tiefste Sinn des Bergsteigens?

Betrachten wir zunächst die beiden Männer, die Mitte August 1935 eine Almhütte bei Alpiglen als Standquartier bezogen, die beiden, die den ersten Angriff auf die große Wand wagen sollten: Max Sedelmayr[1] und Karl Mehringer. Es sind sehnige, durchtrainierte Gestalten, Menschen mit offenen, klaren Gesichtern. Im Alltag wären sie kaum aufgefallen, höchstens dadurch, daß sie vielleicht um eine Spur bescheidener, ruhiger, sympathischer waren als der Durchschnitt. Ihre Ruhe und Gelassenheit ließen in ihnen Menschen erkennen, die auch im Leben auf ihrem Posten stehen, die es nicht notwendig haben, sich durch eine außergewöhnliche, lebensgefährliche Leistung selbst zu bestätigen oder auf den Beifall der Menge zu warten.

Schon die Art, wie Sedelmayr und Mehringer an die Erkundung der Wand herangingen, war bezeichnend für ihren Charakter. Still und ohne Aufsehen kamen sie zum Berg. Sie kannten die Größe ihres Vorhabens und gingen sehr ernst an die Vorbereitung. Die eigentliche Vorarbeit lag allerdings schon hinter ihnen, die geistige Einstellung, das jahrelange Training, die Einschätzung ihrer eigenen Leistungsfähigkeit. Sie waren nicht weltberühmt; nur der enge Kreis der Kameraden kannte sie. Diese strengsten Kritiker, die selbst zur bergsteigerischen Elite zählten, wußten, daß Sedelmayr und Mehringer zu den Besten, Vorsichtigsten und Zähesten gehörten, hundertfach erprobt auf schwersten Fahrten.

Selbst wenn man eine Sennhütte als Quartier erwählt, in einem Zentrum des Fremdenverkehrs können geheime Pläne nicht verborgen bleiben. Die Nachricht sickert durch: Da sind zwei, die die Eigerwand machen wollen. Es fehlt nicht an wohlmeinenden, warnenden Stimmen. Aber was soll die Warnung, der Rat? Niemand kennt noch die Wand. Man kennt nur ihr Gesicht, das sich ständig verändert.

---

1 In der Fachliteratur ist der Name Sedelmayr bisher anders geschrieben. Auf dem Zettel in der Dose ist deutlich lesbar Max Sedelmayr. Siehe Chronik Seite 331.

Eis, Fels, Schnee... Lawinen — und Steinschlagzüge. Ein Gesicht ohne Gnade, ohne Freundlichkeit. Man kann nur sagen: »Geht nicht in die Wand, sie ist grauenhaft.«

Noch niemand war in der Wand. Sedelmayr und Mehringer sind die ersten. Und sie bereiten sich vor wie noch nie auf eine Bergfahrt. Sie wissen, daß es sich hier nicht um irgendeine schwierige Erstbesteigung handelt, sondern um eine Expedition in die Senkrechte. Eine Expedition zu zweien, eine klassische Seilschaft. Wie lange sie dauern wird? Zwei, drei Tage? Noch länger? Die beiden nehmen Proviant für sechs Tage mit. Auch die Ausrüstung ist das Beste, was es zur Zeit gibt. Allerdings wissen sie noch nicht, was in der Eigerwand am meisten benötigt wird. Ist es eine Eiswand, eine Felswand? Auch das Betrachten mit einem guten Fernglas gibt keine klare Antwort. Täglich, ja stündlich wechselt die Eigerwand ihr Gesicht. Aber immer bleibt es gnadenlos in seiner großartigen Unnahbarkeit. Alle Erfahrungen, die man bei anderen Bergen gemacht hat, scheinen hier nutzlos. Die Erfahrungen für diese Riesenmauer kann man nur in ihr selbst machen.

Das Wetter ist entscheidend. Das wissen die beiden Münchener. Aber sie erkennen auch, daß es die berühmte Schönwetterperiode, auf die man nach den strengen Grundsätzen der Alpinistik warten soll, für die Eigerwand scheinbar nicht gibt. Es mag rundherum schön sein, der Eiger und seine Nordwand haben ihr eigenes Wetter. Da ist vielleicht nur eine kleine Wolke, die sich in dem riesigen, senkrecht aufgestellten, konkaven Becken der Wand fängt und ein furchtbares Gewitter mit Hagel, Schnee und Sturm entfacht, während sich die Kurgäste in Grindelwald behaglich im Liegestuhl von der Sonne bräunen lassen. In der Wand schlägt jedes vom Unterland herankommende Wetter seine gewaltige Eröffnungsschlacht. Aber auch die Wolken, die bereits auf dem Wege zu den Bergen ihre Regenlast ausgeschüttet haben, vereinen sich in der Eigerwand nochmals zu geballter Kraft, um ein letztes verzweifeltes Gefecht zu liefern, bevor sie als erschöpfte, harmlose Nebelfetzen andere Gipfel umspielen. Oder es bildet sich in der Wand selbst durch die Wechselwirkung der in ihr gefangenen Kälte und der sonnendurchwärmten Luft außerhalb eine spannungsschwangere Wolke, die Regen, Schnee und Eis auf die Flanken peitscht.

All das sehen die beiden Männer, die bereits eine Route durch die Wand — wohl die einzig mögliche — erkannt haben. Der tiefste Punkt der Mauer liegt in einer Höhe von 2100 Metern. Die ersten 700 Meter — auch diese sind steil, von Lawinen und Steinschlag bedroht — scheinen nicht allzu schwierig zu sein. Dort oben sind mit dem Fernglas im Fels einige Löcher zu erkennen — die Fenster der Station Eigerwand der Jungfraubahn, die kilometerlang im Inneren des Berges ihre Schleife zieht. Etwa 400 Meter weiter westlich ist noch solch ein Stollenloch in der Wand, das Fenster bei Kilometer 3,8 — durch das während des Baues der Schutt ins Freie befördert wurde. Gewiß, man könnte mit der Bahn bis zur Station »Eigerwand« oder bis zum Fenster 3,8 fahren und erst von dort die Kletterei beginnen. Aber dann könnte man ebensogut auf dem gewöhnlichen Weg auf den Eigergipfel steigen und die Wand nur betrachten! Nein, die Bahn im Berg ist für die anderen Menschen. Für die Männer der Wand gilt nur die sportlich-bergsteigerisch einwandfreie Besteigung vom tiefsten Punkt bis zum 3970 Meter hohen Gipfel.

Tagelang beobachten Sedelmayr und Mehringer die Nordwand, schaffen Ausrüstung zum Einstieg, liegen stundenlang da, das Fernglas an den Augen. Oberhalb der Fenster der Wandstation bäumt sich eine lotrechte Felsstufe auf, etwa hundert Meter hoch. Ist sie erkletterbar? Das kann man erst an Ort und Stelle entscheiden. Über der Steilstufe schimmert ein Eisfeld herab. Das Erste Eisfeld... Wie hoch? Wie steil? Man kann das von unten her so schwer feststellen.

Und darüber wieder eine Felsstufe, dann wieder ein riesenhaftes Schnee- und Eisfeld. Man müßte es im Aufstieg schräg nach links queren. Dann folgt ein drittes Eisfeld. Fels und Eis haben dort eine seltsame Formation: Sie gleicht fast einem riesigen Falken, der mit ausgebreiteten Schwingen aufwärts stößt. Man muß empor zum Schnabel des Falken, einem scharfen Grat, der sich dort an die lotrechte Gipfelwand lehnt und der später »Bügeleisen« genannt wurde. Ist das alles begehbar? Man muß wohl von diesem Grat über ein steiles, das Dritte »Eisfeld« nach links queren. Und an seinem Ende zieht eine Steilrampe schräg links aufwärts durch die Wand gegen den Mittellegigrat. Kann man die Rampe bis zum Ende durchklettern? Kann man aus ihr nach rechts queren in das große Schneefeld, das nach allen Seiten feine Eis- und Schneerinnen entsendet wie eine Riesenspinne über dem 1500 Meter tiefen Abgrund? Und endlich: Kann man aus der »Spinne« durch die Risse und Rinnen emporklettern zum Gipfeleisfeld?

In der Nacht vom 20. zum 21. August 1935 verlassen Max Sedelmayr und Karl Mehringer ihr Asyl auf der Sennhütte von Alpiglen. Am 21. — es ist ein Mittwoch — steigen sie um zwei Uhr früh in die Wand ein. Als es licht wird, stauen sich die Menschen schon an den Fernrohren von der Kleinen Scheidegg und von Grindelwald. Man beobachtet die verwegenen Münchener den ganzen Tag; die Kritik der Besserwisser verstummt vor Staunen und Anerkennung. Die beiden klettern hervorragend — trotz der Steilheit des Geländes, trotz der schweren Rucksäcke. Deutlich erkennt man, wie sie sich gegenseitig sichern, wie sie an schwierigeren Stellen die Rucksäcke nachziehen. Kein Schritt ist unüberlegt, jede Bewegung ist bedacht. Auch die Bergführer, die mißtrauisch und kritisch alles verfolgen, was in ihrem Berggebiet vorgeht, erkennen: Hier sind Meister am Werk.

Ideal ist die Anstiegroute der beiden; genau in der Gipfelfallinie. Sie rasten kaum. Wie eine fehlerlos laufende Maschine, Seillänge um Seillänge, fast schulmäßig korrekt, gewinnen Sedelmayr und Mehringer an Höhe. Und als der Abend dämmert, haben sie den ganzen unteren Wandteil überwunden; sie biwakieren in einer Höhe von rund 2900 Metern, 800 Meter über dem Einstieg, höher noch als die Fenster der Station »Eigerwand«, deren Lichter wie Sterne herunterleuchten.

Donnerstag früh. Auch die Skeptiker sind überzeugt, daß die Begehung gelingen wird. Manche wetten sogar, daß die beiden Münchener noch an diesem Tag, ja schon am frühen Nachmittag den Gipfel erreichen werden. Aber die Wand trügt. Der Gipfel ist noch weit, der Weg unbekannt und schwer. Sedelmayr und Mehringer erreichen die nächste Wandstelle, die an Schwierigkeiten besser auf einen Dolomitenturm passen würde als hier in die furchtbare Wand des Eiger; sie sichern und helfen einander, sie ahnen nicht, daß man ihnen zuschaut. Ihre Gedanken sind weit fort von den übrigen Menschen. Nicht, weil sie sich überlegen dünken, sondern weil der Berg sie ganz erfaßt hat und weil sie mit jeder Faser ihres Wesens, mit aller Wachheit des Menschen in Gefahr die schwere Stelle bezwingen müssen. Steine kommen von oben, Eisbrocken; sie sausen weit über ihre Köpfe dahin — so steil ist der Fels. Nach stundenlanger Arbeit haben sie die Wandstufe hinter sich. Aber es ist Nachmittag geworden.

Und der Nachmittag reicht gerade, um das steile Erste Eisfeld — das von unten so lächerlich kurz erscheint — zu überwinden. Immer wieder sieht man, wie sie die Rucksäcke über die Köpfe heben oder sonstwie trachten, in Deckung zu gehen. Der Berg sendet seine Geschosse.

Sie biwakieren am oberen Rand des Ersten Eisfeldes. Man kann von unten nicht sehen, ob sie einen Platz zum Sitzen haben; von Liegen kann keine Rede sein. Es scheint, als wären sie an die Wand geklebt. Es ist eine lange Nacht. Aber noch hält das Wetter.

Man beobachtet Sedelmayr und Mehringer den ganzen Freitag. Es scheint, als gewännen sie kaum an Höhe. Der Übergang vom Ersten zum Zweiten Schneefeld scheint sehr schwierig zu sein. Die riesigen Ausmaße dieses Feldes erkennt man an den kleinen Punkten, die Menschen sind, an den kurzen Abständen, die doch Seillängen von dreißig Meter bedeuten. Und immer wieder bleiben die beiden stehen, offensichtlich, um sich gegen Stein- und Eisschlag zu schützen. Das Nachziehen der Rucksäcke nimmt oft viel Zeit in Anspruch. Die Stunden eilen wie Minuten. Unendlich langsam gewinnen die beiden an Höhe. Aber sie steigen aufwärts, gegen den linken Rand des Zweiten Schneefeldes zu. Wo werden sie biwakieren? Man sieht es nicht. Der Nebelvorhang senkt sich über den Berg, trennt die beiden Welten.

In der Nacht schlägt das Wetter um. Der Sturm braust über die Grate, im Tal prasselt der Regen, und oben jagt er die Flocken und Eisgraupeln an die Bergflanken. Zuerst ist es nur ein Gewitter. Aber in das Krachen des Donners mischt sich das Tacken und Hämmern des Stein- und Eisschlags. Der Lärm in der entfesselten Wand ist so groß, daß er sogar den Schlummer friedlicher Touristen in Alpiglen und auf der Kleinen Scheidegg stört.

Das furchtbare Wetter dauert den ganzen Samstag. Zum Hämmern des Steinschlags kommt noch das Rauschen und Brüllen der Lawinen. Dabei ist es bitter kalt. In der Nacht hat man unten auf der Kleinen Scheidegg acht Grad unter Null gemessen. Wie kalt muß es erst in der Wand sein! Leben die beiden noch? Manche hoffen es gegen bessere Einsicht. Aber niemand ahnt etwas von dem verzweifelten Kampf Sedelmayrs und Mehringers. Der Wolkenvorhang reißt nicht für eine Minute auf. Es kommt die neue, tödlich kalte Nacht zum fünften Tag in der Wand.

Sonntag, der 25. August.

Wer wagt noch an das Leben der beiden Münchener zu glauben? Gegen Mittag reißt für kurze Zeit die Nebeldecke auf. Einer, der das Auge an das Fernrohr gepreßt hatte, kann das, was er sieht, nicht glauben. Aber dann ist kein Zweifel mehr, und er schreit: »Ich sehe sie! Sie leben noch! Sie bewegen sich! Sie steigen hinauf!«

Und tatsächlich: Man sieht die Punkte. Sie bewegen sich langsam aufwärts über das steile, glatte Eisfeld, das zum Grat des Bügeleisens führt. Sie leben noch. Am fünften Tag in dieser Wand, nach vier Biwaks, trotz Kälte, Sturm, Lawinen. Sie leben, und sie klettern auch noch aufwärts.

Hoffnung flackert auf. Unnatürlicher Optimismus! Die Burschen schaffen es wohl doch. Sonst wären sie ja umgekehrt!

Aber die Bergführer, die mit dem Eiger verwachsen sind, schweigen. Man spricht nicht aus, daß man jemanden für verloren hält. Die Bergführer und Bergsteiger wissen, warum die beiden nicht umgekehrt sind: Die Lawinen, der Steinschlag bilden eine furchtbare Falle. Dazu kommt noch die Schwierigkeit der jetzt vereisten, verschneiten, unter Sturzbächen stehenden Felsen. Die einzige Hoffnung ist, aufwärts durchzukommen. Die Experten wissen, daß es keine andere Möglichkeit mehr gibt.

Die beiden steigen weiter. Dem steilen Grat des Bügeleisens entgegen. Der Nebelvorhang geht zu, verbirgt den letzten Akt der ersten Tragödie der Eigerwand vor den Augen der Menschen.

Sturm, der die Schneeflocken waagrecht gegen die Felsen peitscht, grollende Lawinen, Sturzbäche, in die sich das Stakkato des Steinschlags mengt — das ist die Melodie der Eigerwand.

Am Dienstag, dem 27. August, kommen Münchener Freunde der beiden zum Berg, darunter der Bruder Sedelmayrs und Gramminger, der später als Bergrettungsmann Weltruf bekommen soll. Die Freunde versuchen alles, um Rettung zu bringen. Aber da gibt es nichts zu retten. Weder vom Gipfel noch von den Türmen des Westgrates, noch von unten ist etwas zu sehen oder zu hören. Kein menschlicher Laut unterbricht die Sprache des Berges. Es ist unmöglich, von unten in die Wand einzusteigen. Es ist undenkbar, von oben her Hilfe zu bringen. Der Bruder und die Freunde — die besten und erfahrensten Bergsteiger — stehen ohnmächtig vor der Gewalt der entfesselten Natur.

Schweizer Militärflieger versuchen in den nächsten Tagen, an der Wand entlangzufliegen. Sie entdecken keine Spur von den Vermißten. Wochen später, am 19. September, als das Wetter endlich besser geworden ist, kommt Ernst Udet, Deutschlands erfolgreichster Flieger. Es ist eine eigenartige Fügung des Schicksals. 1928 brachte Dr. Arnold Fanck während der Dreharbeiten für den Film »Die weiße Hölle vom Piz Palü« Udet zum Bergfliegen. Damals war es Spiel: Udet mußte ganz nahe an die Eiswand heran, um Menschen, die sich verstiegen hatten, zu finden und die Rettung zu leiten. Jetzt war es tragische Wirklichkeit. Aber es galt nicht mehr zu retten, sondern nur noch Tote zu finden.

Der hervorragende Grindelwalder Bergführer und Schiläufer Fritz Steuri begleitete Udet auf seinem verwegenen Unternehmen. Bis auf zwanzig Meter flog er an die Wand heran, und da entdeckten die beiden einen der Vermißten — war es Sedelmayr oder Mehringer? —, bis an die Knie im Schnee steckend, stehend erfroren im letzten Biwak, an der Spitze des Bügeleisens, das seither das Todesbiwak genannt wird.

Zwei Männer waren in der Wand geblieben. Aber der Mut war nicht erloschen, auch nicht die Sehnsucht nach dem ewigen Abenteuer, der Wunsch, in das Unbekannte vorzustoßen. Die Toten sollten im nächsten Jahr gesucht und wenn möglich geborgen werden.

Doch man erkannte auch die Fehler, die die ersten machen mußten, weil sie eben die ersten waren: vermeidbare Fehler. Und wenn die von Leben erfüllte bergsteigerische Jugend ihre Pflicht den Toten gegenüber zu erfüllen glaubte, indem sie bergen wollte, was an ihnen sterblich war — so entzündete sich ihre Phantasie doch am Gedanken an die drohende Wand und an den Weg, der durch sie zur Höhe führt.

Die Jugend kümmerte sich nicht um die scharfe Sprache der Polemik, die nach der ersten Tragödie in der Eigerwand entbrannte. Sie hörte in der Drohung des Berges die Lockung, die Herausforderung ihres Könnens. Sie erfand die fromme Lüge, das Vermächtnis der Toten erfüllen zu müssen. Vielleicht glaubte sie sogar daran. Doch was sie wirklich antrieb, war die ewige Sehnsucht nach dem großen Abenteuer. So kam das Jahr 1936. Das Jahr des erschütternden Sterbens des letzten Überlebenden von zwei Seilschaften: des Mannes, der aus dem Jenseits noch einmal in die Welt der Menschen kommen wollte. Das Jahr der Tragödie des Toni Kurz.

»Ich kann nicht mehr...«

Albert von Allmen hat ein zeitloses Gesicht. Er kann Mitte Dreißig sein oder auch Mitte Fünfzig. Das ist bei Bergmenschen so, deren Züge Wind und Sturm geprägt haben: In der Jugend sehen sie älter aus und im Alter jünger.
Der Berg ist der strenge Lehrmeister und vertraute Freund von Allmens gewesen; wenn auch sein Beruf ihn mehr in den Berg führt als auf den Berg. Albert ist Streckenwärter der Jungfraubahn. Er ist dafür verantwortlich, daß entlang der Bahn im Berg Eiger nichts passiert. Aber ihn interessiert auch alles, was draußen vorgeht. Er versteht zwar die Jungen nicht ganz, die da versuchen, die furchtbare Eigerwand zu durchsteigen, aber wenn er sie auch für ein wenig verrückt hält, so hat er doch ein Herz für sie. Von Allmen hat gütige Augen. Sie sind von vielen kleinen Falten umgeben, die nicht nur von Sorge und vom harten Leben auf dem Berg erzählen, sondern auch von der Freude am Lachen.
Am 21. Juli 1936 geht Albert mittags zum Stollenloch bei Kilometer 3,8. Es ist Dienstag.
Seit dem 18. Juli, also seit Samstag schon, sind vier Bergsteiger in der Wand: die beiden Österreicher Edi Rainer und Willy Angerer und die beiden Bayern Anderl Hinterstoisser und Toni Kurz. Besonders der lebensfrohe Toni Kurz ist allen ans Herz gewachsen. Nicht nur, weil er Berufsbergführer ist: Wenn der Toni lacht, ist es, als lache das Leben selbst. Und jung sind sie alle: Der älteste, der Angerer, ist 27, Kurz und Hinterstoisser sind erst 23. Sie sind hoch hinaufgekommen in der Wand, fast so hoch wie die beiden im vergangenen Jahr, Sedelmayr und Mehringer. Die sind nie zurückgekehrt. Aber diese vier werden zurückkommen: Was man in den letzten Tagen beobachtet hat, gibt Anlaß zu berechtigter Hoffnung, daß es diesmal ohne Katastrophe abgehen wird.
So großartiges Klettern hat man hier noch nie gesehen. Freilich — einen von ihnen, vermutlich Angerer, schien ein Stein getroffen zu haben. Darum bewegte sich die Partie seit zwei Tagen so langsam weiter, und darum hatten sie sich wahrscheinlich entschlossen, umzukehren. Grausig sah das aus, dieser Abstieg über die steinschlag- und lawinenbestrichenen Eisfelder und Wandstufen. Aber mutig und ohne Zögern, wenn auch sehr langsam, rückten die vier tiefer, näher dem rettenden leichteren Gelände. Und immer bemühten sich die drei Gesunden um den offensichtlich Verletzten.
Albert von Allmen denkt an die Sonntagstouristen und Ausflügler, die

blasierten Herren und die Damen in Stöckelschuhen, die bei der Station »Eigerwand« an den Rand des Tunnelfensters treten und mit »Ah« und »Oh« die für sie grauenhafte Tiefe und unabschätzbare Höhe der Eigerwand betrachten. Die Menschen waren auf der Kleinen Scheidegg und in Grindelwald nicht von den Fernrohren wegzubringen, fiebernd vor Sensationslust. Und da waren auch die Gespräche der Neunmalklugen, die erwogen, ob es diesmal wieder mit einer Katastrophe enden würde oder ob die vier das Tal lebend erreichen.

Sie müssen zurückkehren, denkt Albert von Allmen. Sein Herz gehört den Jungen, diesen vier Jungen in der Wand und der Jugend überhaupt. Er will einmal schauen und hören, wie es den Burschen in der Eigerwand geht.

Allmen schiebt die Riegel der schweren Holztür vom Stollenloch zurück und tritt ins Freie. Hundertmal ist er schon hier herausgetreten, der Anblick der Wand ist ihm vertraut. Aber heute erscheint sie ihm besonders grauenhaft, vielleicht weil er Menschen darin weiß. Der Fels ist glasig mit Eis überzogen. Hie und da hört er Steine herabpoltern; manche Geschosse jagen mit bösem Brummen Hunderte Meter frei durch die Luft. Dann wieder zischen Schneerutsche, Lawinen herab, ganze Wasserfälle aus Eis und Schnee. Bedrückend ist der Gedanke, daß in dieser lotrechten Hölle Menschen sind. Leben sie noch?

Von Allmen ruft, horcht, ruft wieder.

Und da kommt die Antwort. Eine helle, frohe Antwort. Vier junge Stimmen rufen, jodeln. Albert kann die vier nicht sehen, aber dem Klang nach können sie nicht viel höher als hundert oder hundertfünfzig Meter über ihm sein. Ihm scheint es zwar unbegreiflich, daß man über diese vereisten, vom Steinschlag gezeichneten, senkrechten oder überhängenden Felsen absteigen kann. Aber diese verrückten Kerle haben schon so oft gezeigt, daß es möglich ist, auch an unmöglichen Stellen zu klettern. Und vor allem — da war der beglückende Ruf von oben gekommen: »Wir steigen direkt ab. Alles wohlauf!«

Alle wohlauf. Das Herz des Streckenwärters schlägt höher vor Freude. »Ich koche euch einen Tee!«

Und vergnügt schmunzelnd tappt Albert von Allmen wieder durch die Stollentür in seine Behausung, setzt einen Riesentopf mit Teewasser auf. Er sieht in Gedanken schon, wie sie kommen, die vier Jungen, erschöpft, vielleicht mit Wunden, die ihnen die Steine schlugen, mit manchen Erfrierungen — aber lebendig und glücklich. Und er wird ihnen entgegengehen mit dem dampfenden Tee. Es gibt kein besseres Getränk als heißen Tee, wenn man erschöpft und durchfroren ist. Ein wahres Lebenselixier. Ärgerlich, wie lange es braucht, bis das

Teewasser zu summen beginnt. Die Jungen werden doch gleich kommen.

Der Tee ist längst fertig, aber die Jungen kommen nicht. Albert von Allmen stellt das goldbraune Getränk auf kleine Flamme, damit es heiß bleibt und doch nicht verkocht.

Die Jungen kommen nicht — und der Streckenwärter hat Zeit nachzudenken...

Eigentlich kann man es dem schaulustigen Publikum gar nicht verübeln, wenn es sich neugierig an die Fernrohre drängt. Man hat ja aus diesen Eigerwand-Begehungen eine Angelegenheit der Öffentlichkeit gemacht. Zeitungen und Rundfunk haben sich des »Falles Eigerwand« bemächtigt. Es sind gute Berichte dabei, die dem Bergmenschen aus der Seele geschrieben sind, und andere, die keinerlei Fachkenntnis zeigen.

Das Jahr 1936 hat böse begonnen. Da war zuerst die Münchener Partie Albert Herbst und Hans Teufel. Schon Ende Mai waren die beiden auf der Kleinen Scheidegg eingetroffen. Um die Toten vom vergangenen Jahr zu suchen? Sie dachten wohl auch daran, aber ihr geheimes Ziel war doch die Begehung der Wand. Sie waren ausgezeichnete Bergsteiger, gewiß, aber vielleicht fehlte es ihnen an der großen Ruhe und Gelassenheit, die den vollendeten Meister kennzeichnet.

Sie sind nicht in der Eigerwand verunglückt. Sie erkannten, daß es Selbstmord gewesen wäre, so früh im Jahr, bei fast winterlichen Verhältnissen, in die Riesenmauer einzusteigen. Aber das Warten wurde ihnen unerträglich. Dem Kalender nach war es bereits Sommer, doch Wetter und Schnee kümmerten sich nicht darum. Als Trainingstour wollten Teufel und Herbst die noch unbezwungene Nordwand des Schneehorns besteigen. Eine reine Eis- und Schneewand. Die Bedingungen waren alles eher als günstig. Der viele Neuschnee hatte noch keinen festen Bund mit dem alten geschlossen. Trotzdem stiegen die beiden in die Wand, kamen am 1. Juli bis unter die Gipfelwächte und mußten dort biwakieren. Sie überstanden dieses Freilager gut, erreichten am nächsten Morgen den Gipfel, überschritten ihn. Alles schien in Ordnung zu sein. Aber beim Abstieg über eine Schneeflanke löste sich eine Lawine und riß beide mit. 200 Meter tief. Teufel schlug auf die Kante einer Gletscherspalte auf, brach sich die Halswirbelsäule. Herbst kam mit dem Leben davon.

Ein böser Anfang...

Wenige Tage später kommen die beiden Österreicher Angerer und Rainer, schlagen ihr Zelt auf der Kleinen Scheidegg auf. Erprobte Bergsteiger, vor allem hervorragende Felskletterer. Und als solche sind sie auch Meister darin, in steilem Felsgelände einen Weg zu finden. Sie erinnern sich, wie schwer die große Wandstufe unter dem Ersten Eisfeld zu bezwingen war, wie sich Sedelmayr und Mehringer dort ganz verausgabt haben. Es muß einen Durchstieg weiter rechts geben: über den später so benannten »Ersten Pfeiler« und den »Zerschrundenen Pfeiler« gegen die lotrechte, mauerglatte, unbesteigbare »Rote Fluh«. Unter dieser müßte man einen Quergang finden, der hinüber zum Ersten Eisfeld leitet. Ob so ein Quergang möglich ist? Am Montag, dem 6. Juli, steigen Angerer und Rainer auf der neu erdachten Route in die Wand.

Wie sieht die Wand zu diesem Zeitpunkt aus? Othmar Gurtner, der große Schweizer Alpinist und bekannte Alpinpublizist, schreibt am 8. Juli im Züricher »Sport«:

»Eine ungewöhnlich sprunghafte Witterung hat in den letzten Wochen den Fortschritt der Verfirnung unterbunden. Häufige Neuschneefälle und kalte rauhe Tage haben in den Schattenlagen bis auf 2500 Meter herab den Pulverschnee konserviert... Wenn man die Eigerwand gründlich auf ihre Verhältnisse untersucht, kommt man zu folgendem, leicht trügerischem Befund: Die unteren Partien der Nordwand und selbst die beiden großen Firnblätter oberhalb der Station Eigerwand verlocken der starken Schneebedeckung wegen zum Aufstieg in der kalten Morgenfrühe, wenn der von der Abendsonne krank gewordene Schnee krustig geworden ist. Man kann in solchem Schnee ohne Pickelschlag sichere Stufen treten und sehr rasch vorwärtskommen. Diesem Schnee fehlt aber noch die solide Verfirnung, das heißt die feste Verwachsung mit dem alten Schnee. Er verhält sich, bei der spärlichen Besonnung der Eigerwand, wie typischer Winterschnee. Höher oben in der Wand und namentlich in dem fast senkrechten Gipfelaufbau selber ist der Pulverschnee wie Besenwurf an die Felsen gepflastert worden. Dazwischen blinkt Wassereis... Dieses Eis hat seinen Ursprung in dem Schmelzwasser, das von dem riesigen Dachfirst des Berges herabrinnt. Solange das Wassereis in den Gipfelaufbau hinabhängt, ist die ganze Eigerwand vom Eisschlag stark bedroht. Man gewahrt denn auch gegenwärtig ganze Bäche und sehr eng gestreute Einschlaglöcher im Schnee. Die Wand befindet sich augenblicklich in dem grauenerregenden Zustand zwischen Winter und Sommer...«

Angerer und Rainer haben einen neuen Durchstieg durch den unteren Teil der Wand erkundet, biwakieren unterhalb der Roten Fluh und steigen am nächsten Tag, am 7. Juli, wieder ab. Völlig durchnäßt, müde, aber gesund erreichen sie ihr Zelt. »Wir steigen wieder ein, sobald die Verhältnisse günstiger werden.«

Die Zeitungen wittern kommende Sensationen, ihre Leser haben das

Anrecht darauf, über die Vorgänge in der Eigerwand genau informiert zu werden, nachdem man einmal die Durchsteigungsversuche in den Brennpunkt des öffentlichen Interesses gerückt hat. Die Berichte gleichen fast Generalstabsmeldungen, Kriegsberichten. Schon die Titel zeigen es: »Im Kampf mit der Eigerwand«; »Das Akrobatentreffen an der Eigerwand«; »Neues Leben in der Eigerwand«; »Gefechtspause am Eiger«; »Die Belagerung in vollem Gange«; »Der erste Angriff abgeschlagen«. Und manchmal treibt man sogar ein Wortspiel und spricht von der »Eiger-Mordwand«.

In den Zeitungen vom 7. und 8. Juli klingt freilich vielfach rückhaltlose Freude über die gesunde Rückkehr Rainers und Angerers an. Man zerpflückt zwar alle Bewegungen und jedes Wort der beiden, man deutet sie nach Belieben; doch die Bergsteiger möchten nichts als Ruhe, und da sie ihnen nicht gewährt wird, wehren sie sich auf ihre Art. Manche hochtrabend wirkenden Worte fallen, denen mehr Gewicht beigemessen wird als sonst den Worten hochgestellter Persönlichkeiten. »Wir kommen wieder!« Welche Anmaßung nach dem schauerlichen Biwak, das in vielen Zeitungen als Kampf zwischen Leben und Tod geschildert wurde. Und Angerer und Rainer spotten: »Aber nein, das Biwak war gar nicht schauerlich, nur ein bissel naß!«

Wohltuend wirkt in dieser Zeit ein Artikel im »Berner Bund«, in dem es heißt: »Wer die beiden lieben, freundlichen Burschen kennengelernt hat, wünscht ihnen aufrichtig, daß das Abenteuer gut ablaufe.«

Doch weder Spott noch Ernst vermögen das Geschehen zu beeinflussen. Am Samstag, dem 18. Juli 1936, steigen die beiden Seilschaften Angerer-Rainer und Hinterstoisser-Kurz in die Wand. Zunächst getrennt. In der Höhe des seinerzeitigen Biwaks der beiden Österreicher schließen sich alle vier zusammen. Das verbindende Seil ist für sie nicht mehr ein totes Stück Hanf, sondern wie eine lebende Ader: Wir gehören zusammen; auf Gedeih und Verderb. Es ist ein ungemein kühnes, aber keineswegs leichtfertiges Unternehmen.

Nach der Überwindung des äußerst schwierigen Risses unter der Roten Fluh gelingt Andreas Hinterstoisser als erstem die Querung zum Ersten Eisfeld, und zwar fast schulmäßig mit Hilfe des Seiles. Diese Technik des »Seilquerganges« hatte der Felsenmeister Hans Dülfer schon vor dem Ersten Weltkrieg bei den Erstdurchsteigungen der Fleischbank-Ostwand und der Totenkirchl-Westwand erfunden und ausgeführt. Dülfer bewies damit, daß man erkletterbare Stellen mit Hilfe des schrägen Seilzuges über unerkletterbare hinweg miteinander verbinden kann. Damals entstand das Witzwort der Dülfertechnik: »Man geht, solange es geht — und wenn es nicht mehr geht, macht man einen Quergang und geht weiter.«

Andreas Hinterstoisser macht solch einen Quergang in der Eigerwand. Er findet den Schlüssel. Als alle darüber hinweg sind, zieht er das Quergangsseil ab. Damit hatte er den Schlüssel abgezogen. Das Tor zurück ist zugeschlagen — falls man zur Umkehr gezwungen würde... Aber wer denkt an Umkehr?

Die vier werden mit den Ferngläsern beobachtet. Und die Zuschauer vergessen die Kritik vor Anerkennung, ja Bewunderung, wie schnell und sicher die beiden Seilschaften das Erste steile Eisfeld überwinden, höher steigen und zur Barriere zwischen Erstem und Zweitem, dem großen Eishang, kommen. Schwierig müssen diese Felsen sein — das weiß man schon von der Partie Sedelmayr-Mehringer her.

Aber plötzlich scheint etwas passiert zu sein. Die zweite Seilschaft Rainer-Angerer kommt auf einmal nur noch langsam, zögernd der ersten nach. Hinterstoisser und Kurz streben schon gegen die Felsen oberhalb der Roten Fluh. Die beiden anderen bleiben lange stehen. Und dann sieht man, wie der eine den Gefährten stützt. Ist ein Unfall passiert?

Man wird nie genau wissen, was sich ereignet hat, aber allem Anschein nach ist Angerer von einem Stein getroffen worden, und Rainer bemüht sich um den Freund. Später sieht man, wie Hinterstoisser und Kurz von ihrem offensichtlich steinschlagsicheren Platz aus ein Seil herunterlassen. Gemeinsam gelingt es, Angerer dort hinaufzubringen. Rainer folgt dann schnell nach, ohne das Hilfsseil zu benutzen.

Das kleine Felsennest über der Roten Fluh wird der erste Biwakplatz der vier. Unglaublich, wie hoch die Bergsteiger an dem ersten Tag gekommen sind, mehr als die halbe Wandhöhe haben sie schon hinter sich!

Sonntag, 19. Juli.

Wieder sind unten die Fernrohre umlagert. Es ist fast sieben Uhr früh, als die vier ihren Biwakplatz verlassen. Wie geht es dem Verletzten? Offenbar besser, denn man kehrt nicht um, sondern steigt weiter hinauf über das riesige Zweite Eisfeld. Allerdings geht es langsamer als am ersten Tag. Sind sie alle ermüdet, oder nur der Verletzte? Warum kehren sie nicht um? Eines steht jedenfalls fest: Alle vier bilden eine geschlossene Seilschaft.

Das Wetter ist nicht schön, aber auch nicht ausgesprochen schlecht. Es ist für Eigerverhältnisse durchaus erträglich. An diesem Sonntag erreichen die beiden Seilschaften das sogenannte Bügeleisen. Unterhalb des Todesbiwaks von Sedelmayr und Mehringer beziehen Angerer, Rainer, Hinterstoisser und Kurz ihr zweites Freilager. Die Leistung des Tages ist gut, aber doch zu gering, um den Durchstoß zum Gipfel am nächsten Tag zu sichern. Wie wird die Nacht? Wie ist das Befinden Angerers und der übrigen?

Die Zuschauer unten im Tal wissen nichts, sie ziehen sich zurück, die Neugierigen, die Berichterstatter, die Bergführer, die Bergsteiger. Morgen werden wir weitersehen.

Montag, 20. Juli.

Wieder wird es sieben Uhr, ehe im Hochlager Bewegung zu beobachten ist. Es ist nur ein winziger Platz, auf dem man kaum sitzen kann. Als erste beginnen wieder Kurz und Hinterstoisser den Aufstieg über den steilen Fels, der zum Todesbiwak führt. Nach etwa dreißig Minuten bleiben sie stehen. Die anderen kommen nicht nach. Was die vier miteinander besprochen haben, weiß man nicht. Auf jeden Fall ist der Entschluß entscheidend und bitter für die ersten, lebenswichtig für die zweiten. Offenbar ist Angerer nicht imstande, weiterzuklettern.

Plötzlich sieht man die Partie Hinterstoisser absteigen, zurück zum Biwakplatz. Dort bleiben sie längere Zeit. Und dann beginnen alle den Abstieg. Der Mensch ist wichtiger als die Begehung der Wand.

Verhältnismäßig schnell kommen sie über das große Zweite Schneefeld hinunter. Doch die Abseilarbeit über die Felsstufe zum Ersten Eisfeld nimmt Stunden in Anspruch. Wieder bewundern die Zuschauer die Umsicht und Meisterschaft, mit denen die Seile gehandhabt werden. Aber als das Erste Eisfeld erreicht wird, kommt die Nacht. Nahe der Stelle, wo Sedelmayr und Mehringer zum zweitenmal biwakiert hatten, beziehen die vier ihr drittes Freilager. An ihren Körpern kann kein trockener Faden mehr sein. Dieses dritte Biwak muß ihnen die Kraft rauben. Trotzdem müssen drei noch Kraft genug für den vierten haben. Gering ist der Höhenunterschied, den sie heute überwunden haben, nur 300 Meter. Noch 900 Meter tief gähnt unter ihnen die Wand. Doch wenn sie den Quergang und den Schwierigen Riß hinter sich haben, ist das rettende Tal nicht mehr fern. Das Gelände dort ist ihnen vertraut.

Der Quergang ...

Er ist das erste wichtigste Ziel an diesem neuen Tag, am Dienstag, dem 21. Juli. Verhältnismäßig gut scheinen die vier das dritte Biwak überstanden zu haben, denn sie kommen recht schnell über das Erste Eisfeld hinunter, zu der Stelle, wo der Quergang mündet. Dann sehen die Zuschauer nur drei am Werk. Ist einer abgestürzt?

Nebel flattert um die Wand, Sturm kommt auf, stärker wird das Krachen der Steinschläge, Pulverschneelawinen fegen über den Hang, über den gestern noch der Abstieg führte. Wenn die vier den Quergang hinter sich haben, ist auch die ärgste Steinschlaggefahr gebannt. Aber wo ist der vierte?

Als sich der Wolkenvorhang wieder einmal zerteilt, sehen die Menschen an den Ferngläsern wieder vier Mann. Angerer scheint aber außer Gefecht gesetzt, er beteiligt sich nicht an den Versuchen, den Quergang zu bezwingen. An dieser Arbeit sieht man vor allem einen. Es muß der Anderl Hinterstoisser sein, der Erstbegeher der Schlüsselstelle. Aber jetzt hängt kein Quergangseil mehr. Und die Felsen scheinen im Aufstieg frei nicht erkletterbar zu sein.

Das Wetter schlägt um. Das Wetter hat schon umgeschlagen. Das Wasser, das ständig die Felsen übersprüht hat, muß zu Eis erstarrt sein. Jeder der Fachleute an den Ferngläsern ahnt die furchtbare Tragödie. Der Weg zurück ist versperrt. Niemand kann über den eisig verglasten Fels. Nicht einmal ein Andreas Hinterstoisser. Die ganzen wertvollen Stunden des Vormittags verstreichen über den vergeblichen, zermürbenden, unsagbar anstrengenden und gefährlichen Versuchen. Und dann kommt der letzte verzweifelte Entschluß: Abstieg senkrecht hinunter. Über die lotrechte, stellenweise sogar weit überhängende Steilstufe, an die 200 Meter tief.

Es geht mitten durch die Bahn des Steinschlags und der Lawinen. Über diese Steilstufe brauchten Sedelmayr und Mehringer im Aufstieg einen ganzen Tag. Bei schönem Wetter, bei trockenen Felsen. Jetzt ist auf dem Berg die Hölle los. Aber es gibt keine andere Möglichkeit.

Man richtet die Seile zu dem luftigen Abstieg.

Das ist der Augenblick, in dem von unten die Rufe Albert von Allmens heraußtönen.

Ein Mensch, der ruft? So nah? Da kann es nicht schiefgehen! Die Stimme eines Menschen — das gibt Kraft, das gibt Mut, ja, das schenkt die Überzeugung: Die Brücke zur Welt des Lebens ist geschlagen! Und trotz Gefahr und Erkenntnis der schwierigen Lage jodeln alle zurück: »Alles wohlauf!« Kein Hilferuf, ja nicht einmal die Andeutung der ungeheuren Gefahr.

Alles wohlauf...

Albert von Allmen ist ärgerlich. Wie lange soll er den Tee denn noch warmhalten? Der Ärger wandelt sich in Sorge. Zwei Stunden sind schon seit seinem Gespräch mit den Bergsteigern vergangen, und noch immer rührt sich nichts beim Stolleneingang. Sind sie daran vorbeigeklettert? Haben sie das Band, das zum Stollenfenster herüber leitet, übersehen?

Der Streckenwärter tritt wieder vor die Tür. Grausig schaut die Wand jetzt aus. Man sieht nicht weit. Überall dampft Nebel. Steinschlag

und Lawinen reden eine unbarmherzige Sprache. Albert ruft. Und es kommt Antwort. Entsetzliche Antwort. Nicht mehr das fröhliche Jodeln. Einer schreit, nur einer, der letzte... Toni Kurz.
Ein tapferer, unglaublich zäher junger Bergsteiger, über dessen Wiege der Watzmann stand. Ein Mann, der schon viele Menschen aus Bergnot gerettet hat, der aber noch nie um Hilfe rief. Jetzt aber schreit er, nein, es schreit aus ihm heraus, das Leben schreit und fordert verzweifelt sein Recht:
»Hilfe! Hilfe! Alle andern sind tot. Nur ich lebe noch, Hilfe!«
Der Sturm, die Lawinen, der Steinschlag verhindern eine genaue Verständigung. Albert von Allmen allein kann nicht helfen. Er schreit: »Wir kommen!« Dann eilt er zurück in den Stollen, betätigt das Telefon.
»Hier Station Eigergletscher!«
»Hier Allmen. In der Wand ist Furchtbares geschehen! Nur einer lebt noch, den müssen wir holen. Sind Bergführer bei euch?«
Ja, es sind Bergführer da. Hans Schlunegger, Christian und Adolf Rubi aus Wengen. Sie kommen! Sie kommen auch ohne Befehl, ja gegen das Gebot. Die Menschlichkeit triumphiert über die Verordnung.
Der Führerobmann von Grindelwald, Bohren, hat nämlich in Sorge um die ihm anvertrauten Bergführer an die Führerkommission in Bern, an das Zentralkomitee des Schweizer Alpenklubs eine Mitteilung erlassen, die auch im »Echo von Grindelwald« erschienen ist.
»Mit Besorgnis sieht man den geplanten Aufstiegsversuchen in der Eigerwand entgegen. Sie sind wohl ein deutlicher Ausdruck dafür, wie sehr sich die Auffassung im Bergsport geändert hat. Es ist anzunehmen, daß sich die Touristen, die an einen solchen Aufstiegsversuch herangehen, der Gefahren, die sie dabei auf sich nehmen, bewußt sind. Niemand darf aber erwarten, daß Bergführer bei ungünstigen Verhältnissen zu einer Hilfeleistung bei einem allfälligen weiteren Unglück in die Eiger-Nordwand hinaufgeschickt werden... Es würde unmöglich sein, unsere Führer gezwungenermaßen in die Gefahren jener Akrobatik hineinzutreiben, in die sich andere mutwillig begeben.«
So ist der Standpunkt des Bergführerobmannes. Niemand hätte es den Bergführern, die auf der Station Eigergletscher die Nachricht von dem Unglück erhielten, verübelt, wenn sie sich geweigert hätten, bei diesen furchtbaren Verhältnissen auch nur einen Schritt in die Wand zu tun.
Aber: Einer lebt noch, nur noch einer... Diesen einen wollen sie retten.
Die Jungfraubahn stellt sofort einen eigenen Zug zur Verfügung, die Bergführer fahren bis zum Stollenloch bei Kilometer 3,8, treten in die

von Eis spiegelnde Wand. Schnee stäubt ihnen ins Gesicht. Aber unbeirrt queren sie auf den rutschigen, trügerischen Bändern schräg aufwärts, kommen bis etwa hundert Meter unter den an einer Seilschlinge hängenden Toni Kurz.

Verzweiflung und Jubel klingt in seiner noch erstaunlich hellen Stimme, als er die Retter hört: »Ich allein lebe noch. Hinterstoisser ist abgestürzt, ganz hinunter. Und Rainer ist von dem Seil zu einem Karabiner gezogen worden und dort erfroren. Und Angerer hängt unter mir, auch tot, vom Seil im Sturz erhängt...«

»Wir helfen dir.«

»Ja, ja«, schreit Toni, »aber ihr müßt von oben kommen; rechts von hier, durch den Riß, da stecken vom Aufstieg her noch Haken drin. Und dann, mit dreimal Abseilen seid ihr bei mir!«

»Unmöglich. Keiner kommt dort hinauf, bei der Vereisung!«

Kurz schreit: »Aber von unten her könnt ihr mich nicht retten!«

Der Tag neigt sich dem Ende zu. Die Bergführer müssen eilen, um noch vor Nacht das Stollenloch zu erreichen. Sie rufen: »Kannst du noch eine Nacht aushalten?« Verzweifelt schallt die Antwort aus Nebel und Sturm von oben: »Nein! Nein! Nein!«

Diese Rufe schneiden den Bergführern ins Herz. Sie werden sie nie vergessen. Aber es ist unmöglich jetzt in der Nacht zu helfen, in dieser Wand, bei diesem Wetter.

»Wir kommen morgen wieder, in aller Früh! Halt aus!«

Lange noch hören sie die Rufe des Toni Kurz.

Der junge Bergführer aus Berchtesgaden glaubt die Nacht nicht überstehen zu können. Aber noch ist das Leben stärker in ihm. Er übersteht die Nacht, an einer Seilschlinge pendelnd, vom Sturm gepeitscht, im Krachen des Steinschlags, in der furchtbaren Kälte. Sie ist so arg, daß sie das von der Körperwärme aufgetaute Wasser sofort wieder gefrieren läßt. An den Zacken der an die Schuhe geschnallten Steigeisen bilden sich zwanzig Zentimeter lange Eiszapfen. Toni verliert den Fäustling der linken Hand. Es erfrieren ihm die Finger, die Hand, der Arm; sie erstarren zu formlosen, bewegungsunfähigen Klumpen. Aber als der Morgen dämmert, ist noch immer Leben in dem gepeinigten Mann. Auch seine Stimme ist klar und deutlich, als sich die Führer wieder melden.

Zu Schlunegger und den Brüdern Rubi ist noch Arnold Glatthard gestoßen. Zu viert wollen sie nun den Kampf gegen die erbarmungslose Wand um das Leben ihres jungen Bergführerkameraden aus Bayern aufnehmen. Die Felsen sind in furchtbar vereistem Zustand. Ein Emporklettern scheint unmöglich. Wieder verlangt Toni Kurz: »Ihr könnt mich nur von oben retten. Ihr müßt hinaufsteigen zu dem Riß.«

Diesen erstklassigen Bergführern aber, aufgewachsen in einer großen Tradition, zwar Meister auf dem Berg, aber wenig vertraut mit neuzeitlicher Klettertechnik, hätte wohl die Stelle selbst bei schönem Wetter Schwierigkeiten gemacht. Das hätte die »Akrobatik« vorausgesetzt, gegen die ihr Führerobmann Bohren so entschieden Stellung genommen hat.

Es gelingt den vier Bergführern, bis etwa vierzig Meter unter die Stelle zu klettern, wo Toni Kurz am Seil hängt. Sie können ihn von dort aus nicht sehen, so weit wölbt sich der Überhang über den Abgrund. Wenn Kurz ein weiteres Seil hätte, um sich daran abzuseilen, wäre er gerettet. Aber wie kommt er dazu? Versuche mit Raketen scheitern. Weit außen schießt das Seil an Kurz vorbei. Es bleibt die letzte Möglichkeit:

»Kannst du selbst eine Schnur herunterlassen, damit wir Seil, Mauerhaken und was du brauchst, anbinden können?«

»Ich habe keine Schnur.«

»Steig hinunter, so weit du kannst, schlage den toten Angerer ab. Klettere wieder hinauf und schlage das Seil oben ab. Dann dreh von dem gewonnenen Seilstück die Litzen auf, knüpfe sie zusammen und laß die Schnur herunter.«

Ein Stöhnen ist die Antwort: »Ich will's versuchen.«

Nach einiger Zeit hört man Pickelschläge. Unfaßbar, daß Kurz sich festhalten kann: eine Hand erfroren, die andere schwingt den Pickel. Es gelingt ihm, das Seil abzuschlagen. Aber Angerer stürzt nicht, er ist an den Fels festgefroren. Fast im Traumzustand, nur noch dem Lebenswillen gehorchend, steigt Kurz wieder hinauf, schlägt oben das Seil durch. So hat er etwa acht Meter steifgefrorenes Seil gewonnen. Und nun beginnt die unfaßbare Arbeit — die Litzen des Seiles aufzudrehen. Jeder Bergsteiger weiß, wie schwierig das ist, selbst auf sicherem Boden, mit zwei gesunden Händen. Toni Kurz jedoch hängt zwischen Himmel und Erde, in vereister Wand, vom Steinschlag bedroht, manchmal von Schneerutschen überschüttet. Er arbeitet mit einer Hand und den Zähnen. Fünf Stunden lang...

Einmal kommt eine große Lawine, trifft fast die Bergführer. Knapp an Schluneggers Kopf saust ein Riesenblock vorbei. Und dann kommt ein Körper vorbeigeflogen — — — Toni? Nein, es ist nicht Toni. Es ist Angerer, dessen Leichnam sich von der Vereisung gelöst hat. Grauenvoll sind diese Stunden für Toni Kurz, der um sein Leben kämpft, grauenvoll auch für die Bergführer, die nicht helfen können, die warten müssen auf den Augenblick, da Kurz das Unglaubliche wahrmachen kann.

Dann pendelt die zusammengeknüpfte Schnur zu den Rettern. Ein Seil wird daran befestigt. Mauerhaken, Karabiner, Hammer. Langsam entschwinden die Gegenstände den Blicken der Bergführer. Toni Kurz ist am Ende seiner Kraft. Die Aufzieharbeit ist ihm fast unmöglich. Aber er schafft sie doch. Das eine Seil erweist sich als zu kurz. Die Führer binden ein zweites daran. Der Knoten schwebt in Sichtweite, aber unerreichbar draußen unter dem großen Überhang.

Es vergeht wieder eine Stunde. Da kann Toni Kurz endlich mit dem Abseilen beginnen, sitzend in einer Seilschlinge, die mit einem Karabiner in das Seil gehängt ist. Zentimeterweise kommt er tiefer. Dann werden es zehn, fünfzehn, zwanzig Meter... dreißig Meter, 35. Jetzt baumeln seine Beine bereits unter dem Überhang.

Da stößt der Knoten der Verknüpfungsstelle an den Karabiner von Tonis Abseilsitz. Der Knoten ist zu dick. Toni kann ihn nicht durch den Schnappring zwängen. Er stöhnt.

»Probier' es, probier'«, ermuntern verzweifelt die Retter den Erschöpften. Toni murmelt vor sich hin, versucht es nochmals mit aller Kraft. Aber die ist nicht mehr groß. Sie ist zu Ende. Unglaublich waren die Leistungen des Mannes. Sein Lebenswille war auf das äußerste angespannt. Das Abseilen im sicheren Karabinersitz löste die Spannung. Jetzt geht es der Rettung entgegen. Jetzt ist es mit dem Kampf aus, jetzt sind die anderen da...

Und nun dieser Knoten. Nur ein Knoten. Aber er ist unüberwindlich.

»Versuch es noch einmal, es geht.«

Verzweifelt klingt die Mahnung der Führer. Noch ein letztes Aufbäumen gegen das Schicksal. Noch ein letztes Anrufen der Reservekräfte gegen dieses letzte, allerletzte Hindernis. Toni beugt sich vor, versucht noch einmal seine Zähne zu Hilfe zu nehmen. Starr und nutzlos steht der erfrorene linke Arm mit der unbrauchbaren Hand vom Körper ab. Er hat auch keine Reservekräfte mehr.

Toni murmelt unverständliches Zeug. Sein hübsches Jungmännergesicht ist von Erfrierungen und Überanstrengung blaurot gedunsen. Die Lippen bewegen sich. Will er noch etwas sagen?

Jetzt spricht er deutlich und klar: »Ich kann nicht mehr.«

Sein Körper kippt nach vorn. In der Sitzschlinge, fast in Reichweite der Führer, nur draußen über dem Abgrund baumelnd — hängt ein Toter...

Wie sich der ganze Unfall zugetragen hat, was sich abspielte in dem Zeitraum, während der Streckenwärter und Menschenfreund von Allmen den Tee zubereitete, das wird man nie genau feststellen, nur ahnen können. Die Tatsache, daß Andreas Hinterstoisser unangeseilt war, als er abstürzte, läßt vermuten, daß dieser technisch vielleicht beste der vier einen besonders guten Platz für Abseilhaken suchen wollte. Ob ihn ein Stein getroffen, ob alle vom Steinschlag getroffen wurden und dadurch stürzten, oder ob die anderen versuchten, den stürzenden Anderl aufzufangen und dabei selbst mitgerissen wurden, konnte man den bruchstückweisen unzusammenhängenden Mitteilungen des Toni Kurz nicht entnehmen. Der Berchtesgadener mußte alle Kraft für seine eigene Rettung gebrauchen, konnte weder Gedanken noch Worte auf Berichte verschwenden. Offenbar waren die drei zusammengehängt, das Seil lief durch einen Karabiner, der in einem Haken hing. Durch den Sturz wurde Rainer gegen den Haken gezogen und bewegungsunfähig. Daß Angerer jener Verletzte war, den man in der Wand beobachtete, erwies sich aus Resten von Verbandszeug, die man am Schädel des später gefundenen Leichnams entdeckte. Die Tragödie Sedelmayr-Mehringer spielte sich verborgen hinter den Wolken des Berges ab. Die Menschen konnten nur vermuten. Toni Kurz aber beendete sein Leben vor den Augen der Retter. Darum war die Katastrophe von 1936 so unmittelbar und so erschütternd, daß sie nie vergessen werden wird.

Arnold Glatthard, der schweigsame, zurückhaltende Bergführer sagte: »Es war der traurigste Moment meines Lebens.«

Im Zusammenhang mit den ersten Tragödien in der Eiger-Nordwand wurde an Schreibtischen vieles erdacht und geschrieben, was die Stimmung vergiftete und das gegenseitige Verstehen erschwerte. Die echten Bergsteiger jedoch schrieben im gleichen Sinn, gleichgültig, ob sie nun das Unternehmen Eigerwand guthießen oder verurteilten. Es war die Sprache des Verstehens, der Menschlichkeit, der Ehrfurcht vor den Toten.

Als Abschluß meines Berichtes über die Tragödie von 1936 sollen hier die Worte Sir Arnold Lunns stehen, der ein Feind jedes Pathos und falschen Heroisierens ist. In seinem Buch »A Century of Mountaineering«[1] schreibt er zum Tode des Toni Kurz: »Sein tapferes Herz widerstand den Schrecken des Sturms, des Alleinseins und des Elends, Schrecken, denen kaum ein anderer Bergsteiger in gleichem Ausmaß begegnen mußte. Er hing in seiner Seilschlinge, gepeitscht vom Sturm, aber entschlossen, sich nicht zu ergeben. Und Kurz ergab sich nicht. Er starb. In der Geschichte des Bergsteigens gibt es keinen Bericht von größerer Zähigkeit und heldenhafterem Erdulden…«

1 Arnold Lunn, »A Century of Mountaineering«, George Allen & Union Ltd., London 1957.

Eiszäpflein, die sich schneuzen

Die Eigerwand liegt noch in den Banden des Schnees. Es schneit, als wäre hier ein letztes Bollwerk des Winters, gegen das Frühling und Sommer vergeblich Sturm laufen. Aber in den Sennhütten, den Gaststätten von Alpiglen und der Kleinen Scheidegg sind bereits die neuen Eigerwandbewerber eingetroffen. Zelte wachsen aus dem Boden. Man hört vor allem die deutsche Sprache der Bayern und Österreicher, aber auch Italienisch und Schwyzerdütsch.

Der ehemalige Lehrer und jetzige Nestor der Bergführer, Nationalrat Samuel Brawand, erhebt seine warnende Stimme. Brawand kennt den Eiger besonders gut. Wir kennen ihn von der Erstbegehung des Mittellegigrates.

Brawand erklärt der »Neuen Zürcher Zeitung« in einem Interview: »Es ist Tatsache, daß sich wieder verschiedene Seilschaften für die Eiger-Nordwand interessieren. Bis heute haben wir in Grindelwald von vier Gruppen gehört...

Die ›Neue Zürcher Zeitung‹ ersucht mich um eine Stellungnahme der Rettungskolonne bei einem neuen Einstieg in die Wand. Bis heute haben weder die hiesige Führerschaft noch die Schweizer Alpenclub-Sektion über diese Frage ernsthaft gesprochen. Meines Erachtens erübrigt es sich auch, irgendwelche Beschlüsse zu fassen. Wenn die Führerschaft beschließen würde, keinen herunterzuholen, der in die Eiger-Nordwand einsteigt — wozu die Berner Regierung sie vielleicht ermächtigen könnte —, was wäre damit erreicht? Würde ein solcher Beschluß abschreckend wirken? Ich glaube es nicht. Wer in die Eiger-Nordwand einsteigt, dem ist es gleichgültig, ob man ihn als Leiche dort oben läßt oder ob man ihn herunterholt. Lächerlich wäre der Beschluß erst recht, wenn man drohte, man hole auch in Bergnot Schwebende nicht herunter. Wenn Leute dort oben um Hilfe schreien und die Führer ihnen Hilfe bringen können, dann werden sie es immer tun. Sie werden es nur dann nicht tun, wenn die Gefahr so groß ist, daß ein Gelingen eines Rettungsversuches von vornherein völlig ausgeschlossen erscheint.

Ein Verbot der Eiger-Nordwand wurde seinerzeit von der Berner Regierung erlassen. Es ist wieder aufgehoben worden und mit Recht. Erstens kann es gar nicht wirksam sein, weil die gesetzliche Strafe zu gering ist, und zweitens läßt sich überhaupt keine Art des Selbstmordes wirklich verbieten.

Eine wichtige Aufgabe fällt im Kampf gegen das Nordwandfieber der Presse zu. Sie sollte danach trachten, die unersättliche Sensationslust des Publikums nicht zu befriedigen. Man hat leider schon Bilder publiziert, die zum Pietätlosesten gehören. Schließlich gibt es auf der Welt noch höhere Aufgaben als die Bezwingung der Eigerwand. Ich, der selber Erstbegehungen mitmachen half, weiß, daß das Gelingen einer solchen Tat ungemein befriedigt. Man weiß aber auch, daß es bloß eine Stufe in der Entwicklung des Menschen ist...«

Es sind verständnisvolle Worte, die Samuel Brawand hier ausspricht. Sie wollen eine Brücke schlagen von Mensch zu Mensch. Sie warnen, ohne zu verurteilen. Aber auch ihm, dem erfahrenen Alpinisten, scheint ein Durchsteigungsversuch der Eigerwand noch eine besonders komplizierte und kostspielige Art des Selbstmords. Er spricht von der großen Befriedigung, die eine Erstbegehung bringt. Es gibt aber eine unfaßbare und unwägbare Triebfeder, die zum Außergewöhnlichen führt. Der Eigerbazillus ist da, er hat die Bergsteiger befallen. Es ist — wie wir schon eingangs sagten — die Lust am großen Abenteuer, die immer wieder die Jugend in ihren Bann zieht und dem jungen Menschen die Kraft verleiht.

Aber die Nordwand des Eiger wird nach der Erstbegehung den Ruf der Unbesteigbarkeit verloren haben. Sie wird dadurch nicht weniger schön, gewaltig und gefährlich geworden sein, denn sie ist so beschaffen, daß jede Seilschaft das Beste leisten muß, was Menschen auf dem Berg zu leisten imstande sind. In diesem Sinne wird jede Eigerwand-Durchkletterung eine Erstbegehung bleiben. Aber das Fieber wird geschwunden sein, und kein Mensch wird mehr von einem Bazillus reden. Der Begriff »Eiger-Nordwand« wird zum geistigen Besitz der Menschen geworden sein. Wohlgemerkt: zum geistigen Besitz. Man kann Berge weder bezwingen, noch erobern, nur besteigen. »Bezwingung« und »Eroberung« sind heute schon abgedroschene, ungezählte Male gedankenlos wiederholte, falsche und anmaßende Ausdrücke für bergsteigerische Erfolge. Und schon gar nicht kann man ein Bollwerk der Natur wie die Eigerwand »erobern«; es sei denn, man baute eine Seilbahn von Alpiglen zum Eigergipfel. Das wäre aber auch keine Bezwingung mehr, sondern ein Auslöschen der Eigerwand im bergsteigerischen Sinn.

Die Ansichten Samuel Brawands deuten schon die kommende Wende an, da die Vernunft und das Verstehen über die Leidenschaften triumphieren. Denn es gab ja nicht nur ein Eigerfieber, sondern auch ein »Anti-Eigerfieber«, das die Ordnung und Ruhe mindestens ebenso störte wie die tapferen einfachen Burschen, die in der Wand geblieben waren. Der Streit ging nicht mehr um Prinzipien, sondern um Menschen, um menschliches Leben...

Von diesem Gesichtspunkt einer geistigen Wende aus betrachtet, war das Jahr 1937 besonders interessant, wenn es auch noch nicht den eigentlichen Erfolg brachte.

Da ist zunächst der Beschluß des Regierungsrates von Bern zu erwähnen, betreffend die Eigerwand, veröffentlicht Anfang Juli:

»In Ergänzung von Paragraph 25 des Reglements für die Bergführer und Träger im Kanton Bern vom 30. Juli 1914 wird verfügt:
1. Es wird in das Ermessen der Obmänner der Rettungssektionen gestellt, bei Unglücksfällen in der Eiger-Nordwand Rettungsversuche zu unternehmen.
2. Seilschaften, die die Eiger-Nordwand zu begehen beabsichtigen, sind durch die Rettungsstationen und die Führer vor dem Einstieg in die Wand zu warnen. Sie sind ausdrücklich darauf aufmerksam zu machen, daß im Falle eines Unglücks keine Rettungsversuche angeordnet werden. (Daß die Bergführer im Dienste der Menschlichkeit trotzdem alles tun werden, um das Leben bedrohter Bergsteiger zu retten, hat nicht nur Nationalrat Brawand ausgesprochen, sondern wurde auch durch wirkliche Hilfeleistungen erwiesen. Anmerkung des Autors.)
3. Der Regierungsstatthalter von Interlaken hat diesen Beschluß den Führerobmännern des Bezirkes zu Händen der Rettungsstationen und der Führer zu eröffnen.
Im Namen des Regierungsrates der Präsident: Jos.
Der Staatsschreiber: i. V. Hubert.«

In diesen frühen Julitagen des Jahres 1937 stehen schon einige Seilschaften bereit, den Angriff, zumindest den Versuch, zu wagen. Zwei sehr gute Bündner Bergsteiger haben sich angesichts der bösen Verhältnisse bereits zurückgezogen. Es bleibt eine italienische Partie: Giuseppe Piravano aus Bergamo, dem der Ruf vorausgeht, zu den besten Eisgehern Italiens zu zählen, und Bruno Detassis, der bekannteste Felskletterer der wilden Brentagruppe, aus Trient. Beide sind Bergführer. Als nächste Gruppe trainiert in der Gegend die Seilschaft Wollenweber, Zimmermann und Lohner, von denen die beiden Erstgenannten bereits im Vorjahr zu den Bewerbern um die große Wand gehörten. »Außerdem haben noch zwei Münchener ihr Zelt bei Alpiglen aufgeschlagen«, berichtet die »Neue Zürcher Zeitung«, abseits und ohne viel Getue. Sie verweigern vorderhand noch ihre Namen«. Die beiden »Münchener« stammen aus Bayrisch-Zell. Der eine ist kein geringerer als Anderl Heckmair, auch er Berufsbergführer.

Eine stattliche Mannschaft, verbunden nur durch das gemeinsame

Ziel. Jede Gruppe aber operiert allein, hat ihre eigenen Gedanken, Pläne, Trainingsmethoden.

Selbstverständlich gibt es eine stille Rivalität zwischen den einzelnen Seilschaften, eine persönliche und nationale — wenn diese auch im Ringen um die Eigerwand nur eine unbedeutende Rolle spielt. Man hat den Italienern, auch den italienischen Bergsteigern, immer besonderen Chauvinismus vorgeworfen, aber man darf eines nicht vergessen: Die Italiener sind eine junge Nation, mit brennendem Ehrgeiz und flammendem Patriotismus, der gelegentlich über die Stränge schlägt. Ihre bergsteigerische Tätigkeit begann in größerem Ausmaß in jenen Jahren und Jahrzehnten, in denen sie sich politisch zur Nation im eigenen Staate einten, in der zweiten Hälfte des vorigen Jahrhunderts also. Der dramatische Kampf ums Matterhorn zum Beispiel wurde nicht nur zu einem Wettstreit zwischen Whymper und Carrel, sondern zu einer nationalen Angelegenheit. Il Cervino — oder Matterhorn, so lautete hier die Frage. Und der alte Bersagliere Carrel wollte den Cervino von Breuil aus, von seinem Heimattal, mit seinen Landsleuten, für seine Landsleute erobern. Man dachte weniger an den Berg als an die Flagge auf seinem Gipfel. Erinnern wir uns an den Triumph Whympers, als er vor den Italienern den Gipfel erreichte und seine Fahne — das schweißdurchtränkte Hemd des Bergführers Croz aus Chamonix — aufzog. Daran, wie der siegreiche Brite Croz aufforderte, ihm »um Himmels willen« doch zu helfen, Steine gegen den Tyndallgrat abzulassen, damit Carrel und die dort kletternden Italiener merkten, daß sie zu spät gekommen und geschlagen seien ... Und persönliche Rivalität, persönlicher Wettkampf um Erstbesteigungen? Sie sind so alt wie das Bergsteigen selbst. Schon die gewaltige Eröffnungsfanfare des Alpinismus — die Erstbesteigung des Montblanc im Jahre 1786 — wurde von dem häßlichen Ton menschlicher Mißgunst begleitet. Jacques Balmat wollte seinen Ruhm nie mit seinem Begleiter Dr. Paccard teilen. Auch zwischen den Bergführern verschiedener Nationen, ja selbst verschiedener Täler bestand und besteht immer ein Konkurrenzkampf.

Blättern wir in der Geschichte des Eiger. 1859 wurde das Eigerjoch erstmals von den Engländern Leslie Stephen und den Brüdern Mathews mit ihren Führern überschritten. Leslie Stephen, eine der vornehmsten Erscheinungen aus dem »golden age« des Alpinismus, der die eigene Leistung stets hinter die seiner Bergführer stellte, beschreibt die »Führerkonkurrenz« in seinem von liebenswürdigem Humor getragenen Buch »Playground of Europe«.

In den dreißiger Jahren haben sich die Italiener, vor allem im Felsklettern, an die Spitze des Weltalpinismus emporgearbeitet. Daß die

Expedition des Luigi Amedeo di Savoia, des Herzogs der Abruzzen, um die Jahrhundertwende an Kühnheit und Organisation wohl alle ähnlichen Unternehmungen anderer Nationen übertraf, sei nur am Rande vermerkt.

Doch nun zu unserer italienischen Seilschaft am Eiger. Am ersten Mittwoch des Monats Juli 1937 stieg sie in die sogenannte Lauperroute der Nordostwand des Eiger ein, einen großartigen Anstieg im klassischen Stil. Ein Weg für Meister, für Virtuosen. Dr. Hans Lauper und Dr. Alfred Zürcher erdachten ihn und haben ihn mit den bedeutenden Walliser Führern Alexander Graven und Joseph Knubel im Jahre 1932 verwirklicht. Gewiß, die Lauperroute kann für die Besten, Trainiertesten, für die Meister eine Trainingstour für die Eiger-Nordwand sein. Andere müssen erst zur Lauperroute heranwachsen. Wer den Pickel nicht mit jener Selbstverständlichkeit schwingen kann wie ein Bergbauer seine Sense am Steilhang, wer mit der Haue nicht millimetergenau mit richtigem Schwung und im richtigen Winkel das Eis trifft, der soll es sich aus dem Kopf schlagen, die Lauperroute als »Eingehtour« zu machen. Auch in der Epoche des Eishakens und des Eisbeils bleibt der Eispickel das Kriterium des Eisgehers. Man kann und soll das Rad der Entwicklung nicht zurückdrehen, aber jeder Bergsteiger sollte Stufenschlagen lernen, wie es die alten Bergführer mit ihren unhandlichen Eisäxten schon konnten, die sogar solche Meisterschaft im Anlegen von Stufenleitern hatten, daß sie sich lange gegen die Verwendung moderner Steigeisen wehrten. Wenn man schon im Schwierigen jene Mittel verwendet, die nur dem Außergewöhnlichen geziemen, so ist das nicht ein Zeichen besonderer Vorsicht, sondern der Beweis, daß man eine Entwicklungsstufe übersprungen hat. Man kann auch mit untauglichen oder mit unpassenden Mitteln einer bösen Lage Herr werden. Aber gut ist das nicht.
Die beiden italienischen Bergführer Piravano und Detassis stiegen also in die Lauperroute ein, die sich vom »Hoiisch«, dem »Hohen Eis«, so kühn und steil, gepanzert mit glasigen Felsplatten und drohenden Eisbarrieren, aufbaut. Sie wollten den Berg von allen Seiten kennenlernen. Zunächst hatten sie ja nicht die Absicht, die ganze Lauperroute zu durchklettern: Nur erkunden wollten sie sie. Das war ein neuer Gedanke im Ringen um die Eigerwand — ein Gedanke für die Zukunft, ein Bergführergedanke: Giuseppe und Bruno wollten nicht nur die Eigerwand begehen, sie wollten auch Touristen durch sie führen können. Falls sich das als zu schwer, gefährlich und unmöglich erweisen sollte, würden sie von dem ganzen Unternehmen abstehen.
Wenn auch die Versuche und Erkenntnisse der beiden schließlich

negativ blieben, verdient dieser Gedanke doch festgehalten zu werden. Er war nicht nur neu, er war geradezu revolutionär. Denn die Schweizer Führerschaft hielt noch an ihrer alten, gewiß sehr schönen und großen Tradition fest. Ihre Einstellung zur Eigerwand unterschied sich kaum von der des alten Berchtesgadener Bergführers und Erstbegehers der Watzmann-Ostwand Johann Grill-Kederbacher, der schon 1883(!) zur Eigerwand kam, mit der Absicht, sie zu besteigen. Kederbacher sagte dann aber: »Unmöglich.« Und auch die Schweizer Bergführer von 1937 sagten: »Unmöglich.« Und da kamen nun die beiden Italiener Bruno und Giuseppe und wollten die Eiger-Nordwand machen — um Touristen durchzuführen...

An einem Mittwoch also stiegen sie in die Lauperroute ein. Am Donnerstag sah man nichts von den beiden. Das Wetter war nicht gut. Schneerutsche und auch größere Lawinen zeichneten den Lauperanstieg. Das veranlaßte einen voreiligen Berichterstatter schon zu einem Telegramm an die »Neue Zürcher Zeitung«: »Die beiden italienischen Anwärter vermutlich abgestürzt.« Die Meldung machte die Runde in vielen Zeitungen. Manche Besser- und Nichtswisser knüpften daran die Betrachtung, daß Piravano und Detassis ihr Unternehmen leichtfertig und ungenügend ausgerüstet begonnen hätten, ja, man glossierte auch den »besten Eisgeher« Italiens.

Und was hat sich in Wirklichkeit abgespielt?

Die Platten und Bänder im unteren Teil der Wand waren trügerisch, verschneit und glitschig. Langsam, mit allen Vorsichtsmaßnahmen bewegten sich Giuseppe und Bruno aufwärts. Sie bezogen über dem ersten Abbruch ein Biwak, an einer Stelle, die die ungemein starke, stoßkräftige Partie Lauper schon am Vormittag erreicht hatte, weil damals außerordentlich günstige Verhältnisse herrschten. Am Donnerstag stiegen die Italiener über das gewaltige Dach des Berges weiter. Da geschah das Unglück. Ein Schneerutsch fegte den führenden Piravano von seinem Stand. Bruno sicherte durch einen Eishaken. Es gelang ihm, den Gefährten zu halten. Er konnte aber nicht verhindern, daß sich Giuseppe an seinem Bein erheblich verletzte. Piravano war unfähig zu führen, ja, sich ohne Hilfe auch nur zu bewegen. Der ausgezeichnete Eismann war also ausgeschaltet. Der Stolz und die Berufsehre verboten den beiden, Notsignal zu geben. Aber ein Abstieg war gleichfalls unmöglich, die Lawinengefahr und die verschneiten Felsspalten gestatteten keinen Rückzug. Auch eine Querung hinüber zur Mittellegihütte war ausgeschlossen. Piravano mußte stets von oben gesichert sein, Traversen kamen also nicht in Betracht. Doch der obere, über Felsen führende Teil der Lauperroute mußte für den Beinverletzten ebenfalls unerträgliche Schmerzen bringen. So entschloß sich

Bruno Detassis, über den abschreckenden Eishang, steiler als das Dach eines gotischen Domes, gerade emporzusteigen und den verletzten Freund durch senkrechte Sicherung zum oberen Teil des Mittellegigrates zu bringen.

Der Plan gelang. Es war eine beachtliche und kameradschaftliche Leistung des Trientiners. Todmüde erreichten die beiden am Abend die Mittellegihütte, die wie ein Adlerhorst am sturmumbrausten Grat steht.

Am Freitag, dem 8. Juli, wurden Piravano und Detassis, die sich so tapfer bis in das rettende Asyl gekämpft hatten, ohne Hilfe zu beanspruchen, von ihren Schweizer Berufskollegen Inäbnit und Peter Kaufmann ins sichere Tal geleitet. Beide äußerten sich mit größter Hochachtung über Bruno und Giuseppe.

Noch gab es leider viele Zeitungen, die die große Wende des Jahres 1937 nicht spürten und ihren Lesern auch weiterhin im Ton der vergangenen Jahre wilde Sensationsberichte vorsetzten.

Andreas Heckmair, der mit seinem Freund Theo Lösch die Wand belagerte, jedem neugierigen Reporter seinen Namen verschwieg, in aller Stille die Wand und ihre Tücken studierte, bei einem Versuch sogar einen neuen Durchstieg unter der Roten Fluh nach rechts zum Nordwestgrat fand — diese Variante aber als unwesentlich gar nicht bekanntgab —, Heckmair also berichtete von den seltsamen Burschen, die dem Ruf der Bergsteiger schwer geschadet hätten, wären sie nicht als Scharlatane entlarvt worden: »Sie erzählten jedem, der es wissen oder auch nicht wissen wollte, von ihrem Vorhaben in der Eigerwand, stiegen in aller Öffentlichkeit, wozu sie eigens ihre Interessenten zur Beobachtung einluden, im Vorbau der Nordwand umher, ließen sich in Grindelwald freihalten und pflückten Vorschußlorbeeren, wo sie sie nur erwischen konnten. Wir und alle Grindelwalder Führer waren mit Recht erbost. Diese alpinen Hochstapler waren vom Eiger angezogen wie die Motten vom Licht. Zur Beruhigung sei erzählt, daß sie doch noch ihre verdienten Prügel bekommen haben und am Schluß ihres Unwesens auch noch per Schub aus der Schweiz hinausgeflogen sind.«

Wie sich die echten Bergsteiger, die geheimen Bewerber um die Eiger-Nordwand über den Hinauswurf der hochstapelnden Schmarotzer freuten, kann man sich vorstellen. Neben den Italienern und den drei Münchenern, neben Anderl Heckmair und Theo Lösch hausten andere in Zelt und Heustadl oder trafen eben ein. Da war Rudi Fraißl, dessen Name in Wiener Bergsteigerkreisen einen sehr guten Klang hatte; sein Gefährte und engerer Landsmann war Leo Brankowsky. Sie lebten in ihrem Zelt bei Alpiglen wie auch Liebl und Rieger; und Primas und Gollackner aus Salzburg.

Als Anderl Heckmair es für aussichtslos erklärte, in absehbarer Zeit in der Eiger-Nordwand so günstige Verhältnisse anzutreffen, daß man eine Begehung riskieren könnte, und am 15. Juli abmarschierte, trafen Wiggerl Vörg und Hias Rebitsch ein. Und später kamen Eidenschink, der Erstbegeher der direkten Westwand des Totenkirchl, und sein Münchener Sektionskamerad Möller. Es war eine Elite der Bergsteiger, die sich in diesem Sommer 1937 am Fuß der Wand traf oder einander ablöste. Heckmair ging und Vörg kam, ohne daß die beiden einander begegneten, ohne zu ahnen, daß sie sich im kommenden Jahr durch das Seil zum gemeinsamen Erfolg verbinden würden.

Und neben den »Stoßtrupps« traf man immer wieder Angehörige vor allem des Münchener Bergrettungsdienstes, selbst fähig, die Wand zu versuchen und doch vor allem bereit, einzusteigen und zu helfen, wenn es nottat. Aber auch die Bergführer von Grindelwald hielten sich bereit, ohne Befehl, oder Gebot — so wie sie es schon 1936 getan hatten.

Die Masse der Zeitungsleser wollte ständig auf dem laufenden gehalten werden über das, was sich auf dem Eiger abspielte. »Jeder Pickelschlag, jeder Armzug der Belagerer wird registriert«, bemerkte sarkastisch der Züricher »Sport«.

Ja, die vielgesuchte Sensation — sie bahnte sich schon wieder an. Eigentlich keine Sensation, sondern eine Tragödie. Eigentlich auch keine echte Tragödie, wie in den vergangenen Jahren, sondern ein kurzes, aber sehr trauriges Kapitel im großen Geschichtsbuch des Eiger. Es beginnt am Donnerstag, dem 15. Juli. Am selben Donnerstag, an dem Ludwig Vörg in Grindelwald auf Hias Rebitsch wartet und mißmutig in den gegen Abend aufkommenden Regen starrt. Am selben Donnerstag, an dem Anderl Heckmair mit Lösch nach Grindelwald absteigt und keine Ahnung hat, daß da ein gewisser Wiggerl Vörg schlechtgelaunt am Fenster steht. Am Donnerstag, an dem Franzl Primas und Bertl Gollackner in die Lauperroute einsteigen.

Primas ist ein bekannter, tüchtiger Salzburger Bergsteiger. Er gehört zum Kletterklub »Die Bergler«, in dem sich einige besonders gute Salzburger Bergsteiger zusammengeschlossen haben. Bei einer Schitour im heimatlichen Tennengebirge hat Primas den knapp neunzehnjährigen Bertl Gollackner kennengelernt, einen guten Kletterer und Schifahrer voller Schneid und Draufgängertum. Ganz geheim, ohne jemandem etwas davon zu sagen, beschließen die beiden, sich die Eigerwand »einmal anzusehen«. Man lächle nicht überlegen über solche Bergbegeisterung derer, die mit leerem Geldbeutel, auf Fahrrädern, die weite Anreise machen, nur um den Berg der Träume einmal sehen zu können.

Primas ist vorsichtig. Auch fühlt er sich dem jungen Gefährten gegenüber verantwortlich. Vielleicht fehlt ihm die große Westalpenerfahrung, die ihn gelehrt hätte, einen Berg zuerst von allen Seiten kennenzulernen, bevor man seine schwerste Seite in Erwägung zieht. Freilich stürmt Primas aber auch nicht etwa blind in die Nordwand, die der Volksmund in häßlichem Wortspiel in Mordwand umgetauft hat. Er will einmal von der Seite her in die Nordwand schauen, von der östlichen Begrenzungskante aus, von der Lauperroute kommend. Vor wenigen Tagen erst sind die beiden Italiener Piravano und Detassis dem Abenteuer einer solchen Rekognoszierungsfahrt mit knapper Not entkommen. Primas und Gollackner wollen also nur zur Lauperroute, dem Weg, den der Geist der besten Schweizer Bergsteiger erdacht und eröffnet hat. Nur zur Lauperroute...

Nein, Primas und Gollackner wollten gar nicht die Nordostwand des Eiger durchsteigen. Nur ein Stück, um schauen zu können. Als sie zu klettern beginnen, kommt Gollackner darauf, daß er seinen Proviantbeutel im Zelt vergessen hat. Das ist zwar ärgerlich, aber sie wollen ja noch am Abend wieder zurück sein. Und für den einen Tag reicht Franzls Proviant für beide: eine Brotkante und ein Wurstzipfel.

Sie steigen ein, sie steigen höher. Und wieder ist die Wand böse. Die Verhältnisse sind noch schlimmer, als sie bei den Italienern waren. Lawinen, Steine, Bäche. Das ganze Gelände ist trügerisch, rutschig. Primas erkennt, daß es kein Zurück mehr gibt. Ein Biwak ist unvermeidlich. Ein Biwak ohne Zeltsack — man wollte doch vor dem Abend wieder hinunter.

Es folgt ein kaltes, nasses, gefährliches Biwak in der Wand, das den neunzehnjährigen Bertl schon viel Kraft kostet. Aber im schlechten Wetter des nächsten Tages beweist Primas sein großes Können. Er führt durch die steile, gefährliche Wand; beide erreichen abends die Wächte des Mittellegigrates. Dort graben sie sich schlecht und recht eine Schneehöhle. Zweites Biwak. In der Nacht steigert sich das Schlechtwetter zum Schneesturm. Der Proviant ist zu Ende. Die Kälte lähmt Muskeln und Willen. Aber am nächsten Morgen versucht Primas, sich und den erschöpften Freund weiterzuzwingen. Nun geschieht etwas Unbegreifliches: Primas steigt hinauf, gegen den Eigergipfel. Weiß er nicht, daß dort unten, auf dem Grat, eine Hütte, die Mittellegihütte, steht? Hält er die Überschreitung des Gipfels für durchführbar, den Abstieg aber nicht?

Unter dem Steilaufschwung, dort wo das fixe, jetzt dick vereiste

Sicherungsseil hängt, ist die Kraft Gollackners zu Ende. Wieder ein Biwak im Schnee, im Sturm. Primas gibt Notsignal. Gollackner ist nicht mehr fähig dazu. Primas flüchtet nicht allein. Er bleibt beim Freund.

Seine eigenen Füße werden gefühllos, erfrieren. Aber das Opfer ist vergebens: Sonntag, den 18. Juli 1937 stirbt Bertl Gollackner, der Neunzehnjährige, auf dem Mittellegigrat, am vierten Tag auf dem Berg. Der Schneesturm zerfetzt die Hilferufe des Freundes...

Aber auch ohne die Hilferufe gehört zu haben, denkt man an die beiden Salzburger. Man sieht nichts von ihnen, doch manche glauben etwas zu bemerken, als der Nebelvorhang einmal reißt. Ist es Freitag oder Samstag? Einer bringt das Gerücht auf: Primas und Gollackner steigen ab. Dann wieder glaubt man droben bei den Zelten von Alpiglen zu wissen, von Grindelwald sei eine Rettungskolonne abgegangen, die den Mittellegigrat und den oberen Wandteil absucht.

Und wenn sie tiefer unten sind?

Matthias Rebitsch und Ludwig Vörg — wir werden diese beiden später näher kennenlernen — haben Sonntag, den 18. Juli, bei Alpiglen ihr Zelt errichtet. Aber die Sorge um die beiden Salzburger läßt sie nicht zur Ruhe kommen. Wenn die Bergführer oben suchen, werden sie das unten tun. Montag, den 19. Juli, um vier Uhr früh verlassen Rebitsch und Vörg ihr Zelt, zunächst begleitet von zwei hilfsbereiten Gefährten: Liebl und Rieger. Man sucht die Lawinenkegel am Fuß der Lauper-wand ab. Da ist keine Spur der Vermißten. Rebitsch und Vörg steigen höher. Aber auch in den oberen Felsbändern ist nichts zu entdecken. Rasch kommen Hias und Wiggerl höher, bis ihnen eine überhängende Wandstufe den Weiterweg verwehrt. Nur ein Kamin führt über die Wandstufe. Durch diesen Kamin stürzt jetzt ein Wasserfall. Es gibt nur den Weg durch den Wasserfall. Rebitsch und Vörg gehen ihn. Völlig durchnäßt durchsuchen die beiden das System von Bändern der mittleren Wandzone. Auch hier finden sie Primas und Gollackner nicht. Solange diese nicht abgestürzt sind, besteht noch immer Hoffnung, daß sie leben.

Rebitsch und Vörg sind die dritten in diesem Juli, denen die lebendig gewordene Wand den Rückweg versperrt. Durch die Tageswärme lösen sich Teile der Wächte und kommen als gefährliche Geschosse herab. Dazu gesellen sich die Lawinen, die Wasserfälle, die Steine... Nein, auch Rebitsch und Vörg kommen an diesem Tag nicht mehr zu ihrem Zelt bei Alpiglen. Sie müssen hinauf.

Sie wollen schräg nach links gegen den Mittellegigrat nahe zur Hütte queren. Aber da ist ein überhängender, unter diesen Verhältnissen auch nicht von Rebitsch und Vörg bezwingbarer Wandgürtel. Der drängt die beiden zu einem Quergang, wie er in dieser Wand noch nie gemacht wurde.

Seilquergang unter der Wandstufe nach links. Seilquergang in wasserüberronnenem Fels, in vereistem Fels, im Eis. Ein Seilquergang? Ein Dutzend Seilquergänge. Das Eis knirscht und quietscht unter dem Druck der Steigeisen, wenn sich die beiden im Seilzug nach außen legen und die Füße gegen die Platten stemmen, auf die geschlagenen Haken vertrauend. Der Tag neigt sich dem Ende zu. Die beiden haben ein steiles Eisfeld erreicht, etwa 300 Meter unterhalb der Mittellegihütte. Sie können sogar das Dach sehen, dort oben. Da, wo sie sind, gibt es kein Dach.

Rebitsch und Vörg hacken mit dem Pickel Sitze aus dem Eis und Stufen für die Füße. An ihren Kleidern ist kein trockener Faden mehr. So hocken sie sich auf ihre winzigen Plätze, um zu biwakieren. Ein Eishaken und das daran befestigte Seil sollte sie vor einem Absturz bewahren, falls der eine oder der andere doch einschlafen sollte.

Dem Laien und auch dem Durchschnittsbergsteiger mag so ein Biwak grauenhaft erscheinen, unverständlich, daß man es lebend übersteht kann. Aber Matthias Rebitsch, einer der besten, erfahrensten und zähesten Bergsteiger seiner Zeit, und Ludwig Vörg, der Erstbegeher der 2000 Meter hohen Westwand des Uschba im Kaukasus, von den Freunden mit dem Spitznamen »Biwakkönig« geehrt, verbringen die Nacht in stoischer Ruhe. Am nächsten Morgen steigen sie über das steile Gelände empor zur Mittellegihütte.

Das Asyl wird freudig begrüßt. Holz ist da, im kleinen Herd prasselt bald Feuer. Die durchnäßten Sachen können getrocknet werden. Kurze Rast...

Aber am frühen Nachmittag kommen Bergführer von oben: Sie bringen den völlig erschöpften Franz Primas. Sie bringen auch die traurige Botschaft: Droben, 150 Meter unter dem Gipfel, liegt der tote Bertl Gollackner.

Rebitsch und Vörg brauchen keine Zeit zur Beratung.

»Wir holen morgen den Toten.«

Am nächsten Morgen steigen die beiden im Eiltempo hinauf. Sie finden Gollackner. Das sympathische Jungengesicht des Toten scheint gelöst, zufrieden mit der Welt, wie es meistens bei Erfrorenen der Fall ist, denen der letzte Traum noch einmal Geborgenheit, Wärme und Leben vorzaubert.

»Es war, als ob er schliefe, als ob man ihn nur zu wecken brauchte", sagt Wiggerl Vörg später. Und behutsam, um den ewigen Schlaf eines jungen Bergkameraden nicht zu stören, tragen Matthias Rebitsch und Ludwig Vörg den toten Albert Gollackner hinunter.

Welche Anstrengung es bedeutet, einen Toten über den schier endlosen Mittellegigrat zu bergen — davon erzählen sie nichts.
Unten weiß man noch nicht, daß Gollackner tot ist, man hat auch nichts von den Leistungen der Partie Rebitsch-Vörg und der Bergführer im Dienste der Rettung und Bergung gehört. Trotzdem steht der Eiger im Brennpunkt des Publikumsinteresses und der Polemik.

Am 19. Juli lesen wir im Züricher »Sport«: »Welches Maß von Seelengröße müßte der Eiger aufbringen, wenn man ihn als beseelt personifizieren wollte. Jahr für Jahr lagern ein paar lächerliche Erdenwürmer vor seiner grimmigen Nordwand, wollen ihm mit Haken und Seil den Durchgang abzwingen. Dabei braucht sich nur am Hutrand des Riesen ein Eiszäpflein zu schneuzen, um die Eindringlinge zu vernichten. Wenn man im tiefen Alpfrieden unter den weidenden Kühen liegt, hängt der Himmel sehr hoch und glückselig durchblaut über der Welt. Die Eigerwand glitzert mit ihren Eisschildern, krachend jagt das Echo der Steinschläge von Wand zu Wand, und man kann sich am Gießen und Gezisch der Schneerutsche erfreuen.
Ist es gut und nötig, daß dieses Reich der Naturgewalten von Lebewesen aufgesucht wird, die nicht als bergfrohe Adler oder Mauerläufer geschaffen worden sind, sondern als Menschen? Man darf die Selbstvernichtung nicht mit dem Leistungsbegriff entschuldigen. Es ist ein billiger Standpunkt, die sportliche Seite in den Vordergrund zu schieben. Sport heißt nicht unbedingt Höchstleistung. Man denke wieder über das ›mens sana in corpore sano‹ der Alten nach, um klar zu werden. Die Durchsteigung der Eiger-Nordwand ist verboten. Nicht die Berner Regierung hat das Verbot ausgesprochen. Der Eiger selbst redet mit unmißverständlicher Gebärde. Wer seine Stimme nicht versteht, ist taub und müßte von Rechts wegen aus dem Gefahrenbereich weggeholt werden, wie man einen Blinden vom Trambahngleis weg auf das Trottoir führt...«
Dieser Artikel wäre vielleicht in den vorangegangenen Jahren, wenn nicht schon am Platz, so doch immerhin diskutabel gewesen. Im Jahr 1937 scheint er ein Rückfall und vor allem für eine so angesehene, gewichtige Zeitung wie den »Sport« einigermaßen erstaunlich. Das passive Naturbetrachten und die wunschlose Glückseligkeit, die man dabei empfinden kann, ist auch dem Bergsteiger bekannt. Aber es macht nicht dessen Wesen aus. Aus dem tatenlosen Betrachten der Naturgewalten kann vielleicht ein idyllisches Gedicht wachsen, das den Leser erfreuen mag. Auch unter den Bergsteigern hat es feinsinnige, künstlerische Menschen gegeben, denen das Brausen des Sturmes, das Hämmern des Steinschlags ebenso vertraut waren wie Kälte, steile

Eisflanken und überhängende Felsen. Sie trugen das große, aufwühlende Erlebnis in sich, gleichgültig, ob sie ihm später literarische Gestalt gaben oder nicht. Es waren auch nicht die stillen Genießer, die die Pole bezwangen, in unbekannte Wüsten, in Urwälder vordrangen oder hoch über den Wolken den Luftraum eroberten. Auch jenen Pionieren hätte man sagen können: Geht nicht in die Arktis und Antarktis, denn ihr seid keine Eisbären oder Pinguine. Geht nicht in Urwald oder Wüste, denn ihr seid weder Affen noch Löwen. Stoßt nicht in den Luftraum vor, denn ihr stört das fließende Gleichmaß der ruhig dahinziehenden Silberwolke.

Gewiß, der Mensch ist klein und unwesentlich in der Natur. Aber er gehört zu ihr. Er ist ein Stück von ihr. Und soll jener, der sich mitten in die Natur stellt, geringer geachtet werden als der andere, der nur die Schau genießt, gefeit gegen Gefahr und Sturm? Auch die lächerlichen Erdenwürmer erkennen, daß so ein Eiszäpflein sich schneuzen kann. Aber sie haben gelernt zu beobachten, wann und wo das vor sich geht, und werden versuchen, die Gefahr zu vermeiden. Sie sind nicht taub, auch sie hören die Sprache des großen Berges, aber sie verstehen sie anders, deuten sie anders als die stillen Genießer.

Erfolgreicher Rückzug

Verfolgen wir den Weiterweg der beiden Menschen, die an einem strahlenden Tag den traurigen Gang mit dem toten Kameraden gemacht haben: Matthias Rebitsch und Ludwig Vörg.

Während der Bergung und auch in den Tagen danach war das Wetter schön. Erst am 25. Juli haben sich die beiden wieder so weit erholt, daß sie zu ihrem Zelt bei Alpiglen aufsteigen. Ruhig betrachten sie die Wand, stellen ihre Überlegungen an. Sie erinnern sich, daß die Partie Hinterstoisser am ersten Tag die größte Stoßkraft hatte, die dann jäh erlahmte. Das war offenbar falsch. Man muß genügend Kraft behalten, um auch in der unbekannten, sichtlich sehr schweren Gipfelwand mit gleichem Schwung vorzustoßen. Das heißt, daß man das erste Lager so hoch wie möglich anlegen und so gut wie möglich ausbauen muß.

Liebl und Rieger erweisen sich als richtige Kameraden, wie sie bei Expeditionen zu hohen Gipfeln unentbehrlich sind. Sie, die selbst fähig und gewillt sind, den Anstieg durch die große Wand zu versuchen, erklären sich bereit, Rebitsch und Vörg beim Lastentragen zum ersten Lager zu helfen und selber auf den Angriff zu verzichten. Am 27. Juli, um sechs Uhr früh, steigen sie mit den beiden Eigeranwärtern in den unteren Teil der Wand ein. Das Wetter ist wieder strahlend schön.

Etwa 300 Meter oberhalb der Randkluft entdeckt Liebl, fünfzig Meter schräg unter sich, am Rande eines Schneefeldes einen Toten. Er macht die anderen darauf aufmerksam: »Das kann nur Hinterstoisser sein. Der Anderl fehlt noch...«

Liebl hat im vergangenen Jahr an der Bergungsaktion teilgenommen. Er weiß, daß man Hinterstoisser und Mehringer noch nicht gefunden hat. Erschütternd klingt dieses »Er fehlt noch«, diese sachliche, unsentimentale Feststellung, in der aber doch die ganze Trauer liegt, die man um Kameraden hegen kann. Das Wetter ist schön und wird es voraussichtlich in den nächsten Tagen bleiben. Aber Rebitsch, der große Schweiger, der nie sagt, wenn ihn etwas ergreift, weiß, daß sie morgen nicht in die Wand stürmen werden. Da unten liegt seit einem Jahr Andreas Hinterstoisser...

An diesem Tag, dem 27. Juli, tragen sie nur die Biwakausrüstung und den Proviantvorrat auf ein Felsköpfl an der Spitze des sogenannten Zweiten Pfeilers. Dann steigen alle wieder ab. Am 28. Juli ist das Wetter unverändert schön, so wie es am Tage der Bergung Gollackners war. Die vier bergen wieder einen Toten. Wieder lacht die Sonne zum traurigen Werk wie in grausamem Hohn.

Was Rebitsch und seine Gefährten bei der Totenbergung gedacht haben, weiß man nicht. Sie haben ihre Gefühle nicht zu Markt getragen. Aber sie haben auf die Begehung, wahrscheinlich sogar auf den Erfolg, die erste Durchsteigung der Wand zu machen, verzichtet. Sie bargen die Leiche, wenn auch Steine um ihre Köpfe pfiffen.

Sie taten das Notwendige, das einzig Pietätvolle, als wahre Schüler der Berge, die sie lehrten, das Richtige zu tun. Hätten sie deshalb ihren Plan aufgeben sollen?

Am 30. Juli steigen sie wieder in die Wand. Das Morgenrot spielt in prächtigen Farben: ein Schlechtwetterzeichen. Schon beim Bergschrund unter den Felsen kommt das erste Gewitter.

So beschließen Vörg und Rebitsch, nur neue Proviantvorräte und Ausrüstungsgegenstände zum Pfeilerkopf zu tragen. Den erreichen sie um zwölf Uhr mittags. Das Wetter ist jetzt halbwegs gut. Da treibt sie die Neugierde weiter. Sie wollen ein Stück des Weges erkunden. Der Fels wird schwierig, sehr schwierig. Hier sind weder Nagelschuhe noch Steigeisen am Platz. Die Kletterschuhe heraus... Aber die sind unten. Man wollte ja noch nicht den eigentlichen Angriff beginnen, nur Lasten tragen und den Weg erkunden. So klettern die beiden in »Naturkletterschuhen«, bloßfüßig.

Um Zeit zu sparen und das Tempo zu beschleunigen, klettert der Felsenmeister Rebitsch auch durch den äußerst schwierigen Riß, ohne das Seil in die schon steckenden Haken einzuhängen. Ebenso schnell folgt Vörg. Sie erreichen den fallenden Quergang, staunen über die kühne Lösung des Problems, wie man am schnellsten das Erste Eisfeld erreicht. Sie taufen diese Stelle »Hinterstoisser-Quergang«.

Rebitsch und Vörg hängen gleich zwei Geländerseile ein, um den Rückweg auf jeden Fall zu sichern. Nach dem Quergang steigen sie noch durch einen schweren Riß, finden ein überdachtes, steinschlagsicheres Plätzchen, auf dem man zur Not sitzen kann — für diese Wand ein idealer Biwakplatz. Sie lassen alles Entbehrliche dort, klettern zurück. Jenseits des Hinterstoisser-Querganges überfällt sie das zweite Gewitter des Tages. Triefend vor Nässe, in wahren Sturzbächen bewältigen sie den 800 Meter tiefen Abstieg über den unteren Teil der Wand und erreichen noch vor Dunkelheit ihr Zelt bei Alpiglen.

Aus dem Regen wird eine neue Schlechtwetterperiode. Die Tage des Wartens dehnen sich zu Wochen. Am 6. August, bei vorübergehender Wetterbesserung, durchsteigen Vörg und Rebitsch mit ihren Freunden Eidenschink und Möller die Nordwand des großen Fiescherhorns. Diese herrliche, von Willo Welzenbach 1930 zum erstenmal begangene steile Eis- und Schneewand war die Abschiedstour der Wiener Fraißl und Brankowsky, bevor sie sich für dieses Jahr vom Berner Oberland getrennt haben. Viele waren des Wartens müde geworden.

Rebitsch und Vörg aber bleiben. Es beginnt nun schon die vierte Woche, die sie der Eigerwand widmen. Trotzdem werden sie nicht ungeduldig, tun keinen unbedachten, unverantwortlichen Schritt. Am 9. August kommt endlich die Ankündigung schönen Wetters aus Bern. Die Sonne des 10. August räumt Mengen von Neuschnee aus der Wand. In der Früh des 11. treten Rebitsch und Vörg erneut zum Angriff an.

Schon um 10.30 Uhr erreichen sie ihr Depot auf dem Pfeilerkopf. Schwer beladen steigen sie weiter bis zu dem Biwakplatz über dem Seilquergang. Sie sind in so blendender Form, daß sie schon um 13 Uhr wieder unten auf dem Pfeilerkopf stehen, um den Rest des Gepäcks aufzunehmen. Und um 17 Uhr ist alles im Biwakplatz verstaut. Sogar Daunenschlafsäcke und eine Luftmatratze haben die beiden mitgeschleppt. Sie erweitern den Biwakplatz durch ein Steinmäuerchen, spannen vom Überhang herab den Zeltsack, um die lästigen Wassertropfen abzuhalten, und verbringen eine durchschlafene Nacht in dem selbsterrichteten Schwalbennest im Gemäuer.

Am nächsten Tag wagen sie den Anstieg über eisbezogene Felsen. Schwierige Bewältigung der überhängenden Stufe vom Ersten zum Zweiten Eisfeld. Es folgt ein fünf Stunden langes ansteigendes Queren — zwanzig Seillängen weit und hoch — über das Zweite Eisfeld. Dann die vereiste Wandstufe zum Todesbiwak.

Die Menschen an den Fernrohren von Grindelwald, der Kleinen Scheidegg und von Alpiglen staunen. Man hat schon viel hervorragendes Klettern in der Eigerwand gesehen. Alle, die kamen und starben, kletterten hervorragend, aber solche Sicherheit und Umsicht wie bei diesen beiden, dem Tiroler Rebitsch und dem Münchener Vörg, konnte man noch nie beobachten. Werden sie die Durchsteigung vollenden? Wird auch diesmal wieder schlechtes Wetter kommen?

Es ist schon da. Oberhalb der Bügeleisenkante werden die beiden vom Nebel verschluckt. Da oben steilt sich noch, an die 650 Meter hoch, die Gipfelwand empor, die Wand, von der niemand etwas weiß, von der noch kein Lebender Kunde bringen konnte.

Rebitsch und Vörg klettern über das felsdurchsetzte, steile Eis noch bis zum letzten Biwak Sedelmayrs und Mehringers. Fast erwarten sie, im »Todesbiwak« noch den toten Mehringer zu finden, den Udet vom Flugzeug aus im September des vergangenen Jahres erstarrt hier hat stehen sehen. Es scheint schon ihr Schicksal zu sein, immer wieder Toten zu begegnen.

Aber da ist kein Toter. Es sind nur zwei Mauerhaken im Fels...

Es ist 17 Uhr. Die beiden sind 3350 Meter hoch. Es fängt an zu hageln. Doch das schreckt sie nicht. Sie sind gekommen, um die Wand zu durchsteigen oder zumindest den oberen Teil der Wand zu erkunden. Links drüben, etwas tiefer, setzt die große Rampe an. Über steiles Eis, das Dritte Eisfeld, queren Hias und Wiggerl in die Richtung. Da beginnt es so in Strömen zu regnen und zu hageln, daß ihre Neugierde nach dem Weiterweg schwindet. Sie haben nur einen Wunsch: unter den Zeltsack zu kriechen und Schutz zu finden vor dem Guß.

Aber nirgends ist ein guter Biwakplatz. Auch kein schlechter. Zuletzt hacken sie sich ein Plätzchen aus dem Eis, auf dem sie die Nacht verbringen können. Es wird so kalt, daß sich innerhalb des Zeltsackes durch die Verdunstung eine Eisschicht bildet. Hias und Wiggerl leiden zum ersten Male stark unter der Kälte. Die ganze Nacht trommeln die Eisgraupeln auf das Zelt. Hie und da vernimmt man das Krachen der Steine, die in unmittelbarer Nähe einschlagen.

Gegen Morgen hört das Graupeln auf. Und als es licht wird, zerreißt sogar der Nebel. Aber es ist kein schöner Morgen. Drohend schwarz kommt von Westen her eine Wolkenbank. Es gibt nur einen Entschluß: hinunter.

Ein peinigender Gedanke, den langen, gefahrvollen Weg zurückgehen zu müssen. Aber es ist der Gedanke der Selbsterhaltung.

Die Nacht ist zwar kalt gewesen, bitterkalt, aber sie hat die beiden nicht zermürben oder auch nur schwächen können. Sie steigen ab. Seillänge für Seillänge. Nun heißt es, an den beiden zusammengeknüpften Dreißig-Meter-Seilen über die Steilstufe zum Zweiten Eisfeld abseilen. Die Seile lassen sich nicht abziehen. Es ist ja noch die Zeit der Hanfseile, die bei Nässe steif wie Drähte werden. Gemeinsam ziehen beide an dem einen Ende; das Seil kommt nicht herunter. Da klettert Rebitsch, frei, ungesichert, wieder hinauf, löst den verklemmten Knoten. Nein, die Wand hat die beiden nicht entkräftet, sie sind stark und entschlußkräftig wie am ersten Tag.

Endloser Abstieg über das Zweite Eisfeld. Schon kommen von oben dauernd kleine Schneerutsche, die die Körper aus dem steilen Hang drängen wollen, aber die beiden stehen fest. Sie steigen weiter hinunter, sichern einander mit Eishaken. Die Oberfläche des Eises ist vom Wasser morsch und faul geworden. Man muß dreißig Zentimeter tief hacken, ehe man in das darunterliegende solide Eis einen Haken schlagen kann. Viel Zeit geht dabei verloren, aber Rebitsch und Vörg kommen trotzdem erstaunlich schnell tiefer.

Absteigen und abseilen über die überhängende Felsstufe zum Ersten Eisfeld. Manchmal müssen sie vier Haken schlagen, ehe sie mit Sicherheit die Abseilschlinge einziehen können. Trotz schlechten Wetters, trotz der drängenden Zeit tun sie keinen Handgriff überhastet. Das ist ein geregelter Rückzug, souverän beherrscht, keine Flucht.

Abstieg über das Erste Eisfeld. Und dann quert Rebitsch schon hinüber zum ersten Biwakplatz. Zum Schwalbennest, zum Luxusbiwak. Jetzt ist er dort. Vörg kommt nach, steht auf dem Eis. In dem Augenblick ein Tacken, Dröhnen. Steine sausen ihm um den Kopf. Dicht schlagen die Brocken um ihn ein, reißen Löcher in seinen Rucksack; aber der Schädel Wiggerls ist heil, als der Steinschlag vorüber ist. Rebitsch und Vörg sind um 17 Uhr auf dem Biwakplatz beisammen. Sie sind bis auf die Haut durchnäßt. Nichts wäre naheliegender, als die drei oder vier Stunden Tageslicht auszunützen, um weiter abzusteigen. Der Quergang ist ja kein Problem, da hängen ja die Seile drin. Nichts wäre verständlicher, als daß sie von der Sehnsucht nach dem sicheren Tal beherrscht würden. Aber die beiden sind noch immer nicht erschöpft. Sie sind in keiner Weise apathisch, lassen sich nicht von Sehnsüchten treiben. Sie bleiben im Biwak.

Sie entledigen sich aller nassen Kleidungsstücke, winden sie aus, holen aus den Rucksäcken trockene Wäsche, ziehen sie an, streifen das feuchte Zeug darüber, kriechen in die hier deponierten, gleichfalls nassen Daunenschlafsäcke, hocken zusammengekauert auf dem abschüssigen Felsplatz und schlafen.

Der Morgen des vierten Tages in der Wand. Das Wetter ist noch trostloser. Endgültiger Abstieg. Aber mit allem Zeug, das durch die Nässe doppelt schwer geworden ist. Die Rucksäcke beider sind so umfangreich, daß auf gewöhnlichen Hüttenaufstiegen die Träger darunter gestöhnt und geschwitzt hätten. Es scheint unmöglich, mit solchem Ballast abzuklettern.

Aber Rebitsch und Vörg steigen mit allem Gepäck ab. Zunächst über den Quergang, die überhängenden Wandstellen — immer erschwert der erbitterte Kampf mit den steifen Tauen das Abseilen — zum Kopf des Zweiten Pfeilers, dann weiter hinunter. Stunde um Stunde.

Am späten Nachmittag erreichen sie den Fuß der Wand.

Da kommt ein einsamer Mann die Schutthalden heraufgestiegen. Ein Mann der Bergrettung? Sucht man die beiden schon? Spricht man von neuen Opfern der Eigerwand?

Nein, es ist nur der besorgte Eidenschink, der da heraufkommt. Es ist gut, wenn man von einem treuen, verstehenden Freund den ersten Gruß der Erde bekommt.

Die Wand hat Rebitsch und Vörg nicht gezeichnet. Sie sind müde, aber nicht zu Tode erschöpft. Sie können lachen, erzählen. Ihr Zelt bei Alpiglen erscheint ihnen wie ein Palast.

Durch ihre Rückkehr und die Art ihrer Rückkehr brachten Matthias Rebitsch und Ludwig Vörg die Wendung in der Meinung der konservativen Bergsteiger, der Bergführer und der Öffentlichkeit zu dem Problem Eigerwand. Die Wand hatte ihnen wahrlich nichts geschenkt. Sie waren höher gekommen als die anderen und kehrten doch zurück, gelassen und ruhig. Diese geistige Überlegenheit, die sich nur der unvergleichlich trainierten Körper bediente, war entscheidend. Rebitsch und Vörg hatten von den tragischen Irrtümern ihrer Vorgänger gelernt und keine neuen Fehler gemacht.

Die Erstdurchsteigung

Der Sommer 1938 in der Eiger-Nordwand begann mit einem traurigen Auftakt: Er kostete zwei jungen italienischen Bergsteigern das Leben. Bartolo Sandri und Mario Menti, beide Arbeiter in einer Wollfabrik von Valdagno in der Provinz Vincenza, waren trotz ihrer 23 Jahre schon angesehene Mitglieder des Club Alpino Italiano. Vor allem Sandri galt als hervorragender Kletterer. Zahlreich waren seine Bergfahrten »sechsten Grades«, darunter einige Erstbegehungen. Eis- und Westalpenerfahrungen hatten die beiden allerdings kaum. Sie kamen nach Alpiglen und der Kleinen Scheidegg wie alle echten Bergsteiger: schweigend, ohne Aufsehen, ja fast geheimnisvoll. Sie beobachteten die Wand, versuchten sich in ihr und kamen wieder zurück, nachdem sie den untersten Vorbau erkundet hatten. Offenbar erschien ihnen der Anstieg, den vor drei Jahren Sedelmayr und Mehringer in Angriff genommen hatten, günstiger als die Route, die Hinterstoisser fand. Aber sie war nicht günstiger. Die Wand war einfach noch nicht begehbar in dieser Jahreszeit.
Trotzdem stiegen Bartolo und Mario am 23. Juni früh ein. Sie kamen höher als Sedelmayr und Mehringer am ersten Tag. Ihr Mut und ihre Begeisterung waren groß, ihr Ehrgeiz brennend. Sie konnten nicht warten. Doch die Natur handelt nach eigenen Gesetzen. Sie kümmert sich nicht um Mut, Begeisterung und Ehrgeiz. Am späten Abend kam eines der berüchtigten Eigergewitter...
Schon am nächsten Tag fand eine Suchmannschaft Grindelwalder Bergführer unter Leitung Fritz Steuris des Älteren, Bartolo Sandri tot auf einem Schneefeld am Fuß der Wand. Die Leiche Mario Mentis konnte erst nach einigen Tagen aus einer tiefen Spalte geborgen werden. Dieses traurige Ereignis aber konnte die Entwicklung am Eiger nicht aufhalten. Die Erinnerung an den gelungenen Rückzug Rebitschs-Vörgs, der die Wende brachte, war noch lebendig. Und auch die Erkenntnis, daß ein Überrumpeln der Wand nicht möglich ist. Man muß warten können. Tage-, wochenlang...

Fritz Kasparek wartete schon sehnsüchtig auf mich. Dieser spring-lebendige, durch nichts in seinem Optimismus zu erschütternde, hervorragende Wiener Bergsteiger war bereits seit längerer Zeit in Grindelwald, machte Schitouren im Berner Oberland und beobachtete immer wieder die große Wand. Aber noch gab es nicht viel mehr zu beobachten als Lawinenzüge, die schon den Gedanken an einen Versuch im Keim erstickten. Trotzdem hätte Fritz den Gefährten des geplanten Unternehmens gern schon neben sich gesehen. Man weiß nie, was dazwischenkommen kann. Auch Sepp Brunnhuber, mit dem Fritz schon im Februar die erste winterliche Durchsteigung der Nordwand der Großen Zinne gewissermaßen als Training für die Eigerwand gemacht hatte, war noch unabkömmlich. Ich hatte Fritz versprochen, am 10. Juli 1938 in Grindelwald einzutreffen. Aber im Grunde seiner Seele hatte Kasparek Mißtrauen gegen die Zusagen eines Studenten. Ich kam allerdings nicht mehr als Student nach Grindelwald. Meine Professoren an der Universität Graz waren reichlich erstaunt, als ich es plötzlich mit den Abschlußprüfungen so eilig hatte. Aber ich konnte ihnen doch nicht sagen, daß ich meine Studien beendet haben wollte, bevor ich in die Eiger-Nordwand stieg. Sie hätten höchstens den Kopf geschüttelt und — nicht ganz unberechtigt — gemeint, man könne auch ohne akademische Graduierung abstürzen. Ich erzählte niemandem etwas von dem Plan, keinem Studienkollegen, keinem Berg- oder Sportfreund. Nur meine Schwiegermutter in spe, Frau Else Wegener, weihte ich ein. Diese kluge, tapfere Frau, deren Mann, Professor Alfred Wegener, sich im November 1930 im unabsehbaren Inlandeis Grönlands für seine Expeditionsteilnehmer geopfert hatte und im Schneesturm zugrunde gegangen war, hätte alle Ursache gehabt, gegen gefährliche Unternehmungen voreingenommen zu sein. Aber sie warnte nicht, sie ermutigte mich, obwohl sie genau wußte, welchen Ruf die Eiger-Nordwand hatte.

Am Vormittag des 9. Juli hatte ich meine letzte Prüfung. Zu Mittag bestieg ich mein schwerbeladenes Motorrad. Pünktlich am 10. Juli traf ich in Grindelwald ein. Fritz Kasparek, verbrannt von der Gletschersonne, daß sein blonder Schopf fast weiß wirkte, begrüßte mich in unverfälschtem Wienerisch.

Kasparek hatte ein »gesegnetes Mundwerk«. Er besaß eine unerschöpfliche Erfindungsgabe in Kraftausdrücken, wenn er vor scheinbar unüberwindlichen Schwierigkeiten stand, vor denen er jedoch nie kapitulierte — auf dem Berg nicht und im Leben nicht. Seine Gefühle allerdings trug er nicht so offen zur Schau. Er redete auch nie von Kameradschaft und Freundschaft. Aber er war so geartet, daß er in Augenblicken der Not sein letztes Stück Brot oder Schokolade nicht etwa mit dem Gefährten teilte, sondern es ganz verschenkte. Und das nicht mit pathetischer Geste, sondern höchstens mit einem klassischen Wiener Ausspruch.

Mit solchen Gefährten kann man Pferde stehlen und — in die Eiger-Nordwand steigen.

In Grindelwald waren auch die alten Eigerkandidaten Rudi Fraißl und Leo Brankowsky eingetroffen. Gemeinsam wanderten wir vier auf eine

Alm oberhalb Alpiglen und richteten uns wohnlich ein. Wir wollten versuchen, Fehler, die anderen Seilschaften zum Verhängnis geworden waren, zu vermeiden. Vor allem mußten wir den Berg erst kennenlernen, bevor wir seine interessanteste und schwierigste Seite angehen wollten. So stiegen wir vom »Hoheneis« die Flanke schräg nach links querend zum Mittellegigrat, über diesen zum Gipfel und über die Normalroute ab. Im Anschluß daran bestiegen wir den Mönch über den »Nollen«.

Mittlerweile waren auf unsere idyllische Alm die Kühe getrieben worden. Fritz und ich zogen es vor, unseren Wohnsitz zu verlegen, und schlugen unser kleines Zelt unterhalb der Wand auf einer Wiese auf. Fraißl und Brankowsky blieben auf der Alm. An einem schönen Tag stiegen Fritz und ich in den unteren Wandteil ein und hinterlegten etwa 700 Meter über dem Einstieg, in der sogenannten Biwakhöhle oberhalb des »Zerschrundenen Pfeilers«, einen Rucksack voll Proviant und Ausrüstung. Wir befestigten einen Zettel daran: »Bitte stehenlassen, gehört Kasparek und Harrer.«

Diese Notiz bedeutete kein Mißtrauen gegen andere Eigerwand-Durchsteiger. Durch die häufigen Durchsteigungsversuche, die Rettungs- und Bergungsaktionen fand man viele Ausrüstungsgegenstände, Seile und Haken, die nachfolgenden Partien oft willkommene Hilfe und eine Ergänzung der eigenen Ausrüstung brachten. Daher war es notwendig, einen planmäßig hinterlegten Rucksack als solchen zu bezeichnen.

Wir stiegen wieder ab zu unserem Zelt. Die Wandverhältnisse gestatteten noch keinen Einstieg mit einiger Aussicht auf Erfolg. Wir hatten die feste Absicht, uns nicht drängen, treiben, hetzen zu lassen. Die Tragödien der Vergangenheit, vor allem die der beiden Italiener im Frühsommer, hatten uns gelehrt, daß jede Hast nüchterner Überlegung schadet und die bösesten Folgen haben kann. Wir wollten und konnten warten.

Es kamen Schönwettertage. Wir warteten weiter, beobachteten, wie sich der bei Sturm gefallene und an die Felsen gepeitschte Schnee veränderte, abschmolz, sich setzte und mit der alten Unterlage eine feste Verbindung einging. Nun war zu hoffen, daß die Verhältnisse auch im oberen, unbekannten Wandteil annehmbar sein würden.

Am 21. Juli war es dann so weit. Um zwei Uhr früh stiegen wir in die Wand ein. In der Dunkelheit überstiegen wir die Randkluft, kletterten gleichzeitig, unangeseilt, gegen den Zerschrundenen Pfeiler hinauf. Wir sprachen nichts. Jeder suchte sich seinen Weg, jeder hing seinen Gedanken nach.

Diese Stunden zwischen Nacht und Tag stellen den Mut auf eine harte

Probe. Der Körper tut mechanisch die zweckmäßigen, richtigen Bewegungen des Emporklimmens. Aber der Geist ist noch nicht wach und angriffslustig, und die Seele ist eingehüllt in einen Mantel von Zweifel und Bangigkeit. Nein, Angst ist es nicht, was der Bergsteiger empfindet. Aber Zweifel, Fragen und Bangigkeit sind menschlich.

Man muß mit sich selbst und mit den hemmenden Empfindungen fertig werden, muß sich dem auf das Ziel gerichteten Willen unterordnen. Darum ist die Stunde des Anfangs, der grauen, form- und farblosen Dämmerung eine Stunde des Schweigens.

Forschheit ist in Augenblicken, da der Mensch um sein Gleichgewicht ringt und sich bemüht, subtile Empfindungen mit dem Willen in Einklang zu bringen, falsch. Und das ist das Großartige an den Bergen, daß sie keine Lüge vertragen. Auch uns selbst gegenüber müssen wir aufrichtig sein.

Fritz und ich klettern, noch immer in der Dämmerung, rechts am Zerschrundenen Pfeiler vorbei in die Höhe. Hinter uns hören wir manchmal Stimmen, vereinzelte Worte. Fraißl und Brankowsky haben gleichfalls das schöne Wetter abgewartet und sind hinter uns eingestiegen. Wir werden uns gut mit ihnen vertragen. Zwei Seilschaften in der großen Wand behindern einander noch nicht, können sich aber gegenseitig manche Hilfe geben.

Grau ist der Stein, grau ist selbst der Schnee in der ersten fahlen Dämmerung. Auch das, was sich da vor uns bewegt, ist grau. Das sind aber nicht Steine. Das sind Menschen, die sich vor der Biwakhöhle aus den Zeltsäcken schälen.

Fremde Bergsteiger? Man ist einander nicht fremd, vor allem nicht in dieser Wand. Und dann nennen wir unsere Namen. Die der beiden eben vom Schlaf Erwachten lassen uns aufhorchen: Anderl Heckmair und Wiggerl Vörg. Es ist ein eigenartiger Platz für eine Begrüßung. Das Licht des beginnenden Tages ist schon so stark, daß jeder deutlich das Gesicht des Gegenüberstehenden erkennen, mustern und prüfen kann.

Das also ist der berühmte Anderl Heckmair. Er ist der Älteste von uns, schon 32. Sein Gesicht ist vom Berg gezeichnet, hager, von scharfen Falten durchzogen, die Nase springt in kühnem Schwung vor. Es ist ein hartes, verwegenes Gesicht, das Gesicht eines Kämpfers, eines Mannes, der von seinen Gefährten viel, von sich selbst aber alles verlangt.

Der andere, Wiggerl Vörg, scheint dem Typus nach genau das Gegenteil von Heckmair zu sein. Er ist nicht hager und sehnig, sondern fast rundlich athletisch. Auch seine Gesichtszüge sind nicht so markant wie die Anderls. Freundliche Gelassenheit spricht aus ihnen. Der ganze Mann verkörpert verhaltene Kraft und inneren Frieden.

»Biwakkönig« nannten ihn seine Freunde, mit denen er vor zwei Jahren im Kaukasus war. Auch die Freilager in der 2000 Meter hohen Eiswand des Uschba, des »fürchterlichen Berges«, konnten ihm nicht die Ruhe rauben. Wenn man die beiden nach dem ersten Eindruck beurteilen wollte, müßte man Heckmair für das dynamische und Vörg für das beharrende Element halten. Auf jeden Fall müssen zwei so verschiedene und sich ergänzende Charaktere eine vollkommene Seilschaft mit ungewöhnlicher Durchschlagskraft bilden.

Wir wissen nicht, ob die beiden enttäuscht sind, daß wir nun gemeinsam mit ihnen in der Wand sein werden. Jedenfalls lassen sie es sich nicht anmerken. Heckmair sagt: »Wir haben schon gewußt, daß auch ihr in die Wand gehen wollt. Wir haben euren Rucksack gesehen und den Zettel gelesen.« Uns ist nicht ganz klar, wieso wir von der Anwesenheit Heckmairs und Vörgs nichts wußten. Sie hausten weder in Alpiglen noch auf der Kleinen Scheidegg im Zelt. Auch auf keiner Alm im Heu. Später erst erfuhren wir, daß sie diesmal ganz geheim taten. Sie reisten mit Koffern und nahmen sich ein Hotelzimmer auf der Kleinen Scheidegg. Wann hat jemals in diesen Jahren ein Eiger-Nordwand-Kandidat in einem Hotelzimmer geschlafen? Die Täuschung gelang vollkommen.

Die Ausrüstung von Heckmair und Vörg ist die beste und modernste. Sie haben zwar genausowenig Geld wie wir, aber vor Antritt der Fahrt haben sie Gönner gefunden und konnten so zum erstenmal in ihrem Leben nach Herzenslust einkaufen und sich sogar Spezialanfertigungen machen lassen. Selbstverständlich besitzen beide die eben aufgekommenen zwölfzackigen Steigeisen. Von uns hat nur Fritz zehnzackige Steigeisen mit — ich überhaupt keine.

Dies war zwar ein Fehler, aber er war nicht aus Leichtsinn geboren, sondern aus gründlicher, wenn auch falscher Überlegung: Wir nahmen an, daß es sich bei der Eiger-Nordwand um eine Felswand mit eingebetteten Eis- und Firnfeldern handle. Ein Paar Steigeisen sind ein beachtliches Gewicht — die Leichtmetalleisen kannten wir noch nicht —, und wenn wir uns das sparten, konnten wir mehr Ausrüstung oder Proviant mitnehmen. Ich hatte an meinen Schuhen den Grazer Klauennägel-Beschlag, der im Firn recht gut greift und auch im Fels Halt bietet. So planten wir, daß Fritz in den Eisstellen und ich im Fels führen würde. Auch das lästige, zeitraubende An- und Abschnallen der Steigeisen hofften wir uns so zu ersparen. Es war ein Trugschluß, ein Fehler. Aber er führte nicht zu einer Katastrophe, sondern brachte uns nur Tempoverlust und mir erhöhte Mühe.

Aber das wissen wir noch nicht, als wir mit Heckmair und Vörg vor der Biwakhöhle sprechen.

Vörg, der in jeder Lebenslage und Stellung biwakieren kann, beklagt sich über die eben überstandene Nacht. »Es war kalt und unbequem. Draußen vor der Höhle konnte man wegen des Steinschlags nicht bleiben, und in der Höhle war es eng und naß. Die ganze Nacht hat es auf unseren Zeltsack getropft.«

Heckmair studiert seinen Höhenmesser, er schüttelte bedenklich den Kopf. »Er ist um sechzig Meter gestiegen, das heißt, das Barometer ist um drei Strich gefallen. Das Wetter gefällt mir nicht.«

In dem Augenblick tauchen Rudi Fraißl und Leo Brankowsky auf. Wieder freundliche Begrüßung, aber jetzt klingt aus der Stimme Heckmairs schon echte Sorge. Seine Enttäuschung verbirgt er kameradschaftlich. Er deutet nur auf eine fischähnliche Wolke am Horizont: »Das Wetter schlägt bestimmt um. Wir steigen nicht weiter.«

Wir sind überzeugt, daß das Wetter halten wird, und Fritz gibt dieser Meinung in seiner optimistischen Art Ausdruck: »Ah was, das Wetter wird schon gut bleiben! Und einmal muß ja die Wand g'macht werden.«

Heckmair und Vörg rüsten zum Abstieg. Wir klettern weiter hinauf. Ich denke über den Rückzug der beiden hervorragenden Bergsteiger nach und vergesse auch nicht das unverhohlen enttäuschte Gesicht Wiggerl Vörgs. Nein, auch Vörg glaubte nicht an den Wetterumschwung. Und Heckmair? Mir wird klar, daß die Fischwolke und der »gestiegene Höhenmesser« nur eine Ausrede für Anderl waren. Er erkannte, daß drei Seilschaften in dieser Wand eine bedrohliche Verzögerung bringen können, aber er war zu fair um mit dem Recht des Zuerstgekommenen darauf zu bestehen, daß eine von unseren Partien umkehren solle. Er selbst kehrte um. Er sagte nicht: »Ihr seid schuld«, sondern: »Mir gefällt das Wetter nicht.« Ein Entschluß, der von echter bergsteigerischer Verantwortung diktiert war.

Wie oft sind in der Nordwand Bergsteiger in Schwierigkeiten geraten, weil sie sich drängen ließen — nicht nur von Wetter- und Wandverhältnissen, sondern von der »Konkurrenz«. Anderl, einer der Besten, die sich je am Eiger versucht haben, ließ sich nicht drängen.

Wir haben nicht viel Zeit, uns mit psychologischen Studien und ähnlichen Problemen zu befassen. Die unmittelbaren Probleme stellt uns der Berg selbst. Da ist der Schwierige Riß. Die Dämmerung hat nun endgültig der Helle des Morgens weichen müssen. Wir verbinden uns mit dem Seil. Fritz geht den ersten Schwierigen Riß mit der ihm eigenen Meisterschaft an. Auf seinen Schultern ist der schwere Eigerrucksack. An diesem scheitert der erste mit Elan vorgetragene Angriff. Fritz muß wieder zurück, legt mir den Rucksack vor die Füße. Dann packt er die Stelle nochmals an. Es ist ein Genuß, ihm zuzusehen. Elegant, jeden Vorteil ausnutzend, arbeitet er sich höher, ohne Zögern, ohne Ruck. In verblüffend kurzer Zeit überwindet er dieses erste Bollwerk der großen Wand.

Fritzens Rucksack aufzuseilen bringt manche Schwierigkeit und ärgerliche Verzögerung; immer wieder verklemmt er sich unter dem Überhang. Endlich ist der erste Rucksack oben. Der zweite wiegt 25 Kilogramm. Er kommt auf meinen Schultern mit hinauf. Wir haben nicht Zeit, nochmals das Aufseilspiel zu inszenieren. Fritz zieht. Seine Hilfe entspricht mindestens dem Gewicht meines Rucksacks. So gelange auch ich schnell den Riß hinauf. Die Stelle gibt mir einen leichten Vorgeschmack, was mir in der Wand bevorsteht. Da ich aber in dem Riß nicht außer Atem komme, steigt meine Zuversicht, daß ich meiner Aufgabe gewachsen sein werde. Es ist doch ein gewaltiger Unterschied, ob man, selbst in schwerster Dolomitenwand, ballastlos emporturnt oder schwer beladen durch die Eigerwand steigt. Aber ist nicht die Fähigkeit, Lasten zu schleppen, die Voraussetzung für jede erfolgreiche Expedition?

Spätere Bergsteiger werden den Schweren Riß oft mit Hilfe von Steigschlingen machen. Wir ziehen die freie Kletterei vor. Und ein Felsenmeister wie Fritz Kasparek wird Steigschlingen nur dort einhängen, wo es unbedingt notwendig ist.

Wir sind nun schon unter der Roten Fluh, jener Hunderte Meter hohen Feuermauer, die sich in unnahbarer Glätte über uns in den Himmel baut. Am Morgen, gefesselt vom Nachtfrost, schlafen die Wände — so steht es in den von den Menschen aus Erfahrung gewonnenen Spielregeln. Auch die Steine sind festgefroren. Aber die Eigerwand hält sich nicht an diese Spielregeln. Sie stößt auch hier wieder menschliche Erkenntnis über den Haufen. Steine kommen. Man sieht sie über den oberen Rand der Roten Fluh in die Luft schwirren und in weitem Bogen nach unten ziehen. Wir gelangen weiter hinauf. Je näher wir dem Fuß der Roten Fluh kommen, desto sicherer wird es für uns. Wieder saust so ein schwerer Brocken heran. Er schlägt unter uns ein, zerschellt in tausend Splitter.

Und dann kommt der Ruf von Fraißl. Es ist kein Hilferuf, kein Notschrei, bloß eine Verständigung: Einer ist am Schädel verletzt.

»Ist es ernst? Braucht er Hilfe?«

»Nein, aber mir ist ganz schwindlig. Ich glaub' es ist gescheiter, wir drehen um.«

»Könnt ihr allein absteigen?«

»Ja.«

Es tut uns leid, daß die beiden Wiener Freunde nicht weiter mithalten können. Wir versuchen sie aber nicht zu überreden. Rudi und Leo steigen ab.

Nun sind wir, noch vor Sonnenaufgang, allein in der Wand. Und vor kurzem waren wir noch zu sechst. Fritz und ich sind nun aufeinander angewiesen. Wir reden nicht darüber, aber unbewußt verstärkt diese Erkenntnis das Zusammengehörigkeitsgefühl, die Seilschaft. Schnell kommen wir über das leichte Gelände weiter hinauf. Und dann stehen wir vor jener Stelle, die Hias Rebitsch und Wiggerl Vörg im Vorjahr »Hinterstoisser-Quergang« getauft haben.

Fast senkrecht sind die Felsen, über die man nun nach links queren muß. Unterhalb brechen sie ins Leere ab. Hochachtung erfaßt uns vor Anderl Hinterstoisser, der sich hier als erster mit Hilfe des schrägen Seilzuges mit einem Seilquergang zum Ersten Eisfeld hinübertastete. Voll Dank und Anerkennung erinnern wir uns auch an Vörg und Rebitsch, die hier ein Quergangsseil hängenließen. Wir prüfen das Seil. Es ist fest verankert und reißfest, obwohl es zwölf Monate lang Sturm und Unwetter, Nässe und Kälte ausgesetzt war.

Wie der Quergang zu bewältigen ist, wissen wir von Berichten, Beschreibungen, Bildern. Was aber nicht beschrieben war, ist die Vereisung der Stelle. Die Felsen sind wie glasiert. Sie geben dem reibungssuchenden Fuß keinen Halt. Trotzdem geht Fritz mit dem ihm eigenen Geschick den Quergang an. Er kämpft gegen die Glätte und um sein Gleichgewicht; Zoll um Zoll, Meter um Meter gewinnt er dem schwierigen, heimtückischen Gelände ab. Hie und da schlägt er mit dem Eisbeil Schnee und Eisbelag von den Felsen. Mit feinem Klirren fegen die zersplitterten Eisschollen über die Platten, verschwinden im Bodenlosen. Aber Fritz hält sich, schiebt, tastet sich weiter nach links, klettert, hängt weit zurückgelehnt im Seil, findet wieder Stand — erreicht den jenseitigen Rand des Quergangs. Dann folge ich. Fritzens Rucksack schiebe ich, mit einem Karabiner in das Geländerseil gehängt, vor mir her, und bald stehe auch ich neben ihm.

Nach dem Hinterstoisser-Quergang erreichen wir den schon berühmt gewordenen Biwakplatz von Rebitsch und Vörg — das »Schwalbennest«. Wir halten hier Frühstücksrast. Das Wetter ist schön geblieben, aus dem Morgen ist ein prächtiger Tag geworden. Die Lichtverhältnisse sind so gut, daß sie schon während des Hinterstoisser-Quergangs das Fotografieren gestatten. Dieser Quergang ist wohl eine der fotogensten Stellen in den Alpen. In diesem nüchternen Wort liegt alles. Die Schwierigkeit, das Ausgesetztsein, die Kühnheit der Querung. Und trotzdem möchte ich gleich hier einen Irrtum richtigstellen: Der Hinterstoisser-Quergang ist wohl eine, aber nicht *die* Schlüsselstelle. Es gibt zahllose entscheidende Stellen in dieser so unglaublich großen Wand, die ja schon — bis zum »Todesbiwak« Sedelmayrs und Mehringers — durch die glückliche Rückkehr Rebitschs und Vörgs bekannt wurden. Was droben in der Schlußwand für Schlüsselstellen kommen, wissen wir noch nicht. Wir wissen nur, daß diese Schlußwand allein in jeder anderen Alpengegend ein sehenswertes Schaustück und begehrtes Ziel für die besten Kletterer abgeben würde.

Wir sind ausgezeichnet in Form, das Wetter ist gut, und wir zweifeln nicht an der Möglichkeit des Erfolgs. Aber wir wissen, daß auch die Besten bereits zum Rückzug gezwungen waren. Wir richten das Schwalbennest zu einem Stützpunkt des Rückzugs her. Da hängt nicht nur das alte Seil der Partie von 1937 im Quergang. Wir wollen uns auch die Möglichkeit des senkrechten Abstiegs sichern, jenes Abstiegs, der den vieren von 1936 zum Verhängnis wurde und mit dem Tod des Toni Kurz seinen erschütternden Abschluß fand. Wir hinterlegen im Schwalbennest hundert Meter Seil, Mauerhaken, Karabiner, Seilschlingen und Proviant.

Es ist der 21. Juli 1938. Vor genau zwei Jahren, am 21. Juli 1936, versuchte Anderl Hinterstoisser in stundenlangen verzweifelten Versuchen, »seinen« Quergang zurückzuklettern. Am 21. Juli starben Hinterstoisser, Angerer und Rainer. Übermächtig faßt uns die Erinnerung. Wenn die vier ihr Quergangseil hätten hängenlassen, wenn sie im Schwalbennest ein langes Seil gehabt hätten, wenn... Wir haben den Toten unsere Erfahrung zu danken. Die Erinnerung stimmt uns wehmütig.

Fritz hat seine Steigeisen an die Schuhe geschnallt; er beginnt den Aufstieg über das Erste Eisfeld. Hier ist nicht Firn, hier ist blankes Eis, sprödes, etwas wässeriges Eis. Die Neigung des Hanges schätze ich auf 50 bis 55 Grad, also steiler als etwa der Durchschnitt der Pallavicini-Rinne. Nach je einer Seillänge schlägt Fritz eine große Standstufe und einen Eishaken, um mein Nachkommen zu sichern. Wir merken schon, daß das Zurücklassen der Steigeisen eine Fehlkalkulation war. Ich muß das fehlende Gerät durch erhöhte Muskelbeanspruchung wettmachen. Doch mein Training in vielen Sportarten kommt mir sehr zustatten.

Wir steigen gegen einen senkrechten Aufschwung, der den Übergang vom Ersten zum Zweiten Eisfeld bildet. Eine vereiste Verschneidung, die später unter dem Namen »Eisschlauch« bekannt wird, bietet eine Möglichkeit. Diese Barriere, die das Erste vom Zweiten Eisfeld trennt, ist eine der Täuschungen und Enttäuschungen dieser Wand. Wenn ich mich an die großen Dolomitenwände erinnere, so scheint dort vieles schwerer, steiler, ungangbarer, als es in Wirklichkeit ist. Optisch ist so eine Dolomitenmauer viel eindrucksvoller als Einzelstellen in der Eigerwand. Wenn man aber dann Hand an die Dolomitenfelsen legt, freut man sich des rauhen Gesteins, der horizontalen Schichtung, der dadurch bedingten Griffigkeit und der vielen Ritzen und Spalten, die immer wieder das Schlagen sicherer Haken ermöglichen.

Und hier? Die erste Täuschung: Diese vereiste Felsbarriere scheint doch gar nicht schwer. Da schlägt man eben darunter einen Standhaken... Aber es gibt keinen Stand. Es gibt auch keine Ritze für den sicheren Haken, und es gibt keine Griffe. Das Gestein ist dachziegelartig abwärts geschichtet. Und der Fels ist vom Steinschlag glattgescheuert, mit Schnee, Eis, Schutt und Sand paniert. Er verheißt nur Mühe und Gefahr. Aber er ist ein Teil der Eigerwand, durch die wir wollen.

Der »Eisschlauch« macht seinem Namen Ehre. Der Fels ist dick mit Eis gepanzert. Aber auch der Name »Schlauch« besteht zu Recht. Unter der gefrorenen Schicht, zwischen Eis und Fels schießt das Wasser herab. Wir müssen durch. Das Wasser ergießt sich in die Ärmel, fließt den ganzen Körper entlang, staut sich kurze Zeit in den Gamaschen, die Hosen und Schuhe abdichten sollen, bis es einen Ausgang findet. Der Riß aus Eis und Fels und Wasser bietet wenig Halt. Er ist sehr schwer, erfordert beste Klettertechnik und ausgeklügelte Gleichgewichtstaktik. Auch hier erweist sich Fritz als Meister. Aber wir brauchen Stunden, bis wir das Zweite Eisfeld erreichen.

Es ist früher Nachmittag. Über uns dehnt sich weit und hoch das Zweite Eisfeld. Wir müßten von hier schräg nach links ansteigen, gegen die Bügeleisenkante, Richtung letztes Biwak Sedelmayrs und Mehringers. Das große Eisfeld scheint von hier verkürzt. Aber selbst wenn man diese optische Täuschung in Betracht zieht und sich daran erinnert, daß sogar hervorragende Eisgeher wie Rebitsch und Vörg fünf Stunden bis zum oberen Rand des Zweiten Schneefeldes brauchten — zwanzig Seillängen —, so bliebe uns an diesem Tag noch reichlich Zeit, wahrscheinlich sogar bis zum Todesbiwak zu kommen. Es ist mindestens noch sechs Stunden hell.

Und trotzdem entschließen wir uns, statt nach links, nach rechts zu steigen, gegen ein kleines Felsköpfl hin, das da — über dem oberen Rand der Roten Fluh — aus dem Schnee ragt. Der helle schöne Nachmittag läßt auch die Sonne schräg in den oberen Wandteil scheinen. Dort warten die »Eiszäpflein, die sich schneuzen«. Dort lösen sich die Lawinen, dort folgen die vom Eis befreiten Steine dem Gesetz der Schwerkraft.

Und weiter östlich — man muß ja die Wand Hunderte Meter weit auf den Eisfeldern schräg aufwärts queren — kommen die Schneerutsche, Steinschläge und Wasserfälle aus der Spinne in senkrechtem, ungehemmtem Fall.

Gewiß — nicht jeder Stein trifft. Aber wir haben nicht unten beim

Schwalbennest einen Stützpunkt für einen Rückzug gebaut, um uns hier von Steinen erschlagen oder von Lawinen hinabwischen zu lassen. Man nennt den Steinschlag eine der »objektiven« Gefahren des Bergsteigens, eine Situation also, gegen die der Mensch machtlos ist. Aber sich bewußt in eine Steinschlagzone zu begeben, ist nicht mehr objektive, sondern subjektive Gefahr, heraufbeschworen durch Dummheit und Leichtsinn. Dieses große Eisfeld muß man am Morgen und in den Vormittagsstunden begehen. Auch dann ist die Steinschlaggefahr noch vorhanden. Aber sie ist ungleich geringer.

Wir erreichen unseren Felskopf, können an ihm zwei Sicherungshaken anbringen. In stundenlanger Arbeit pickeln wir uns aus dem Eis darunter einen Sitzplatz. Noch immer ist es Tag, als wir zum Biwak rüsten. Wir hängen uns und unsere Sachen zur Sicherung an die Haken, legen Seilschlingen auf unseren Sitz, beginnen zu kochen. Wir sind durch den Felskopf gegen Stein- und Eisschlag geschützt. Die Aussicht ist von unserem Platz großartig. Es sind also alle Voraussetzungen für ein gutes Biwak vorhanden. Aber an unseren Körpern ist kein trockener Faden. In unseren Rucksäcken ist zwar wärmende Kleidung und Wäsche, doch wir dürfen nicht riskieren, auch diese feucht werden zu lassen, indem wir sie unter die nassen Kleidungsstücke ziehen. Wir wissen nicht, wie das Wetter wird, wissen nicht, wie oft, wo und unter welchen Umständen wir noch biwakieren müssen. Für diese kommenden Nächte müssen wir die Reservesachen trocken halten. Aber es kostet einige Energie, sie nicht doch aus den Rucksäcken zu holen und wider bessere Erkenntnis anzuziehen.

Die Nacht ist kalt, lang und ungemütlich. Es ist doch kein gutes Biwak. Später werden wir feststellen, daß es das schlechteste der Wand war, obwohl wir relativ gute Sitzplätze hatten. Infolge der nassen Kleider macht sich die Kälte doppelt fühlbar, Geist und Körper sind mit der Überwindung des Unbehagens beschäftigt. Dagegen gibt es kein Training.

Jede Nacht geht einmal zu Ende. Als der Morgen graut, erheben wir uns zähneklappernd und rüsten die Seile zum weiteren Anstieg. Das Wetter ist noch immer gut. Der Frost hält die Steine im Bann. Wir beginnen den querenden Aufstieg über das Zweite Eisfeld. Jetzt erst wird in vollem Ausmaß spürbar, welcher Irrtum es war, meine Steigeisen zurückzulassen. Fritz korrigiert ihn durch ein Übermaß an Mühe und Anstrengung. Er baut eine Stufenleiter. Es ist bewundernswert, wie dieser beste Wiener Felsgeher auch den Pickel meisterhaft beherrscht. Mit regelmäßigem Schwung schlägt er Stufe um Stufe, stundenlang, und rastet nur, wenn er mich nachsichert. Die Stufen sind so gut, daß ich mit meinen Klauennägeln ausgezeichnet Halt finde.

Von unten sieht man das Eisfeld als glatte Fläche, doch ist auch dies eine Täuschung. Riesige Wellen erwecken den Eindruck, daß die sicheren Felsen nahe seien, nur stellt man dann fest, daß man einen weiteren Wellenwulst erreicht hat und wiederum ein Wellental queren muß. Es ist die gleiche Erscheinung, vor der der Westalpengeher steht, wenn er einen der vielen Vorgipfel irrtümlich schon für sein Ziel hält.

Der moderne Bergsteiger handhabt die Eisaxt wie ein Bergführer der klassischen Zeit des Alpinismus. Das Zeichen der Moderne ist das Tempo, das der Vergangenheit das stetige, aber langsame Fortschreiten. Natürlich brauchen auch wir beide länger, da wir ja die Methode der Alten anwenden müssen. Schließlich brauchten auch Rebitsch und Vörg im Vorjahr fünf Stunden zur Überwindung des großen Eisfeldes. Genausoviel Zeit benötigen wir.

Kurz vor den Felsen zwischen dem Zweiten und Dritten Eisfeld schaue ich einmal zurück. Da ist unsere endlose Stufenleiter. Und über diese kommt die neue Zeit mit ihrem Tempo. Da kommen zwei heraufgelaufen, wirklich gelaufen, nicht gestiegen. Gewiß ist es für geübte Bergsteiger leicht, in schönen Stufen so schnell zu gehen. Aber daß die beiden jetzt schon, am frühen Vormittag, an dieser Stelle sind, ist erstaunlich. Sie müssen gestern noch im unteren Wandteil biwakiert haben. Daß sie heute erst in die Wand eingestiegen sind, scheint kaum wahrscheinlich. Es entspricht aber den Tatsachen.

Die beiden sind die besten der Eigerwand-Kandidaten: Anderl Heckmair und Wiggerl Vörg. Sie haben ihre zwölfzackigen Steigeisen angeschnallt, und ich komme mir mit meinen Klauennägeln fast deplaciert vor. Kurzer Gruß. Dann steigen sie weiter, erreichen Fritz. Ich kenne meinen Freund. Sein alpines Ehrgefühl ist hochentwickelt. Er sucht sich am liebsten den eigenen Weg. Er trägt zwar das Ehrenzeichen der Retter aus Bergnot, nimmt aber selbst keine Hilfe an. Auch die spaßhafte Frage, die Anderl offenbar an ihn richtet, ob er nicht lieber umkehren wolle, veranlaßt Fritz zu einer wienerisch eindeutigen Antwort.

Aber Anderl will nicht stänkern. Er ist ein Mensch, dem Bosheit gar nicht gegeben ist. Und zu groß ist die Achtung, die Kasparek und Heckmair füreinander haben. So entwickelt sich aus dem Zusammentreffen keine Unstimmigkeit, keine Konkurrenz, sondern eine Gefährtenschaft, wie sie sich in dieser großen Wand selten in so schöner Weise offenbart hat. Natürlich gehen wir noch in zwei getrennten Seilschaften. Anderl und Wiggerl übernehmen die Spitze.

Später erzählen sie, daß sie beobachtet haben, wie Fraißl und Brankowsky umkehrten. Da gab es für sie kein Halten mehr. Am frühen

Morgen sind sie eingestiegen. Und jetzt sind sie da. Wir bleiben zusammen...

In gleichem Tempo steigen wir über den steilen Grat gegen das Todesbiwak. Als wir dort längere Mittagsrast halten, fühlen wir uns bereits zusammengehörig. Kein Wort fällt, das irgendeiner Enttäuschung Ausdruck gibt. Es ist, als hätten wir seit eh und je miteinander gehen wollen und wären jetzt froh, endlich beisammen zu sein.

Über den weiteren Weg gibt es keine Meinungsverschiedenheit: Es geht von unserem Rastplatz schräg nach links absteigend über das Dritte Eisfeld zum Beginn der Steilrampe, die gegen den Grat der Lauperroute zieht; aus der Rampe Quergang nach rechts zur Spinne; über diese und durch die anschließenden Risse zum Gipfelfirnfeld der Schlußwand. Das klingt sehr einfach. Doch jede dieser Stellen hat ein großes Fragezeichen. Aber wenn ich meine Gefährten betrachte, den Fritz, den Anderl und den Wiggerl, so scheint mir, daß jede Stelle, die überhaupt überwindlich ist, von unserer Gruppe bewältigt werden kann.

Man könnte vielleicht auch vom Todesbiwak über die Steilwand direkt zur Spinne aufsteigen. Aber als wir die Wand emporsteigen, sehen wir nicht weit. Nebel umspielen den Berg, senken sich auch auf uns herab. Es ist der Nebel, den man von »draußen« als »Wattebausch« des Eiger bezeichnet und der sich förmlich an Fels und Eis anschmiegt. Das erschreckt uns nicht. Es gehört zu den Gewohnheiten der Eigerwand, nach dem Mittagstisch eine Schlafmütze aufzusetzen, sehr zum Ärger der schaulustigen Menschen, die unten die Fernrohre umdrängen. Wie groß dieser Ärger ist, wissen wir noch nicht: Es wurden für die Fernrohre Platzkarten ausgegeben, deren Inhaber für drei Minuten Schau bezahlen mußten, ob sie etwas sahen oder nicht. So queren wir, unbeobachtet von der Außenwelt, über das mehr als sechzig Grad steile Eisfeld zum Beginn der Rampe.

Die Rampe. Sie paßt zu dieser Wand, wo alles schwerer ist, als es aussieht. Man kann nicht über sie »hinauflaufen«, denn da sind keine rauhen Platten, keine guten Griffe und Tritte. Auch hier ist der Stein nach abwärts geschichtet, und die Spalten, in die Haken eingetrieben werden können, kann man zählen. Beim Beginn der Rampe allerdings habe ich einen guten festen Standhaken. Ich beobachte Fritz, der mit ruhigen, gleichmäßigen Bewegungen Höhe gewinnt. Nun klettert er schon etwa 25 Meter über mir.

Plötzlich gleitet er aus. Ist ihm ein Griff ausgebrochen? Hat ein Fuß keinen Halt gefunden? Ich weiß es nicht. Das Ganze geht so schnell — im Nu ist der Freund meinen Blicken entschwunden. Ich reiße noch soviel Seil ein wie möglich, erwarte den Ruck. Der Standhaken ist fest, er wird wohl halten. Auch das Seil wird hoffentlich die Reißprobe bestehen, wenn es durch die Schultersicherung abgefedert ist. Wer hier ungesichert stürzt, fliegt bis zum Vorbau am Fuß der Wand hinunter. Wir haben Glück. Das Seil läuft über einen kleinen Schneegrat, schneidet in den Firn. Dadurch wird die Wucht des Sturzes so gebremst, daß der Ruck, den ich auszuhalten habe, durchaus erträglich ist. Hat sich Fritz verletzt?

Ich werde gleich beruhigt: Der Freund murmelt ein paar Worte, die nur ein genauer Kenner des Wienerischen verstehen kann — es ist ein angriffslustiger Fluch! Und dann klettert Fritz schon wieder. Schnell ist er oben auf der Rampe, steigt weiter, als wäre nichts passiert, bis ich ihm zurufe, daß das Seil zu Ende geht. Als ich nachkomme, sehe ich mir die Sturzstelle an. Fritz ist frei etwa achtzehn Meter aus der schrägen Rampe senkrecht hinuntergestürzt und ohne Zögern wieder durch den steilen Riß emporgeklettert. Wir reden gar nicht mehr über den Vorfall.

Am späten Nachmittag treffen wir wieder alle vier zusammen. Über uns verengt sich die Rampe zu einer senkrechten Verschneidung mit eingesprengtem Riß. Durch diesen kommt das Wasser. Wir alle haben keine Lust, mit nassen Kleidern zu biwakieren — die unseren sind schon am Vormittag bei der Querung des Zweiten Eisfeldes getrocknet. Außerdem finden wir, daß die Arbeit dieses Tages genügt. Der Riß soll den Auftakt des morgigen Tages bilden. Wir rüsten zum Biwak.

Das klingt so einfach. Und wir hielten es auch für einfach, als wir die Rampe noch auf den Bildern oder durch das Fernrohr betrachteten. Wir dachten, daß man sich die Sitzplätze aussuchen könnte. In Wirklichkeit gibt es keine Sitzplätze. Nicht einmal ein Sitzplätzchen. Selbst gute Stehplätze sind rar.

Wir richten unser Biwak etwa eineinhalb Meter unter dem Heckmairs und Vörgs her. Es gelingt uns, einen einzigen Mauerhaken in einen feinen Felsritz zu treiben. Es ist ein kurzer Querhaken. Nach etwa einem Zentimeter steht er schon an. Aber er ist festgeklemmt. Freilich, wenn wir mit unserem ganzen Gewicht daranhängen, würde er durch die Hebelwirkung wahrscheinlich doch herausgehen. Darum schlagen wir ihn nach unten, bis der Ring an den Felsen stößt. Damit ist die He-

Seite 81 oben: Station Jungfraujoch im Jahr 1924.

Seite 81 unten: Station Eigergletscher im Jahr 1900. Die Gletscherzunge im Hintergrund lag damals wesentlich tiefer als heute. Sie reichte bis an die Moräne unter dem Hotel- und Stationsgebäude. Die Berge: Jungfrau, Schneehorn, Silberhorn.

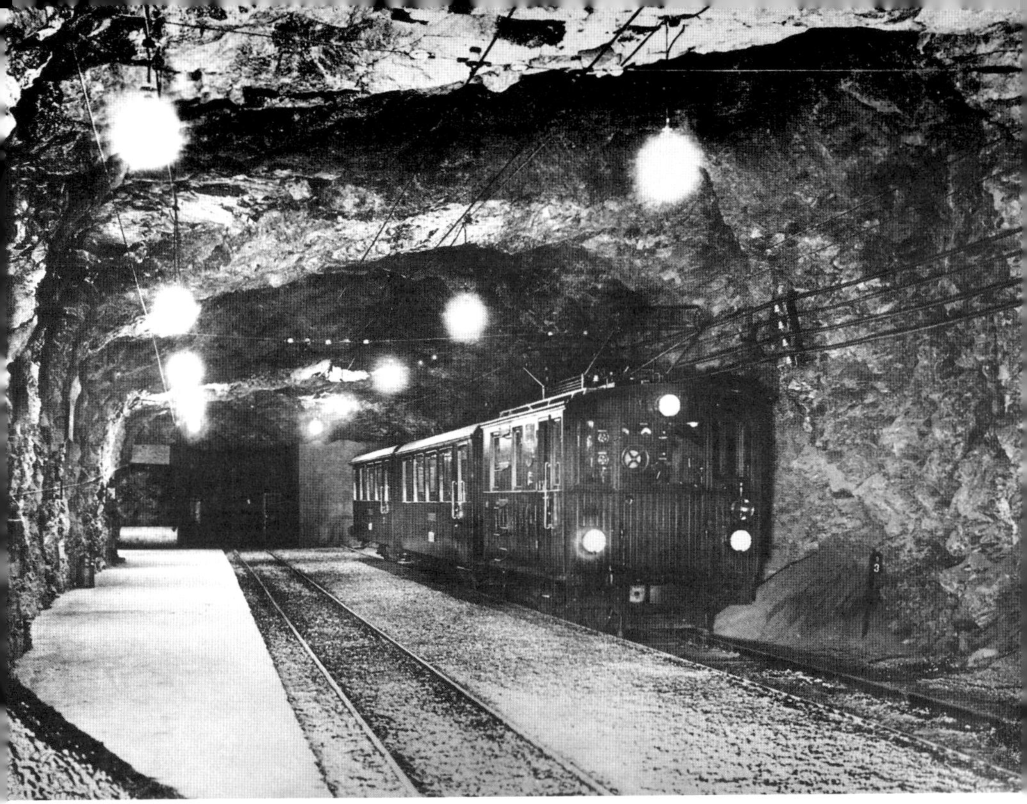

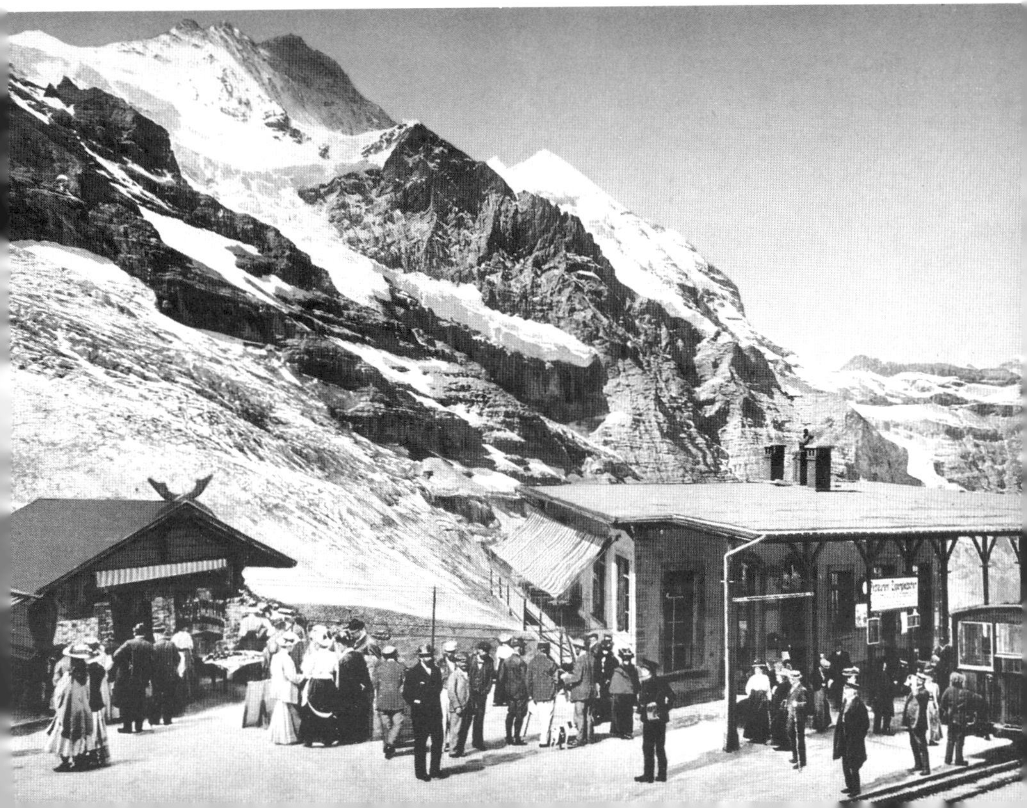

Der japanische Prinz Yuko Maki. 10. Sepember 1921.

Seite 83: Fritz Kasparek bei der Erstdurchsteigung im Hinterstoisser-Quergang.

Seite 84: Ein einfaches Butterbrot von zu Hause war meine erste Nahrung. Heinrich Harrer.

Seite 85: Biwak in der Rampe: Anderl Heckmair und Ludwig Vörg.

Seite 86: Heinrich Harrer und Fritz Kasparek am Morgen nach dem zweiten Biwak in der Rampe.

Seite 87: Anderl Heckmair beginnt den schweren Ausstiegsriß.

82

Trotz starker Erschöpfung Freude über den Erfolg. Harrer, Kasparek, Heckmair, Vörg.

belwirkung ausgeschaltet, und wir können uns dem kleinen grauen Freund aus Stahl anvertrauen. Zuerst hängen wir alle unsere Sachen an, dann uns selbst.

Zum Sitzen ist kein Platz. Die Rampe ist hier schmal und sehr steil. Aber mit Hilfe von Seilschlingen richten wir doch so eine Art Sitz her, und damit die Füße nicht ins Leere baumeln, hängen wir noch Steigschlingen ein. Neben mir ist außerdem ein winziger ebener Fleck, auf dem gerade unser Kocher Platz hat. So können wir Schnee schmelzen. Denn der Flüssigkeitsbedarf ist bei uns allen außerordentlich groß. Anderl und Wiggerl haben auch keinen besseren Platz. Bewundernswert ist die Ruhe des Biwakkönigs Vörg, der auch hier nicht auf den möglichen Komfort verzichten will. Wiggerl zieht sogar seine weichen gefütterten Biwakschuhe an und macht dazu das Gesicht eines echten Genießers. Es ist durchaus keine Übertreibung, wenn ich sage, daß wir uns alle sehr wohl, ja sogar behaglich fühlten. Das wird der erfahrene Bergsteiger verstehen, und der Laie muß einfach meinen Worten Glauben schenken. Ein Philosoph hat auf die Frage, was Glück wäre, einmal gesagt: »Eine Milchsuppe, ein Lager zum Schlafen und keine körperlichen Schmerzen — das ist schon viel.« Wir können das noch erweitern: »Trockene Kleider, ein Mauerhaken, auf den man sich verlassen kann, und köstliche warme Getränke — das ist höchstes Glück in der Eigerwand.«

Ja, wir sind glücklich. Die Wand, der große Berg hat unser Leben auf den einfachsten Nenner gebracht. Nach der stundenlangen Kocherei stülpen wir den Biwaksack über uns und suchen eine möglichst bequeme Stellung, die uns auch ein gelegentliches Einnicken gestattet. Herrlich ist es, so einer Nacht mit trockenen Kleidern entgegensehen zu können. Unser Platz ist etwa 1200 Meter über den Firnfeldern am Fuß der Wand.

Es ist ein gutes Biwak. Körperliche Pein und Unbehagen schieben sich nicht störend in den Flug der Gedanken. Im Einschlafen steigt ein Bild aus meiner frühesten Jugend vor mir auf, ein frohes, sonniges Bild. Keine Fata Morgana, die mir Geborgensein oder ein warmes Bett vorgaukelt. Nein, ich denke an eines meiner ersten Bergerlebnisse. Ich war erst fünfzehn Jahre alt. Allein war ich auf den Mangart, den stolzen Berg der Julischen Alpen, gestiegen, den ich von frühester Jugend voll Sehnsucht aus dem Fenster meines Elternhäuschens immer wieder bei gutem Wetter gesehen habe. Inzwischen hat sich der Kreis geschlossen: Heute, im Alter, erblicke ich ihn aus dem Fenster meines Museums und dem dazugehörigen Häuschen. Nur nicht mehr mit Sehnsucht, eher mit dem Gefühl dankbarer Erinnerungen an ein glückliches Leben. Noch erfüllt von dem großen Erlebnis, kam ich vom Berg herunter. Da war ein riesenhaftes, kilometerlanges Schuttfeld, wie man es in den Julischen oft findet. In weiten Sprüngen eilte ich durch das öde Kar hinunter. Die Sonne brannte glühend heiß, meine Zunge klebte am Gaumen. Mitten im Geröll sah ich zwei Adler, die aus dem Kadaver einer Gemse große Fleischbrocken rissen. Nur unwillig erhoben sich die Raubvögel, als ich vorbeikam. Der Anblick fesselte mich so, daß ich vorübergehend sogar den Durst vergaß. Unvergeßlich blieb für mich Jungen die Erkenntnis, daß der Tod des einen für den anderen das Leben bedeutet.

Ich kam hinunter an das Ufer des Weißenfelser Sees. Dort stand eine Almhütte, daneben ein Brunnen, aus dem ein glitzernder Wasserstrahl schoß. Ich beugte mich nieder, ließ das Wasser erst über die Handgelenke laufen. Dann trank ich, trank, trank...

Plötzlich bekam ich einen Schlag, eine richtige Ohrfeige. Vor mir stand der hochgewachsene, weißhaarige Senn mit sonngebräuntem Gesicht.

»Warum trinkst du das Wasser? Ich habe in der Hütte kühle Milch und sauren Rahm. Da kannst du deinen Durst löschen und dich satt trinken.«

Nie werde ich den Alten vergessen, der zornig wurde, um mir Gutes zu tun! Ich war tagelang bei ihm Gast und trank und aß, was er auf der Alm produzierte: Milch und Käse, Rahm und Topfen. Er war ein stolzer, großzügiger Gastgeber und obendrein ein weitgereister Mann, der acht Sprachen beherrschte. Jahrzehntelang war er Schiffskoch auf allen Weltmeeren gewesen. Und seine Lebenserfahrung gipfelte in der Güte zu den Menschen.

Mit der Erinnerung an den Alten vom Weißenfelser See nicke ich im Rampenbiwak ein, schlafe tief und traumlos. Wie lange ich so geschlafen habe? Ich weiß es nicht. Plötzlich steht der Alte vor mir. Im Traum. Sein Gesicht ist nicht mehr gut. Er ist zornig. Der Alte zerrt mich an der Brust.

Ich wehre mich, kann aber den Griff des starken Mannes nicht abschütteln. Ich will weiterschlafen.

Stärker reißt und rüttelt der Alte an mir.

Ich erwache nicht ganz, aber im Halbschlaf spüre ich noch immer den starken Druck um meine Brust. Es ist das Seil, in dem ich mit meinem ganzen Gewicht hänge, weil ich im Schlaf von meinem Sitz abgeglitten bin. Ich weiß, daß ich in der Rampe der Eiger-Nordwand bin und mich aufrichten, hinaufrücken und meinen Sitz aus Seilschlingen in Ordnung bringen sollte. Aber ich bin so lethargisch, will nur weiterschlafen. Eigentlich rührt sich auch das Gewissen: Man sollte nicht dauernd an dem Haken zerren, wo er doch nur einen Zentimeter im Fels steckt. Aber es ist gerade so schön, sich gehenzulassen, noch ein paar Minuten, dann werde ich es wieder in Ordnung bringen. So schlafe ich wieder ein.

Im Augenblick des Einnickens steht das Traumbild wieder vor mir. Diesmal rüttelt mich der Alte endgültig wach. Ich richte mich in den Steigschlingen auf, nehme wieder meinen Sitz auf dem abschüssigen Plätzchen ein. Fritz brummt irgendwas im Schlaf.

Da höre ich Anderl und Wiggerl über mir reden. Die Stimme Vörgs klingt besorgt. Ich frage, was los sei.

»Dem Anderl ist schlecht. Die Ölsardinen, die er am Abend gegessen hat, liegen ihm im Magen.«

Ich bin ganz hellwach und ganz frisch. Auch die Kälte ist kaum fühlbar. Da neben mir, auf dem kleinen ebenen Fleckchen, steht der Kocher.

»Ich koche dir einen Tee, Anderl, das hilft immer.«

Tee ist doch die Krone aller Getränke. Er hilft gegen Kälte, gegen Hitze, gegen Unbehagen und Krankheit, gegen Müdigkeit und Schwäche. Er hilft auch jetzt. Die Sardinen in Anderls Magen geben Ruhe. Wir schlafen und dösen, bis die Sterne zu verblassen beginnen und das neue Licht sich durch die Dämmerung stiehlt. Die Nacht ist zu Ende.

Wiggerl Vörg beginnt schon um vier Uhr früh zu kochen. Wie alles, was er anfängt, tut er auch das mit Bedacht, Muße und Gründlichkeit. Er kocht Haferbrei und Kaffee in großen Mengen. Das macht munter, vertreibt die Kälte. Schließlich ist es sieben Uhr, bis wir zu klettern beginnen. Es ist schon eine Zumutung für den durch das Biwak noch immer steifen Körper, als erste Morgengymnastik den Riß in der Verschneidung zu machen. Der schaut heute nicht leichter aus als gestern. Nur der Wasserfall hat aufgehört. Dafür liegt auf dem Felsen ein dünner Eispanzer. Auch Anderl, der als erster geht, blickt etwas mißtrauisch.

Der gerade Weg ist der beste, scheint Anderl zu denken und packt die Verschneidung direkt an. Wo es ihm möglich ist, schlägt er Haken. Einer davon sitzt auch tatsächlich sicher. Mit ausgefeilter Technik arbeitet Anderl sich höher, versucht dem Eis auszuweichen und klettert deshalb in der überhängenden Begrenzungswand. Beinahe hat er den Überhang schon geschafft. Da ist ein Griff, der ihm den letzten Aufschwung ermöglichen soll. Es ist kein Griff, sondern nur ein loser Block. Der Brocken bricht aus, stürzt, und mit ihm der Anderl. Im nächsten Augenblick hängt unser Freund an dem guten Haken unter dem Überhang. Das darf so ein Überhang mit dem Anderl Heckmair nicht machen. Der Anderl wird wild! Geht es nicht im eisfreien Gelände, dann eben mitten über das Eis. Anderl zieht die Steigeisen an, die neuen Zwölfzacker.

Und jetzt führt er uns ein Akrobatenkunststück vor, eine Kürübung, wie man sie noch selten gesehen hat. Halb Meisterkletterei, halb Spitzentanz auf dem Eis. Spitzentanz in die Senkrechte. Er hält sich im Fels, er hält sich im Eis, er verstemmt sich, rückt höher, und immer die Spitzen der Vorderzacken seiner Steigeisen im Eis verbohrt. Nur millimetertief, aber das genügt; Anderl überwindet die schwierige Stelle, schlägt in dem darüber ansetzenden Eishang Standstufe und Haken, läßt Vörg nachkommen.

Noch klettern wir in getrennten Seilschaften. Fritz Kasparek geht nun die Rißverschneidung an. Er hat nicht nur keine zwölfzackigen Steigeisen, er hat auch seine eigene Vorstellung von der Stelle. Er packt den Riß direkt an, läßt sich weder mit der vereisten noch mit der brüchigen Begrenzungswand auf Verhandlungen ein, er liefert ein Meisterstück im Klettern, bezwingt den Riß als ob er im heimatlichen Gesäuse und nicht in der großen Eigerwand wäre.

Als letzter folge ich. Dann treffen wir vier auf dem Eis wieder zusammen und staunen ungläubig hinauf zu dem drohenden Eisüberhang, der hier den Weiterweg durch die Rampe endgültig zu versperren scheint. Kann man hier hinauf?

Zehn Meter ist das Bollwerk hoch. Ich habe noch nie etwas Derartiges gesehen. Aber auch die Freunde scheinen zunächst ratlos. Geht es links? Nein! Rechts? Nein! Der direkte Anstieg scheint noch das beste zu sein. Aber ist dieses »Beste« möglich? Heckmair versucht es. Zunächst schlägt er in das Eis unterhalb des Wulstes Haken. Einer geht tief hinein, sitzt bombenfest. Dann schwindelt sich Anderl höher. Unter dem Überhang hängen Eiszapfen. An einem dieser Eiszapfen befestigt Anderl eine Schlinge, schiebt sich höher hinauf. Unheimlich schaut das aus. Aber Anderl scheint von der Gefahr nicht beeindruckt; fast zentimeterweise gewinnt er an Höhe. Als er jedoch dem Eiszapfen sein Gewicht anvertraut, bricht das glitzernde Gebilde ab — Anderl kommt...

Der Sturzhaken hält.

Und wieder die gleiche Reaktion, die wir an unserem Freund schon kennen. Eine so radikale Abweisung wie ein Sturz weckt in Anderl wilden Trotz. Gleich packt er den Wulst wieder an. Diesmal traut er dem Eiszapfen nicht mehr. Müssen wir an dieser Stelle scheitern? Zurück?

Anderl findet einen »Eishenkel«. Ein von oben hängender Eiszapfen hat sich mit einem von unten gewachsenen Eisstumpf vereinigt — ein Stalagmit und ein Stalaktit aus Eis sind zusammengewachsen. Dieses aus einer Laune der Natur entstandene Gebilde ist der Schlüssel zum Gefängnistor. Anderl fädelt durch den Eishenkel eine Seilschlinge, läßt sich daran in fast horizontalem Zug hinaus, schlägt mit dem Eisbeil Kerben in das Eis über dem Wulst, tastet mit einer Hand nach, nimmt Griff.

Noch nie hat eine Kletterstelle so abenteuerlich, so gefährlich und ungewöhnlich ausgesehen. Fritz, der viele der berühmten Schlüsselstellen der Alpen kennt, meint, daß der Dachüberhang am Marmolatapfeiler ein Kinderspiel gegen diesen Wulst zu sein scheint. Wir alle sind aufs äußerste angespannt. Wiggerl hält das Seil fest umklammert, jederzeit bereit, Anderl zu halten, falls er wieder »kommt«.

Aber Anderl kommt nicht. Uns ist unverständlich wie — aber der Meister hat es zustande gebracht, über den Wulst einen Eishaken tief in das Eis zu treiben und mit dem Karabiner das Seil einzuhängen. Jetzt kommandiert er: »Zug!«

Vörg zieht Anderl mit dem Seil empor, zum Haken, über den Wulst. Noch ein paar Pickelschläge, und man hört: »Nachlassen!«

Wiggerl läßt das Seil locker, damit Anderl sich aufrichten kann. Gleichzeitig ist er aber immer darauf gefaßt, daß Anderl doch noch kommt. Aber Heckmair hat schon festen Stand, eilt einige Meter empor, schlägt in dem über dem Wulst ansetzenden Eisfeld eine große Standstufe und treibt einen langen Haken tief in das feste Eis. Dann, wie als Schlußpunkt einer ungemein dramatischen Szene, der erlösende Ruf: »Nachkommen!«

Vörg folgt nach. Die Eigerwand ist so groß, so schwer, so ernst, daß sie nicht Schauplatz menschlichen Ehrgeizes sein soll. Gewiß hätte auch unsere Seilschaft den Eiswulst ohne Hilfe von oben bewältigt, aber das hätte wieder Stunden gedauert, Stunden, die uns später gefehlt hätten. So nimmt Fritz ohne Zögern das Seil, das uns Vörg herunterläßt. Wir Nachfolgenden erleben nicht mehr die Spannung und das große Abenteuer, sondern nur noch die Mühe dieser bisher schwersten Stelle der Wand. Und ich als letzter muß alle Haken herausschlagen und mitnehmen. Ich bin damit behängt wie ein Christbaum, und das Klingen des Eisens übertönt meine keuchenden Atemzüge, während ich mich über den Wulst emporarbeite.

Das Eisfeld über uns ist nicht schwierig im Vergleich zu dem, was hinter uns liegt. Wir steigen nur kurz über das Eis gerade empor, queren dann sofort nach rechts.

Es ist leicht, als erfolgreicher Bergsteiger über die Irrtümer der Nachfolgenden den Kopf zu schütteln. Ich will das nicht tun. Aber ich wundere mich doch, daß viele der Partien, die nach uns durch die Wand stiegen, das erwähnte Eisfeld geradeaus, Richtung Mittellegigrat, verfolgten und erst viel zu hoch den Quergang zur Spinne versuchten. Manche Verzögerung und auch die Katastrophe von 1957 wurden dadurch hervorgerufen. Uns vieren war von Anfang an klar, daß man den Quergang nach rechts so tief und so bald wie möglich versuchen müsse.

Wir queren nun vom Eisfeld nach rechts, alle vier zusammengehängt zu einer Seilschaft, unter einer überhängenden Wand auf brüchigem Band. Es ist bereits Mittag geworden, wir hören das Zischen der Lawinen und das Hämmern des Steinschlags, aber wir sind durch die Überhänge vor Steinen und Schneerutschen geschützt.

Während wir über das Brüchige Band queren — Anderl ist etwa sechzig Meter vor mir —, hören wir plötzlich ein böses Brummen und Dröhnen. Das ist nicht mehr Steinschlag, das sind auch keine Lawinen: Ganz nahe schwebt ein Flugzeug an uns vorbei. Deutlich sieht man die Gesichter der Insassen. Sie winken, wir winken zurück. Der Berner Fotograf Hans Steiner macht dabei Aufnahmen von einmaligem dokumentarischem Wert. Auf der Vergrößerung seiner Bilder sieht man drei von uns noch an der Querung, während Anderl bereits über einen Riß höhersteigt.

Dieser Riß ist die einzige Möglichkeit, von dem abbrechenden Brüchigen Band höher hinauf zu kommen, wo die weitere Querung zur Spinne fortgesetzt werden kann. Anderl glaubt, diesen Riß in gewohntem Sturmlauf nehmen zu können. Aber jede Steilstufe in der Eigerwand ist schwieriger, als sie aussieht, täuscht Bänder vor, wo der Schnee nur an die Felsen gepreßt wurde, Griffe und Tritte, wo keine sind. So muß auch Anderl seinen Rucksack zurücklassen, um die Stelle nochmals ohne Ballast zu versuchen. Wegen der Vereisung, die man in dieser Wand immer wieder antrifft, läßt er die Steigeisen aber angeschnallt. Es ist eine neuartige Kletterei: schweren, manchmal schwersten Fels über abdrängende Überhänge hinweg mit Steigeisen zu erklettern. Manchmal kommt Anderl der Sturzgrenze nahe. Aber seine Finger halten dann immer noch, wenn er auch oft meint, am Rande seiner Kraft zu sein. Das Kratzen der Steigeisenspitzen am harten Fels klingt wie wütendes Zähneknirschen und hört erst auf, als Anderl unseren Blicken entschwunden ist. Wir anderen folgen dann ohne Steigeisen.

Bis wir alle die etwa dreißig Meter hohe senkrechte Wandstelle durchstiegen haben, ist viel Zeit vergangen. Aber so viel Zeit, daß schon die Dämmerung einfällt? Es ist auf einmal so finster geworden! Ein Blick auf die Uhr: Es ist früher Nachmittag, trotzdem die Finsternis. Dunkles Gewölk ballt sich am Himmel zusammen. Und das Donnern und Dröhnen, das von den Wandwinkeln gefangen und hundertfach gebrochen zurückgeworfen wird, stammt nicht mehr von einem Flugzeug, das verwegen nahe vorbeifliegt. Das Donnern ist echt.

Als ich zu Fritzens Standplatz komme, sind die beiden anderen fort. Anderl und Wiggerl haben sich wieder von der gemeinsamen Seilschaft gelöst, um noch vor dem Ausbruch des Gewitters in die Spinne zu kommen.

Düster, drohend, aber auch von großartiger Schönheit ist die Stimmung des Gewitters. Vor kurzem schien noch die Sonne, zumindest für die Menschen von Grindelwald. Der jähe Umschlag ist typisch für die Eigerwand. Wir sind schon so mit der Wand verwachsen, daß uns auch das nahende Unwetter nicht mit Schrecken erfüllt. Ja, ich bedaure sogar, daß wir an dem Platz, wo Fritz mich erwartet, nicht längere Zeit verweilen können. Dieser Platz erscheint mir wie ein Wunder: Es ist die erste Stelle, ja die einzige in der ganzen 1800 Meter hohen Wand, wo man sich's bequem machen kann. Herrlich wäre es, hier zu sitzen und rasten zu können, hinunterzuschauen über die Wand, in das Tal, auf die Berge ringsum. Aber das Wetter treibt uns weiter. Wir folgen den beiden anderen nach.

Der Quergang zur Spinne. Es ist kein Band, auf dem man spazieren kann. Aber der Fels ist hier horizontal, also gut geschichtet, und die dazwischenliegenden Eisfelder sind fest und stark genug, so daß wir unsere Eishaken tief hineinschlagen können. Der Quergang ist nicht nur landschaftlich unbeschreiblich schön, sondern auch klettertechnisch so anregend und sicher, daß wir das nahende Gewitter fast vergessen. Ich weiß nicht mehr, wer zuerst den Namen »Götterquergang« für diese Stelle fand. Aber er besagt alles.

Schnell und ohne von großen Schwierigkeiten aufgehalten zu werden, kommen wir zur Spinne, zum großen Eisfeld in der Mitte der Gipfelwand. Wir haben keine Zeit, uns die Landschaft und das Gelände genauer anzusehen. Wir haben auch nicht mehr die Möglichkeit dazu. Der Himmel ist mittlerweile blauschwarz geworden. Dann ist er nicht mehr zu sehen. Nebelfetzen jagen um den Berg, hüllen uns ein, reißen wieder auf, geben den Blick frei, schließen sich zur dichten Decke. Gleichzeitig mit dem Sturm beginnt es zu graupeln, mit Schnee vermischt. Dazu das Zucken der Blitze, das Brüllen und Dröhnen des Donners.

Wir sehen noch, daß Anderl und Wiggerl etwa anderthalb Seillängen über uns schon über das Eisfeld der Spinne emporklimmen. Dann beginnen auch wir den Aufstieg.

Man hat, wie ich es an anderer Stelle schon sagte, den steilen Firn-

oder Eisflecken inmitten der fast lotrechten Gipfelwand »die Spinne« genannt, weil von dem Schneefeld weiße Streifen wie Beine und Fangarme nach allen Seiten ziehen. Vor allem nach oben hin — die Risse und Rinnen gegen den Gipfelfirn — und nach unten gegen das Todesbiwak. Wie zutreffend aber die Bezeichnung Spinne ist, hat vor uns noch niemand gewußt. Auch wir wissen es noch nicht, als wir die erste Seillänge aufwärts steigen. Wir wissen nicht, daß diese Spinne aus Schnee, Eis und Fels eine furchtbare Falle werden kann. Daß bei Hagel und Schneefall Eiskörner und Schnee, die vom steilen Gipfelfirn abgleiten, in den Rinnen und Rissen kanalisiert werden, mit Druck in die Spinne schießen, sich dort vereinen zu vernichtender Wucht, über den Leib der Spinne fegen, um zuletzt hinaus-, hinunterzuschießen, alles vernichtend und mitreißend, was nicht an dem Felsen festgewachsen ist. Es gibt keine Flucht aus der Spinne, wenn man in ihr von einem Unwetter und den Lawinen überrascht wird.

Wir wissen es noch nicht, aber wir lernen es kennen.

Ich stehe schon im Eis der Spinne, habe einen erträglichen Stand ausgepickelt, auf dem ich mich auch ohne Steigeisen einigermaßen halten kann. Ein tief sitzender Eishaken gibt mir das Gefühl der Sicherheit. Das Seil ist mit einem Karabiner in den Ring des Hakens gehängt, das Seil, das zu Fritz zieht. Der Freund arbeitet sich empor, er ist etwa zwanzig Meter über mir. Verschwommen sehe ich ihn durch den Nebel und das Schneetreiben.

Dann plötzlich sehe ich ihn nicht mehr. Er ist wie vom Nebel verschluckt. Unheimlich ist das Heulen des Sturms, das Prasseln der Graupeln. Ich versuche mit den Blicken das Grau des Nebels zu durchdringen, den Gefährten zu entdecken. Vergebliche Mühe. Nur grau in grau.

Das Heulen des Sturms wird stärker. Es bekommt einen so seltsamen Klang. Ein Poltern und Sausen, ein pfeifendes Zischen, Sturm? Nein, das ist kein Sturm mehr; es ist etwas anderes, was da aus dem Nebel und dem rasenden Tanz der Eiskörner und Flocken herab- und auf uns zukommt.

Eine Lawine!

Als Vorboten Steine, Eisbrocken. Ich reiße den Rucksack über meinen Kopf. Eine Hand hält ihn fest, die andere umklammert das Seil, das zum Freund leitet. Ich presse mich gegen die Eiswand. Dann trifft mich die Wucht der Lawine. Das Prasseln und Hämmern der Steine auf dem Rucksack wird vom Tosen und Rauschen der Schneemassen verschluckt. Es zieht und zerrt an mir, mit unheimlicher Kraft. Kann ich dem Druck standhalten? Kaum... Ich ringe nach Luft, versuche vor allem zu verhindern, daß es mir den Rucksack wegreißt und daß sich der stürzende Strom zwischen meinem Körper und der Eisflanke staut und mich dann vom Stand drängt.

Aber stehe ich noch? Gleite ich denn nicht schon? Ist der Eishaken herausgerissen? Nein, ich stehe noch, und der Eishaken steckt. Aber der Druck wird unerträglich. Wann »kommt« Fritz?

Der Freund steht frei dort oben, er kann der Wucht der Lawine nicht widerstehen. Sie muß ihn hinunterfegen... Meine Gedanken sind klar und folgerichtig, obwohl ich überzeugt bin, daß diese Lawine uns aus der Spinne schleudern wird, die riesige Wand hinunter. Ich wehre mich nur, weil man sich wehrt, solange man lebt. Die eine Hand umspannt das Seil. Ich werde alles tun, um Fritz zu halten. Gleichzeitig die Überlegung: Sind wir schon so hoch in der Spinne, daß Fritz nicht unten in die Felsen schlägt, sondern auf dem Eisfeld hängenbleibt, wenn er stürzt, an mir vorbeigleitet, am Seil zwanzig Meter unter mir hängenbleibt? Werde ich die Wucht aushalten, wenn Fritz auf mich aufschlägt?

Alle diese Gedanken sind ruhig, ohne Schrecken, ohne Verzweiflung. Ich habe gar keine Zeit für Angst oder Verzweiflung. Wann kommt Fritz? Ewigkeiten scheinen verstrichen zu sein, seit ich in dieser stürzenden und gleitenden Hölle stehe. Haben Steine das Seil zerschlagen? Ist Fritz allein, ungesichert abgestürzt? Nein, das kann nicht sein. Dann würde das leere Seil an mir herabgleiten. Es führt aber noch immer hinauf. Fritz muß sich noch immer irgendwie halten...

Der Druck der Lawine läßt nach. Aber ich habe keine Zeit aufzuatmen, zu rufen. Schon ist die nächste Lawine da. Ihre Wucht übertrifft die erste. Sie wird das Ende bringen. Auch diese Feststellung ist ruhig, fast sachlich. Sonderbar, daß mich keine großen Gedanken bewegen, wie es sich geziemen würde, wenn man die Grenze des Daseins erreicht hat. Auch zieht nicht in rasender Bildfolge mein Leben an mir vorbei. Die Gedanken sind fast banal, lächerlich, unwichtig. Ein leichter Ärger, daß die Nörgler und Besserwisser nun doch recht haben, oder auch der Totengräber von Grindelwald, der uns als Eigerwand-Versucher bereits als in sein Ressort gehörig bezeichnet hatte. Dann erinnere ich mich an meinen Fall in der Westwand des Sturzhahns im Toten Gebirge, vor Jahren schon. Damals versuchte ich die Begehung der schweren Wand im Winter und stürzte fünfzig Meter ab. Auch damals zog nicht das Leben an mir vorbei, auch damals war ich nicht erfüllt von der großen Verzweiflung, obwohl ich das Leben so liebe. Ist alles anders, wenn man wirklich die Grenze überschreitet?

Ich lebe noch immer.

Der Rucksack schützt noch immer meinen Kopf.

Das Seil läuft noch immer durch den Eishaken.

Fritz ist noch immer nicht gestürzt...

Und dann kommt die neue, unfaßbare, jetzt erlösende Erkenntnis: Der Druck der Lawine hat nachgelassen. Der Schnee und die Eiskörner verrieseln in der Tiefe. Selbst das Brausen des Sturmes scheint mir jetzt sanft, nachdem das Tosen der Lawine verstummt ist.

Alle leben. Die anderen leben und auch du. Das große Wunder in der Eigerwand ist geschehen. Die Weiße Spinne hat kein Opfer behalten.

War es wirklich ein Wunder? War der Berg gnädig? Paßt der Ausdruck, daß die Spinne ihre Opfer freigegeben habe?

Bergsteiger sind nicht nur Tat-, sondern auch Tatsachenmenschen. Überlegungen wie diese sind nur aus dem ersten Impuls der Freude am wiedergewonnenen Leben zu erklären. Sie halten aber nüchterner Erwägung nicht stand. Das Wunder und die Gnade wurden nicht durch die Natur und den Berg, sondern durch den Willen des Menschen bewirkt, auch im Augenblick höchster Gefahr das Richtige zu tun. Hatten wir nur Glück?

»Glück hat auf die Dauer nur der Tüchtige«, hat einmal einer gesagt. Ich bin nicht so anmaßend zu behaupten, daß wir Bergsteiger immer tüchtig sind. Da scheint mir ein Ausspruch Alfred Wegeners passender für unsere Lage in der Spinne der Eigerwand: »Glück ist der Einsatz der letzten Reserven.«

Wir haben die letzten Reserven eingesetzt.

Da stand Fritz Kasparek zwanzig Meter über mir in der Eisflanke. Als er die Lawine kommen hörte, versuchte er in blitzartiger Reaktion einen Eishaken einzutreiben. Er hatte gar keine Zeit für eine Schrecksekunde. Der Haken steckte erst wenige Zentimeter, also ganz locker, im Eis, als die erste Lawine kam. Trotz der hohen Gefahr dachte Fritz an den lockeren Haken, während die Lawine mit voller Wucht auf ihn stürzte. Der Eishaken mußte erhalten bleiben, er durfte nicht durch die Wucht der stürzenden Eis- und Schneemassen, nicht durch fallende Steine herausgerissen werden. So hielt Kasparek einen Arm schützend über den Haken. Steine schlugen auf die Hand, rissen ihm die Haut ab. Der Schmerz war groß, aber der Wille, den Haken zu erhalten, war größer. Und als zwischen der ersten und zweiten Lawine die kurze Pause eintrat, trieb Fritz den Haken bis zum Ring in das Eis, hängte sich mit dem Karabiner daran. Darum »kam« Fritz nicht...

Und erst später, als die Anspannung des Augenblicks vorbei war, erinnerte ich mich, daß ich mich in derselben Pause mit einer Seilschlinge zur Selbstsicherung an meinen Haken gehängt hatte.

Heckmair und Vörg überraschte die Lawine auf einem Vorsprung, etwa zwanzig Meter unterhalb des Felsenrandes der Spinne. Durch die Geländeformation teilte sich die Lawine knapp oberhalb der beiden in zwei Ströme. Was aber an Schnee und Eiskörnern über Heckmair und Vörg brauste, war noch gewaltig genug, auch Männer von solchem Format hinabzuschwemmen. Die beiden konnten keinen sicheren Haken mehr eintreiben — nicht nur, weil keine Zeit mehr dazu war. Sie hatten keine Haken mehr; die hatten sich alle bei mir angesammelt. Ich trug als Schlußmann gut zehn Kilogramm Eisenzeug bei mir, das ich wieder herausgeschlagen hatte.

Heckmair hielt sich nur mit seinem Eispickel. Der Eisstrom reichte ihm bis über die Hüften, drohte ihn hinabzuspülen wie ein welkes Blatt. Aber die Kraft Anderls widerstand dem schier unerträglichen Druck. Und der Führungskletterer erwies sich auch als der führende Kamerad. Er hatte trotz höchster Bergnot noch Zeit, an den Gefährten Wiggerl zu denken, der tiefer unten und noch ungeschützter auf dem Köpfl stand. Mit einer Hand hielt Anderl den Pickel in der Verankerung, mit der anderen hielt er Vörg am Kragen fest. So überstanden die beiden die Anstürme der Lawinen.

Jetzt erst, nach der Gefahr, fühlte Fritz den brennenden Schmerz seiner »skalpierten« Hand. Jetzt erst rief er zu Heckmair und Vörg hinauf: »Werft mir ein Seil zu, ich bin verletzt!«

Es dauerte lange, bis die Seile zusammengeknüpft und in die Richtung geschleudert worden waren, in der Fritz stand. Es fehlten aber noch immer zehn Meter. Die mußte Kasparek frei hinaufsteigen, ehe er sich an das Seilende knüpfen konnte.

Glück? Das ist der Einsatz der letzten Reserven. Wie recht hatte Wegener!

Hören wir, wie Heckmair das Ende der Lawine und die Freude beschreibt, daß noch alle am Leben sind:

»Langsam wurde es wieder heller, der Druck ließ nach. Wir spürten, konnten es aber kaum glauben, daß wir es geschafft hatten.

›Wie wird es den anderen ergangen sein?‹

Der Nebel wird noch lichter — und da...

›Wiggerl — sie hängen noch dran!‹

Wie war das möglich, das war ja ein Wunder!

Wir fingen an zu schreien, und tatsächlich antworteten sie.

Eine unbeschreibliche Freude überkam uns. Daß ein Kameradschaftsgefühl so stark sein kann, das merkt man erst, wenn man die totgeglaubten Freunde wieder lebendig sieht...«

Wir alle sind wieder vereint, am oberen Rand der Spinne. Das Glücksgefühl, die vertrauten Gesichter aller Freunde wiederzusehen, ist überwältigend. Als äußeres Zeichen unserer Freundschaft beschließen wir,

beisammen zu bleiben, in einer einzigen Seilschaft — bis zum Gipfel.
Und Anderl soll unser Führer sein. Die Lawinen der Spinne konnten
uns nicht aus der Wand fegen. Aber sie haben den letzten Rest von
persönlicher Eitelkeit und eigensüchtigem Ehrgeiz fortgeschwemmt.
Die Freundschaft allein hat Bestand vor dieser großen Wand, der Wille
und die Gewißheit, daß jeder einzelne sein Bestes gibt. Jeder ist für
das Leben der anderen verantwortlich. Es gibt keine Trennung mehr.
Das Gefühl großer Freude erfaßt uns alle. Und daraus wächst die Sicherheit, daß wir aus der Wand über den Gipfel wieder den Weg ins
Tal zu den Menschen finden werden. Mit fast heiterer Gelassenheit
setzen wir den Anstieg fort.

Unsere Begehung steht im Blickpunkt des öffentlichen Interesses.
Wir wissen das nicht. Dennoch ist es interessant, wie sich das Geschehen in der Eigerwand vor den Augen der Beobachter abspielt.
Ulrich Link, der bekannte Münchener Journalist, berichtet von seinem
Beobachtungsplatz auf der Kleinen Scheidegg:
»Am Samstag um 12.30 Uhr kündigte sich am Eiger ein Wetterum-
schlag an. Über dem Lauterbrunnental zog eine schiefergraue Wolken-
wand herauf, dunkel, bedrohlich. Zu dieser Zeit hatten die vier Berg-
steiger nach fünfstündiger härtester Arbeit die ›Schräge Schlucht‹,
die vielleicht die größten Schwierigkeiten der ganzen Wand enthielt,
bezwungen... Um 13 Uhr waren alle vier hintereinander am linken
Rand des Schneefeldes. Heckmair, der Bergführer mit dem härtesten
Training und der vielleicht größten Erfahrung, führte.
Für eine halbe Stunde entzog dann eine Wolke die Bergsteiger unseren
Blicken. Um 14.30 Uhr wurde die Wand wieder frei. Da hatten sie
das Schneeband schon gequert, der erste soeben den Übergang zu
dem ›Spinne‹ genannten Schneefeld erreicht. In zügiger Art querte
Heckmair — er hatte den ganzen Samstag über die Spitze gehabt —
in die Spinne hinein...
Kasparek und Harrer haben inzwischen am Ende des Schneebandes
gerastet. Von 15 Uhr bis 15.30 Uhr steht die Wand wieder hinter Wol-
kenmänteln. Um 15.30 Uhr geben die Wolken die Wand frei, an den
Fernrohren drängen sich die Menschen. Eben quert der erste der
zweiten Partie aus den Felsen in die Spinne. Es ist der Augenblick,
da Heckmair den Felsblock am oberen Schnee-Couloir erreicht. Die
zweite Partie geht langsamer, aber ebenso sicher und umsichtig wie
die erste. Heckmair und Vörg sind nun schon 3600 Meter hoch!
16.10 Uhr. Die Wand nebelt sich wieder ein. Wir sind mit unseren Sorgen und Hoffnungen wieder allein. Noch ist der Gipfel 350 Meter
über den vieren.

Jetzt sieht das Wetter wieder sehr schlecht aus. Von Stunde zu Stunde weiß man nicht, ob es sich zum Guten oder endgültig zum Schlechten kehren wird. Über dem Lauterbrunnental steht es schmutziggrau. Jungfrau und Mönch stecken in Wolken. Die Gletscherbrüche leuchten fahlblau und blaugrün im schwelenden Licht. Zwischen den Regenwolken ist ein Fleck blauen Himmels. Über der Großen Scheidegg drüben ist es noch ganz klar. Aber unaufhaltsam zieht das Wetter herauf. Noch muß die zweite Partie im Trichter der Spinne sein.

16.25 Uhr. Es beginnt ganz leise zu regnen, und dann, es ist genau 16.30 Uhr, stürzt, als seien die Wolken mitten durchgerissen, ein harter, schriller Regenguß über uns herein. Wie eine Sturzwelle muß er die Wand und die vier in ihr treffen. Und schon ein vielstimmiger, zerrissener Schreckensruf! Die Wand: ein einziger furchtbarer Wasserfall über die ganze Breite der Nordwand. In zehn, zwölf, fünfzehn breiten, weiß schäumenden Bahnen fällt das Wasser aus den Felsen. Über Alpiglen steht ein breiter, wunderbarer Regenbogen gewölbt. Doch wer hat ein Auge für ihn und sein herrliches Farbenspiel? Droben sind die beiden im Schneefeld der Sturzflut voll ausgesetzt. Werden sie sich festklammern können?

Jetzt geht die Wolke endlich weg. Das Glas wird klar. Da, das große Schneefeld... und da, da sind sie. Beide gehen schon wieder weiter, ruhig, gelassen. Sie haben die Sturzflut heil überstanden. Vörg und Heckmair hatten es wohl viel leichter, sie haben sich in die Felsen randseits des Couloirs geflüchtet. Die Wand macht schon wieder zu...

18.45 Uhr sind alle vier wieder beieinander und gehen weiter gegen das obere Ende des Schneebandes. 19 Uhr. Die vier im oberen Ende des Schneebandes. 20 Uhr. Sie gehen immer noch weiter, haben noch keinen Biwakplatz gefunden oder wollen wohl, solange das Licht des Tages nur reicht, weitergehen, möglichst nahe an den Gipfel heran. Sie sind nun 3700 Meter hoch, schon weit über der Spinne, und haben damit in vierzehn Stunden eine großartige Leistung vollbracht...

20.30 Uhr. Es hat wieder angefangen zu regnen. In den kurzen Augenblicken, da die Wolken die Wand wieder freigeben, sehen wir sie wieder. Sie gehen weiter.

21 Uhr. Immer noch sind sie in Bewegung, richten sich jetzt wohl einen Platz für die Nacht. Es wird für Kasparek und Harrer das dritte, für Vörg und Heckmair das zweite Biwak. Auf wahrscheinlich schlechtem Rastplatz, in nassen Kleidern wird es harte Anforderungen stellen. Aber es sind alle vier eiserne Kerle.

22 Uhr. Es ist jetzt ganz Nacht. Für die vier gilt es jetzt, die Stunden der Dunkelheit zu überstehen; ihr Proviant reicht für fünf bis sechs Tage. Sie werden in der Nacht wohl nicht viel Schlaf finden und wahr-

scheinlich um ihre Kocher hocken, heißen Tee machen und wärmendes Essen. Es gibt nun kein Zurück mehr...«

Dieser Bericht eines gewissenhaften und fachkundigen Journalisten ist auch für einen Bergsteiger erfreulich: so geschrieben, daß er auch den Laien fesselt, aber ohne unnötige Dramatisierung, ohne billige, am Schreibtisch erfundene Sensationen. Die Tatsachen selbst, die gute Naturbeobachtung, die unmittelbare Beschreibung der Wand, sind schon allein sensationell genug.

In einem jedoch irrte Ulrich Link: Wir konnten nicht »um unsere Kocher hocken«, dazu war der Platz zu klein; aber das Kochen spielte doch eine große Rolle.

Unser Biwakplatz: Mit Ausnahme der Stelle oberhalb des Risses, der zum »Götterquergang« führt, gibt es keinen Sitzplatz, kein Fleckchen, wo man ohne gründliche Vorbereitung biwakieren könnte.

Nach Überwindung eines Eiswulstes kommen wir auf ein Felsband, das durch Überhänge gegen Steinschlag und Lawinen geschützt ist. Wenn ich sage »Band«, so darf man sich kein ebenes, bequemes Gelände vorstellen, wo man sitzen kann. Dazu ist es zu schmal und abschüssig. An einer Stelle gelingt es Heckmair, einen festen Mauerhaken einzutreiben und mit viel Geduld noch genügend Haken zu schlagen, um alle Sachen anzuhängen und Vörg und sich selbst zu sichern. Für uns beide ist an dieser Stelle kein Platz. Drei Meter von den Freunden entfernt, richten Fritz und ich unser Freilager her. Das Band ist kaum schuhbreit, so daß wir, eng an den Felsen gepreßt, gerade aufrecht stehen können. Es gelingt uns, einen Haken zu schlagen, an den wir uns anseilen. Trotzdem will auch das Sitzen auf der äußeren Kante des Bandes nicht recht gelingen.

Da finden wir die Lösung. Wir entleeren unsere Rucksäcke, hängen auch sie an die Haken, so daß wir unsere Füße hineinstecken können und dadurch Halt finden. So wird es gehen, so geht es.

Zwischen uns und den beiden anderen Kameraden ist ein Geländerseil gespannt, auf dem, mit einem Karabiner eingehängt, eine Kochschale hin- und herpendelt. Wiggerl Vörg hat das wichtige Amt des Expeditionskochs übernommen. Wenn wir auch nicht um den Kocher »hocken« können, wie Ulrich Link annahm, so schafft doch das Schnurren von Wiggerls Kochgerät eine gemütliche Stimmung. Nach festem Essen hat keiner Verlangen. Nur trinken wollen wir. So kocht Wiggerl Kaffee. Stundenlang. Immer, wenn eine Schale fertig ist, trinkt er einen Schluck und gibt dann das Gefäß der Reihe nach weiter.

Fritz Kasparek ist als Wiener ein besonderer Kaffeekenner. Er lobt das von Wiggerl hergestellte Gebräu. Aber zu einem guten Kaffee gehört auch eine Zigarette, wenn man Raucher ist. Fritz ist unter uns vieren der einzige leidenschaftliche Raucher. Aber seine Zigaretten haben die Sintflut aus Regen, Hagel, Schnee und Lawinen nicht gut überstanden. Sie sind durchnäßt, aufgeweicht. Fritz, der sich mit keinem Wort, mit keinem Seufzer über die großen Schmerzen in seiner verletzten Hand äußert, wird schwach, wenn er an seine Zigaretten denkt: »Endlich wieder eine trockene Zigarette an einem trockenen Streichholz anzünden können...«

Ich weiß nicht, was ich darum geben würde, Fritz seinen Wunsch erfüllen zu können. Aber ich habe keine Zigaretten.

Da erinnere ich mich, wie ich Fritz Kasparek seinerzeit kennenlernte. Es war Anfang der dreißiger Jahre. Ich hatte als junger Student große Bergbegeisterung und wenig Geld. Es war jene Zeit, in der man das Kunststück zuwege brachte, mit dreißig Schilling in der Tasche ganze Wochen in den Dolomiten zu verbringen. Das Fahrzeug war das Fahrrad, und da man damals in Italien sogar dafür ein Triptik brauchte und ein solches wiederum Geld kostete, wanderte man eben stundenlang auf den Straßen, um von Berggruppe zu Berggruppe zu kommen. So ließ ich bei Sillian mein Fahrrad stehen und marschierte zu Fuß über die italienische Grenze nach Innichen in Südtirol. »Von dem Staube, von dem Staube, da werd' ich nicht satt«, heißt es in einem alten Wanderlied von Hermann Löns. Ich war hungrig, und ärger noch war der Durst, aber der Gedanke an meinen mageren Geldbeutel zwang mich, an Wirtshäusern und Geschäften, wo die herrlichsten Früchte und Leckerbissen ausgestellt waren, vorüberzugehen.

Da kam mir ein anderer Wanderer entgegen. Auch er hatte einen mächtigen Rucksack, einen typischen Bergsteigerrucksack. Ein blonder Haarschopf, ein Paar vergnügte Augen, ein sonnenverbranntes Gesicht. Wir musterten einander, erkannten jeder im anderen eine verwandte Seele, nickten uns zu. Da rief der Blonde, der in Richtung österreichische Grenze marschierte: »He, wer bist denn du? Woher kommst? Wohin gehst?«

»Ich bin der Heini Harrer aus Graz und will in die Sextener Dolomiten.«

»Und ich bin der Fritz Kasparek aus Wien.«

Fritz Kasparek... ich kannte den Namen schon. Einer der besten und erfolgreichsten Bergsteiger Wiens. Marmolatapfeiler, Westliche Zinne, Nordwand, Nordpfeiler des Admonter Reichensteins. Zahllose schwerste Kletterfahrten und Neutouren hatte der junge Wiener gemacht. Er war nur wenige Jahre älter als ich, aber ich sagte doch »Sie«, aus Achtung vor dem berühmten Namen.

Kasparek schüttelte den Kopf: »Unsinn, ich bin der Fritzl, und du bist der Heini, basta.« Und dann unvermittelt: »Hast einen Hunger? Durst? Kein Geld?«

Ich nickte.

Kasparek warf seinen Rucksack von der Schulter, machte eine einladende Geste zum Wiesenrain am Straßenrand, setzte sich und zog eine Riesentüte voll köstlicher Birnen und Pfirsiche aus dem Rucksack. »Da, iß.«

Ich ließ mir das nicht zweimal sagen. Wir aßen das ganze Obst auf, mit Putz und Stiel, und ich muß gestehen, daß Fritz nur halb soviel gegessen hat wie ich. Er lachte, stand auf, schüttelte mir die Hand. »Servus, auf Wiedersehen!«

Damit wanderte Kasparek in Richtung österreichische Grenze. Lange schaute ich ihm nach. Ich wußte damals noch nicht — es wäre nicht Fritz Kasparek gewesen, wenn er nur ein Wort davon gesagt hätte —, daß er das Obst mit seinem letzten Geld gekauft hatte: als Reiseproviant bis Wien. Nun mußte er von Sillian aus 500 Kilometer weit mit dem Rad bis Wien treten, ohne einen Groschen in der Tasche, ohne Proviant. Vielleicht hat er mit seinem unverfälschten Wiener Charme den einen oder anderen Bauern dazu gebracht, ihn auf ein Glas Milch einzuladen. Ich weiß es nicht. Aber man wird verstehen, wie traurig ich im Biwak in der oberen Eiger-Nordwand war, daß ich Fritz keine Schachtel voll trockener Zigaretten hinhalten konnte: »Da, rauch!« — so wie er mir seinerzeit auf der glutheißen Straße die Obsttüte hingehalten hatte: »Da, iß.«

Es ist bereits elf Uhr nachts. Wiggerl hat mit der Kocherei aufgehört und sich »zur Ruhe begeben«. Auch hier, auf diesem winzigen Biwakplatz in 3750 Meter Höhe, mehr als 1500 Meter über dem festen Boden der Erde, hat er nicht auf die Bequemlichkeit seiner Biwakschuhe verzichtet. Anderl muß seine Steigeisen anbehalten, um sich irgendwo im Eis zu verspreizen und Halt zu finden. Sein Kopf aber ruht auf dem breiten Rücken Wiggerls. Und am nächsten Morgen werden wir erfahren, daß Vörg die ganze Nacht regungslos gesessen und sich nicht bewegt hat, damit Anderls Schlaf nicht gestört würde. Fritz und ich haben den Biwaksack über uns gestülpt; unsere Rucksackkonstruktion als Beinstütze bewährte sich, und bald hörte ich die tiefen, regelmäßigen Atemzüge des schlafenden Freundes neben mir. Durch das kleine Fenster des Zeltsackes sehe ich, daß keine Sterne am Himmel stehen und das Wetter immer noch schlecht ist. Es muß wohl schneien. Von Zeit zu Zeit kommt ein kleiner Schneerutsch von oben. Er streift nur über die Zelthaut. Das gibt ein leises wischendes Geräusch, wie von einer Hand, die darüber streicht...

Mich beunruhigt das Wetter nicht. Ein großer Friede ist über mich gekommen, nicht Ergebenheit in unser Schicksal, sondern die Überzeugung, daß wir morgen bei jedem Wetter den Gipfel und das sichere Tal erreichen werden. Dieser Friede in mir steigert sich zu einem bewußt erlebten Glücksgefühl. Oft erlebt der Mensch das Glück. Aber er erkennt es nicht. Er weiß es erst viel später: Damals warst du glücklich. Aber hier, in unserem Biwak, bin ich glücklich. Und ich weiß es. Dem Platz nach ist dieses Biwak in der Eigerwand, das dritte von Fritz und mir, das beengteste. Und trotzdem ist es das schönste.

Wie das kommt? Es liegt an der Ruhe, dem Frieden, der Freude, der großen Zufriedenheit in jedem von uns.

Wenn in den vergangenen Stunden der Bewährung einer von uns versagt hätte, eine Sekunde versagt hätte... Wenn einer aus persönlichem Selbsterhaltungstrieb an die Flucht aus der Gemeinschaft gedacht hätte, um sich selbst zu retten — keiner hätte ihn angeklagt. Seine Gefährten hätten ihn nicht ausgestoßen, sondern vielleicht nur etwas kühler gegrüßt. Aber das Frohsein, das aus dem Aufgehen in der Gemeinschaft wächst, wäre ihm fremd geblieben. Und wir sind alle froh in diesem Biwak in der Eigerwand. Es schneit, und über das Zelt wischen die Schneerutsche. Aber das Glücksgefühl wohnt in uns. Es läßt uns gute Gedanken denken und schlafen...

Das Erlebnis der Selbstbewährung — das ist eigentlich eine überhebliche Bezeichnung für ein gesundes, ehrliches Empfinden; sie steht im Widerspruch zu dem stillen Rechenschaftsbericht, den man vor sich selbst ablegt. Völlig falsch ist es aber, wenn man dem Bergsteiger die Selbstbewährung als Triebfeder andichtet. Das haben die unverbesserlichen Komplexdeuter erfunden, weil ihnen nichts Besseres einfiel, um etwas Unerklärliches zu erklären. Wenn ich mir zum Beispiel das Gesicht von Fritz Kasparek vorstelle, falls ihn so ein Neunmalkluger fragen sollte, ob er zur Selbstbewährung in die Berge steige, muß ich unwillkürlich schmunzeln. Und der unbequeme Frager bekäme vom Fritz zur Antwort wahrscheinlich einen jener markanten Wiener Ausdrücke, die man so schwer ins Schriftdeutsche übersetzen kann.

Nein, kein Bergsteiger klettert in eine schwere Wand mit der Absicht, sich zu bewähren. Wenn er auf dem Berg im Augenblick höchster Gefahr noch an den Gefährten denkt, wenn er das Persönliche zugunsten des Gemeinsamen zurückstellt, dann hat er sich bewährt. Er wird sich wohl auch in Katastrophen des täglichen Lebens bewähren, bei Hochwasser etwa oder Feuersbrunst. Das Bewußtsein, sein Bestes getan zu haben, ist für ihn genug. Die Sucht, sich zu bewähren, kann niemals die Triebfeder für ihn sein.

Ärgerlich denke ich auch an manche Kritiker, die Bergsteiger extremer Richtung als geistig nicht normal bezeichnen. Ich kann mir keine normaleren Männer vorstellen als meine drei Freunde. Gewiß, die Situation, in der wir uns befinden, ist außergewöhnlich. Aber die Art, wie die Freunde auf das Außergewöhnliche reagieren, ist völlig normal. Fritz wollte trockene Zigaretten. Wiggerl zog bequeme Schuhe zum Biwakieren an. Und Anderl schläft, mit den Steigeisen im Eis verankert, geschützt vom breiten Rücken Wiggerls, den Schlaf des Gerechten.

Die Harmonie und der Frieden dieser Biwaknacht lassen mich in einen Dämmerzustand zwischen Wachsein und Schlaf hinübergleiten. Der Körper ruht, ist fast wesenlos. Die Kälte peinigt nicht, sie erinnert mich nur daran, daß ich in der großen Wand bin; ebenso wie die etwas verkrampfte Stellung in unserem Rucksackbiwak. Aber auch sie peinigt nicht. Es ist hier wohl wie überall im Leben: Aus dem Kontrast wächst die Beglückung. Wie sehr schätzen wir jetzt unseren Biwakplatz, nachdem wir noch vor wenigen Stunden in der Spinne von Lawinen überschüttet waren!

Ein kräftiger Schneerutsch über unser Zelt weckt mich. Durch das kleine Fenster schimmert die Dämmerung. Ein neuer Morgen zieht herauf. Er kündigt sich aber nicht durch das Farbenspiel der aufgehenden Sonne an, nicht durch einen blaßblauen blanken Himmel, auf dem die Sterne vom neuen Licht ausgelöscht sind; er kommt grau aus grauem Nebel. Als wir den Zeltsack abstreifen, schauen wir in eine Winterlandschaft. Es schneit noch immer. Der Schnee verwischt alles Eckige, Kantige. Auch unser Band ist verschwunden. Die Freunde, wenige Meter von uns, scheinen an die senkrechten Felsen geklebt. Absurd ist schon allein der Gedanke, daß in dieser Umgebung, die die kühnste Phantasie nicht wilder erfinden könnte, Menschen leben, daß diese Menschen heute diesem Kerker aus senkrechten, mit Eis verglasten und mit Schnee beklebten Felsen entrinnen wollen. Aber wir leben. Und wir wollen nicht nur hinauf, wir haben sogar die Überzeugung, daß uns der Aufstieg gelingen wird.

Oben, über den Graten, hören wir den Sturm pfeifen. Bei uns ist es windstill. Nur die Lawinen, die von oben kommen und über uns hinwegfegen, erzeugen Wind. Wir lernen den Fahrplan der Lawinen kennen und werden uns danach richten. Bedrückend legt sich der Gedanke aufs Gemüt, wie das wäre, wenn wir noch tiefer unten stünden, wenn wir jetzt erst durch die Spinne müßten. Die kleinen Lawinenrutsche, die durch die Rinne über uns kommen, sind nur Teil der großen Lawinen, die aus den vielen Kanälen gespeist werden und über das Eisfeld der Spinne gleiten. Wir sind glücklich, schon so hoch zu sein. Aber uns ist auch klar, daß das enge Biwak leicht war gegen das, was uns der heutige Tag aufgeben wird.

Wir sind in guter Form. Die Schmerzen in Kaspareks Hand scheinen geringer geworden zu sein. Anderl ist prächtig ausgeschlafen, dank dem breiten Rücken Wiggerls. Und der ist schon wieder als Koch beschäftigt. Er braut Töpfe voll Kaffee, löst Schokoladetafeln in Kondensmilch auf, bereitet ein reichliches und köstliches Frühstück. Dabei beraten wir. Das Wetter wird nicht mehr umschlagen. Es hat schon umgeschlagen. Es ist so schlecht, wie es in der Eigerwand immer wurde, wenn Menschen mehrere Tage in ihr waren. Wir hätten noch genügend Proviant und Brennstoff, um tagelang hier biwakieren zu können. Aber was wäre damit gewonnen? Selbst wenn es morgen oder übermorgen oder in drei Tagen schön würde, brauchte es immer noch Tage, bis die Verhältnisse in der Wand besser, bis die Felsen begehbar werden. Sollen wir uns durch dieses endlose Warten zermürben lassen?

»Fallen ist besser als erfrieren«, hat Michel Innerkofler, der älteste der berühmten Bergführerdynastie der Dolomiten, einmal gesagt. Wir denken nicht daran abzustürzen, aber wir denken noch weniger daran, uns zu ergeben, weil die Wand ihr Winterkleid angelegt hat. Wir gehen.

Als dieser Entschluß feststeht, erleichtere ich unsere Rucksäcke. Einen Teil der überflüssig gewordenen Ausrüstung und des Proviants werfe ich die Wand hinunter. Es ist ein ganzer Brotlaib dabei, der in rasendem Flug im Nebel unter uns verschwindet. Ich habe eine harte Jugend gehabt und habe noch nie ein Stück Brot weggeworfen. Jetzt aber scheint es mir fast wie ein symbolischer Akt: Wir gehen! Es gibt nur mehr ein Hinauf. Kein Zurück. Die Vergangenheit ist erloschen, es gilt allein die Zukunft. Und diese führt über die verschneite, vereiste Gipfelwand. Ich glaube, man muß sich völlig darüber klar sein, daß die letzte Brücke abgebrochen ist, daß man nur noch vorwärts kann, wenn man fähig sein will, alle Kräfte, alle Gedanken, alle Energie für den letzten Gang zu sammeln.

Wir gehen. Anderl führt uns aus der Wand. Dies wird der große Tag Andreas Heckmairs.

Ich bin nach nüchterner Überlegung auch heute, da ich diese Zeilen schreibe, überzeugt, daß wir alle aus der Wand gekommen wären, auch ohne die Sicherung von oben; auch Fritz, trotz seiner verletzten Hand. Aber wir hätten es nicht so geschafft wie unter der Führung Anderls. Vielleicht hätten wir nochmals biwakieren müssen. Wir wären wahrscheinlich auch daran nicht gestorben. Ich glaube, wir waren alle gut genug, kräftig genug, erfahren genug. Aber werden wir schlechter, fällt uns ein Stein aus der Krone, wenn wir bekennen und bewundernd anerkennen, daß der eine besser war?

Wir binden uns wieder zu einer Seilschaft zusammen. Die Reihenfolge ist: Anderl, Wiggerl, ich, Fritz, der heute als letzter geht, damit er mir mit seiner verwundeten Hand nicht Seilzug zu geben braucht.

Schon der Beginn der Kletterei gibt Anderl Rätsel auf. Zunächst die Entscheidung: durch den vereisten, überhängenden, rißähnlichen Kamin, der verdammt schwer aussieht, aber vor Schneerutschen sicher scheint? Oder durch die links davon befindliche eisige Steilrinne, durch die periodisch kleine Lawinen fegen? Anderl entschließt sich für den Kamin. Wiggerl sichert. Schon gleich am Anfang muß Heckmair Haken schlagen. Der Kamin ist so schwierig, daß selbst seine Meisterschaft daran scheitert.

Also zurück und durch die Rinne, nachdem man den Fahrplan der Lawinen nun einigermaßen zu kennen glaubt. Es schneit ununterbrochen, und zwar jetzt bei Tag feuchten Schnee, der so gut gleitet und den Lawinen erhöhte Wucht gibt. Aber auch ohne Lawinen ist die überhängende Rinne so schwer, daß Anderl zweimal abrutscht und erst beim drittenmal mit seiner bekannten Angriffswut die Stelle packt und links der Rinne einen kleinen Felskopf erreicht. Mit dem Pickel schlägt er das Eis und den Schnee weg und gewinnt so brauchbaren Stand.

»Nachkommen.«

Vörg und dann wir beide folgen. Und Anderl klettert weiter in dem Gelände, das von allen das Letzte fordert. Er darf sich vor allem nicht Zeit lassen, er muß in den Lawinenpausen den nächsten Stand, den nächsten sicheren Platz erreichen, bevor wieder ein Schneerutsch kommt. Sicherer Stand? Eine Stufe im Eis, ein Eishaken, in den man die Selbstsicherung einhängen kann — das ist schon das Beste, was man hier erhoffen darf. Aber je höher wir kommen, desto dünner wird die Eisschicht in der Rinne. Sie verträgt keine Pickelschläge. In ihr sind auch keine verläßlichen Eishaken anzubringen. Die Stahlstifte dringen durch das Eis, stehen an den Felsen an, verbiegen, verkrümmen sich.

Wir alle sind an einem Seil. Wenn der erste stürzt, wenn der zweite ihn nicht halten kann, muß ich versuchen, den Fall zu hemmen. Und wenn es mich herausreißt, dann kommt die ganze Wucht auf Fritz. Ein Mann kann nicht drei stürzende Körper halten, in diesem Gelände, in dieser Wand. Das wissen wir. Das weiß vor allem Anderl, der sich oft an der Sturzgrenze bewegt, bewegen muß, um den Weg in die Freiheit zu bahnen. Und einmal sind wir ganz nahe der Vernichtung. Ich stehe auf dem Köpfl und sichere Fritz nach. Dreißig Meter über mir steht Wiggerl und sichert Anderl, der da irgendwo, turmhoch über uns im Nebel und Schneetreiben mit glasigem Fels, trügerischen Eisrinnen und Schneerutschen rauft. Wir können die Freunde über uns nicht sehen.

Fritz ist bei mir.

Aber Wiggerl gibt kein Kommando zum Nachkommen. Wir hören Stimmen, unterdrückte Rufe. Was ist denn da oben los?

Jetzt hört man nur noch Gemurmel. Gleichzeitig kommt von oben ein Schneerutsch. Das ist nichts Besonderes, das sind wir schon gewohnt. Aber dieser Schnee ist nicht weiß. Er ist rötlich verfärbt.

Blut?

Ja, Blut! Denn gleich darauf kommt die Hülle eines Verbandspäckchens von oben, und zuletzt folgt noch ein leeres Medizinfläschchen.

»Hallo! Was ist geschehen?«

Keine Antwort. Das Warten dünkt uns eine Ewigkeit, wird durch Zweifel und Sorge zur Qual. Wieder kommt eine fahrplanmäßige Lawine mit grimmiger Wucht. Dann erst, endlich, die erlösende Aufforderung zum Nachkommen.

Vörg zieht das Seil ein. Er zieht so, daß es mir den Atem nimmt. Aber ich verstehe, was dieses Ziehen zu bedeuten hat: Jetzt ist nicht mehr Zeit, Stellen mit Bedacht und »sauber« zu erklettern. Tempo ist die Parole! Wir müssen aus der Wand. Und da droben ist etwas geschehen, das große Verzögerung mit sich gebracht hat.

Als ich zu Vörgs Standplatz komme, fällt mir ein Stein vom Herzen. Anderl und Wiggerl leben, sie sind auch nicht ernstlich verletzt. Nur Vörg trägt an der Hand einen blutdurchtränkten Verband. Anderl ist bereits wieder eine Seillänge höher auf ausgesetztem, winzigem, labilem Stand.

Heckmair hat später in seiner trockenen und doch so lebendigen Art berichtet, wie Vörg zu seiner Handverletzung kam[1]:

»Es schneite naß und schwer. Es war schon lange her, seit die letzte Lawine da war. Darum schnell den Überhang hinauf! Gemein... Das Eis auf dem Fels war nicht mehr so dick. Darum hielten die Haken nicht. Nach dem zweiten Schlag fielen sie hohl durch und verbogen sich im Fels.

Am Überhang selbst konnte ich mit den Steigeisen nur mehr übereinandertreten, weil in der Rinne nur noch ein schmaler Streifen Alteis war, und das Neueis viel zu hart, blank und dünn den Fels überzog. Die Spitze des Eishakens, mit dem ich mich im Eis festkrallte, drang nur

---

1 Andreas Heckmair, »Die drei letzten Probleme der Alpen«, Bruckmann Verlag, München 1949.

noch ganz wenig ein, und die Pickelspitze ebenso. Plötzlich rutschte mir der Haken ab und gleichzeitig auch der Pickel. Hätte ich breitbeinig stehen können, hätte ich das Gleichgewicht gehalten. Mit übereinandergestaffelten Beinen aber gab es kein Halten mehr.
›Wiggerl, Achtung!‹
Und schon ging's dahin...
Wiggerl paßte auf. Er zog so viel Seil ein als nur möglich. Ich kam aber direkt auf ihn zu. Es war kein freier Fall, da die Rinne geneigt war, sondern ein rasend schneller Rutsch. In dem Moment des Sturzes drehte ich mich mit dem Gesicht nach außen, um mich nicht zu überschlagen.
Wiggerl ließ das Seil los und fing mich mit den Händen ab. Dabei drang ihm einer meiner Steigeisenzacken in den Handballen. Ich überschlug mich, aber im Bruchteil einer Sekunde griff ich den Seilhaken, das gab mir einen Ruck, so daß ich mit den Füßen wieder nach unten kam. Mit allen zwölf Zacken schlug ich die Steigeisen ins Eis und — stand!
Die Wucht, mit der ich auf Wiggerl zugeschossen war, hatte auch ihn aus dem Stand geworfen, aber auch er konnte sich fangen, und so standen wir einen Meter unterhalb des Standes ohne Stufen im Eis. Ein Schritt, und wir waren wieder im Stand. Die Haken hatte es natürlich herausgerissen, und ich schlug gleich wieder neue.
Das alles hat sich in Sekunden abgespielt. Es war eine ausgesprochen instinktive Reaktion, die uns rettete. Von all dem hatten die eine Seillänge unter uns stehenden und mit uns am Seil verbundenen Freunde überhaupt nichts gemerkt. Es hätte sie, wenn wir den Sturz nicht selbst aufgehalten hätten, in hohem Bogen mit uns aus der Wand geschleudert.
Indessen hatte Wiggerl den Fäustling von der Hand gezogen. Das Blut spritzte nur so heraus, aber ganz dunkel, es konnte also keine Schlagader getroffen sein.

Ein Blick auf die Wand: Gott sei Dank, jetzt kam noch keine Lawine! Den Rucksack ab, das Verbandszeug heraus und die Hand eingebunden. Wiggerl war ganz blaß. Wenn er überhaupt noch eine Farbe hatte, dann war er grün.
›Wird dir schlecht?‹
›Ich weiß nicht so recht‹, meinte er.
Ich stellte mich gleich so, daß er auf keinen Fall stürzen konnte.
›Reiß dich zusammen, jetzt gilt es alles!‹
Da kam mir im Medizinbeutel gerade ein Fläschchen Herztropfen in die Finger, die mir die Frau Dr. Belart aus Grindelwald für alle Fälle

mit der Bemerkung gegeben hatte: ›Hätte Toni Kurz solche Tropfen gehabt, dann hätte er vielleicht die Krisis überstanden!‹ Wir sollten sie nur im äußersten, allerernstesten Fall gebrauchen. Es stand etwas auf der Flasche drauf ... zehn Tropfen. Ich schüttete aber gleich die Hälfte davon dem Wiggerl in den Mund, die andere Hälfte trank ich selber aus, weil ich Durst hatte. Ein paar Stück Traubenzucker nachgeschoben, und wir waren wiederhergestellt.

Von der Lawine war noch nichts zu sehen.

›Du, ich pack den Überhang gleich wieder an!‹

›Fall mir aber bitte nicht noch mal 'nauf‹, meinte Wiggerl mit ganz schwacher Stimme.

Ich riß mich zusammen und ging jetzt mit voller Sicherheit über die schwere Stelle. Auf die Sicherung mit Haken verzichtete ich ganz, um diese heikle Stelle möglichst schnell hinter mich zu bringen. Fast dreißig Meter — das ganze Seil — mußte ich ausgehen, fand aber noch keinen Stand. Da glückte es mir, wenigstens einen der kleinen Felshaken anzubringen.«

Und gerade an dieser Stelle, in diesem Augenblick, da Heckmair die Selbstsicherung in den rettenden Haken eingehängt hatte, kam die Lawine, die wir unten mit so starker Wucht zu spüren bekamen.

Sie hat Heckmair nicht hinuntergeschleudert, nicht Vörg, nicht uns. Aber viele Stunden sind seit unserem Aufbruch vergangen, bis ich neben Vörg stehe und Fritz nachsichern kann. Vörg eilt, von Heckmair gezogen, zu dessen Standplatz. Auch ich ziehe Fritz. Wir alle ziehen, denn die Zeit eilt, und der Weg ist noch so hoch, steil und schwer. Wir wissen nicht, was uns noch bevorsteht. Wir fühlen nur die Peitsche der Zeit, die uns drängt, die uns nie Muße und Ruhe gönnt. In keiner Wand zuvor habe ich jemals dieses Jagen und Wettrennen mit der Zeit so erlebt wie hier am Eiger. Und doch ist die Schlußwand bei diesem vereisten, verschneiten Zustand so, daß sie vom ersten zentimeterweise bezwungen werden muß.

Wir steigen weiter. Es schneit ohne Unterbrechung. Man sieht kaum eine Seillänge weit, eine Seillänge hoch. Da dringen durch Nebel und wirbelnden Tanz der Flocken Rufe zu uns. Woher sie kommen, wissen wir nicht genau. Vom Gipfel? Vom Westgrat? Sie gelten uns. Aber wir vereinbaren schnell, nicht zu antworten. Die Rufer sind zu weit entfernt, um uns genau verstehen zu können. Jede Antwort kann eine Rettungsexpedition auslösen, die dann nicht mehr abzustoppen wäre. Der lange Weg vom Berg ins Tal, das Zusammentrommeln der Bergrettungsleute, der neuerliche Aufstieg... Das alles könnte ein mißverstandener Ruf von uns auslösen. Und selbst wenn es nur ein jodelnder Gruß wäre.

Wir steigen weiter. Immer Anderl an der Spitze. Die Minuten reihen sich zu Stunden. Meter um Meter, Seillänge um Seillänge.

Wieder hören wir Rufe. Diesmal näher, deutlicher. Wir erkennen auch, daß es andere Stimmen sind als früher. Aber wir antworten wieder nicht. Später erfahren wir, daß die ersten, die sorgend in die Wand riefen, Fraißl und Brankowsky waren, die um unser Schicksal bangten. Und das zweite Mal schrie Hans Schlunegger, der große Bergführer des Berner Oberlandes, in die Wand, fragend, ob wir Hilfe brauchten. Er war zwar, ebenso wie die Wiener, überzeugt, daß bei den bösen Verhältnissen der schneebedeckten Gipfelwand im Augenblick keine Hilfe gebracht werden könne, aber auch er war wie die Freunde bereit, zu helfen und zu retten, sobald es das Wetter zuließe. Der Opferwille der einheimischen Führer muß hier wieder hervorgehoben werden. Die beiden Partien hatten unabhängig voneinander auf dem verhältnismäßig leichteren Normalweg der Nordwest-Wand im Schneetreiben den Gipfel erreicht, waren aber, da von uns keine Antwort kam, gleich wieder zurückgeklettert. Freilich gab man nach den hoffnungslosen Berichten der Männer, die auf der Suche nach uns auf den Eiger gestiegen waren, nicht mehr viel für unser Leben.

Doch wir leben noch. Wir steigen weiter.

Die Rinne nimmt an Steilheit ab. Auch die Lawinen tun uns nichts mehr. Sie haben hier oben keine Kraft.

Und dann steigen wir aus der Rinne auf ein Eisfeld.

Es ist das Gipfeleisfeld. Wenn wir nicht aus der Eigerwand kämen, würden wir es als steil bezeichnen. Aber uns erscheint es flach. Wir haben die letzte Rinne hinter uns, wir sind dem letzten Greifarm der Spinne entronnen. Um zwölf Uhr mittags steht Anderl am unteren Rand des Eisfeldes. Eine Stunde später ist der letzte von uns vieren hinaufgesichert.

Nur noch das Gipfeleisfeld trennt uns vom Gipfelgrat. Wir queren nicht nach links gegen den Mittellegigrat, sondern schräg rechts aufwärts, Richtung Gipfelnähe.

Nur das Gipfeleisfeld. Nur...

Auch dieses letzte Bollwerk der Eiger-Nordwand ist kein Spiel. Der feuchte Schnee ist keine feste Verbindung mit dem Firn und Eis eingegangen; er gleitet ab. Hier ist die Quelle der Lawinen. Der Anstieg ist kein Sturmlauf. Er fordert noch immer Vorsicht. Uns allen ist im Bewußtsein verankert, daß uns die Wand noch immer nicht Gleichgültigkeit und sorgloses Dahinschreiten gestattet.

Noch immer führt Anderl. Er tut es mit bewährter Umsicht. Außerdem meint er, daß ein Führungswechsel Seilmanöver erfordere und

Zeitverlust bedeute. Dazu käme, daß er sich beim Nachsichern in der dünnen Luft erholen könne, wir aber atemlos ankämen. Auch diese Erklärungen entspringen jedoch seinem bescheidenen Wesen. Hier merke ich wieder besonders deutlich das Fehlen meiner Steigeisen. Wenn auch Anderl an wichtigen Stellen Stufen schlägt, wenn auch Wiggerl das zu mir führende Seil sicher bedient, will und darf ich mir doch keine Schwäche leisten. Ich darf nicht rutschen, muß mich mit meinen Klauennägeln halten. Das erfordert viel Kraft.

Es schneit noch immer, ja stärker denn je. Und die Flocken fallen nicht mehr senkrecht, sie werden vom Sturm fast waagrecht gepeitscht. Nimmt das Eisfeld kein Ende? Wieder vergehen zwei Stunden.

Dann aber ereignet sich etwas, was heiter gewesen wäre, wenn es nicht einen Augenblick höchster Gefahr gebracht hätte. Anderl steigt im Nebel und wilden Schneetreiben den Hang hinauf, der hier schon flacher ist. Das merkte er aber nicht, weil er gegen den Sturm zu kämpfen hat und man nichts sieht. Wiggerl folgt. Und Wiggerl entdeckt plötzlich vor sich dunkle Flecken. Nein, nicht nur vor sich — unter sich. Weit, weit unter sich...

Es sind die Felsen der Südseite des Eiger, die nicht so dicht von Nebel und Schneetreiben verhängt sind. Beinahe wären die beiden ersten aus der Nordwand über die Gipfelwächte direkt in die Südwand gefallen! Ob wir sie hätten halten können?

Im letzten Augenblick treten sie von der Wächte zurück.

Wir kommen nach, stehen auf dem sturmumbrausten Grat, stapfen hinüber zum Gipfel des Eiger. Es ist 15.30 Uhr. Am 24. Juli 1938. Wir sind die ersten Menschen, die die Nordwand des Eiger durchstiegen haben.

Freude? Erlösung? Taumel des Triumphs?

Nichts von alledem. Die Befreiung kommt zu plötzlich, unsere Sinne und Nerven sind zu abgestumpft, unsere Körper zu müde, um einen Gefühlstaumel zu gestatten. 85 Stunden waren Fritz und ich, 61 Stunden Anderl und Wiggerl in der Wand. Wir sind nicht mit knapper Not dem Verderben entronnen, sondern haben in unserer Freundschaft immer Halt und Zuversicht gefunden. Nie haben wir am guten Ausgang unseres Unternehmens gezweifelt. Aber der Weg war schwer. Auf dem Gipfel ist der Sturm so arg, daß wir gebückt stehen müssen. Um Augen, Mund und Nase haben sich dicke Eiskrusten gebildet, die wir erst abkratzen müssen, um einander überhaupt sehen, um sprechen, um atmen zu können. Vielleicht schauen wir aus wie rätselhafte Tiere aus der Arktis. Aber wir haben keinen Sinn für die Komik eines solchen Anblicks. Und es ist wahrlich nicht der Ort und nicht die Zeit, um Kopfstände zu machen und zu heulen vor lauter Freude und Glückseligkeit. Wir drücken uns nur stumm die Hände.

Dann beginnen wir sofort mit dem Abstieg. Mir fällt wieder ein Wort Michel Innerkoflers ein: »Hinunter, sell ist leicht. Da helfen alle Engelein...«

Es ist aber nicht leicht. Der Abstieg ist voll Tücken und Bosheiten. Hier hat der Sturm nicht den Schnee verblasen. Schwer und naß ist er auf die Westflanke gefallen, bedeckt fast einen Meter hoch die vereisten Platten. Oft rutschen wir und kommen doch immer wieder zum Stand. Wir sind auf einmal müde, so furchtbar müde. Den Abstieg zu finden, zu führen, ist meine Aufgabe, da ich ihn ja schon kenne. Doch damals, als wir den Eiger überschritten, war klare Sicht. Heute ist Nebel und Schneetreiben. Oft finde ich nicht gleich die richtige Route. Dann schimpfen die Freunde mit mir. Ich protestiere nicht. Sie haben ja recht. Vor allem Anderl, der den ganzen Aufstieg hindurch ein wirklicher Held war. Ein echter stiller Held, der nur der Aufgabe diente und den Freunden. Der Ansporn kam aus ihm selbst, aus seinem Wesen, seinem Charakter.

Jetzt können wir feststellen, wie Anderl zusammenbricht. Nicht körperlich, sondern seelisch. Er geht mechanisch weiter, er klagt nicht. Aber er hat die Führung abgegeben. Die ungeheure Nervenanspannung, unter der er durch Tage und Nächte in der großen Wand gelebt hat, muß zu einer Reaktion führen. Er ist in den vielen Stunden der Gefahr über sich selbst hinausgewachsen. Jetzt darf er wieder ein gewöhnlicher Mensch sein, mit allen Schwächen, empfindlich und den Tücken des Alltags ausgesetzt.

Da ist zum Beispiel die Geschichte mit Anderls Hose. Der Gummizug seiner Überhose ist gerissen. Die Überhose fällt ihm herunter, zieht die Berghose mit. Immer wieder richtet Anderl seine Beinkleider, immer wieder rutschen sie herunter. Der Mann, der im Sturz in der vereisten Rinne blitzartig reagierte und so alle vor der Katastrophe bewahrte, der Mann, der so oft dem vernichtenden Druck der Lawinen widerstand, im Schneesturm Eisüberhänge bezwang und mit beispielloser Durchschlagskraft sich und seinen drei Gefährten den Weg in die Freiheit erzwang — dieser Mann wird fast zur Verzweiflung gebracht durch einen gerissenen Gummizug.

Anderl hat die Führung abgegeben. Er hat ein Recht darauf, über den Abstieg ebenso sicher geführt zu werden, wie er in der schweren Wand geführt hat. Und er hat das Recht zu fluchen, jetzt, da er die Erschöpfung seines zum Äußersten beanspruchten Körpers fühlt und wir einmal wieder 200 Meter emporsteigen müssen, weil ich mich im Nebel und Schneetreiben in der Wegführung geirrt habe. Mir scheint dieser innerliche Zusammenbruch Anderls in keiner Weise lächerlich. Im Gegenteil. Die Erkenntnis, daß er so menschlich reagiert, bringt ihn mir nur noch näher.

Wir sind wieder auf der richtigen Route, wir steigen weiter ab. Wir rutschen, gleiten, taumeln, halten uns gegenseitig. Wir kommen tiefer. Heraus aus dem Nebel. Der Schnee geht in Regen über. Aber da drunten ist die sichere Welt der Menschen.

Menschen? Die vielen dunklen Punkte, die sich dort unten auf dem Gletscher bewegen, sind Menschen. Was suchen denn die auf dem Gletscher? Sie steigen langsam höher, uns entgegen. Mit dem Anblick der Menschen kommt die Sehnsucht nach der Bequemlichkeit menschlicher Zivilisation, an die wir während unserer Biwaknächte nicht gedacht haben, nicht denken durften. Man darf sich nicht nach einem Bett sehnen, wenn man in verschneiter Steilwand an einem Mauerhaken hängt.

Jetzt aber, beim Anblick der emporsteigenden Menschen, faßt uns übermächtig die Sehnsucht nach einem heißen Bad, nach einem Bett, nach Bequemlichkeit. Gewiß, da unten am Fuß der Wand steht unser Zelt, ein Luxusappartement gegen das Biwak über der Spinne. Aber an unseren Körpern ist kein trockener Faden mehr: Wir möchten heute in einem Bett schlafen! Ob sie uns im Hotel auf der Kleinen Scheidegg Kredit geben? Wieviel Geld haben wir noch? Anderl ist der reichste von uns: Er hat noch eineinhalb Franken. Große Sprünge können wir damit nicht machen. Aber die Sehnsucht nach einem Bad und einem Bett bleibt.

Auf einmal steht ein junger Bursche vor uns. Er starrt uns an wie Gespenster. Sein Gesicht drückt verlegenes, ungläubiges Staunen aus. Dann wagt er die Frage: »Kommt ihr aus der Wand?«

»Freilich kommen wir aus der Wand.«

Da wendet sich der junge Mann talwärts, er läuft und schreit in hohem Diskant: »Sie kommen! Sie sind da! Sie kommen!«

Und dann sind wir von Menschen umringt. Bergführer, die Wiener Freunde, die Münchener, Angehörige der Bergwacht, Journalisten, Neugierige: Alle sind vereint in der großen Freude, Totgeglaubte lebend vor sich zu sehen.

Man nimmt uns die Rucksäcke ab, man würde uns tragen, wenn wir nicht auf einmal so frisch und munter wären, als kämen wir von einem Spaziergang und nicht von der Eiger-Nordwand. Fritz bekommt seine erste trockene Zigarette. Rudi Fraißl hält Anderl eine kleine Kognakflasche hin: »Da, trink, das macht warm.«

Mit einem Zug leert Anderl die Flasche. Er wird nicht betrunken da-

von. Wir sind alle betrunken von der allgemeinen Freude. Jetzt erst
fühlen wir die große Befriedigung, das Gelöstsein, die Befreiung von
allen Sorgen, das unbeschreibliche Glück, die Eiger-Nordwand durchstiegen zu haben.
Und auf einmal gibt es kein Problem mehr: Bad? Bett? Wir sind eingeladen. Von wem? Jeder will uns einladen. Die Menschen laden uns
ein, uns, die wir wieder zu den Menschen zurückgekehrt sind.
Wir haben einen Ausflug in eine andere Welt gemacht und sind zurückgekommen.

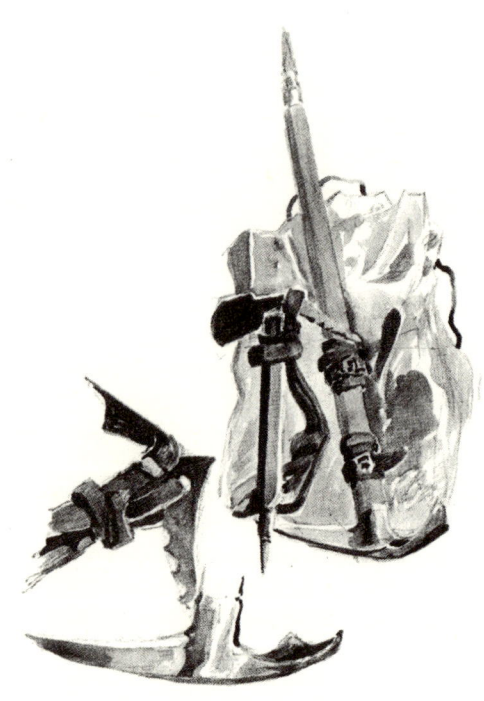

Nachgedanken

Seit der Erstbegehung der Eiger-Nordwand sind fünfzig Jahre verstrichen. Meine große Liebe zu den Bergen ist geblieben. Und geblieben ist die Erinnerung. Sie ist klar und durch keine schönfärbende Brille getrübt.

So kann ich verschiedene Irrtümer richtigstellen, die durch Unverständnis oder bösen Willen verbreitet wurden. Wir haben die Eigerwand durchstiegen, weil wir bei ihrem Anblick die unwiderstehliche Herausforderung unseres Könnens und unserer Abenteuerlust verspürten.

Gewiß war auch Ehrgeiz dabei. Wir konnten die Eiger-Nordwand durchsteigen, weil wir uns körperlich, seelisch und geistig darauf vorbereitet, uns kritisch geprüft hatten, bevor wir Hand an die Felsen legten. Wir führten das Unternehmen zu einem glücklichen Ende, weil es von der Harmonie der idealen Seilschaft getragen war. Wir waren jung, liebten das Leben, und unsere Handlungen waren oft vom Selbsterhaltungstrieb bestimmt. Aber es war der gemeinsame Erhaltungstrieb, der nicht die Flucht in den persönlichen Selbsterhaltungstrieb gestattete. Das Wohlergehen aller war das Bestreben jedes einzelnen.

Es wäre aber Lüge und Verleumdung, wenn man unserer Durchsteigung materielle Motive und solche äußeren Triumphes unterschieben wollte. Keiner von uns hat sich seine bürgerliche Existenz durch die aufsehenerregende alpinistische Leistung verbessert. Es winkten uns auch keine olympischen oder andere Medaillen, und wir haben auch keine solchen erhalten. Und das Gerücht, wir hätten die Durchsteigung auf Befehl oder auch nur auf Wunsch irgendeiner politischen Stelle versucht, ist völlig abwegig. Wir folgten nur unserem eigenen Willen.

Vielleicht habe indirekt ich als einziger meinen weiteren Werdegang der Eiger-Nordwand zu danken. Vielleicht gab die Durchsteigung der Wand mit den Ausschlag dafür, daß ich 1939 zur deutschen Nanga-Parbat-Expedition eingeladen wurde, sodann in Indien interniert werden sollte, aus dem Lager ausbrechen und nach jahrelanger Flucht Tibet und Lhasa erreichen würde! Das mag man Schicksal nennen. Ich glaube aber, daß Schicksal im Charakter, in der Wesenslage eines Menschen liegt.

Zum Abschluß des Kapitels möchte ich an die Gefährten denken. Ich tue es mit Wehmut. Wiggerl Vörg, der starke, ruhige, großartige Bergsteiger, ist im Krieg gefallen. Fritz Kasparek, dieses Sonnenkind, das so unbeirrt an das Leben glaubte und seine Mitmenschen schon durch seine Anwesenheit froh machte, ist 1954 mit der brechenden Wächte des Gipfelgrates des Salcantay in Peru tödlich verunglückt.

Von uns vieren leben nur noch Andreas Heckmair und ich. Und so sollen diese letzten Worte Anderl gelten.

Julius Kugy sagte einmal auf die Frage, wie ein Bergsteiger sein solle: »Wahrhaft, vornehm und bescheiden.« Das ist er, der Anderl. Und deshalb bin ich auch der Meinung, daß man unseren Weg der Erst-begehung die Heckmair-Route nennt.

IM GEIST DER NEUEN ZEIT

Prüfstein für die Weltberge

Ich dachte nicht mehr viel an die Eigerwand. Aber sie war ein Markstein in meinem Leben, unverrückbar.
Im Mai 1939 war ich mit Peter Aufschnaiter, Lutz Chicken und Hans Lobenhoffer zum Nanga Parbat gefahren, kam in englische Kriegsgefangenschaft in das Lager Dehra-Dun, aus dem ich dann im April 1944 ausbrach.
Im Januar 1946, nach fast zweijähriger Flucht nach Lhasa, rächten sich die Strapazen durch peinigenden Ischias. Die Schmerzen waren oft so arg, daß ich die Freude am Leben verlor.
Der Arzt der britischen Gesandtschaft in Lhasa untersuchte mich in regelmäßigen Abständen. Gelegentlich eines solchen Besuches in der britischen Gesandtschaft kam das Gespräch auch auf den Alpinismus. Wie die meisten Engländer war auch der Arzt sehr naturverbunden, ein leidenschaftlicher Bergwanderer; jedoch, der englischen Tradition entsprechend, gleichzeitig auch ein heftiger Gegner des extremen Alpinismus. Und plötzlich fiel das Wort Eiger-Nordwand, zugleich auch die Kritik, daß ihre Besteigung das Zeichen eines kranken Geistes sei.
Da konnte ich mich nicht zurückhalten und sagte: »Ich war einer von den Erstbegehern der Eigerwand.«
Die anwesenden Engländer schauten sich vielsagend an. Man sagte mir nicht ins Gesicht, daß man mich für einen Lügner hielt, doch glaubte man mir kein Wort. Schließlich, warum sollte dieser Mister Harrer, der von Rechts wegen noch britischer »P. o. W.« sein müßte, außer seinen Hüftschmerzen nicht auch einen geistigen Defekt davongetragen haben? Die Anstrengungen seiner Flucht waren eben zu groß gewesen. Man kennt solche Anfälle von Größenwahn und Renommiersucht bei leidenden Menschen. Erstbeher der Eiger-Nordwand?
Wenige Monate später kam der Bote der britischen Gesandtschaft in mein Heim in Lhasa. Er brachte mir einen Ausschnitt der Flugpostausgabe der »London Times«, die der Gesandtschaft mit Spezialkurier zugestellt wurde. Auf dem Ausschnitt stand der Name des Arztes. Ich las die Zeitungsmeldung. Es war ein Bericht über die Zweitbegehung der Eiger-Nordwand. Auch die Namen der Erstbegeher waren erwähnt, meinen hatte der Arzt unterstrichen. Die wort-

lose Entschuldigung für den mitleidigen Unglauben war ein schönes Zeichen sportlicher Fairneß.

Der Bericht über die Zweitbegehung der großen Wand aber fesselte mein Interesse. Wer waren die Männer? Es waren mir fremde Namen: Lionel Terray und Louis Lachenal, zwei Bergführer aus Chamonix. Acht Jahre war ich schon von Europa weg, hatte jeden Kontakt mit dem alpinen Geschehen und der bergsteigerischen Entwicklung verloren. Ich weiß nicht, weshalb — es erfüllte mich irgendwie mit Freude, daß die Zweitbegeher Franzosen waren. Vielleicht war eine Art Genugtuung dabei, daß die »extreme« Bergsteigerei der deutschösterreichischen und italienischen Kletterer nun auch in Frankreich Fuß zu fassen schien. Laut Bericht hatten Terray und Lachenal die Wand in glänzendem Stil bezwungen.

Ich wußte nicht, daß sich aus den Trümmern des Krieges auch im Bergsteigen ein neuer Gedanke zu entwickeln begann: ein europäischer Alpinismus. Gewiß, nationale und persönliche Rivalitäten werden immer bleiben. Sie sind auch bis zu einem gewissen Grad gesund. Aber man muß vertragen, daß der andere nachrückt, daß er gleich gut, vielleicht besser wird.

Wenn ich heute ruhig und abwägend ein Urteil über die Eigerwand abgebe, so glaube ich sagen zu dürfen, daß ihre Durchsteigung manches zu der neuen Einstellung eines europäischen und weltweiten Alpinismus beigetragen hat. Eine nur »extreme« akrobatische Tour hätte dies nie vermocht. Die Eigerwand ist ein unverrückbarer Prüfstein ihrer Besteiger als Alpinisten und Menschen. Sie fordert nicht die letzte akrobatische Geschicklichkeit des modernen Kletterns. In ihr gibt es keinen »Dachüberhang«, über den man sich horizontal nach außen nageln muß, keine Aneinanderreihung von Stellen »sechsten bis zehnten Grades«. In der Eigerwand wird alles verlangt, was die Menschen im Überwinden von Schwierigkeiten und Gefahren auf dem Berg im Laufe der Jahrhunderte gelernt haben. In ihr findet der Bergsteiger aber auch alles, was der Berg dem Menschen als Erlebnis, an Bedrohung sowohl wie an Schönheit der wilden Natur, schenken kann. Und der Bergsteiger selbst muß alles in sich vereinen, was den Bergmenschen auszeichnen soll. Er muß die neuzeitliche alpine Technik als Selbstverständlichkeit beherrschen.

Ein Jahr vor Terray und Lachenal, also 1946, war die Eigerwand zum ersten Mal nach dem Krieg versucht worden. Von zwei Bergführern des Berner Oberlandes. Die treibende Kraft war Hans Schlunegger, der hervorragende Eis- und Felsmann, der 1936 bei dem tragisch gescheiterten Versuch, Toni Kurz zu retten, die erste Bekanntschaft mit der Wand gemacht hatte; derselbe Hans Schlunegger, der 1938 besorgt nach uns rief, als wir am vierten Tag noch immer in der Wand waren. Hans Schlunegger, der von allen Schweizer Bergführern die Wand am besten kannte, obwohl er sie noch nicht durchstiegen hatte. Mit seinem Berufskameraden, dem Bergführer Edwin Krähenbühl, kletterte Schlunegger am ersten Tag vom Einstieg bis über die Rampe empor.

Nach allem, was die Brüder Fritz und Kaspar von Almen von der Kleinen Scheidegg aus beobachten konnten, haben die beiden auf dem Band über der Rampe biwakiert. Am nächsten Tag, der schlechtes Wetter brachte, versuchten die beiden Bergführer vergeblich, die Rampe bis über ihr Ende hinaus zur Nordostwand zu verfolgen. Ungeheure Überhänge versperrten den Weg, und sie kehrten mit der Überzeugung zurück, daß eine Ausflucht aus der Wand, die an dieser Stelle oft für möglich gehalten wurde, ausgeschlossen ist. Jedenfalls war der darauffolgende Rückzug bei Schlechtwetter in einem einzigen Tage nach dem so weit vorgetragenen Versuch eine bewundernswerte Leistung, die nur zwei so hervorragende Männer vollbringen konnten.

Die beiden Bergsteiger und Bergführer verunglückten vor meiner Heimkehr aus Tibet auf tragische Art. Schlunegger wurde von einer Lawine verschüttet. Krähenbühl stürzte von den Engelhörnern tödlich ab, als eine Platte losbrach.

Terray und Lachenal sprachen voller Hochachtung von ihren unmittelbaren Vorgängern, denen der Erfolg versagt blieb, und sie fanden an vielen Stellen Spuren von deren Rückzug.

Französische Alpinisten hatten schon vor dem Krieg Außerordentliches geleistet. Aber ihre Taten und ihre Pionierarbeit standen wohl etwas im Schatten der Erstbesteigungen der Deutsch sprechenden und italienischen Seilschaften, denen die Öffentlichkeit größeres Interesse entgegenbrachte.

Die Brüder Schmid stiegen durch die Matterhorn-Nordwand; Peters und Maier fanden den ersten Weg durch die Nordwand der Grandes Jorasses; Comici und seine Freunde erklommen die Nordwand der Großen Zinne; Rudatis und seine Jünger erschlossen die »Welt des sechsten Grades« in der Civettagruppe. Cassin und Gefährten löschten den Begriff »unmöglich« aus dem Sprachgebrauch der neuzeitlichen Bergsteiger mit ihren unvergleichlichen Neutouren: Westliche Zinne Nordwand, Badile Nordostwand, Nordpfeiler auf die Pointe Walker der Grandes Jorasses.

Nach dem Krieg begann für die französischen Alpinisten eine Ära des steilsten Aufstiegs. Da wuchs eine Generation bester Bergsteiger heran. Die Hochgebirgsschule von Chamonix wurde zum Begriff, und ihre Ausbilder zählten zur Spitze des Weltbergsteigertums. Namen wie Terray, Lachenal, Rébuffat, Magnone, Frendo, Franco, Ichaz, Schatz — man könnte die Liste noch lange fortsetzen — sind aus der Geschichte des Alpinismus nicht mehr fortzudenken. Es ist wohl bezeichnend für den neuen französischen Bergsteigergeist, daß aus ihm der Gedanke, der Plan und schließlich der großartige Erfolg der Besteigung des ersten Achttausenders der Erde, der Annapurna, erwachsen sollte. Und zwei aus der hervorragenden Mannschaft, die Maurice Herzog 1950 zur Annapurna führte, hatten 1947 die Zweitbesteigung der Eiger-Nordwand gemacht: Louis Lachenal, der mit Maurice Herzog auf dem Gipfel der Annapurna stand, und Lionel Terray, der von Herzog wegen seiner Kraft, seiner Ruhe und Kameradschaftlichkeit der gute Geist der Expedition genannt wurde.

Als Terray und Lachenal im Juli 1947 zum Fuß der Wand kamen, zeigte sich, daß viel Eis, das die früheren Eigerkandidaten stets beschrieben hatten, weggeschmolzen war. Eine Felswand gab es da, mit Eisflecken darin, eine Felswand, über die zahlreiche Wasserfälle schossen, in der manche Steine, die früher vom Eis festgehalten worden waren, ungehemmt in die Tiefe sausten.
Am Nachmittag des 14. Juli stiegen die beiden in die Wand. Sie biwakierten bei der bekannten Stelle im unteren Wandteil, der »Biwakhöhle«, und hofften, am nächsten Tag bis zum Gipfel durchzustoßen. Aber die Schwierigkeiten und die Steinschläge ließen sie langsamer vordringen, als sie gedacht hatten. Überall fanden sie Ausrüstungsgegenstände vergangener Versuche, der Bergungs- und Rettungsexpeditionen. Seile, die zehn Jahre alt waren, verrostete Mauer- und Eishaken, Karabiner. Aber es waren auch noch gute Seile dabei, Karabiner und Haken, die wie neu wirkten und offenbar vom Versuch Schlunegger-Krähenbühl stammten.
Terray und Lachenal hatten in der Wand relativ günstige Verhältnisse, wenn man von solchen in der Eigerwand überhaupt sprechen kann. Die Felsen waren offenbar nicht so vereist wie zur Zeit unserer Besteigung, dafür aber hatten sie noch stärker unter Wasserfällen und Steinschlag zu leiden. Auf jeden Fall waren Terray und Lachenal zwei ausgezeichnete Männer, ausgebildet in der modernen Technik des Eis- und Felsgehens. Sie besaßen alle jene körperlichen, geistigen und charakterlichen Eigenschaften, die die Voraussetzung für eine glückliche Durchsteigung der Eiger-Nordwand bilden. Es waren Bergführer im besten Sinne des Wortes.
Die Querung des großen, des Zweiten Eisfeldes, brachten sie hinter sich, ohne eine Stufe zu schlagen. Sie gingen lediglich mit ihren zwölf-

zackigen Steigeisen und schlugen nach jeder Seillänge einen Sicherungshaken. So etwas kann sich nur erlauben, wer die Steigeisentechnik vollendet beherrscht.

Trotz dieser kraftraubenden, aber zeitsparenden Technik konnten Terray und Lachenal ihren Sturmlauf nicht im gewünschten Tempo fortsetzen. Schwerer Steinschlag und mit großer Wucht niederstürzende Wasserfälle verzögerten den Aufstieg, so daß sie gezwungen waren, etwa in der Höhe des Biwaks der Partie Schlunegger-Krähenbühl zu biwakieren.

Am Morgen des nächsten Tages, des 16. Juli, brachten sie den Götterquergang zur Spinne hinter sich. Ich weiß nicht, ob sie genau unseren Weg verfolgten oder ob sie zu hoch gequert sind. Jedenfalls meisterten sie die Querung, die große Schwierigkeiten bereitete, in dem ihnen eigenen blendenden Stil.

Als sie die Spinne erreichten, überraschte sie das schon traditionelle Eigergewitter. Es war aber diesmal von besonderer Heftigkeit. Terray und Lachenal, die vom heimatlichen Montblanc, von den wilden Zacken der Aiguilles von Chamonix wahrlich Hochgewitter aller Art kannten, erzählten später, daß sie noch nie solche Erscheinungen spannungsgeschwängerter Luft erlebt hätten wie in der Spinne der Eigerwand. Es ist ein alter Grundsatz für den Bergsteiger, daß er im Gewitter alles Eisenzeug ablegen soll, Pickel, Beile, Hammer, Karabiner, um nicht als lebender Blitzableiter zu wirken. Aber in der Eigerwand kann man es sich nicht leisten, das »Eisenzeug« fortzugeben. Es ist auch nicht möglich, sich »schulmäßig« unter einen Überhang zu setzen, am besten in eine Höhle, um so gegen Blitze geschützt das Gewitter abzuwarten. Wo ist denn in der Eigerwand ein Sitzplatz? Wo der schützende Überhang — von einer Höhle ganz zu schweigen. Lionel und Louis mußten weiter. Mit allem Eisenzeug. Wenn auch aus den Spitzen der Haken, der Pickel und Hämmer die Flammen des Elmsfeuers schossen, wenn sich auch um ihre Haare ein heller Kranz gebildet hat.

Man muß einmal ein Unwetter im Hochgebirge erlebt haben, auf ausgesetztem Grat, in steiler Wand, um zu wissen, was es bedeutet, die Nerven zu bewahren und weiterzuklettern — wenn alles um einen summt wie in einem Elektrizitätswerk und man mitten drin ist in dem Spannungsausgleich der Gewitterwolke. Terray und Lachenal besaßen die Nerven. Sie stiegen durch die Spinne, weiter durch die Ausstiegsrisse, die glasig oder wasserüberronnen waren. Wie berechtigt die beiden waren, die große Wand anzugehen, ist aus der verblüffend kurzen Zeit zu erkennen, in der sie die Schlußwand meisterten. Schon um 14.15 Uhr erreichten sie den Gipfel. Aber sie zollten der

Wand jene Achtung, die ihr gebührt. Sie bekannten aufrichtig, daß sie die Wand nie wieder machen wollten.

Der Bergführer Lionel Terray wurde danach einer der erfolgreichsten Bergführer Europas. 1952 gelang ihm die Erstbesteigung des Fitz Roy in Patagonien, und 1955 stand er als erster auf einem der höchsten Gipfel der Erde, dem 8481 Meter hohen Makalu. 1965 stürzte er auf der für ihn leichten Felswand des Gerbier zu Tode. Louis Lachenal war 1950 mit Maurice Herzog dabei, als der Annapurna mit 8078 Meter als allererster Achttausender bestiegen wurde. 1955 verlor Louis Lachenal sein Leben, als er bei einer Schiabfahrt von der Vallée Blanche am Mt. Blanc in eine Gletscherspalte stürzte.

Wie wir schon aus der bisherigen Geschichte der großen Wand wissen, ging es in der Polemik häufig auch darum, ob man den Bergführern zumuten könne, Rettungsversuche in dieser Wand zu unternehmen, die von »akrobatischen Amateuren« leichtfertig angegangen wurde. Diese These wird bereits durch die Tatsachen ad absurdum geführt. Wie es überhaupt unsinnig ist, einen Keil zwischen Bergführer und führerlose Bergsteiger treiben zu wollen. Man soll keinen Zwiespalt konstruieren, wo nach logischer Überlegung gar keiner sein kann. Je besser der Bergführer und je besser der Führerlose, desto besser müssen sich die beiden verstehen. Sie können nur voneinander lernen. Der leidenschaftliche Führerlose ist ein guter Vertreter des Bergsteigens. Viele werden durch ihn auf die Berge aufmerksam, nehmen sich Bergführer, um gleichfalls die Berge kennenzulernen. Aber in der Beurteilung des Wetters und des Zustands, in dem sich ein Berg befindet, ist der einheimische Bergführer dem fremden Führerlosen immer überlegen. Andererseits gibt die schwere Neutour dem Berufsbergführer, vor allem dem Jungführer, neue Impulse. Auch das Heranreifen des Bergführers ist von der allgemeinen alpinen Entwicklung abhängig. Nur bedauerlich unzulängliche Charaktere glauben, den Bergführer, der nicht schwerste Wege geht, belächeln zu dürfen. Und nur im alten Gleis festgefahrene, jede Neuerung ablehnende Bergführer, die den tiefen Sinn ihres Berufes nicht erfaßt haben, erblicken in dem bahnbrechenden Führerlosen einen feindlichen Eindringling. Freilich muß gegen Leichtsinn und anmaßende Überheblichkeit ebenso angekämpft werden wie gegen eigensinniges Beharren, das zu feindlichem Abkapseln führen kann. Bergführer gehören zu der raren und beneidenswerten Gruppe von Menschen, die in idealer Weise Hobby und Beruf vereinen.

Bergsteiger und Bergführer gehören zusammen. Die Eigerwand ist der beste Beweis dafür. Unter den tragischen Versuchen vor der Erstbegehung finden wir den Berufsbergführer Toni Kurz. Und nach menschlichem Ermessen wäre die Durchsteigung oder der Rückzug 1936 geglückt, wenn man mehr von der Wand gewußt hätte. Aber das Risiko dieser Erkundung mit tragischem Ausgang brachte den Nachfolgenden die Möglichkeit des Erfolges. Von der Seilschaft 1937 hatte Matthias Rebitsch das österreichische Bergführerdiplom, wenn er auch das Führen als Beruf kaum ausgeübt hat.

Von unserer Partie 1938 war Anderl Heckmair Berufsbergführer. Er, der jahrelang zu den besten führerlosen Bergsteigern gehörte, bevor er das Führerpatent erwarb, vereinigte in sich alle guten Eigenschaften des verantwortungsvollen Bergführers und des idealen Führerlosen. Der erste Versuch einer Wiederholung der Eigerwand-Begehung wurde durch die beiden hervorragenden Oberland-Bergführer Hans Schlunegger und Edwin Krähenbühl unternommen. Und die Zweitbegehung gelang nun wieder zwei Bergführern.

Und die dritte? Es war wieder eine Führerpartie, mehr noch: Es war die erste Führungstour durch die Eiger-Nordwand. Mit einigem Erstaunen lesen wir im Züricher »Sport« nach der Zweitdurchkletterung der Wand:

»Die beiden Bergführer Terray und Lachenal haben dieselbe Leistung wie neun Jahre vorher die Deutschen vollbracht. Ihr Durchstieg über zwei Biwaks kam wohl sehr überraschend, doch ist er absolut in Ordnung. Und während man sich fragte, wann wohl auch Helvetias Söhne diesen gewaltigen Steinbrocken zu zwingen vermöchten...«

Wer fragte? Die Schweizer selbst. Nicht nur die Führerschaft, auch ein Teil der öffentlichen Meinung. Dieselbe öffentliche Meinung, die seinerzeit die Versuche als wahnsinnig bezeichnete und in der Eigerwand bereits das Grabmal vieler bei Rettungsversuchen verunglückter Bergführer sah. Jetzt forderte man die Schweizer Bergführer geradezu auf, zu beweisen, was sie könnten. Der nationale Ehrgeiz war so weit erwacht, daß man den Erfolg der Franzosen angesichts des mangelnden Unternehmungsgeistes der eigenen Landsleute fast als beschämend ansah. Gleichzeitig klang es beinahe wie eine, obzwar wohlwollende, Kritik am Tempo der beiden Bergführer aus Chamonix: Sie benötigten zwei Biwaks... Liegt darin nicht eine Aufforderung an die eigenen Leute, die Wand noch schneller zu machen? Gab der kühne Versuch Schluneggers und Krähenbühls vom Jahre 1946 nicht Anlaß zu berechtigter Hoffnung, daß Schweizer die Wand in kürzerer Zeit durchsteigen würden.

Welch ein Wandel! Die »ostalpine Akrobatik« wurde plötzlich nicht nur geduldet, sie sollte auch mit vollendeter Meisterschaft beherrscht und durch kürzere Durchsteigungszeiten bewiesen werden. Das Wettkampfmotiv begann langsam und zunächst noch versteckt in den Gehirnen der alpinen Berichterstatter Raum zu gewinnen, nur fand es noch nicht offenen Ausdruck. Aber die Anspielungen waren deutlich genug.

Gewiß schlug die Meldung der zweiten Begehung durch Terray und Lachenal auch unter der tatenlustigen Führerschaft des Berner Oberlandes wie eine Bombe ein. Aber bergverwachsene Menschen wie Schlunegger lassen sich nicht von persönlichem und nationalem Ehrgeiz drängen. Nie wird Hans Schlunegger das Sterben des Toni Kurz vergessen, nie den Anblick der Wand im Schneesturm, im Schleier der Schneerutsche, das Donnern und Dröhnen des Steinschlags und der Lawinen. Er will die Wand begehen, das hat er schon bewiesen. Aber dann, wenn er den Zeitpunkt für richtig hält.
Hans Schlunegger gewinnt seinen Bruder Karl für den Plan. Als »Tourist«, als Geführter, wird der ausgezeichnete Jurakletterer Gottfried Jermann für den Plan begeistert. Die drei machen großzügige Eingehtouren im Berner Oberland, um sich kennenzulernen, um sich an Strapazen und dauernde Schwierigkeiten, an Kälte und Schlechtwetter zu gewöhnen. Gewiß, ein Hans Schlunegger hat ein Spezialtraining kaum nötig. Aber das Zusammenspiel mit dem jüngeren Bruder als zweitem Führer und mit Jermann als Touristen muß klaglos verlaufen.
Es ist bezeichnend für die Gewissenhaftigkeit und die bäuerlich gesunde langsame Entwicklung Hans Schluneggers, daß er genau zehn Jahre braucht, bis er das erschütternde Erlebnis seiner ersten Bekanntschaft mit der Wand ganz verarbeitet hat und den ersten Angriff wagt. Es gibt nun nichts mehr, das ihn überraschen könnte. Und der 4. August 1947 wird ein großer, entscheidender Tag in Hans Schluneggers Leben. Um 2.30 Uhr steigt er mit seiner Seilschaft in die Wand. Über den Vorbau, über den Zerschrundenen Pfeiler, den Schwierigen Riß, über den Hinterstoisser-Quergang, den er mit seinen Gefährten bereits knapp nach sechs Uhr hinter sich hat. Weiter über Fels, Eis, wieder Fels. Auch sie haben Steinschlag, Wasserfälle. Aber weiter, weiter, scheinbar langsam in ihrer Umsicht und doch so schnell, wie man bisher noch keine Partie in der Wand vordringen sah.
Um 15.30 Uhr haben sie schon den Riß und den Eiswulst der Rampe hinter sich. Sie sind in der Querung der brüchigen Bänder, wo uns seinerzeit der Flieger überraschte und fotografierte. Diesmal kommt kein Flieger. Es kommt ein Eigergewitter, mit drohender Gewalt. Hier wäre die Möglichkeit, einen gegen Steinschlag geschützten Biwakplatz zu finden. Durch den Regenguß des Gewitters, durch

das Klettern in den Wasserfällen sind alle drei bis auf die Haut durchnäßt. Trotzdem entscheidet Schlunegger, hier zu biwakieren. Er läßt sich nicht treiben durch den Ehrgeiz, vielleicht ohne Biwak durch die Wand zu kommen. Er nimmt die Unbequemlichkeit eines Freilagers in Kauf. Die Sicherheit der ihm anvertrauten Menschen geht vor.

Es wird ein kaltes, ein endlos langes Biwak. Es dauert vierzehn Stunden. In der Nacht schneit es, aber am Morgen wird das Wetter vorübergehend besser. Schon um 5.30 Uhr beginnen die drei wieder zu klettern, noch steif von der unbequemen Stellung, von Kälte und Nässe. Um sieben Uhr erreichen sie die Spinne. Auch diese drei haben mit Schneerutschen zu kämpfen, kommen jedoch wohlbehalten an die Ausstiegsrisse.

Hier aber gebietet das Eis dem Sturmlauf Halt. Auch Schlunegger muß für sich, seinen Bruder und seinen Touristen den Weg zum Gipfel zentimeterweise erklettern. Steine kommen und Lawinen mit wasserhaltigem Schnee. Und je mehr sie sich dem Gipfeleisfeld nähern, desto stärker wird der Sturm. Die nassen Kleider erstarren zu Eispanzern. Das zweite Biwak aber bleibt den dreien erspart. In heulendem Sturm erreichen sie um 16.25 Uhr den Gipfel.

Trotz des unsichtigen Wetters ist der Abstieg für den Hausherrn des Eiger kein Problem. Um 19.30 Uhr kamen Hans, Gottfried und Karl wohlbehalten zum Hotel Eigergletscher.

Es war ein großer Erfolg. Und die Zeitungen meldeten auch stolz, daß die Partie Schlunegger »nur« 38 Stunden in der Eigerwand gewesen sei. Die bisher kürzeste Zeit. Man verlieh keine Medaillen, aber man zollte neben der alpinen Leistung auch der sportlich hervorragenden Durchführung die Anerkennung.

Hans Schlunegger, dieser ausgezeichnete Bergführer starb nicht in einer steilen Wand, in schwerem Fels, in spiegelndem Eis, die er so gut beherrschte. Eine heimtückische Lawine begrub ihn auf dem Schmadrijoch. Die Trauer um ihn ist groß. Er gab einer ganzen Bergführergeneration das Beispiel durch seinen Mut, seine Opferwilligkeit und seinen bescheidenen, vornehmen Charakter.

Drei Begehungen der Wand hatte es nunmehr gegeben. Die vierte ließ auf sich warten. 1948 war es ruhig in Alpiglen und auf der Kleinen Scheidegg. Die Deutschen und Österreicher hatten noch zu wenig Geld, um in die Schweiz zu kommen. Die Franzosen veranstalteten kein Wettrennen zum Eiger. Ihre Entwicklung ging steil aufwärts, aber sie war nicht hysterisch. Der italienische Alpinismus litt unter den Nachwirkungen des Krieges, auch waren die Opfer der Eigerwand noch nicht vergessen. So blieben die Schweizer selbst.

Trotz der Tat Schluneggers, die den Geist der neuen Zeit offenbarte, nahm der Schweizer Alpinismus vorerst noch keine Entwicklung zum »Extremen«. Die Schweizer Stiftung für alpine Forschung wurde ein geistiges Zentrum des Weltbergsteigertums. Die Publikationen zählten zu dem Besten, was es bis dahin im alpinen Schrifttum gab. Männer wie Marcel Kurz und Othmar Gurtner, die als weitgereiste Alpinisten und gewissenhafte, über ein großes Allgemein- und Spezialwissen verfügende Chronisten einen ebenso klangvollen Namen hatten, wie sie eine blendende Feder führten, gaben den Ton an. Der extremen Bergfahrt in den Alpen wurde kein größerer Platz eingeräumt, als er ihr im Rahmen des Gesamtbergsteigens auf den Gipfeln der Welt zukam.

Den Schweizern stand nach dem Krieg das Tor zur Welt offen. Und sie durchschritten dieses Tor. Beachtlich waren die Leistungen der Schweizer Expeditionen in außereuropäischen Gebirgen, groß die Erfolge auf wissenschaftlichem Gebiet. An den Berichten darüber, die nicht von Phantasie und Sensation getragen waren, entzündete sich die bergsteigende Jugend der Schweiz.

Aber die Eigerwand war deshalb nicht vergessen. Der Gedanke an sie ließ den erst zwanzigjährigen Techniker Jean Fuchs kaum schlafen. Er brannte vor Sehnsucht, die riesige Wand kennenzulernen. In dem 23jährigen Uhrmacher Raymond Monney fand er einen gleichgesinnten Gefährten. Am 28. Juni 1949 machten die beiden den ersten Versuch. Sie kamen über den Vorbau hinauf. Dann schlug das Wetter um. Das war vielleicht ein großes Glück. Fuchs und Monney kehrten um, blieben von Steinschlag und Lawinen verschont.

Im nächsten Frühjahr — im Hochgebirge also noch im Winter — am 7. April 1950 sah man die beiden schon wieder bei Alpiglen und der Kleinen Scheidegg. Ein Plan, so kühn, wie er nur in der Jugend entstehen kann: Vielleicht ist die Wand im Winter, wenn alles im Schnee und Eispanzer liegt, besser begehbar? Vielleicht schläft da der Steinschlag, vielleicht schweigen die Lawinen?

Das gesunde Urteilsvermögen läßt die beiden den Plan aufgeben, bevor er noch in Selbstvernichtung endet. Sie kehren um, beschließen aber, die Wand bestimmt im Sommer anzugehen.

Sommer 1950. In der Wand ist es wieder lebendig geworden. Nicht nur von Steinschlag, Wasserfällen und Schneerutschen, auch von Menschen. Da sind zunächst zwei andere Schweizer am Berg: der 21jährige Vergolder Marcel Hamel und der gleichaltrige Schlosser Robert Seiler. Am 9. Juli steigen sie in die Wand, kommen über den Vorbau und den Schwierigen Riß, weiter bis zum Hinterstoisser-

Quergang, befestigen an diesem ein fünfzig Meter langes Seil, klettern jedoch wegen Schlechtwettereinbruchs wieder ab.

Am 14. Juli sieht man Hamel und Seiler wieder in der Wand. Diesmal kommen sie bis zum Aufschwung zwischen Erstem und Zweitem Eisfeld. Hier schlägt das Wetter um. Die beiden sind zu einem Biwak im heulenden Schneesturm gezwungen. Es ist so schlimm, daß sie es ihr ganzes Leben nicht vergessen werden. Am nächsten Morgen ist die Wand bis zu den Almböden hinunter verschneit. Hamel und Seiler bewältigen mit knapper Not den Abstieg zum Stollenfenster, müssen aber ein hundert Meter langes Seil, das sie vorsorglich mitgenommen hatten, nach dem Abseilen hängen lassen. Aber wer denkt an den Wert eines Seiles, wenn es ums Leben geht?

Am 22. Juli gibt es ein kurzes Zwischenspiel. Die Akteure sind zwei Wiener, die in aller Stille gekommen sind: Karl Reiss und Karl Blach. Wir werden von den beiden noch hören. Noch kennt man ihre Namen nicht, noch weiß man nicht, wie gut sie sind. Im Schwierigen Riß unter der Roten Fluh bricht dem vorankletternden Blach ein Block aus. Der Sturz wird von Reiss aufgehalten, aber Blach hat sich den Arm gebrochen. Die beiden rufen nicht um Hilfe. Blach verbeißt den Schmerz. Mit notdürftig geschientem Arm bringt er es fertig, so etwas Ähnliches zu tun wie klettern. Die Hauptlast aber trägt Reiss. Er geleitet den Gefährten bis zum Stollenfenster. Blach steigt im Tunnel hinunter zur Station Eigerwand. Die Direktion der Jungfraubahn möge das verzeihen. Gewiß, es ist verboten, im Tunnel zu gehen. Aber es ist doch besser, Blach übertritt das Verbot und wandert die wenigen hundert Meter unterirdisch, als daß das Riesenaufgebot einer Rettungsaktion in Bewegung gesetzt wird.

Einen Tag später, am 23. Juli, stellen zwei sonnenverbrannte stille Burschen ihr Zelt auf eine blumige Wiese oberhalb Alpiglen. Sie zeigen nicht die geringste Unruhe, sind freundlich und gelassen, kochen, liegen im Gras, schauen vergnügt in die Wand hinauf. Sonderbare Kerle, die beiden. Man könnte sie für Eigerkandidaten halten. Der eine ist Erich Waschak, ein 22jähriger Mediziner. Seine Wiege stand in der romantischen, weinseligen Wachau. Aber in diesem schönsten Teil des Donaulandes in Niederösterreich gibt es nicht nur Weingärten, Burgen und Ruinen, dort gibt es auch zünftige Felsen, die Erich schon als Bub auf den schwersten Steigen erkletterte. Jetzt studiert er in Wien Medizin. Im Augenblick wird bei ihm das Wort Berg am größten geschrieben. Erich gehört zu den besten Kletterern der modernen Wiener Schule, die auf der alten Tradition aufbaut. Fritz Kasparek ist einer seiner besten Freunde, und wenn der fast vierzigjährige Meister mit Erich eine Bergfahrt machte, ließ er den

Jungen oft schon führen. Kasparek erkannte, was in dem frischgebackenen Studenten steckte: ein Bergsteiger ganz großer Klasse.

Auch das Eisbeil, das hier unter den Ausrüstungsgegenständen vor dem Zelt liegt, hat Fritz dem Jungen geschenkt. Es ist dasselbe Beil, mit dem Fritz am 21. Juli 1938 das Eis von den Felsen des Hinterstoisser-Querganges schlug.

Erichs Begleiter ist ein großer Schweiger. Er ist kaum älter als der Mediziner. Er heißt Leo Forstenlechner; ein bezeichnender Name: Leo ist Forstarbeiter im Ennstal, nahe dem Gesäuse. Das Gesäuse mit seinen riesigen Wänden ist seit eh und je die hohe Felsenschule der Wiener, steirischen und oberösterreichischen Bergsteiger. Leo hat nicht nur die für seinen schweren Beruf notwendige Kraft, er ist auch einer der sichersten Kletterer, die bisher die Gesäusefelsen berührt haben. Und das heißt viel. Später einmal wird Leo Forstenlechner nach Gaston Rébuffat der zweite Bergsteiger der Welt sein, der die drei berühmtesten Nordwände der Alpen durchstiegen hat: die des Eiger, des Matterhorn und der Grandes Jorasses über den Walkerpfeiler. Noch aber hat er, an diesem sonnigen 23. Juli 1950, die Durchkletterung des ersten und höchsten der großen Bollwerke aus Fels und Eis vor sich. Mit Muße, ohne sich zu beeilen, sortieren Leo und Erich ihre Ausrüstungsgegenstände vor dem Zelt.

Da bekommen die beiden Besuch. Es sind vier Burschen, jung, vielleicht noch jünger als Waschak und Forstenlechner. Sie sind die zwei Schweizer Seilschaften, die sich zur Eigerwandbegehung zusammengefunden haben: Jean Fuchs und Raymond Monney, Marcel Hamel und Robert Seiler. Freundlich und gleichzeitig mißtrauisch betrachten sie die beiden Österreicher und deren Ausrüstung. Ohne Zweifel — so schauen Eigerkandidaten aus. Leo grinst schweigend. Erich behauptet lachend, mit dem ehrlichsten Gesicht der Welt: »In die Eigerwand? Keine Rede davon. Die ist uns viel zu schwer.«

Die Schweizer glauben der Versicherung nicht. Und am nächsten Tag merken sie, daß ihre Vermutung stimmte: Waschak und Forstenlechner steigen schwer bepackt in den unteren Wandteil, um Ausrüstung zur Biwakhöhle oder zumindest bis zum Kopf des Zerschrundenen Pfeilers zu tragen. Sie kommen nicht so weit. Eine Steinsalve zwingt sie, die Last vorher abzuladen und aus der Wand zu flüchten. Als sie wieder hinunterkommen, merken sie, daß im Lager der Schweizer reges Leben herrscht. Die vier packen für den Angriff. Sie wollen zuerst in die Wand. Sie haben schon den Hinterstoisser-Quergang präpariert, haben schon Versuche hinter sich. Es winkt der Ruhm der vierten Begehung.

Erich und Leo sind ruhiger. Schließlich ist es gleichgültig, ob sie die vierten oder fünften sind. Und wenn sich herausstellt, daß die Schweizer schneller sind, wird man sich nicht auf ein Gedränge einlassen. Jedenfalls wollen auch die Österreicher in der Nacht zum Einstieg gehen.

Um Mitternacht schaut Erich aus dem Zelt. Dunkle Wolken am Himmel, düster und nebelverhangen die Wand. Nein, das Wetter ist nicht so, daß man in die Eigerwand steigen kann. Fast froh über solche Erkenntnis, kriecht der schlaftrunkene Mediziner wieder ins Zelt. Nach drei Stunden wacht Leo auf. Auch er schaut aus dem Zelt. Der Himmel ist jetzt blank, sternklar. Kurzer Kriegsrat. Wenn sie sich noch so sehr beeilen, können sie nicht vor fünf Uhr früh in die Wand steigen. Dann kämen sie gerade zur gefährlichsten Zeit in die Steinschlagzone des Zweiten und Dritten Eisfeldes. Das darf man nicht riskieren. Fritz Kasparek hat Waschak eingeschärft: »Nur nicht drängen lassen in der Wand.«

Besser ein lebender Fünfter als ein toter Vierter, denken Erich und Leo und schlafen bis zum hellen Vormittag. Als sie endlich ausgeschlafen sind und reichlich gefrühstückt haben, bummeln sie hinüber zur Kleinen Scheidegg. Dort hören sie den Wetterbericht: »Ein Hoch über ganz Mitteleuropa.« Erich und Leo sind ganz ausgelassen vor Freude. Diese Freude wird auch nicht getrübt, als ihnen ein Fernrohrtourist mitteilt, daß die Schweizer bereits das Zweite Eisfeld erreicht haben.

Schon am späten Nachmittag kriechen Waschak und Forstenlechner in ihre Schlafsäcke. Aber sie konnten nicht schlafen vor Freude und Auftrieb. Um Mitternacht stehen sie auf und steigen etwa um zwei Uhr in die Wand ein. Von der Stelle an, wo sie ihre Ausrüstung hinterlegt hatten, seilen sie sich zusammen. Das bringt bei dieser gut eingespielten Seilschaft keine Verzögerung. Abwechselnd führen sie. Sie klettern »überschlagend«, das heißt, der jeweils zweite klettert zum Standplatz des ersten nach und führt anschließend die nächste Seillänge. Der Schwere Riß bringt kein Problem, auch der Hinterstoisser-Quergang ist eisfrei und trocken. Waschak erkennt jetzt aus der Nähe, was sie schon aus der Entfernung vermuteten: Die Wand hat sich seit der Erstbegehung sehr verändert. Sie ist nicht mehr so, wie Kasparek sie ihm beschrieben hat. Es ist eine Felswand geworden, mit Eisflecken darin. Aber die Gefahren sind nicht geringer.

Noch ist heute kein Steinschlag gekommen. Eben denkt Erich das, da kommt die erste Salve. Es ist in den schweren Seillängen nach dem Hinterstoisser-Quergang, auf dem Ersten Eisfeld, oder richtiger dort, wo einmal das Erste Eisfeld war. Jetzt muß man oft über ein glattes, ungemein steiles Dach aus Stein steigen, wo es keine Griffe und Tritte gibt und auch keine Ritzen zum Hakenschlagen.

Leo und Erich erleben das Konzert des Steinschlags der Eigerwand. Auch sie haben das Erlebnis: Man ist erstaunt, daß man noch lebt, noch da ist und nicht dort unten, wo die Steine am Einstieg verrieseln.

Leo und Erich klettern weiter, zügig, als wäre auch die Felsstufe zwischen Erstem und Zweitem Eisfeld nicht sehr schwer. Vielleicht sind die Verhältnisse gerade an dieser Stelle besonders günstig. Schon um acht Uhr früh erreichen die beiden den unteren Rand des Zweiten Eisfeldes. Dieser Rand ist kaum vereist, sie queren nach links, in Felsen, wo seinerzeit gar keine waren. Dann schauen sie prüfend die steile Eisflanke empor. 150 Meter hoch ist es bis zum oberen Rand des schmutziggrauen, steinbespickten Eishanges.

Da sind doch Stimmen? Menschliche Stimmen. Ganz nah klingen sie. Richtig, dort oben sind vier Menschen. Die Schweizer. Sie streben gerade den Felsen unter dem Dritten Eisfeld zu. Leo und Erich haben die vier viel höher vermutet — in der Rampe, schon jenseits des Bügeleisens. Was hat sie so lange aufgehalten? Steinschlag? Die Österreicher rufen den Morgengruß hinauf. Freundliche Antwort kommt von oben. Erich und Leo wechseln einen Blick. Leo lacht, dann beginnt der Sturm über das Eisfeld, das durch die Umgehung in den Felsen nur noch halb so hoch ist, wie es die Erstbegeher antrafen.

Die Vorderzinken der zwölfzackigen Steigeisen greifen gut, die Wadenmuskeln des durchtrainierten Mediziners und des in den Wäldern aufgewachsenen Holzknechtes kennen keine Ermüdung. Hie und da nur eine kleine Standstufe, hie und da ein Eishaken. Das Tempo ist nicht nur von dem plötzlich erwachten Ehrgeiz diktiert, auch von der Vernunft. Wenn hier, genau in der Fallinie, wieder Steine kommen? Weiter, schneller.

Und dann ist der obere Rand da. Es ist erst elf Uhr. Aber noch sind sie nicht in Sicherheit. Die Felsen zum Bügeleisen machen sogar diesen beiden viel zu schaffen. Die starke Ausaperung hat doch manche Nachteile.

Erich Waschak wird gerade bei Überwindung eines Überhanges durch Steinschlag am Ellbogen verletzt. Aber hier ist nicht der Ort, auf so eine Kleinigkeit zu achten. Weiter, nur weiter! Querung des Dritten Eisfeldes, hinein in die Rampe.

Durch den Schweren Riß schießt ein Wasserfall herab. Der erste der Schweizer ist gerade durch, beginnt die Rucksäcke aufzuseilen. Da stoßen Erich und Leo auf die Seilschaft. Nun ereignet sich das Erfreuliche: Nicht der Ehrgeiz triumphiert, nicht der Neid, nicht die Eifer-

132

sucht um die »vierte«. Keine bösen Worte fallen, keine schroffe Aufforderung, den Vortritt zu überlassen. Freundlich und verständnisvoll ist das Gespräch. Jean Fuchs ist durch Steinschlag am Kopf verletzt worden, nicht bedrohlich, aber doch so, daß er die bisherige Führung Raymond Monney überlassen mußte. Sie sind tüchtige Kletterer, die vier Schweizer, aber sie erkennen staunend die Überlegenheit der beiden Österreicher an. Ein solches Tempo haben sie nicht für möglich gehalten. Dabei zeigen Waschak und Forstenlechner noch nicht die geringste Spur einer Übermüdung. Sie stürzen sich in das Brausebad des Risses, arbeiten sich hoch. Willig lassen die Schweizer die österreichischen Kameraden an die Spitze.

Völlig durchnäßt wird der Eiswulst angegangen. Der ist trotz des Rückganges der Vereisung so, daß auch Waschak und Forstenlechner nur langsam und mit allen Vorsichtsmaßnahmen über dieses Hindernis kommen. Aber auch nach dem Überhang ist der Quergang zur Spinne viel schwerer, als es sich die beiden träumen ließen, viel schwerer, als Erich es aus den Erzählungen Kaspareks vermutete. Das ist kein Götterquergang, das ist ein außerordentlich gefahrvoller, schwieriger Gang, ein Schleichen, ein Vortasten, ein ständiger Kampf um das Gleichgewicht.

Da gibt es Bänder, die gar keine sind, lose Steine und Felsplatten, die sofort den Weg in die Tiefe nehmen, wenn man sie berührt; da sind Eisflecken, in die sich keine Haken schlagen lassen, kein ruhiges Überschreiten mit Steigeisen gestatten, sondern sich beim ersten Pickelschlag von der Unterlage lösen. Und gerade an dieser Stelle bricht wieder das berühmte Eigergewitter los. Der anfängliche Regen geht bald in Schnee über. Die durchnäßten Kleider erstarren. Jede Bewegung wird mühsam.

Leo und Erich schlagen viele Haken auf dieser Querung, oft spannen sie Geländerseile, um den jeweils Nachkommenden zu sichern. Sie lassen alle Haken stecken, um der nachrückenden Schweizer Partie den Weg zu erleichtern. Aber als sie endlich in Sturm und Unwetter den Rand der Spinne erreichen, haben sie keine Haken mehr.

Leo und Erich warten. Sie warten nicht nur, weil sie wieder Haken brauchen, die von den anderen erst herausgeschlagen werden. Sie warten auch, um sich zu vergewissern, daß an dieser abenteuerlichen Querung kein Unfall passiert ist. Aber das Warten im Sturm in durchnäßten, vereisten Kleidern wird zur Qual und erscheint ihnen sehr lange.

Die Schweizer kommen. Sie sind alle heil und geben den beiden ersten ein Bündel Haken. Kurzer Gruß und Abschied. Erich und Leo wollen heute noch so hoch wie möglich kommen. Auch die anderen wollen das, doch ist das Tempo einer Viererseilschaft an und für sich viel geringer. Und vier Mann können einander immer helfen, wenn einer schwach wird. Erich und Leo brauchen nicht bei den anderen zu bleiben.

Sie gehen weiter. Die Spinne sendet keine vernichtenden Lawinen, aber die Ausstiegsrisse sind nicht nur eisig: Es kommen zahllose Wasserfälle, Steine, Schneerutsche. Erich und Leo sind so durchnäßt, daß der Gedanke an ein Biwak ihnen grauenhaft erscheint. Aber immer, wenn einer warten muß, während der andere sich an den Ausstiegsrissen weiter emporarbeitet, schüttelt es ihn vor Kälte. Nein, sie suchen keinen Biwakplatz. Sie wollen klettern, solange noch eine Spur Tageslicht ist. Die Stunden eilen. Aber Erich und Leo nehmen den Wettlauf mit der Nacht auf. Jeder ist froh , wenn die Reihe des Führens an ihn kommt. Beim Klettern wird einem warm. Sie sind nicht erschöpft, ihr Angriffswille ist nicht gebrochen. Nur die Rast, das Stillstehen bringt die lähmende Kälte.

Es ist noch Tag, als sie das Gipfeleisfeld erreichen. Die Uhr zeigt 20.15 Uhr. Ohne Stufenschlagen eilen sie den Hang empor. Und um 20.45 Uhr drücken sie einander, zähneklappernd und vor Kälte zusammengekrümmt, aber glücklich die Hände.

Das letzte Licht des Tages erlischt. Das Wetter ist nicht so, daß sie den Abstieg bei Nacht über die unbekannte Westflanke wagen dürfen. Sie sind nicht in achtzehn Stunden an einem einzigen Tag durch die Eigerwand gestiegen, um in der Nacht auf dem Normalweg zu verunglücken. Knapp unterhalb des Gipfels schlagen sie an einem windgeschützten Platz eine große Stufe aus dem Eis. Es wird ein bequemer Sitzplatz. Als sie den Zeltsack überziehen, der Kocher zu schnurren beginnt, der Kaffee köstlich duftet und neue Lebensgeister weckt, ist auch die Kälte nicht mehr so fühlbar. Im ersten Morgenlicht steigen sie ab.

An diesem Morgen des 27. Juli begrüßen die vier Schweizer von ihrem dürftigen Biwakplatz oberhalb der Spinne freudig den neuen Tag. Die Nacht ist leidlich überstanden, alle sind wohlauf. Und das Wetter scheint schön zu werden.

Doch es wird nicht schön. Um acht Uhr früh, gerade als Waschak und Forstenlechner das Eigergletscherhotel erreichen, schlägt das Wetter endgültig um. Der Schneesturm braust über die Grate, peitscht die Flocken an die Felsen, in die Ausstiegsrisse, läßt die Wasserfälle zu Eis erstarren. Alle sind schon durch die Tage und Nächte vorher abgekämpft, durchnäßt, durchfroren. Eine Katastrophe scheint sich abzuzeichnen. Unten im Tal, auf Scheidegg und in Alpiglen wächst die Sorge. Müssen Retter aufsteigen? In diese Wand?

Aber unter den vieren ist einer, der in entscheidenden Stunden zum ganz großen Bergsteiger wird: Raymond Monney. Er führt die Seilschaft durch die Ausstiegsrisse, er sichert alle nach. Auch er ist jung, erst 24. Aber die drei Jahre, um die er älter ist als die anderen, scheinen ihm jenes Beharrungsvermögen, jene Zähigkeit zu geben, die der ganz Junge noch nicht besitzt.

Zwölf Stunden lang kämpft Monney im Schneesturm mit den vereisten Ausstiegsrissen. Oft sind sie nicht frei zu bezwingen. Monney schlägt Haken um Haken, hängt dort Steigschlingen, wo der glasig überzogene Fels dem Fuß den Halt verwehrt. Spätere Seilschaften werden sich wundern, daß in den Ausstiegsrissen so viele Haken stecken.

Um 20 Uhr erreicht die Schweizer Seilschaft den Gipfel. Noch immer braust der Sturm, jagen die Flocken, hängt der Nebel am Berg, verwehrt die Sicht. Ein viertes Biwak auf dem Gipfel ist notwendig. Auch dieses überstehen die vier tapferen Burschen. Bei Morgengrauen steigen sie ab, erreichen um acht Uhr früh die Kleine Scheidegg.

Die beiden Unternehmen der vierten und fünften Begehung der Eigerwand wurden mancher Kritik unterzogen. Waschak und Forstenlechner wurde Leichtsinn vorgeworfen, und man begründete dieses Urteil eigentlich mit nichts anderem, als daß man die Eigerwand doch nicht einfach in einem Tag durchlaufen könne. Den vier jungen Schweizern warf man Unreife vor.

Meiner Ansicht nach sind beide Urteile ungerecht und hart. Die beiden Österreicher waren einfach in überragender Form und außerordentlich kräftige Leute. Sie begingen keinen Fehler, weder in der Ausrüstung noch in der Beurteilung der Wandverhältnisse. Und die Schweizer Partie? Gewiß, alle waren sehr jung. Aber wenn die vier auch noch manche jungenhaften Züge trugen, so schlugen sie sich doch in der großen Wand bei Schlechtwetter wie reife Bergsteiger.

Zum Thema der Entwicklung eines europäischen Alpinismus mag dann und wann vielleicht die — zugegebenermaßen ein wenig müßige — Frage auftauchen: Welche Nation hat die besten Bergsteiger?

Unter den Deutschen und Österreichern bildete sich in diesen Jahren eine neue, junge Elite, aus der später Hermann Buhl als einmalige Erscheinung herausragen sollte. Die Italiener hatten viele hervorragende Fels- und Eisgeher und sollten 1954 durch die Erstbesteigung des »K 2« den größten Erfolg ihrer bergsteigerischen Geschichte erringen. Die Franzosen werden nach der Annapurna noch den Makalu, den fünfthöchsten Berg der Erde, sogar mit zwei Seilschaften erreichen und den sturmumbrausten Fitz Roy in Patagonien ersteigen. Selbst in die geheiligte Tradition der Briten brach der neue Geist des kontinentalen Alpinismus ein: Sie erstiegen nicht nur als erste den höchsten und dritthöchsten Berg der Erde, den Everest und den Kangtschendzönga, sie erstürmten auch den berüchtigten Mustagh-Turm im Karakorum, eine der abenteuerlichsten Berggestalten der Erde. Und die Schweizer? Man hatte ihnen seinerzeit allzu großes Beharrungsvermögen vorgeworfen, die Ablehnung jedes erneuernden Geistes. Aber ihre Himalaja-Expeditionen nach dem Kriege zählen zum Kühnsten, was die Geschichte des Himalaja-Bergsteigens kennt. Und in den Alpen verdammten sie die schwersten Anstiege nicht mehr, sondern gingen sie selbst...

Welche Nation ist die beste im Bergsteigen? Jede Wertung ist unsinnig. Ich möchte an dieser Stelle eines Mannes gedenken, der das schöne Wort von der »Seilschaft Europa« prägte, des in der Schweiz lebenden italienischen Bergsteigers und Journalisten Guido Tonella. Er sagte es im Jahre 1946, er rief es hinaus in einer Zeit, da niemand an Versöhnung dachte: »Bergsteigen steht über den Tagesfragen! Bergsteigen steht über den Nationen. Bergsteiger sind Brüder. Sie alle bilden eine Seilschaft!«

Große Namen

Der Sommer 1952 beginnt mit einem stillen Auftakt. Am 22. Juli steigen die beiden Franzosen Pierre Julien und Maurice Coutin in die Eigerwand, biwakieren oberhalb der Rampe und erreichen am folgenden Tag den Gipfel. Die gute Zeit und der gute Stil der beiden beweisen ihre Fähigkeit. Die Menschen unten an den Fernrohren erleben keine Sensation. Man beginnt sich an die Wandbegehungen zu gewöhnen. Der Bann des Unheimlichen scheint gebrochen.

Der 26. Juli bringt Leben unter die Gäste der Kleinen Scheidegg. Nicht die Wand ist die Ursache, sondern die Menschen, die zu der Wand kommen. Ihre Namen... Hermann Buhl ist da. Mit ihm sein Tourenkamerad Sepp Jöchler. Frau Eugenie Buhl und Jöchlers Bruder Hans sind als Begleiter und Betreuer der Eigerbewerber mitgekommen.

An diesem 26. Juli kommen aber aus dem Lauterbrunnental auch fünf Franzosen, die zu den berühmtesten Alpinisten Frankreichs gehören. Und der Name ihres Anführers ist zu dieser Zeit international noch bekannter als der Buhls: Gaston Rébuffat, der Begeher der Annapurna, der Mann, der den Walkerpfeiler auf die Grandes Jorasses zweimal durchstiegen hat, einer der hervorragendsten Vertreter der jungen Alpinisten und der Bergführerschaft von Chamonix. Mit ihm kommt Guido Magnone, der Erstbegeher der Westwand der Drus, damals die schwerste Felskletterei der Alpen. Auch ihre Gefährten Jean Bruneau, Paul Habran und Pierre Leroux sind kaum weniger gut als ihre berühmten Kameraden. Alle sind aufeinander eingespielt und gute Freunde.

Aber nicht nur Berühmtheiten sind da. In einem Heustadel bei Alpiglen kampieren zwei junge Brüder aus dem Allgäu, Otto und Sepp Maag. Sie wollen an diesem 26. Juli hinaufsteigen zum Biwakloch auf dem Vorbau, um Ausrüstungsgegenstände zu hinterlegen. Man hört von ihnen nichts, beachtet sie auch nicht.

Man nimmt auch keine Notiz davon, daß um drei Uhr früh zwei dem Wiener Bergsteigerkreis angehörige Kletterer die Wand zu ersteigen begonnen haben: Sepp Larch, ein Bäckergeselle aus Weyer, und Karl Winter, ein Schlosser aus Scheibbs. Wer kennt sie schon? Man weiß außerdem gar nicht, daß sie bereits in der Wand sind. Die Fernrohre sind nicht auf sie gerichtet.

Larch und Winter treffen in der Wand normale Verhältnisse an, nicht sehr gute, nicht ganz schlechte. Das Eis ist stark zusammengeschmolzen und hart. Man muß oft den Pickel gebrauchen. Bei der Querung über das Dritte Eisfeld wird eine Stufenleiter geschlagen. Die beiden biwakieren hoch in der Wand und erreichen am nächsten Tag, am 27. Juli, den Gipfel. Beim Abstieg treffen sie einen jungen Mann und eine sehr junge, hübsche Frau, die in den Bergen gut Bescheid wissen: Hans Jöchler und Eugenie Buhl. Larch und Winter sind erstaunt über die Frage, ob sie Hermann gesehen hätten und Sepp Jöchler, den Bruder des jungen Mannes.

Nein, sie haben Hermann Buhl nicht gesehen. War der auch in der Wand?

Ja, er und Jöchler und noch sieben andere.

Das wird eine langsame Partie werden. Neun Menschen in der riesigen Wand zur gleichen Zeit! Schade, Larch und Winter hätten Hermann Buhl gern kennengelernt. Sie verabschieden sich mit der Gewißheit, daß selbst einem solchen Massenaufgebot in der Eigerwand nichts zustoßen kann, wenn ein Hermann Buhl dabei ist. Sepp Larch, der ein Jahr darauf mit Forstenlechner und Willenpart die Matterhorn-Wand begehen und 1955 mit Ingenieur Moravec und Willenpart den Gipfel des 8035 Meter hohen Gasherbrum II im Karakorum betreten wird, hat aber mit seinem Gefährten Karl Winter doch einen Gruß für Hermann Buhl hinterlassen: die Stufen im Dritten Eisfeld. Vielleicht haben sie mit dazu beigetragen, daß von den neun Bergsteigern am gleichen Tag, dem 27. Juli 1952, keiner vom mörderischen Steinschlag getroffen wurde.

Es kann nichts passieren, wenn Hermann Buhl dabei ist... Das ist leicht und einfach gesagt. In der Eigerwand kann jedem etwas passieren. Auch den Besten kann ein Stein treffen. Und Hermann weiß dies ebenso wie sein Gefährte Sepp Jöchler. Es ist bezeichnend für Hermann Buhl, daß er nie leichtfertig sich selbst überschätzt oder den Berg unterschätzt. Und wenn auch manche meinen, er müsse mit seinem erprobten Gefährten die Mauer des Eiger in einem Tag durchsteigen, so weiß Hermann, daß er genauso den Gesetzen der Hochgebirgsnatur und den unberechenbaren Spielregeln der Eigerwand ausgesetzt ist wie jeder andere.

Am 26. Juli, nachmittags, sind Hermann und Sepp in den unteren Wandteil gestiegen, um, der alten Eigergewohnheit entsprechend, Ausrüstungsgegenstände so hoch wie möglich hinaufzutragen. Sie haben noch nicht alles bei sich, was sie für den eigentlichen Angriff mitnehmen wollen. Die warme Unterwäsche fehlt, auch einiges an Proviant und manches andere. Hermann und Sepp wollen also noch bis zum Abend hinunterklettern und die Nacht im bequemen Zelt auf der Wiese verbringen.

Sepp und Hermann klettern seilfrei, jeder sucht seinen eigenen Weg.

Da sehen sie — abseits von der eigenen Route — zwei Burschen absteigen. Es sind die zwei Allgäuer Brüder Otto und Sepp Maag, die gleichfalls Ausrüstung zur Biwakhöhle getragen haben und am 27. Juli in die Wand steigen wollen. Man grüßt, klettert aber nicht zueinander hin. Morgen wird man sich ohnedies in der Wand treffen. Buhl ist nicht sehr erfreut. Er wäre lieber allein in der Wand. Es ist jetzt völlig gleichgültig, ob man die achte oder neunte Begehung der Wand macht, aber die Steinschlaggefahr wird immer größer, je mehr Menschen in der Wand sind.

Buhl und Jöchler klettern weiter. Sie kommen über den Zerschrundenen Pfeiler zur Biwakhöhle. Der Platz gefällt den beiden nicht. Fast ohne Unterbrechung zersplittern Steine auf dem Band. Und es ist bezeichnend für die fast nachtwandlerische Sicherheit, mit der Buhl Felsengelände beurteilen kann, daß er etwa fünfzig Meter höher, schräg links, eine geradezu ideale Biwakstelle findet, ein durch Überhänge gegen Steinschlag geschütztes Band, auf dem man sitzen, ja fast liegen, wo man es sich bei schnurrendem Kocher wohlsein lassen kann. Da drüben — ein grandioser Anblick — steht die Feuermauer der Roten Fluh, eine Wand in der Wand.

Einstweilen wollen Hermann und Sepp die schöne geschützte Stelle nur als Depot für die Ausrüstung gebrauchen. Sie wollen ja absteigen. Vom oberen Rand der Roten Fluh — er ist 300 Meter über ihnen — lösen sich winzige Punkte, schwirren über den Himmel wie Vögel. Es sind aber keine Vögel, es sind Steine.

Es wird nichts mit dem Abstieg. Felsbrocken, die den ganzen Vorbau bestreichen, kommen herunter. Der Aufschlag macht einen Höllenlärm. Sepp und Hermann sehen zu, wie die Geschosse zu weißem Staub zerspritzen, wenn sie auf das Band mit der Biwakhöhle und die Felsen des Vorbaues treffen. Sie können erst absteigen, wenn der Steinschlag aufhört.

Der Steinschlag hört aber nicht auf, solange es warm ist. Die beiden sind gezwungen, auf dem schönen Platz des Depots zu biwakieren. Hermann und Sepp verbringen die Nacht recht bequem, aber sie können kaum schlafen. Was wird morgen sein? Sollen sie absteigen, den Aufstieg auf übermorgen verlegen? Ein vergeudeter Schönwettertag kann in der Eigerwand nie mehr aufgeholt werden.

Um zwei Uhr sehen die beiden zwei Lichtpünktchen zum Fuß der Wand gleiten. Das sind die Allgäuer, die zum Einstieg gehen. Auch Hermann und Sepp beschließen, weiter emporzusteigen und nicht einen Tag zu verschenken. Als es licht wird, klettern sie ein Stück ab, queren hinüber zum Schwierigen Riß. Dort treffen sie auf die Brüder Maag. Aber sie seilen sich noch nicht zusammen.

Den Hinterstoisser-Quergang überwindet Hermann mit solchem Geschick, mit solcher Leichtigkeit, daß Sepp Jöchler, der doch den Freund schon oft hat klettern sehen, hell begeistert ist. Das ist nicht Klettern im üblichen Sinn, das ist auch nicht Artistik, das ist angeborene Künstlerschaft, die man selbst durch härtestes Training nicht erlernen kann.

Buhl und Jöchler lassen das Quergangseil für die Brüder Maag hängen. Diese ziehen es ab, nachdem sie die Stelle hinter sich gebracht haben. Denkt niemand daran, den Rückzug zu sichern? Wer denkt an Rückzug, wenn Buhl dabei ist, dem das junge Brüderpaar fast ehrfürchtige Scheu entgegenbringt.

Nach den drei schwierigen Seillängen betreten die vier die Platten, auf die einst das Erste Eisfeld herunterreichte. Ein scheußliches Gelände: glattgescheuerter Fels mit ein bis zwei Meter hohen Buckeln darin, ohne Griff, ohne Ritzen für Haken. Abwechselnd klettern Hermann und Sepp über das heimtückische, brüchige, haltlose Gelände. Nur mit Reibungstechnik kann man sich höherarbeiten, die Griff- und Trittkletterei hat aufgehört. Langsam gewinnen die beiden an Höhe, die Maags folgen.

Hermann und Sepp wissen nicht, daß die beiden Allgäuer sehr ungenügend und für ein kaltes Biwak fast überhaupt nicht ausgerüstet sind. Einstweilen können sie nur feststellen, daß Otto und der »zweite Sepp« gut nachrücken und tüchtige Kletterer sind.

Jöchler und Buhl steigen nicht nach rechts gegen den »Eisschlauch« zu, sondern mehr links empor zur Felsstufe, die das Erste vom Zweiten Eisfeld trennt. Diese Stufe schaut bös aus. Eis glitzert herab. Der Fels ist so glatt, daß Jöchler, der an dieser Stelle führt, alle Grundregeln des Schulkletterns vergessen muß. Er nimmt die Knie zur Hilfe, um Reibung zu finden. Es ist ein Gang an der Sturzgrenze. Aber er darf nicht stürzen. Mit seinem Fall würde er acht Menschen aus der Wand reißen.

Acht?

Ja, acht. Sepp hat im ersten Morgengrauen, als er gerade unter dem Schwierigen Riß stand, fünf Menschen über den ersten Pfeiler emporklettern sehen. Diese fünf sind nun da, haben Anschluß gefunden. Jöchler hört, wie Hermann mit dem ersten der Nachkommenden einen freundlichen Gruß wechselt. Die beiden kannten sich noch nicht, wissen jedoch viel voneinander: Gaston Rébuffat, der im Augenblick berühmteste Bergsteiger der Franzosen, und Hermann Buhl, der berühmteste der deutschsprachigen Länder, sind einander in der größten Wand der Alpen zum erstenmal begegnet. Zwischen den Österreichern und der Mannschaft der Franzosen klettert die deutsche Seilschaft, neun Bergsteiger, die später eine Seilschaft bilden werden. Eine europäische Seilschaft.

Bergsteiger sind eigenwillig und hartnäckig. Jeder ist eine scharfumrissene Persönlichkeit. Jeder hat seinen persönlichen und nationalen Ehrgeiz. Und vielleicht wird man später in den verschiedenen Berichten kleine Abweichungen finden, da auch das Erlebnis des Berges bei jedem Menschen verschieden ist. Auch Erinnerung und Darstellung werden von menschlicher Wesensart beeinflußt.

Alle neun sind von der großen Wand beeindruckt. Der Steinschlag ist an diesem 27. Juli ganz ungewöhnlich stark. Aber Gefahr und Eindruck sind noch nicht so groß, daß sie den Konkurrenzgedanken ganz ausschalten würden.

Zwischen dem Temperament des Tirolers, der nichts tarnen kann, was ihn bewegt, und der selbstsicheren Gelassenheit des Franzosen, der auch verletzten Stolz mit Charme und Angriff mit freundlichem Staunen verbrämt, besteht ein zu großer Unterschied, um eine harmonische Vereinigung zu gestatten. Kann sich unter solchen Voraussetzungen die europäische Seilschaft bewähren, die der Zufall in der Eiger-Nordwand zusammengeführt hat?

Noch ist es nicht soweit. Rébuffat denkt nicht daran, ein Seil der Vorankletternden an der Steilstufe zwischen Erstem und Zweitem Eisfeld zu verwenden. Die Brüder Maag aber nehmen die Hilfe der ersten an dieser bösen Stelle gern in Anspruch.

Jöchler beschreibt den weiteren Anstieg eindrucksvoll: »Hermann steigt an mir vorbei und meistert das steile Eis. Von meinem Standplatz bietet sich ein überwältigender Blick in die Tiefe: unter mir sieben Gestalten auf abschüssigem Fels und tausend Meter tiefer das wasser- und rinnendurchfurchte Kar. Und blickt das Auge in die Höhe, so sieht es nur düstere, senkrechte Wandfluchten, die über dem Eis in die Höhe ragen. Der Steinschlag, der jetzt wesentlich stärker einsetzt, wird uns langsam gewohnt ... Um sich einen Begriff davon zu machen, braucht man nur das aufgewühlte Eis zu betrachten. Es pfeift und schwirrt eigentlich ohne Unterbrechung. Wenn ich besser hinhorche, wird mir bestätigt, daß auch andere getroffen werden, nicht nur ich, denn bald schreit der eine auf, bald der andere ...

Das Zweite Eisfeld steigen wir gerade hinauf, bis an die Felsen, und queren dann nach links. Es scheint ein kurzes Stück, aber wir täuschen uns gewaltig. Zehn Seillängen werden es, und die sind gefährlich. Betrachtet man das Größenverhältnis Mensch zu Wand, so geht der Mensch in diesem Ausmaß unter. Ich hätte auch nie geglaubt, daß diese Erkenntnis auf der menschlichen Seele lasten kann wie ein Alpdruck.

Man kommt sich verlassen und verloren vor. Das Auge findet nichts Schönes mehr. Es gibt auch keine toten Winkel in der ganzen Wand; überall die herabschwirrenden Steine.

Was ist, wenn jemandem etwas passiert? Soll man elfhundert Meter hinunter oder siebenhundert Meter hinauf? Der Ernst der Lage prägt langsam unsere Gemüter. Die Natur hat uns in der Hand. Die Schwierigkeiten sind uns kein Hindernis, es ist nur die Unsicherheit, die an den Nerven nagt.

Endlich hat das Zweite Eisfeld ein Ende genommen. Was uns aber jetzt erwartet, ist noch unangenehmer als das Eis: der abgeschliffene Fels bis zum Dritten Eisfeld. Der erste hat nicht Zeit, auf die Gefahren von oben zu achten. Man sagt zum Gefährten: ›Du, gib acht! Wenn größere Steine kommen, dann schrei gleich!‹ Vor den kleinen hat man keine Angst mehr, aber die großen können einen doch aus der Wand hauen. So erreichen wir das Todesbiwak Sedelmayrs und Mehringers. Dort beginnt das Dritte Eisfeld. Von Hermann gesichert, der einen überdachten Standplatz hat, steige ich hinaus in die ungeheuer steile Eisflanke. Etwa dreihundert Meter über dieser befindet sich die Spinne, deren Trichter alles lose Gestein der Gipfelwand im freien Fall auf das Dritte Eisfeld schleudert. Zweimal muß ich wieder zurück, da gerade unter furchtbarem Krachen eine Steinsalve niederprasselt, aber schließlich muß dieses Stück einmal überwunden werden. Mit neuem Mut taste ich nun blitzschnell in die Flanke. Kaum in der Mitte, geht's schon wieder los. Vier bis fünf Sekunden vorher kann man schon das Rauschen vernehmen, dann schlägt es unbarmherzig um mich ein. Es scheint eine Ewigkeit, bis sich alles beruhigt. Schnell wieder einige Schritte, ehe das Spiel von vorn beginnt. Die letzten zehn Meter bis zu einem Loch zwischen Fels und Eis sind nur noch ein Entrinnen vor dem Untergang ...«[1]

So sind die Verhältnisse, die Buhl, Jöchler und die Maags im Dritten Eisfeld antreffen. Die Franzosen rücken später nach und lassen sich vor der Querung in das Eis auf dem steinschlaggeschützten Platz zu längerer Rast nieder.

Bei der Beschreibung des Querganges über das Dritte Eisfeld wäre es richtig, des kleinen Grußes kurz zu gedenken, den Larch und Winter ihren Nachfolgern zurückgelassen haben: der ins Eis geschlagenen Stufen. Keiner der späteren Autoren, weder Buhl noch Jöchler, noch Rébuffat sprechen davon. Diese Feststellung ist nicht als Rüge für eine unwesentliche Gedächtnislücke gemeint. Aber wer weiß, wie die

1 Persönlicher Bericht Sepp Jöchlers an den Verfasser.

Flucht Jöchlers vor dem vernichtenden Steinschlag ausgegangen wäre, hätten die Stufen nicht die Querung beschleunigt.

Die erste Seilschaft erreicht die Rampe. Hier hofft man, vom Steinschlag sicher zu sein. Doch auch über diese kommen die Geschosse, nur ist ihre Wucht durch den mehrmaligen vorherigen Aufprall gemildert. Buhl und Jöchler klettern schnell und oft gleichzeitig über die ersten Seillängen der Rampe. Sie kommen zum Kamin, der sich rißähnlich verengt. Aber nicht die Schwierigkeit der Felsformation schreckt Buhl ab: Der Riß ist mit Eis erfüllt, die Wände sind verglast. Es scheint unmöglich, durchzukommen. Da versucht Hermann eine gewagte Umgehung in der rechten Begrenzungswand. Das Gelände ist so schwer, daß selbst dieser einmalige Kletterer daran scheitert — grifflos, brüchig, glatt. Nur wenig gehen die Haken in vereinzelte Spalten. »Sechster Grad« ist dieser Umgehungsquergang. Nur zwei Meter trennen Hermann von dem Stand oberhalb des vereisten Risses. Er kann sie nicht überwinden. Jöchler kommt nach. Sie versuchen es mit menschlichem Steigbaum, obwohl auch Jöchler keinen wirklichen Stand hat. Buhl steigt ihm von den Schultern auf den Kopf, ein äußerstes Wagnis. Vergeblich. So vergehen drei Stunden.

In diesen drei Stunden kommt die Sonne in die Wand, schmilzt das Eis im Riß, durch den jetzt ein Wasserfall schießt. Die anderen sind nachgerückt, kommen zum Riß. Da seilen sich Buhl und Jöchler ab. Das Seil hängt aber nicht über der Rampe, sondern frei über die Tiefe. Jöchler erzählt in seinem Bericht, daß die Franzosen das Seil zur Rampe gezogen haben. Rébuffat schreibt nichts davon. Es dürfte auch nicht Rébuffat, sondern vielleicht Bruneau oder ein anderer der weiter hinten stehenden Franzosen gewesen sein.

Rébuffat berichtet in seinem Buch:

»Am Fuß der Verengung schließen wir an die Deutschen auf. Gerade in diesem Augenblick leuchten ein paar Sonnenstrahlen über dem Eigergrat auf, erwärmen die Wand und lassen die Eisglasur schmelzen. Aber das macht die Sache nicht besser. Durch den ›Flaschenhals‹ fließt jetzt ein kleiner Wasserfall, der einem dreißig Meter höher gelegenen Eisfeld entspringt.

Unsere Kameraden kommen nach, und wir bilden nun eine vergnügte Gesellschaft, trotz allem. Eine Zweierseilschaft könnte so etwas tragisch nehmen, aber fünf Franzosen — trotz der düsteren Wand, des ständigen Wartens und der Aussicht auf das übliche Schlechtwetter — können unmöglich hochdramatisch werden. Bruneau ist es, der für gute Laune sorgt.

Jöchler ist bei Buhl, der sich auf einen akrobatischen Quergang einläßt. Ich bin sicher, daß man dort nicht durchkommt, und daß der einzige Weg durch den Wasserfall ist. Die Deutschen zögern, aber als ich vorgehe, um in diesen Wasserfall hinaufzuklettern, entscheiden sie sich.

Sepp Maag greift an und bewältigt mit Mühe das Hindernis.«

Charmant entschuldigt Rébuffat die Tatsache, daß er durch den Wasserfallriß das Seil der beiden Allgäuer angenommen hat:

»Gerade in dem Augenblick, da sein junger Bruder Otto an der Reihe ist, dreht dieser sich zu mir, und ohne ein Wort — er kann nicht Französisch und ich nicht Deutsch — reicht er mir mit einem Lächeln das Ende seines Seils. Ich verstehe ihn nicht. Da deutet er mir durch Zeichen, ich solle mich anseilen. Ich bin erstaunt und ein wenig entwaffnet. Einen Augenblick zögere ich noch, dann nehme ich das Seil und binde es an meinen Gürtel. Offensichtlich glücklich, daß ich seine brüderliche Geste nicht zurückgewiesen habe, geht Otto los.

Nun bin ich dran. Die Stelle ist nicht äußerst schwierig, aber wenn man es geschafft hat, ist man auch völlig durchweicht.«[1]

Jöchler, der hinter Buhl, nach der Seilschaft Rébuffat-Habran, durch den Wasserriß klettert, beschreibt diese Stelle in seiner packenden Art: »Im Grund des Kamins ist noch alles voll Eis, daher findet man selten einen Griff. Man kommt sich dabei vor wie eine blinde Henne, die ein Korn findet. Die Augen kann man kaum öffnen, und will man einmal nach Luft schnappen, ist der Mund voller Sand und Steine. Man ist natürlich sofort bis auf die Haut naß. Das ärgste ist wohl eine enge Stelle. Unter irrsinnigen Anstrengungen muß sich jeder durchzwängen, das verursacht eine Stauung des Wassers, das einen enormen Druck erzeugt. Vierzig Meter durch einen Wasserfall... ist das noch Klettern? Man vergißt die fast übermenschlichen Anstrengungen, denn die ansetzende, vom Wasser überflutete Verschneidung macht uns das Leben auch sauer. Mit dem Wasser kommen die Steine. Nach etwa drei Stunden erst sind wir aus dem Wasser heraus. Wie getaufte Mäuse hängen wir an den Haken und stellen schlotternd fest, daß die Eiger-Nordwand alles in sich hat. An unserem Stand stehen wir noch lange, bis alle Kameraden aus der Verschneidung heraus sind, denn das Gelände ist derartig brüchig, daß etwa losbrechende Steine den anderen gefährlich werden könnten. Kaum ist der letzte Franzose über den Eisüberhang, der die Verschneidung abschließt, laufen wir zwei wie verrückt davon. Uns ist ja vom Warten so jämmerlich kalt...«

Rébuffat, der Bergsteiger und zugleich Schriftsteller ist, wird die

---

1 Gaston Rébuffat, »Sterne und Stürme«, Nymphenburger Verlagshandlung, München 1955.

Schwierigkeit der Stelle in seiner Beschreibung nicht naturalistisch schildern, sondern »unterspielen«, um den Stimmungsgehalt zu erhöhen:

»Paul folgt rasch nach. Dann kommen Buhl und Jöchler, die ihren Versuch auf der rechten Seite aufgegeben haben. Sie haben das Seil der beiden jungen Deutschen, die über diese kleine Äußerung des Hochmuts etwas enttäuscht sind, nicht benutzt. Während ich dem älteren Bruder einen trockenen Pullover gebe — zu meinem Erstaunen hat er nur ein Hemd und einen Skianorak —, gehen Buhl und Jöchler plötzlich schnell wie der Wind vorbei und stürzen sich auf die folgende Passage, um wieder an die Spitze zu gelangen.

Dreißig Meter oberhalb unseres Standortes endet die Rampe. Wir steigen auf ein steiles Eisfeld in einem Kessel aus. Es ist spät. Jede Mannschaft sucht nach einem Platz zum Biwak. Die Österreicher und die Deutschen, die zu hoch gestiegen sind, kommen wieder herunter. Wir richten einen schwach ausgeprägten Absatz her. Um ihn etwas einzuebnen, arbeitet Magnone wild mit dem Pickel. Leroux, der immer gute Einfälle hat, baut aus lockeren Steinen ein Mäuerchen. Ich treibe Haken ein, um die Mannschaft zu sichern, Habran redet, und wenn es einmal möglich ist, wirft Bruneau ein Wort dazwischen. Dann lacht alles.

Zwanzig Meter über uns hocken die Österreicher und die Deutschen, jeder in seinem Winkel, schweigsam und ein bißchen trübselig.

Die Nacht fällt ein. Die Hirtenmelodien des Alphorns sind verstummt. Der himmlische Laternenanzünder macht seinen Rundgang unter den Sternen. Leroux bereitet in einem Kochgeschirr heißes Getränk, während Wurst, Speck, Konfitüre und Gebäck von Hand zu Hand gehen. Habran zitiert wieder einmal seinen Lieblingsautor: ›Sie erfreuten sich einer recht üppigen Unsicherheit.‹ So ist es auch. Die Freundschaft wärmt uns. Und die Zigaretten, unter freiem Himmel geraucht, während wir in unseren Fauteuils von Stein etwas unsicher sitzen, haben einen unvergleichlichen Duft.«

Ist die Beurteilung Rébuffats, daß die beiden deutschen und österreichischen Seilschaften »trübselig in ihren Winkeln hocken«, während die Franzosen sich in ihrem Biwak des Lebens und ihrer Freundschaft freuen, aus Selbstgefälligkeit geboren, um die eigene Überlegenheit zu dokumentieren? Noch sind sie einander fremde Partien, die sich nur zweckgebunden manchmal zusammenhängen, noch ist das Konkurrenzgefühl da, das nur von der selbstverständlichen, aus Vernunft und bergsteigerischer Erfahrung geborenen gegenseitigen Rücksichtnahme gesteuert wird. Noch ist die »europäische Seilschaft« nicht geboren. Noch klagt jeder, daß er des anderen wegen warten muß. Aber die Bemerkung, daß die Deutschen und Österreicher in ihren Biwaks nicht froh sind, entsprang weder einer Überheblichkeit noch einer versteckten kleinen Bosheit. Sie entsprach den Tatsachen.

Die Franzosen machten gegenüber den Seilschaften Buhl und Maag die Wand mit »Vorgabe«. Mit der Vorgabe der vollendeten, besten Ausrüstung. Das spricht nicht gegen, sondern für sie. Hermann Buhl und Sepp Jöchler könnte man den Vorwurf machen, daß sie, ohne lange Unterhosen und Reservepullover bei sich zu haben, in der Wand weitergeklettert sind, statt nach dem ersten Biwak abzusteigen, die Sachen zu holen und einen Tag zu opfern. Aber dann hätten sie die Wand aufgeben müssen, denn das Wetter wurde schlecht. Außerdem wußten sie, welche Strapazen sie aushalten konnten. Und Daunenwesten und Schlafsäcke, wie sie die Franzosen besaßen, die ja auf ihren Expeditionen zur Annapurna und in die sturmumbrausten Berge Patagoniens Erfahrungen mit der besten Ausrüstung sammeln und diese auch erwerben konnten, kannten Buhl und Jöchler nur vom Sehen und Hörensagen. Denn beide waren arm. Arnold Lunn, der Chronist und loyale Kritiker des alpinen Geschehens, schreibt in seinem Buch über Hermann Buhl: »Nachdem er sich in den Heimatbergen bewährt hatte, graduierte er an den fürchterlichen Nordwänden der Jorasses und des Eiger. Geld blieb für ihn noch immer ein Problem; er verließ Innsbruck mit nur fünf Schweizer Franken in der Tasche.«[1]

Nachdem Lunn sich mit den unwahrscheinlichen Leistungen und Abenteuern Buhls in den Bergen, darunter dem nächtlichen Alleingang durch die Watzmann-Ostwand im Winter, auseinandergesetzt hat, bekennt er sich zu ihm mit den Worten: »Man kann ein so verzweifeltes Wagen, das im Gegensatz zu aller gesunden Bergsteigertradition steht, verdammen, aber man kann nicht die Bewunderung für Buhls Mut, Zähigkeit und phantastisches Können unterdrücken.« Wie schaut nun das Biwak Jöchlers und Buhls oberhalb der Rampe aus? Jöchler erzählt:

»Wir suchen einen Biwakplatz, finden aber nichts Richtiges. Doch sagen wir uns, diese Nacht werden wir schon durchhalten. Ganz überraschend trifft mich noch ein Stein am Kopf, der mir ein sauberes Loch schlägt. Wie arg die Wunde sein muß, merke ich erst, als mir das Blut an den Beinkleidern durchsickert. Mir ist zum Brechen schlecht, aber dazu kommt es nicht, denn wir haben seit vier

1 Arnold Lunn, »A Century of Mountaineering«, Allen & Unwin Ltd., London 1957.

Uhr früh nichts mehr gegessen und uns den ganzen Tag nie Zeit nehmen können, an unserm Magen zu denken. Das kommt davon, wenn man dauernd verfolgt wird...«

Der Ausdruck »verfolgt werden« ist vielleicht die beste Bezeichnung für das Gefühl, das viele der Eigerbesteiger haben. Verfolgt durch den Steinschlag, verfolgt von den eilenden Stunden, verfolgt von der Sorge um einen Wetterumschlag, der die Wand zur furchtbaren Falle machen kann. Der Steinschlag an diesem 27. Juli war besonders arg. Die Zeitbedrängnis war durch den Aufenthalt von neun Männern in der Wand stärker als bei allen früheren Partien. Und damit stieg auch die Sorge wegen des drohenden Wetterumschlags.

Jöchler erzählt weiter:

»Auf ganz exponiertem Platz lassen wir uns nieder, ziehen den Sack über den Kopf und freuen uns nur noch auf das eine: Tee zu kochen und so heiß wie möglich zu trinken. Die erste halbe Stunde sind wir nicht fähig, etwas zu tun, denn wir zittern vor Kälte. Allmählich ist dann der Kocher aufgestellt und Eis zum Schmelzen im Geschirr. Meine Zünder sind wasserdurchtränkt und nutzlos. Alles an mir und im Rucksack ist sozusagen ersoffen. Hermann jedoch hat Sturm-streichhölzer. Er streicht und streicht — bis das letzte Hölzchen ver-strichen ist, und wirft dann alles, die leere Schachtel und das nicht zu Teewasser gewordene Eis mit einem klassischen Zitat die Wand hinunter.

Traurig sitzen wir zwei nebeneinander, mit viel Ärger, aber mit noch mehr Durst, so daß uns kein Bissen durch die Kehle rutscht. Draußen geht ein kalter Wind. Die dauernden Krämpfe in meinen Füßen ver-ursachen mir starke Schmerzen... Der einzige Trost für uns ist, daß morgen diese Tour beendet sein wird...

Über Nacht hat sich das Wetter endgültig zum Schlechten gewendet. Der Himmel ist schwarz von Wolken, der Nebel drückt von den Gipfelflanken herunter. Wir befinden uns schon um 4.30 Uhr wieder in unangenehmem Gelände. Zuerst die Querung eines tückischen Eisfeldes, das im diffusen Morgenlicht grausig aussieht. Dann der unglaubliche brüchige Quergang zur Traverse. Sepp und Otto, die beiden Deutschen, tun uns leid, sie verbrachten die Nacht ohne Biwak-sack, sie hatten keinen mit. So wie wir, gehen auch sie, ohne etwas zu essen, weiter, nur in dem Bedürfnis, sich Bewegung zu machen, damit der Körper warm wird. Wir verbinden uns wieder wie am Vor-tag nach dem Eiskamin mit dem Seil, so daß wir eine Viererseilschaft sind. Nach der Querung der Eisrinne verlangen auch die Franzosen, sich zusammenzuhängen. Also alle neun Mann an einem Seil. Wir beide begreifen sofort, was das bedeutet...«

Die Tatsache, daß Sepp und Otto Maag nicht einmal einen Zeltsack mitführen, ist in der Geschichte der Eigerwand einmalig. Man müßte hier ein hartes Urteil über unsagbaren Leichtsinn fällen. Buhl und Jöchler ist deswegen kein Vorwurf zu machen, sie konnten, als sie die Allgäuer Brüder trafen, nicht auch deren Ausrüstung prüfen. Doch soll auch über Otto und Sepp kein hartes Urteil gefällt werden, denn die Art, wie sie Schwierigkeit, Kälte und Ungemach bezwangen, war großartig. Sie verfügten nicht nur über ein großes Können im Klettern, sondern brachten auch die charakterlichen Voraussetzungen für die schwere Bergtour mit, den Willen, die Zähigkeit und die Kameradschaftlichkeit. Freilich kümmerten sich die anderen um sie. Auch die Franzosen erstreckten ihre Freundschaft auf das so ungenügend ausgerüstete Brüderpaar.

Alle neun Mann an einem Seil. Noch einmal schieben sich Ehrgeiz und Stolz in die europäische Seilschaft, die bereits im heftigen Schneetreiben ihren Weg weitertastet. Rébuffat begründet noch, warum er sich an die ersten vier anhängen wollte. Er schreibt:
»Der Kalk unter der Schneedecke läßt die Finger erstarren. Nach einem größeren Spreizschritt wölbt sich der Pfeiler wie ein Bauch. Ich richte mein Tempo nach dem von Otto, fünfzig Meter über mir. Beim Versuch, schnell zu machen, klettert er etwas wild. Da ist ein Haken, den die Erstbegeher hier zurückließen. Ich stecke einen Finger hinein, um mich daran zu halten. Plötzlich ein Krachen, ich hebe den Kopf: Ein Block, groß wie ein Prellstein, gibt unter den Füßen von Otto nach. Mein Finger klammert sich im Haken fest. An diesem Finger hänge ich nun, schwinge mich nach rechts, um dem Block auszuweichen. Aber über meinem Kopf schlägt er auf, zerbirst, und einige Stücke treffen mich.
Mein Kopf fällt zur Seite. Alles dreht sich um mich...
Mein Finger im Haken hat sich nicht geöffnet, aber er tut sehr weh, als wäre er abgesägt. Allmählich stellt sich wieder eine gewisse Ordnung um mich ein. Ich fühle etwas Klebriges über mein Gesicht rinnen und etwas wie ein schweres Gewicht auf meinen Schultern. Ich betrachte meinen Finger, der noch immer im Haken steckt. Dabei empfinde ich ein gewisses Glück und eine Art Dankbarkeit für ihn, der nicht losgelassen hat.
Von oben lassen die Deutschen ein Seil herunter. Instinktiv binde ich mich an und nehme die Kletterei wieder auf.«
Buhl und Jöchler scheinen von dem glimpflich ausgegangenen Unfall Rébuffats nichts zu wissen. Denn auch Buhl schreibt nichts davon. Er erzählt in seinem Buch »Achttausend — drüber und drunter«:

»Auf allseitigen Wunsch hängen wir uns jetzt zu einer geschlossenen Seilschaft zusammen. Der ›Götterquergang‹ liegt nun vor uns. Bei schönem Wetter mag er ja göttlich sein, denn unter uns bricht der Fels direkt zum Dritten Eisfeld ab. 1400 Meter tief die Matten von Alpiglen. Doch unter diesen Verhältnissen kann er höchstens dazu beitragen, den Göttern plötzlich näher zu kommen. Jeder Griff, jeder Tritt muß erst sorgfältig vom Schnee befreit werden. Die Sicherungsmöglichkeiten sind äußerst spärlich. Der Sturm heult um die Flanken. Der Schneefall verstärkt sich um ein Vielfaches. Wolkenbruchartig überschüttet uns der Himmel mit dicken Flocken. Ein Rauschen setzt ein, der Schnee rieselt von den Wänden. Jeder steht völlig für sich allein in diesem Hexentanz. Nur das Seil sagt noch: Du bist nicht allein, es sind noch Kameraden da, die für dich einstehen...«[1]

Auch Rébuffat schildert diesen Gang:

»Heute morgen war ich fast froh darüber, daß der übliche Schneesturm endlich losbrach. Aber jetzt, mit schwerem Kopf und steifen Ellbogen, gehe ich ohne viel Begeisterung vorwärts. Mit dem Herzen bin ich nicht mehr dabei. Hier ist die Hölle weiß, stumm, kalt. Der Leib ist unzufrieden: Schnee kriecht in die Ärmel und in den Hals, die Finger sind steif, die Füße frieren, die durchnäßte Kleidung wird zu einem krachenden Panzer. Ich fühle, daß es meinen Kameraden ebenso geht, sie haben das gleiche Ungemach wie ich. Auch bei den Deutschen und bei den Österreichern ist es so. Es ist eben auch hier bei allen Menschen dasselbe.

Aber allmählich paßt sich der Mensch an, das ist sein Handwerk. Zuschauer in einer fremden Welt, macht er sich diese Welt nach und nach zu eigen. Und hier, vor dieser Fülle von Hindernissen, die aus dem Zusammenwirken von Hochgebirge und entfesselten Elementen erwachsen, fühlt er in sich Kraft aufquellen, ein inneres Gleichgewicht und eine Brüderlichkeit.«

Die Brüderlichkeit, das Seil Hermann Buhls: »Es sind noch Kameraden da...«, die Seilschaft — sie wird im Schneesturm der Schlußwand des Eiger geboren. Im Schneesturm, im Kampf und in der Geduld des Wartens, bis der andere in verzweifelter Mühe zum nächsten Stand nachgesichert ist. Rébuffat zeichnet plastisch das äußere Bild, das diese Seilschaft in der Spinne bietet:

»Wie Inseln streben die Menschlein langsam aufwärts. Von Zeit zu Zeit ergießt sich eine Lawine aus dem Couloir. Die über eine weite

---

1 Hermann Buhl, »Achttausend — drüber und drunter«, Nymphenburger Verlagshandlung, München 1954.

Strecke gestaffelte Seilschaft ist über die ganze Länge des glasigen Eishanges verteilt. Jeder kämpft stumm mit letztem Einsatz, um nicht mitgerissen zu werden.

Es kostet Stunden, um sechs Seillängen höher zu gelangen. Hundert Meter über mir: Buhl. Hundert Meter unter mir: Bruneau. Eine große Schlacht, die gleichzeitig der einzelne und die Gesamtheit schlägt. Jeder von uns und zugleich die Neuner-Seilschaft rückt unmerklich langsam vor.«

Unmerklich langsam. Quälend langsam ist dieses Vorrücken, dieses Hinaufgehen über die Spinne. Sechs Seillängen nur — aber das bedeutet bei diesen Verhältnissen, bei dieser großen Anzahl von Menschen sieben Stunden.

Hermann Buhl hat die Richtung und den Fahrplan der Lawinen genau studiert. Er erkennt, daß der normale Anstieg Selbstmord sein kann. Er quert den Hang nach rechts, bis er einen schmalen Streifen im Eis findet, der nicht dauernd von Lawinen überspült ist. Dort steigt er empor, bis er endlich dem oberen Rand näher kommt. Der Sturm orgelt, verschluckt die Worte. Man muß schreien, wenn man sich mit dem nächsten verständigen will. Wie weit, wie tief steht der letzte? Buhl schreibt in seinem Buch:

»Der Schnee ist mittlerweile sehr feucht geworden. Nur unsere Kleidung ist noch nässer. Steil zieht das Eisfeld in den Fels hinauf, der tief unter einer trügerischen Neuschneedecke begraben liegt. Die folgende Kletterei — es dürfte sich unter normalen Umständen um keine allzu großen Schwierigkeiten handeln — ist wohl das Riskanteste, was mir bisher unterkam. Es ist kein Klettern mehr, es ist nur noch ein Höherkämpfen, wobei man sich immer gegen das Gefühl des Abgleitens wehrt. Erlaubt ist alles, wenn es nur weiterhilft. Es wird nicht nach Stil gefragt. Als praktische Fortbewegungsmittel erweisen sich hier Ellenbogen und Knie. Wenn es dann wieder einmal gelingt, einen Haken anzubringen, schnaufe ich erleichtert auf. Jeder gewonnene Meter ist ein Sieg. Im Schneckentempo kommen wir höher. Aber die Zeit eilt. Minuten? Stunden? Wir achten nicht darauf. Aber wir kommen zur Erkenntnis, daß wir heute nicht mehr den Gipfel erreichen werden.

Ein drittes Biwak! In dieser Wand! Bei diesen Verhältnissen! Aber es ist unvermeidlich.

Wir sind auf dem Sporn, der wie ein stationärer Schneepflug die Lawinen teilt. Der Quergang hinüber zur Hauptschlucht ist relativ leicht.

Da höre ich unter mir Hakenschlagen. Ist es den letzten zu langsam gegangen? Haben sie sich selbstständig gemacht? Ob die wohl da gerade herauf wollen? In einem Überhang bricht der Fels unter mir zur Spinne ab!

Da — wieder erfüllt eine weiße Wolke den Schluchtgrund.

›Achtung — Lawine!‹

Alles andere geht in Sekundenschnelle.

Wieder ein kurzer, scharfer Ruck. Wieder dieser infernalische Reigen, wie ein Karussell des Teufels...

Minuten später.

Ich lebe, es scheint wie ein Wunder. Unter mir herrscht Totenstille. Was ist mit den Franzosen? Die wurden vom Hauptstrom erfaßt. Wurden sie mit in die Tiefe gerissen?

Wo sind die Franzosen?«

Wie beschreibt Sepp Jöchler den Gang durch die Spinne, die weiteren Seillängen, das Kommen der großen Lawine?

»Wir haben bald heraus, was sich hier abspielt. Alle Lawinen, die von der Gipfelwand kommen, sammeln sich und fegen, wie aus einer Düse, über die Spinne. Das Interessanteste dabei ist, daß eine große Lawine in regelmäßigen Abständen von etwa fünf Minuten niedergeht. Die moralische Vorbereitung zermürbt die Nerven...

Jetzt stehen wir alle neun im blanken Eis. Wirft es einen aus dem Stand, so könnte dies für die anderen verhängnisvoll werden. Daher schlägt Hermann Stufe für Stufe in das Eis — sechs Stunden lang, ohne einmal auszurasten. Eine übermenschliche Leistung, wenn man bedenkt, daß das Stehen im Eis an und für sich eine körperliche Anstrengung ist.

Abgekämpft und schlotternd vor Kälte wird das Ende der Spinne erreicht. Eine allgemeine Müdigkeit beschleicht den Körper. Er zittert und schüttelt sich in jeder Lage, selbst in der Bewegung. Dabei leidet man schrecklich an Durst. Wenn die Lawine kommt, legt man sich automatisch auf die Eisfläche, erwartet einerseits ängstlich die Wirkung, andererseits reißt man den Mund auf, damit der nasse Schnee hereinspritzt, um den ärgsten Brand zu löschen.

Es beginnt jetzt eine schwierige Kletterei, die durch die zunehmende Vereisung noch erschwert wird...

Wir sind schon drei Seillängen über der Spinne, als unter furchtbarem Krachen eine Lawine niedergeht, diesmal in einem ungeheuren Ausmaß. Zuerst glaube ich, daß Hermann, der dreißig Meter über mir steht, mit daherkommt. Dann spüre ich einen Ruck an meiner Brust, es reißt mir die Füße aus dem Stand. Ich hänge an dem Haken. Im gleichen Augenblick zuckt das Seil durch die Hände: Sepp Maag hat es auch mitgerissen. Aber mein Haken hält.

Von unten herauf ertönen kurze Aufschreie. Ist jemand verletzt?

Wie können wir einem Verletzten helfen, wenn jeder mit sich selbst zu kämpfen hat?

›Buhl! Buhl!‹ schreit einer der Franzosen. Kann Hermann hören bei dem heulenden Sturm? Kaum. Es wäre auch unmöglich, die hart umkämpften Meter wieder herunterzusteigen. Sie waren selbst im Aufstieg kaum zu bewältigen. Er hört auch meine Rufe nicht, ich sehe nur, wie er an einem Haken hängt, sich mächtig schüttelnd. Die Franzosen verlangen Hilfe. Ich lasse ein Seil hinunter. Zu kurz. Ein zweites darangeknüpft. Nun reicht's. Sepp Maag muß zu mir herauf, und so ziehen wir beiden Seppln aus Leibeskräften, fast zwei Stunden lang. Dann ist Rébuffat heroben, klopft mir dankend auf die Schulter.

Sepp Maag und ich sind fertig, können uns kaum mehr halten.

Die Franzosen und die Allgäuer Brüder bleiben gleich an der verhältnismäßig guten Stelle zum Biwak. Ich muß noch hinauf zu Hermann. Das Klettern geht fast nicht mehr. Die Kräfte verlassen mich. Hermann muß mir das Seil halten, und ich klimme daran empor. Zweimal rutsche ich am Seil entlang hinunter, denn der Muskelkrampf in den Händen biegt mir die Finger auf. Beim dritten Versuch habe ich mehr als die Hälfte geschafft, da braust wieder eine Lawine herab und reißt mich abermals zum Standplatz zurück. Der Sturm nimmt immer mehr zu. Noch ein Versuch. Er gelingt. Bis ich Hermann erreiche, ist es bereits dämmerig. Ein drittes Biwak steht uns bevor. Wir haben einen sehr schlechten Platz, zum Übernachten kaum geeignet. Aber in der Eiger-Nordwand ist die Hölle los.

Unter verzweifelten Anstrengungen gelingt es, zwei Haken zu schlagen, uns daranzuhängen und die Biwakhülle über die Köpfe zu ziehen.«

Biwak in der Wand. Das dritte für Hermann und Sepp, das zweite für die Franzosen und die beiden Allgäuer. Das Freilager der sieben ist zwar naß und kalt, aber es entbehrt trotz allem nicht einer gewissen Behaglichkeit. Gaston Rébuffat schreibt darüber:

»Die beiden jungen Deutschen, die bis zum Äußersten abgekämpft sind, bleiben bei uns und unserem relativen Komfort mit durchgeweichten Daunenkleidern. Sie haben überhaupt kein Biwakzeug, nichts außer ihren leichten Hemden, ihren Segeltuchanoraks, einer kurzen Weste und dem Pullover, den ich gestern Sepp gegeben habe. Seit gestern abend haben sie nichts mehr gegessen.

Auch wir sind alle durchnäßt. Lange schon taut der Schnee, wo er mit der Haut in Berührung kommt, und das Wasser rinnt am Rücken

und an den Armen entlang. Da wir mit der Absicht losgegangen waren, nur einmal zu biwakieren, geht auch uns der Proviant, der glücklicherweise reichlich bemessen war, allmählich zu Ende.
Die Beine hängend oder in die Trittschlingen des vereisten Seiles gestellt, so sitzen wir sieben auf zwei kümmerlichen Plattformen: Zwei Treppenstufen, abgenutzt und abgerundet, abschüssig gegen die Tiefe, hängen hier zufällig über der ungeheuren Wand. Die eine, die obere Stufe, ist relativ groß: dreißig bis vierzig Zentimeter breit und anderthalb Meter lang. Wir bringen es fertig, hier zu fünft unterzukommen: Jean Bruneau ist ganz rechts, dann die beiden Deutschen zwischen ihm und mir, und zu meiner Linken glückt es Pierre Leroux, noch einen kleinen Sitzplatz zu finden. Auf der winzigen unteren Stufe drängen sich Paul Habran und Guido Magnone zusammen, einer gegen den anderen gepreßt, den Rücken an unsere Beine gelehnt. Um sicher zu sein, falls einer von uns abgleiten oder einschlafen sollte, haben wir uns noch am Haken festgebunden wie eine Ziege am Pfahl. Über uns haben wir eine kleine Decke aus Plastikstoff, die Guido glücklicherweise mitgenommen hat. An den Haken befestigt und über unsere Köpfe gelegt, ist sie wie ein kleines Dach. Im Couloir fließen weiter die Lawinen. Hier sind sie selten und leicht. Sie rauschen und gleiten über unser Dach, aber einem Teil gelingt es doch, sich zwischen unseren Rücken und der Wand einzunisten...
Trotz unserer Unruhe und diesem Durcheinander herrscht ein bißchen Frohsinn unter uns. Wir sind so zahlreich, daß wir uns noch kräftig fühlen. Paul und Guido nehmen das Inventar unserer Vorräte auf. Mit Gesten wie ein Jongleur setzt Pierrot ein Kochgeschirr voll Schnee auf den Kocher, der auf meinen Knien steht und den ich einigermaßen mühsam festhalte. Die Zündholzschachteln sind durchgeweicht, aber nach vielen Mißerfolgen ist eine kleine Flamme da, noch zögernd, flackernd behauptet sie sich in so viel Feuchtigkeit und streut wie eine kleine Königin ein wenig Freude unter die Menschen. Otto und Sepp sind glücklich, bei uns zu sein. Wie Brüder teilen wir einige Bonbons, ein paar Stück Zucker, Brötchen und Biskuit und etwas lauwarmes Wasser aus geschmolzenem Schnee...«
Das Biwak Buhls und Jöchlers ist furchtbar. Beide sind körperlich und seelisch am Ende ihrer Kraft. Es schüttelt sie wie im Krampf. Lange hocken oder hängen sie auf ihrem winzigen Plätzchen, durchnäßt, durchkältet, können nichts essen, ja nicht einmal miteinander reden. Später versuchen sie, zähflüssiges Biomalz zu sich zu nehmen. Das klebt im Mund, sogar das Schlucken wird zur fast unüberwindlichen Anstrengung.
Sepp und Hermann haben heute viel geleistet. Hermann so viel, wie

es selbst Jöchler nicht für möglich gehalten hätte. Und nie ist Buhl auf den Gedanken gekommen, sich mit Sepp von den anderen zu trennen, die beiden schlecht ausgerüsteten Brüder Maag allein in der Wand zu lassen, um schneller weiterzukommen. Und vielleicht war es auch für die Franzosen gut, daß Buhl an der Spitze stand. Gewiß, alle sind hervorragende Männer. Eine Seilschaft, in der es einen Gaston Rébuffat und einen Guido Magnone gibt, wird sich immer einen Weg bahnen können, wo überhaupt nur eine Möglichkeit besteht. Aber als die große Lawine kam und die Nacht drohte, da war die Gemeinschaft doch die Rettung, die große Seilschaft, an der Spitze Hermann Buhl.

Jetzt aber sind Buhl und Jöchler völlig erschöpft. In dieser kalten Nacht müssen sie dafür bezahlen, daß sie bereits die letzten Reserven an Kraft ausgegeben haben. Schmerzen stellen sich ein, in der Herzgegend, im Bauch. Jöchler leidet an Ischias, einem Andenken vom Krieg her. Buhls Atem geht keuchend, fliegend. Es ist, als kündige sich eine Lungenentzündung an. Und gegen all diese Pein muß noch der letzte Rest an Willen ankämpfen, der Wille zum Leben.

Manchmal schlafen sie trotzdem ein, prallen mit den Köpfen zusammen, hängen teilnahmslos am Seil, raffen sich endlich auf, hocken wieder in ihren Sitzen. Nimmt die Nacht kein Ende?

Und dann stiehlt sich doch der neue Tag durch die Nacht. Der Sturm hat aufgehört, auch der Schneefall. Es wird ein klarer Tag. Aber damit kommt die Kälte. Die Temperatur sinkt weit unter den Gefrierpunkt. Ist es möglich, bei solcher Kälte, nach solcher Nacht, in diesem Zustand noch den Weg zurückzufinden aus dieser Wand, über die Eis und Schnee noch das erstarrte, glitzernde Kleid gelegt haben? Die Gesichter Hermanns und Sepps sind fahl, fast grünlich. Ihre Wangen sind eingefallen, die Nasen treten unnatürlich spitz hervor. Aber der Wille ist noch da.

Der Wille formt das Ende zu einem Anfang. Das Rätsel Hermann Buhl offenbart sich an diesem eisigen, aber klaren Morgen in der eisgepanzerten Schattenwand. Hermann Buhl tritt zum Gipfelgang an. Sepp sichert die beiden Allgäuer zum Biwakplatz nach. Dann beginnt Buhl zu klettern. Eine überhängende, vereiste, verschneite Verschneidung. Zwanzig Meter hoch ist dieses äußerst schwierige Stück. Vier Stunden braucht Hermann. Vier Stunden für zwanzig Meter. Er stürzt, klettert, stürzt wieder, hängt am Haken, zwingt sich nochmals, kommt höher, hängt wieder im Seil wie ein hilfloses Bündel. Deutlich hört Sepp die Worte: »Ich kann nicht mehr.« Aber dann kann Hermann doch wieder, erreicht den Stand oberhalb der zwanzig Meter.

»Jetzt kannst du führen, Sepp...«

Jöchler erzählt später: »Ich weiß nicht, wie man die Leistung Buhls in Worten beurteilen kann. Wer ihn gesehen hätte, sich die zwanzig Meter hinaufarbeitend, immer wieder am eisigen Fels abgleitend und ins Seil stürzend, der würde den Kopf schütteln und das Geschehene für unmöglich halten. Vier Stunden härtester Kampf in dieser körperlichen und seelischen Verfassung. Ich werde Hermann immer dankbar bleiben: Er hat uns allen eine Brücke geschlagen und die Hoffnung gegeben auf das Leben...«

Gaston Rébuffat versucht in seinem Buch, die Leistung Buhls in Worte zu fassen:

»Buhl packt an. Sofort ist er in sehr schwierigem Terrain. Unter dem Schnee ist der Fels von einer glänzenden Schicht überzogen, einer harten und dicken Verglasung, die alles gleichmäßig einhüllt. Die Füße rutschen, die Hände gleiten ab, die Spalten sind abgedichtet, die Griffe nivelliert, die Haken wollen nicht hinein, der Hammer klopft, dringt ein, höhlt aus, wird müde, schlägt daneben, sprengt kaum die dicke Verglasung ab, der ganze Körper kommt ins Gleiten, hängt an einem Haken, fängt sich wieder auf, arbeitet sich wieder hinauf, die keuchende Atmung setzt einen Augenblick aus. Der Hammer legt einen Griff frei, läßt einen Schneeschild von einer Platte hinuntergleiten, putzt einen anderen Griff, der Fuß schlägt eine Steigeisenspitze in die Eisglasur, die klammen Finger befreien einen Spalt von seiner Eisfüllung, pflanzen dort einen Haken. Buhl gewinnt fünfzig Zentimeter, einen Meter, seine Füße gleiten nochmals ab, alles rutscht, aber die Haken halten. Es ist grimmig kalt, der Himmel ist klar, die Finger sind gefühllos, die Füße erstarrt, die Muskeln steif, die Kleider sind eine Rüstung, das Seil ist eine Eisenstange. Aber Herz und Wille wachen unbeirrbar. Buhl kommt langsam vorwärts, und mit bewundernswerter Zähigkeit schafft er es, diese Wandstufe zu bewältigen. Jöchler schließt auf, übernimmt den Vortritt.«

Jöchler schließt auf — übernimmt den Vortritt. Wie einfach das klingt, geradezu lakonisch. In Wirklichkeit ist der Vorgang von höchster Dramatik, die Rébuffat, der ja weiter hinten und unten warten mußte, nicht in ihrem ganzen Ausmaß sehen konnte.

Buhl, der nie aufgab, der vor keiner Schwierigkeit kapitulierte, der selbst die eigene Schwäche als zu überwindende Schwierigkeit betrachtete, verausgabt sich in der überhängenden vereisten Verschneidung so vollständig, daß auch die letzten Reservekräfte verbraucht sind. Nach dem Schlagen des letzten, obersten Hakens, nachdem er sich in den Haken eingehängt hat, verläßt Buhl die Kraft. Er kippt vornüber, hängt im Seil, Kopf und Arme nach unten. Er bemüht sich,

sich aufzurichten, findet nicht die Kraft dazu. Und daß ein Hermann Buhl die Worte spricht, die er noch nie gesprochen hat: »Ich kann nicht mehr«, versetzt Jöchler ebenso in Schrecken wie die Stellung, in der Hermann hängt. Es sind die Worte, die Toni Kurz als letztes sprach. Es ist die Stellung, in der Toni Kurz starb. Ist das Ende Hermanns nahe? Verweigert sein Herz den Dienst, nachdem er Unmögliches möglich gemacht hat? Genauso wie Toni Kurz?

Vielleicht sind es diese Gedanken, vielleicht ist es die Sorge, nein, die rasende Angst um den Freund, die Jöchler befähigt, mit Hilfe des Seils und der von Hermann geschlagenen Haken, aber ohne Zug von oben zu Buhl zu steigen, den Erschöpften wieder in den aufrechten Stand zu bringen. Hermanns Gesicht ist grün. Ein Schluck heißer Kaffee würde alles gutmachen, aber dieser Schluck ist nicht da... Doch das Wunder vollzieht sich wieder. Hermann Buhl erholt sich. Jöchler bleibt noch bei ihm, um ihm beim Nachsichern und Emporziehen von Sepp Maag zu helfen. Und dann vertraut er wieder auf die überlegene Art Buhls, Seile zu bedienen und zu sichern, während er die steilen, senkrechten, manchmal überhängenden Ausstiegsrisse weitersteigt. Wenn sie auch leichter erscheinen, nach dem ungemein Schwierigen, was Buhl als erster geleistet hat — diese Ausstiegsrisse bleiben immer anstrengend und ungemein gefährlich.

Jöchler führt. Es ist, als wäre ihm mit der Erkenntnis, daß Hermann ihn braucht, neue Kraft gekommen. Jöchler führt umsichtig und erstaunlich schnell. Sein Tempo steigert sich, je höher er kommt. Die Sonne blinzelt durch leichte Nebelschleier, sie hat wenig Kraft. Aber sie ist das Sinnbild des Lebens. Sie gibt Mut, sie gibt Zuversicht! Die große Seilschaft strebt dem Gipfel zu. Jeder sichert und zieht den nächstfolgenden höher. Die Schnelligkeit zählt, alles andere ist Nebensache. Jeder gibt sein Bestes, alle neun. Und dann steigt Sepp aus dem letzten Riß. Vor ihm stellt sich noch das Gipfeleisfeld auf. Und die anderen kommen nach...

Hier löst sich die französische Partie von den übrigen. Die Sonne scheint jetzt recht warm, Gaston will warten und später mit seinen Freunden auf den Gipfel steigen. Der Gipfel ist nah, der Abstieg, die Sonne und das Leben. Und das verbindende einzige Seil für Hermann und Sepp und den zweiten Sepp und Otto und Gaston und Paul und Guido und Pierre und Jean ist gelöst. Nicht die europäische Seilschaft steigt über das Eisfeld zum Gipfel, sondern eine österreichische und deutsche und eine französische Seilschaft. Auch zeitlich liegt ein Abstand zwischen ihnen. Die eine führt der berühmteste Bergsteiger deutscher Sprache, der Tiroler Bergführer Hermann

Buhl. Die andere führt der berühmteste Bergsteiger französischer Sprache, der Bergführer Gaston Rébuffat.

Schade! Aber das ändert nichts an der Tatsache, daß die achte Begehung der Eiger-Nordwand unter den bisher bösesten Verhältnissen im Zusammenwirken und Zusammenklingen einer europäischen Seilschaft durchgeführt wurde. Sie endete nicht mit einer Katastrophe, weil alle außergewöhnliche Menschen waren, Männer, die den Willen in sich trugen, für alle das Beste zu tun. Ehrgeiz und Rivalität, die Schwächen, die der Mensch aus den Tälern in die Berge trägt, haben in der Stunde der Bewährung geschwiegen. Sie werden wohl nie auszumerzen sein, und vielleicht findet sich in dem einen oder anderen Bericht eine Andeutung davon. Aber Berichte sind später geschrieben, nicht im Sturm, nicht unter Lawinen, nicht im kalten Biwak und nicht in höchster Not.

Wand des Lebens und des Todes

Nach der dramatischen Durchsteigung der neun hat die Eigerwand nur genau eine Woche lang vor den Menschen Ruhe. Anfang August kommen drei ausgezeichnete österreichische Bergsteiger nach Alpiglen. Erich Vanis, Hans Ratay und Karl Lugmayer haben nicht nur extreme Felstouren, sondern auch klassische Fahrten in den Westalpen hinter sich. Ratay und Lugmayer haben sogar erst die Lauperroute durch die Nordostwand des Eiger gemacht.

Eis und Schnee und Lawinenbahnen sind den dreien also ebenso vertraut wie schwerster Fels.

Sie steigen am 6. August in der Früh in die Nordwand und kommen am ersten Tag bis unter den Wasserriß der Rampe, also etwa zu unserem seinerzeitigen zweiten Biwak. Sie hätten noch weiter klettern können, doch die Durchnässung schreckt sie ab. Leicht »angefeuchtet« sind sie allerdings schon, denn seit der Querung über das Dritte Eisfeld regnet es.

Das Biwak ist zwar kühl, aber erträglich, doch in der Nacht geht der Regen in Schneefall über, und als die drei am Morgen des 7. August aus der Hülle des Zeltsackes schauen, blicken sie in eine Winterlandschaft: ein halber Meter Neuschnee. An eine Umkehr denken sie trotzdem kaum — nicht nur wegen der drohenden Lawinen auf den Eisfeldern; sie sehen gar nicht ein, warum sie wegen des Schnees den Rückzug antreten sollten. Sie kennen verschneite Felsen vom Winter her. Und Winter ist im Winter immer noch kälter als Winter im Sommer. Sie steigen weiter. Ratay führt im vereisten Wasserriß, Vanis an den folgenden schweren Stellen über den Eiswulst. Gerade als er unter diesem einen alten soliden Haken gefunden, das Seil eingehängt hat und auf das darüberliegende Eisfeld aussteigen will, kommt mit mächtigem Rauschen eine Lawine über die obere Rampe herab.

Das ist neu in der Geschichte der Eiger-Nordwand-Begehungen. Lawinen waren bisher erst in der Spinne und in den Ausstiegsrissen zu erwarten. Diese Lawine ist unbedingt verfrüht. Aber sie ist da, und Vanis rettet sich noch schnell unter den Wulstüberhang zum sicheren Haken. Ein unfreundlicher Empfang im oberen Wandteil...

Die drei steigen weiter. Aber sie steigen zu hoch. Der Übergang vom Eisfeld zum Brüchigen Band scheint Vanis wesentlich schwieriger als das Band, das dort oben, etwa 150 Meter höher, lockt. Der »Weg« dorthin ist aber sehr schwer. Und das Band entpuppt sich dann als gar kein Band, sondern als an haltlose Felsen festgeklebter Schnee.

Das Wetter ist immer noch schlecht, es schneit weiter. Die Kälte ist nicht groß, dafür aber die Lawinengefahr.

Zurück. Stunden braucht es, anstrengende, gefahrvolle Stunden, bis die drei unten auf dem richtigen »Brüchigen Band« sind. Der zweite Tag geht zu Ende. Man will hier biwakieren. Aber vorher klettert der unverwüstliche Hans Ratay, der Benjamin der Seilschaft, noch über den wasserüberronnenen, vereisten Riß zum Pfeilerkopf, der den Beginn des Götterquerganges markiert, seilt sich wieder ab und läßt das Seil hängen, um den Anstieg am morgigen Tag zu erleichtern.

Es wird ein sehr nasses, sehr kaltes Biwak, das sich in nichts von den ungemütlichen Freilagern unterscheidet, die schon viele Bergsteiger in dieser Wand erlebt und auch überstanden haben. Am Morgen des 8. August klettern die drei über den Riß, über den Götterquergang — der auch Vanis durchaus nicht »göttlich« erscheint, sondern eher heimtückisch teuflisch — zur Spinne.

Die Spinne beschert wieder ein böses Abenteuer. Sie trägt ihren Namen zu Recht. Ihr Repertoire an Bosheiten scheint unerschöpflich. Diesmal ist es ein faustgroßer Stein, der Lugmayer am Schädel trifft. Die Kameraden sehen, wie sich Karl in seiner Stufe zusammenkauert und reglos etwa zehn Minuten in dieser Stellung verharrt. Er gibt auf Rufe keine Antwort. Die anderen sind in großer Sorge. Vanis aber erinnert sich, daß er unten auf den Eisfeldern auch einmal einen Stein auf den Schädel bekommen hat. Die Kauerstellung gab ihm am schnellsten das Gleichgewicht zurück und dämpfte den Schmerz. So ist es auch mit Lugmayer.

Plötzlich richtet Karl sich auf. Er steigt nicht nur nach, er ist wieder so fit, daß er die Führung übernehmen kann und in blendendem Stil das Eis und die schweren Felsen bezwingt.

Das Wetter wird besser. Und als die drei den Gipfel gegen Abend erreichen, geht strahlend die Sonne unter. Es ist wie ein Gruß und ein festlicher Empfang des Berges für drei Bergsteiger, die Gutes geleistet haben und trotz Schlechtwetter und Verirrung den Weg durch die Wand fanden.

Der nächtliche Abstieg über die ihnen unbekannte Westflanke beschert noch ein viertes Biwak. Es ist weder dramatisch noch gefährlich, nur sehr unangenehm, sehr kalt und sehr naß. Man müßte das einfache Wort Gaston Rébuffats einführen: »Der Leib ist unzufrieden.« Aber Leib und Seele der drei sind hochzufrieden, als sie schon um acht Uhr früh unten im Hotel Eigergletscher ihr Frühstück verzehren.

Unten auf der Wiese bei Alpiglen steht ein rotes Zelt. Es hat einen einsamen Bewohner, den jungen Wiener Chemiker Karl Blach. Es ist derselbe Karl Blach, der schon 1950 mit Karl Reiss in der Wand war und sich durch das Ausbrechen einer Platte im Schweren Riß unter der Roten Fluh den Arm brach.

Nun ist er wieder da. Aber Karl Reiss ist nicht dabei und niemand, der mit ihm in die Nordwand steigen würde. Am 13. August dieses Jahres 1952 wird jedoch in der Nähe von Blachs rotem Zelt ein grünes errichtet. Es hat zwei Bewohner: den Reichenhaller Jürgen Wellenkamp und den Münchener Bernd Huber. Beide sind ausgezeichnete Bergsteiger. Vor allem Jürgen Wellenkamp wird sich im Lauf seiner Entwicklung als einer der besten, intelligentesten, liebenswertesten und gleichzeitig erfolgreichsten Alpinisten entpuppen, die in den Alpen und in den übrigen Bergen der Welt schwere und neue Wege gingen. (Man muß es als ein grausames Schicksal empfinden, daß Jürgen Wellenkamp nach wenigen Jahren auf leichtem Pfad im Bergell ausgleiten und zu Tode stürzen wird.)

Die Bewohner des grünen Zeltes schließen mit dem Einsiedler des roten Freundschaft. Morgen also wollen Wellenkamp und Huber in die Wand. Blach drängt sich nicht auf, er fragt nicht, ob sie die Besteigung zu dritt angehen könnten. Er beweist seine Selbstlosigkeit: »Ich begleite euch bis zum Schweren Riß. Ich kann euch den besten Weg zeigen, ich kenne ihn gut.«

In der Nacht noch beginnt es in den Zelten lebendig zu werden. Wellenkamp kocht. Er braut auch viel starken Kaffee.

Aber Bernd Huber scheinen das gute Frühstück und der viele Kaffee nicht zu bekommen. Er klettert schweigend in der Nacht und der frühen Dämmerung hinter den beiden anderen über den Vorbau der Wand. Und dann sagt er: »Ich fühle mich nicht in Form. Nicht genügend, um eine so schwere Tour anzugehen.«

Soll Wellenkamp auf die Fahrt verzichten? Mit dem lustlosen und nicht ganz gesunden Gefährten wäre es ein Wagnis. Man darf niemanden überreden, in die Eigerwand zu steigen. Zufällig haben Blach und Huber die gleiche Schuhgröße, und die Steigeisen des einen passen dem anderen.

Wellenkamp und Blach verbinden sich mit dem Seil. Huber kehrt um, nicht verärgert, sondern froh, daß er seinem Freund das große Erlebnis nicht verpatzt.

Wellenkamp und Blach, der Bayer und der Wiener, werden zu einer Seilschaft, wie sie die Eigerwand kaum idealer gesehen hat. Auch sie haben Steinschlag, aber die Harmonie zwischen ihnen ist von Anfang an so groß, daß sie das Gefühl des »Verfolgtseins« nie empfinden.

Schon um ein Uhr mittags erreichen sie den bekannten Biwakplatz auf der Rampe. Da ist der Riß, diesmal nicht vereist. Aber man sieht auch von den Felsen kaum etwas, so dick schießt der Wasserfall herab. Vielleicht kommen sie ohne Biwak durch, was seit 1950 nicht mehr gelungen ist. Doch dieser Gedanke könnte dem Gefühl des »Verfolgtseins« entspringen. Sie werden nicht verfolgt.

Sie haben Zeit. Sie kochen Tee, essen, rasten, mehr als eineinhalb Stunden. Jürgen Wellenkamp beschreibt später diese Rast: »Wir schauen, schauen, schauen. An wie vielen großartigen Stellen in den Bergen durften wir schon solche Rasten genießen; doch die Eigerwand ist einmalig.«[1]

Wer hat das vorher schon gesagt? Die Größe, Wucht, Grausamkeit, Erhabenheit — alles hat man über die Eigerwand gesagt. Aber daß die Rast schön ist, daß man die Schönheit der Landschaft in Muße betrachten, genießen kann — das hat vor Wellenkamp noch niemand gesagt. Liegt das an der seltsamen Eintracht zwischen den beiden gleichgestimmten Menschen? Sind die Verhältnisse der Wand so viel besser? Die Eigerwand ist einmalig in ihrer Schönheit.

Der Wasserriß. Lange versuchen die beiden eine Umgehung rechts, wie Buhl sie probiert hat und wie sie Terray geglückt ist. Karl und Jürgen gelingt es nicht. Etwas atemlos stehen sie wieder am Fuß des Risses.

Wellenkamp berichtet, wie sie ihn gemacht haben: »Karl schwimmt den Wasserfall prustend hinauf. Ich brauche länger mit dem schweren Rucksack und den beiden Eispickeln.«

Schon in dieser knappen Schilderung steckt die Anerkennung, wie gut Blach ist. Die nächste Seillänge — wir wissen, wie schwer sie ist — führt Wellenkamp. Und eben als er beginnt, das Aufseilen der Rucksäcke vorzubereiten — ist Blach schon da, mit beiden Rucksäcken und zwei Eispickeln. Jürgen ist von dieser Leistung seines Gefährten so begeistert, daß er — sonst jeder Gefühlsäußerung abhold — Karl spontan die Hand schüttelt. Der grinst nur freundlich, noch etwas atemlos.

Die beiden verfehlen nicht den richtigen Einstieg zum Brüchigen Band, steigen weiter durch den Riß zur großen Querung, der Jürgen und Karl die Berechtigung, den Namen Götterquergang zu tragen, wieder zusprechen. Vor dem Eintritt in die Spinne aber müssen sie warten. Diesmal sind es weniger die Lawinen als der Steinschlag, der tobt.

Sie warten bis nach Sonnenuntergang. Dann eilen sie über die Spinne empor und klettern noch in der Dunkelheit bis in die Felsen darüber. Sie finden ein elendes Plätzchen.

---

1 Jürgen Wellenkamp, »Ein Bergerlebnis: die Eiger-Nordwand«, Südost-Kurier 10. September 1952

Trotz der trockenen Reservewäsche, die sie anziehen, wird die Nacht in 3600 Meter Höhe bitter kalt. Aber das kann die Hochstimmung der beiden nicht trüben. Es wird die eindrucksvollste Nacht ihres bisherigen Lebens.

Am nächsten Morgen durch die Ausstiegsrisse; die sind schwer und vereist. Aber wann waren sie das nicht?

Kurz vor Mittag stehen sie auf dem Gipfel. Jürgen Wellenkamp schreibt über diesen Augenblick: »Wie in einem Traumland kam ich mir in den 33 Stunden in der Wand vor; keinem Traumland des satten Genießers, sondern in einem viel schöneren Land, in dem heiße Wünsche zu Taten werden...«

Wie echt sein Empfinden war, erfuhr ich 1953 bei unserer gemeinsamen Erstbesteigung des 6384 Meter hohen Ausangate, einem Eisthron der Inkagötter von Cuzco in den Anden. Wellenkamp war ein aufnahmefähiger, ein musischer Mensch. Nie werde ich vergessen, wie er auf einer Indioflöte Indianerweisen spielte, die er kurz vorher von eingeborenen Trägern gehört hatte. In Jürgen Wellenkamp vereinigten sich ein vollendeter, durchtrainierter Körper mit einem klaren Geist zu voller Harmonie.

Es ist der 15. August 1952. Karl Blach denkt wohl an seinen Gefährten von 1950, an Karl Reiss, der damals ihn, den Schwerverletzten, so vorsorglich bis zum Stollenfenster gebracht hat. Er weiß nicht, daß dieser Gefährte von einst in diesem Augenblick, zu Mittag, nur knapp 650 Meter unter ihm steht, in den Felsen oberhalb des Todesbiwaks von Sedelmayr und Mehringer.

Am Vormittag waren die beiden Wiener Karl Reiss und Siegfried Jungmaier nach Alpiglen gekommen, am Morgen sind sie in die Wand eingestiegen. Und es entspricht der Meisterschaft von Reiss, daß er sich nicht damit zufrieden gibt, vom Todesbiwak wie üblich das Dritte Eisfeld zur Rampe zu queren. Er steigt gerade empor in die Felsen, die direkt hinauf zur Spinne leiten. Dort findet er die alten Haken, die von Sedelmayr und Mehringer stammen mußten. Hatten die beiden ersten den geraden Aufstieg versucht?

Reiss kommt nach seiner Schätzung bis etwa achtzig Meter unter die Spinne. Die Felsen sind zwar schwer, aber nicht schwerer als andere Stellen in der Wand. Reiss würde den weiteren Aufstieg wagen, wenn er nicht nur sechs Mauerhaken und sechs Eishaken hätte. Mit solch mangelhafter Ausrüstung scheint ihm das Unternehmen aber doch zu riskant. Er kehrt mit seinem Gefährten um, zurück zum Todesbiwak. Viereinhalb Stunden haben die Versuche gekostet. Aber Reiss hat festgestellt, daß der gerade Anstieg möglich ist.

Reiss und Jungmaier gelingt es nach Terray und Lachenal zum erstenmal wieder, den Wasserriß zu umgehen, aber auch diese Umgehung kostet dreieinhalb Stunden. Die Leistung dieses Tages ist außerordentlich groß. Ein kaltes Biwak leitet zum nächsten Tag über. Am Götterquergang erwartet die beiden der übliche Tanz der Schneeflocken. Und auf dem Gipfel überfällt Reiss und Jungmaier ein Gewitter von seltener Wucht.

Trotzdem sagt Reiss hinterher: »Wir hatten gute Verhältnisse.« Zwei Jahre später starb der großartige Bergsteiger an Lungenentzündung in einem Hochlager auf dem Saipal, dem einsamen weißleuchtenden Siebentausender in Nordwest-Nepal.

Mit der Begehung Karl Reiss und Siegfried Jungmaier schloß die »Saison« der Eigerwand für das Jahr 1952. Ein großes Jahr, ein gutes Jahr. Niemand war in der Wand geblieben, es mußte keine Rettungsexpedition ausrücken. Und der Erfolg war in der Geschichte der Eigerwand bis zu diesem Zeitpunkt ohne Beispiel: fünf Begehungen mit insgesamt achtzehn Menschen.

Erich Vanis hat in einer bemerkenswerten Betrachtung über die Eigerwand die Frage aufgeworfen, ob die Wand wohl im Laufe der Jahre »leichter« geworden sei. Er selbst gibt eine verneinende Antwort darauf, stellt der größeren Ausaperung die Verstärkung der Wasserfälle und die Erhöhung der Steinschlaggefahr gegenüber. Gewiß, nur jemand, der die Wand mehrmals durchstiegen hat, kann genau beurteilen, ob sie leichter oder schwerer geworden oder gleich geblieben ist, und diesen einen gibt es noch nicht.

Außerdem wird die Wand jedesmal ein anderes Gesicht, andere Verhältnisse haben. Sogar innerhalb eines Tages wechseln sie. Die »guten Verhältnisse« der Partie Wellenkamp-Blach waren ganz verschieden von den »guten Verhältnissen« der Seilschaft Reiss-Jungmaier, obwohl beide Gruppen am selben Tag in der Wand waren.

Was sagt die Tatsache, daß im Sommer 1952 achtzehn Menschen heil durch die Eigerwand gekommen sind, über deren Schwierigkeitsgrad aus? Nichts. Sie besagt nur, daß alle achtzehn hervorragende Bergsteiger waren. Nur die Besten wagten es. Gibt es nicht zu denken, daß in diesem Erfolgssommer die bedeutendsten Alpinisten der bergsteigerischen Weltelite manchmal hart zu kämpfen hatten, nicht nur um den Gipfel, sondern um ihr Leben?

Die Schrecken sind geblieben

Im Sommer 1953 senkte sich wieder der Schleier des Todes über die Wand. Und er sollte sich nicht mehr heben bis heute zum Jahre 1988. Im Juni 1953 schon zieht die Wand magnetengleich die extremen Bergsteiger an. Die beiden Deutschen Paul Körber und Roland Voss werden von den wenigen Touristen und Hotelangestellten beobachtet, wie sie am ersten Tag am Bügeleisen ihr Biwak beziehen. Schon in der ersten Nacht kommt der Wetterwechsel, bringt Schneefall und Temperatursturz. Man sieht sie bei Minusgraden das Zweite Eisfeld zurückqueren. Gegen Mittag tritt dann das schreckliche Ende ein. Der oberhalb Kletternde kann das Seil mit seinen klammen Fingern nicht mehr halten. Immer schneller werdend, gleitet er an seinem Kameraden vorbei, reißt auch ihn im hohen Bogen aus der Wand, und erst 300 Meter tiefer bleiben die leblosen Körper liegen.

Etwa zur gleichen Zeit trafen sich im Wettersteingebirge zwei Bergsteiger besonderer Prägung: Uly Wyss, ein 28jähriger Bergführer aus Bern, und Karl Heinz Gonda, ein 23jähriger Bergsteiger aus Dresden. Wyss war ein hervorragender Eisgeher, der auch den Felsen meisterhaft beherrschte, Gonda einer der besten, die das Klettern im Elbsandsteingebirge gelernt haben. Gonda und Wyss bildeten eine ideale Seilschaft, fähig, das Schwerste und Gefährlichste zu meistern.
In den ersten Augusttagen steigen die beiden in die Eiger-Nordwand ein. Man weiß nicht, welche Verhältnisse sie in der Wand angetroffen haben, sie konnten es nicht mehr erzählen, und die Beobachtung der Fernrohrbeschauer war oft durch Nebeleinfall behindert.
Als die Fernrohre am dritten Morgen wieder auf die Wand gerichtet waren, sah man die beiden Punkte: Wyss und Gonda kletterten durch die vereisten Ausstiegsrisse in einem Tempo, als ob sie eben aus dem schützenden Biwaksack gestiegen wären und nicht nach der ungeheueren Anstrengung der vergangenen Tage ihre zweite, kälteste Nacht überstanden hätten.
Der Bericht, den die Fernrohrbeobachter gaben — Hugo Wyss, der Bruder Ulys, und Werner Stäuble, ein bewährter Bergrettungsmann aus Zürich —, ist von erschütternder Einfachheit und Kürze:
»Zu Mittag sahen wir die beiden etwa fünfzig Meter unter dem Gipfel, dann entzogen uns die Wolken die Sicht. Als der Wolkenvorhang wieder aufriß, sahen wir durch das Glas, daß sich ihre Spuren in einem Schneerutsch verloren...«
Es waren nicht die Schwierigkeiten, sondern ein kleiner Schneerutsch

im Gipfeleisfeld, der das Leben der beiden beendete — nach der Leistung; nach Durchsteigung der Wand. Nur wenige Meter fehlten noch bis zum Gipfel.

Der Stollenwärter der Jungfraubahn sah an diesem Mittag zwei Schatten am Fenster der Station Eigerwand vorbeifliegen, eingehüllt in eine Wolke von Schneestaub. Nur schemenhaft, einen Augenblick lang. Aber er erkannte die Form von Körpern...

Voll Schrecken machte er Meldung.

Werner Stäuble fand dann unterhalb des Stollenfensters Teile des im Tausend-Meter-Sturz zerfetzten Körpers von Heinz Gonda.

Wyss und Gonda waren am Berg gegen alles gefeit, nur nicht gegen die Heimtücke einer auf blankem Eis abgleitenden Lawine und einen unerwarteten Windstoß. Hätten die beiden durch bessere Sicherung, durch Eishaken etwa, den Absturz verhindern können? Vielleicht. Vielleicht hatten sie keinen Eishaken mehr. Vielleicht waren ihre Nerven nicht schwach, aber abgestumpft gegen die Gefahr, in einem Augenblick, da nach menschlichem Ermessen keine mehr vorhanden war. Vielleicht ließen sie sich treiben von dem Gefühl: Jetzt ist alle Qual zu Ende, jetzt ist der Gipfel da — bevor er da war. Vielleicht kam die große Erlösung über sie, die erst nach dem letzten Schritt zum Gipfel ihre Berechtigung hat und vorher das Verderben bringen kann. Wir wissen es nicht. Wyss und Gonda waren doch erfahrene Bergsteiger, und trotzdem!? Über die paradox scheinende Tatsache, daß in der Erfahrung auch Gefahr lauern kann, möchte ich gegen Ende des Buches mehr schreiben.

Man hat lange erwogen, ob man die Tat der beiden als komplette Durchsteigung der Eiger-Nordwand werten dürfe. Die Chronisten sind sich heute einig, durch ihre Begehung wurde das Dutzend voll.

Das Jahr 1953 bringt noch die dreizehnte geglückte Begehung. Zwei ausgezeichnete Kletterer aus Bayern, der Metzgergeselle Erhard Riedl und der Zollbeamte Albert Hirschbichler, beide aus Reichenhall, durchsteigen die Wand in glänzendem Stil. Man wird unwillkürlich an Anderl Hinterstoisser und Toni Kurz erinnert: der eine aus Reichenhall, der andere aus Berchtesgaden. Und so wie ihre Vorgänger vor siebzehn Jahren haben auch Riedl und Hirschbichler ihre alpine Lehrzeit in der harten Schule des Watzmann absolviert, sind von Schwerem zum Schwierigsten geschritten, vom Fels zum Eis, und erst als Meister wagten sie die Eigerwand. Sie durchstiegen sie ohne Zwischenfall in zwei Tagen.

Der bescheidene Hirschbichler wurde wegen seiner Verläßlichkeit und seines bergsteigerischen Könnens als Teilnehmer zu einer britischen

Karakorum-Expedition eingeladen: Der Traum aller Bergsteiger erfüllte sich für den jungen Mann. Er kam von der Expedition nicht mehr zurück. Albert Hirschbichler wurde mit britischen Freunden unter einer Eislawine begraben.

Erst 1956 kamen wieder Nordwandanwärter. Zunächst erschienen die beiden als tüchtige Kletterer bekannten Münchener Dieter Söhnel und Walter Moosmüller. Sie schlugen gewohnterweise ihr Zelt oberhalb Alpiglen auf und stiegen am 3. August in die Wand ein. Am Ende des Hinterstoisser-Quergangs wurden sie von einem Wettersturz überrascht und stiegen wieder ab, erreichten durchnäßt, aber wohlbehalten ihr Zelt. Nach der Wetterbesserung stiegen sie am 5. August wieder in die Wand, mit der Absicht, den Quergang noch besser vorzubereiten. Wieder trieb sie Schlechtwetter zurück.

An diesem 5. August kamen zwei weitere Nordwandkandidaten nach Grindelwald und bezogen zunächst Quartier in einem Heustadel: Klaus Buschmann und der in München lebende Sachse und Elbsandsteinkletterer Lothar Brandler. Brandler war kaum neunzehn Jahre alt und im Felsen geschmeidig wie eine Katze, aber er hatte noch wenig Eiserfahrung, war noch nicht reif für die große Prüfung, die die Eigerwand jedem auferlegt. Doch Brandler und sein Gefährte hatten einen Schutzengel, einen unheimlichen Schutzengel: den Tod der anderen. Allerdings benahmen sich Brandler und Buschmann zunächst so, wie es alte, erfahrene Bergsteiger tun. Sie hatten zuviel von der Eigerwand gehört und gelesen, um leichtsinnig zu sein. Bei den herrschenden Wetterverhältnissen dachten sie gar nicht daran, sich der Wand zu nähern. Erst am 7. August in der Früh klarte es auf. Brandler und Buschmann gingen in den Ort, hörten den Wetterbericht, studierten die Wetterkarte. Die nächsten vier bis fünf Tage bleibt es aller Voraussicht nach schön.

Mit der Jungfraubahn lassen sich die beiden bis Alpiglen tragen und steigen noch am Nachmittag bis zum Biwakloch oberhalb des Zweiten Pfeilers. Es ist erst 16.30 Uhr, als sie dort ankommen. Die Verlockung weiterzuklettern ist groß. Doch sie wollen die mangelnde Erfahrung durch besonders große Vorsicht wettmachen. Sie schauen auf die wasserüberronnenen Felsen in der Höhe und beschließen zu biwakieren.

Der nächste Morgen ist strahlend schön. Aber Brandler und Buschmann haben bei Anbruch der Dämmerung noch nicht den richtigen Mut weiterzuklettern. Wahrscheinlich hätten sie Schlechtwetter als willkommene Ausrede für eine Umkehr begrüßt. So waren sie unentschlossen. Die Ausrüstung sei zwar komplett, aber zu schwer,

überlegen sie. Am besten wäre es, abzusteigen, die Ausrüstung nochmals zu überprüfen und morgen mit leichterem Gepäck wieder einzusteigen...

Jetzt ist es schon ganz hell, ganz Tag. Es ist sechs Uhr früh. Da sehen
die beiden eine andere Seilschaft an sich vorbeisteigen. Es sind Söhnel
und Moosmüller. Das stärkt das Selbstvertrauen der beiden Jungen.
Sie steigen den anderen nach, erreichen sie unter einer Verschneidung,
links unterhalb des Schwierigen Risses. Ein freundlicher gegenseitiger
Gruß. Es ist doch ein angenehmes Gefühl, andere, ältere, erfahrene
Bergsteiger in seiner Nähe zu wissen.

Von dem Band unter der Verschneidung geht die erste Partie weiter
zu einem zehn Meter höher gelegenen Hakenstand. Moosmüller steigt
nun nach rechts hinaus, befindet sich etwa drei Meter über seinem
Gefährten Söhnel. Brandler rückt in die Verschneidung nach. Er
schlägt zur Sicherheit einen Zwischenhaken, hängt ein. Zwei Meter
unter ihm ist Buschmann.

Plötzlich hört Brandler einen kurzen Ruf Moosmüllers: »Halten!«
Unmittelbar darauf spürt er einen Schlag an seiner Schulter. Aha,
Moosmüller ist am Überhang gestürzt und bei ihm zum Halten
gekommen. Aber als Brandler aufschaut, ist Moosmüller weg. Und
auch Söhnel ist nicht mehr auf seinem Stand. Zwei Körper schlagen
mit einem häßlichen dumpfen Laut auf Felsen auf, kollern, stürzen,
schlagen wieder auf, verschwinden...

Brandler läßt sich hinunter zum Stand seines Freundes, dann starren
beide regungslos in die Richtung, in der die beiden anderen
verschwunden sind, in die Tiefe. Die beiden Jungen hören das Blut
in den Ohren sausen, fühlen das Herz bis zum Hals schlagen. Es dauert
eine Weile, bis sie sich vom Schock erholen und langsam den Abstieg
beginnen können.

Dann finden sie die anderen. Sie finden zwei Tote. Sie können es nicht
glauben, daß zwei Menschen, mit denen sie vor kurzem noch gesprochen, mit denen sie gelacht haben, nun tot sind. Aber es ist kein
Zweifel: Hier kommt jede menschliche Hilfe zu spät. Es sind die
ersten Toten am Berg, denen die Jungen begegnen. Tief erschüttert
steigen sie ab, machen die Meldung, und helfen bei der Bergung.

Aber sie steigen nicht mehr in die Wand. Nicht in diesem Jahr. Niemand steigt 1956 mehr in die Wand.

Das nächste Jahr aber bringt die große Katastrophe, eine Tragödie,
die die Eigerwand wieder in den Brennpunkt der Öffentlichkeit rückt,
von der die Schlagzeilen der Zeitungen berichten und die Reporter
von Presse und Rundfunk nach Grindelwald treibt, mehr noch als 1936.
Es ist das Unglück von 1957.

»Fame! Freddo!« — Hunger! Kalt!

Die Eigerwand-Tragödie von 1957 war vom Vorspiel bis zum dramatischen Schluß voll von Rätsel und Geheimnis. Sie begann an einem Samstag, dem 3. August, noch ehe die Nacht zum Tage wurde. Sie endete am Montag, dem 12. August, nachdem ein Mann einen Tag vorher gerettet worden war.

Es gab also einen, einen von den vieren, die aufgestiegen waren, der Bericht erstatten und über alles Rätselhafte Auskunft geben konnte. Und er gab auch Auskunft. Man will nicht an seinen Worten zweifeln. Doch die unglaubliche Anstrengung der neun Tage in der Wand, der acht Biwaks, oft stehend oder in den Seilen hängend verbracht, die Schwächung und die Schmerzen der Verletzungen durch Sturz und Steinschlag müssen seinem Urteilsvermögen und seiner Erinnerung einiges an Klarheit und Schärfe genommen haben. Seine Mitteilungen weisen auch manche Widersprüche auf.

Man versucht also, die Fehlerquellen auszuschalten, die aus der menschlichen Phantasie kommen. Auch jene, die sich aus Fernrohrbeobachtungen immer wieder ergeben. Man sucht Klarheit, nicht um Neugierde oder Sensationslust zu befriedigen, sondern um die Qual eines Geheimnisses zu mildern, um alle Vermutungen zu löschen und an deren Stelle das erlösende Wissen zu setzen, auch wenn dieses Wissen grausam sein mag. Lange Zeit lebte man in Ungewißheit; erst nach vier Jahren wird alles geklärt.

Die Akteure des Dramas sind zunächst zwei italienische Bergsteiger, Stefano Longhi, 44 Jahre alt, und Claudio Corti, 29jährig. Beide stammen aus Lecco in der Provinz Como. Dieser Ort vor den Toren des Bergell, der wildschönen Gebirgsgruppe der Granitgipfel, -kanten und -wände, ist ein kleines Bergsteigerzentrum für sich. Auch Riccardo Cassin, der Erstbegeher der Nordwand der westlichen Zinne, der Nordostwand des Piz Badile und des himmelstürmenden Pfeilers auf die Pointe Walker der Grandes Jorasses, ist in Lecco zu Hause. Von den Bergsteigern und Bergführern in Lecco als guter Alpinist anerkannt zu werden, bedeutet soviel wie ein Meisterbrief. Besitzen ihn auch Longhi und Corti?

Die zwei anderen, die in der Tragödie der Eigerwand 1957 Haupt-

---

„Die Lawine", Gemälde von Ferdinand Hodler, 1887, Öl auf Leinwand, 129,5x99,5 cm. Eigentum der Schweiz. Eidgenossenschaft, deponiert im Kunstmuseum Solothurn. Gemalt in Grindelwald.

Die Routen in der Wand (aus »Vertical«)

1 — Tschechen-Route 2: 16. Jan. — 27. Feb. 1978
2 — John-Harlin-Route: 23. Feb. — 25. März 1966
3 — Ideal-Direttissima:
        20. März — 2. April 1983, Pochyly-Route
4 — Klassische Route der Erstbesteiger: 21. — 24. Juli 1938
5 — Japaner-Route: 15. Juli — 15. Aug. 1969
6 — Tschechen-Route 1: 4. — 29. März 1976
7 — Piola-Route: 25. — 30. Juli 1983
8 — Nordverschneidung: 26./27. Aug. 1981
9 — Genfer-Pfeiler oder Tor des Chaos genannt:
        13. — 15. Aug. 1979
10 — Westgrat-Pfeiler: 3. — 12. Juli 1983
11 — Nordwestpfeiler (Ochsner): 13. Aug. 1982
12 — Slowenenweg: 1982
13 — Nordwest-Grat: 1980

Maximilian de Meuron, Der Eiger, 1825. Musée d'Art et d'Histoire, Neuchatel.

Flugaufnahme der Eiger-Nordwand im Schatten: Die Westflanke, im Sonnenlicht, wurde bereits mit Skiern abgefahren.

Seite 172: Anderl Heckmair (rechts) mit Heinrich Harrer im Jubiläumsjahr.

Eric Jones im Götterquergang. Foto Leo Dickinson.

Seite 174: Eric Jones im Dritten Eisfeld. Foto Leo Dickinson.

rollen spielen, sind Deutsche: Günther Nothdurft und Franz Mayer. Trotz ihrer Jugend — beide sind erst im 22. Lebensjahr — haben ihre Namen in Alpinistenkreisen vor allem im Fels einen ausgezeichneten Klang.

Günther Nothdurft — er ist ebenso wie Mayer Württemberger — ist ein so hervorragender Kletterer, daß selbst Hermann Buhl über die Leistungen des Jungen nur mit staunender Anerkennung spricht. Auch die großen Wände Cassins kennt der junge Günther schon.

Martin Schliessler, ein Mann, der äußerst sparsam mit Lob umgeht, schrieb mir in einem Brief über Nothdurft: »Ich will Ihnen kurz sagen, was mich mit Günther Nothdurft verband. Wir waren gute Freunde und wollten auch in Zukunft noch manche Tour zusammen machen. Er war in meinen Augen wohl der begabteste junge Bergsteiger der letzten Jahre. Es ist traurig, daß die Eigerwand immer wieder die Besten behält... Nothdurft war etwa vier Wochen vor der Katastrophe schon in der Eigerwand und wollte sie allein machen. Er kam in wenigen Stunden bis über das Zweite Eisfeld. Als das Wetter schlecht wurde, stieg er noch in der Nacht, bei Schneefall, mit einer Stirnlampe versehen, ab. Er sagte, er habe hart kämpfen müssen.«

So urteilt der kritische Martin Schliessler. Wir erfahren von ihm, daß der junge Günther auch die Eigerwand bis etwa zur halben Wandhöhe kannte und es als erster gewagt hat, die große Mauer allein anzugreifen, und dabei in einem Tempo auf- und abgestiegen ist, wie man es bisher nicht für möglich gehalten hat. Allerdings erzählte Nothdurft auch, daß er von seinem Alleingang in der Eiger-Nordwand einen unauslöschlichen Eindruck hatte: Es sei das Schwierigste und Gefährlichste, was er bisher erlebt habe, und er werde nicht mehr in die Eigerwand steigen. Wenige Wochen später aber stieg er mit Franz Mayer wieder in die Wand. Beide waren gut aufeinander eingespielt. Zwei Bergsteiger, von denen man alles erwarten kann, nur nicht, daß sie langsam sind und vor den Schwierigkeiten der Eigerwand kapitulieren müssen. Und doch war die Langsamkeit der vier Männer in der Wand die Ursache der Tragödie.

Das Vorspiel, der Auftakt, beginnt am 3. August in der Frühe. Corti und Longhi steigen ein. Haben sie die Absicht, die »Direttissima« zu machen? Sie klettern gerade empor gegen die Fenster der Station Eigerwand, so wie einst Sedelmayr und Mehringer. Aber sie tun es unabsichtlich. Sie finden auf dem Anstieg alte Mauerhaken, glauben daher, auf der richtigen Route zu sein, kommen spät zur Erkenntnis, daß sie sich verirrt haben, biwakieren, seilen sich ab, klettern ab,

Seite 176: Fallschirmspringer von der Eiger-Nordwand. Foto Leo Dickinson.

queren und kommen am Sonntag, dem 4. August, endlich auf den Originalweg Hinterstoissers, noch im unteren Wandteil.

Hier sehen sie zum erstenmal zwei andere Bergsteiger über dieselbe Route emporsteigen. Es sind Günther Nothdurft und Franz Mayer. Wie hat sich nun dieses Zusammentreffen abgespielt?

In dem Bericht, den Corti im Krankenhaus von Interlaken nach seiner Rettung einem Journalisten der United Press gegeben hat — er wurde laut Meldung vieler Zeitungen auf Tonband aufgenommen — erzählte er folgendes: »Als wir am Sonntag wieder den richtigen Anstieg gefunden hatten, trafen wir die deutschen Bergsteiger Günther Nothdurft und Franz Mayer. Beide waren am Sonntagmorgen aufgebrochen. Wir konnten uns nur durch Zeichensprache verständigen, da die beiden kein Italienisch konnten und wir kein Deutsch. Dennoch erfuhren wir, daß die Deutschen ihre Rucksäcke verloren hatten, in denen sich ihre Steigeisen und die übrige Ausrüstung befanden, weshalb sie nicht in der Lage waren, ihren Aufstieg fortzusetzen. Da wir aber genügend Ausrüstung hatten, legten wir alles zusammen und stiegen gemeinsam weiter. Ich führte die Gruppe, die jetzt an einem Seil hing, und Longhi bildete den Schluß.«

Und an welcher Stelle haben sie sich getroffen? Man kann es aus der Beschreibung Cortis nicht entnehmen. Jedenfalls muß es noch unter dem Schweren Riß gewesen sein. Und dort sollen Nothdurft und Mayer bereits ihre beiden Rucksäcke und die so entscheidend wichtigen Steigeisen eingebüßt haben? Nothdurft kannte schon einen Teil der Wand, er wußte, daß er bei seinem einsamen Abstieg vor vier Wochen ohne Steigeisen verloren gewesen wäre. Nothdurft soll sich mit dem Überschuß der Ausrüstung der Italiener begnügt haben? War er, der immer gewöhnt war zu führen, so leichtsinnig und genügsam, sich an eine andere, besser ausgerüstete Partie anzuschließen? Oder wollte etwa Corti die Deutschen bei sich haben, weil sie den Weg kannten? Rätsel über Rätsel...

Beobachter erzählten, daß die beiden Seilschaften sich keineswegs vom Augenblick ihres Treffens an zusammengehängt hätten, sondern lange getrennt stiegen. Aus der Divergenz der Erzählungen und Berichte entstand eine Diskussion; das Unerklärbare erregte die Gemüter. Wochen nach dem Unglück wurde Claudio Corti vom Zentralausschuß des Club Alpino Italiano aufgefordert, einen genauen Bericht über den Besteigungsversuch zu schreiben. Man hat mir eine Übersetzung davon zugesandt.

Ich will versuchen, daraus in großen Zügen den Sachverhalt zu rekonstruieren. Zunächst fällt einem Kenner der Wand auf, daß es Corti niemals gelingt, den Ort, an dem er sich jeweils befindet, genau zu lokalisieren. Charakteristische Stellen, die seit Jahren, ja seit zwei Jahrzehnten ihren festen Namen haben, werden vage umschrieben, als ob man in Neuland vorstieße. Immer wieder klettert Corti über eine »Hinterstoisser-Passage«, einen -Querstieg, einen -Anstieg, einen -Überhang. Nur mit Mühe erkennt man aus einer solchen Beschreibung etwa den langen Quergang am oberen Rand des Zweiten Eisfeldes oder die Kletterei an der Bügeleisenkante. Hatte Corti denn keine Ahnung von der Wand? Hatte er nicht die Wegführung, die Geschichte der Wand studiert?

Daß Corti und Longhi sich schon im unteren Wandteil verirrten, wodurch sie gezwungen waren, einen ganzen Tag und eine Nacht und wieder den Teil eines neuen Tages unten im Gelände des Vorbaues zu verbringen, spricht von ihrer völligen Ahnungslosigkeit.

Guido Tonella, der italienische Publizist und erstklassige Bergsteiger, den wir bereits kennen und von dem noch ausführlich die Rede sein wird, hatte im Krankenhaus von Interlaken ein Interview mit Claudio Corti. Und Tonella gegenüber gestand Corti, daß seine einzige Vorbereitung in einer Fotografie in Postkartenformat bestand, auf der die Route eingezeichnet war. Der brennende Ehrgeiz Cortis war es, der ersten italienischen Seilschaft in der Eiger-Nordwand zum Erfolg zu verhelfen. Seinem Ehrgeiz hielt jedoch sein Wissen um den Berg und die Wand nicht die Waage. Tonella hat dieses Interview veröffentlicht. Er übte nur sachliche Kritik, wie es ihm sein journalistisches Verantwortungsgefühl diktierte.

Wie schildert Corti nun in seinem Bericht für den Club Alpino das Zusammentreffen der italienischen mit der deutschen Seilschaft? »Senkrecht steigen wir etwa zwei Seillängen weiter... An dieser Stelle sehen wir eine Seilschaft von zwei Männern, die auf unserem Weg voranschreiten, etwa zwei Stunden von uns entfernt. Wir beschließen zu halten, um uns zu stärken und zu sehen, wer die Mitglieder dieser Seilschaft sind. Es ist genau 15 Uhr (Sonntag, den 4. August). Da wir merken, daß diese Seilschaft hält, beschließen wir weiterzusteigen. Wir klettern eine Seillänge vertikal auf Eis und finden ein Stück Seil, das an einem Haken befestigt ist. An dieser Stelle zeigt uns der Führer, den wir besitzen, daß wir einen etwa siebzig Meter langen senkrechten Aufstieg (Quergang?) überwinden müssen, der zum Hinterstoisser-Eisfeld führt... (Corti meint hier offenbar den Hinterstoisser-Quergang.)

An dieser Stelle erreicht uns die Seilschaft, die wir zuvor gesehen hatten, und nach der üblichen Begrüßung beenden wir den Querstieg in der senkrechten Wand, gefolgt von der deutschen Seilschaft, und erreichen das Eisfeld. Wir steigen senkrecht etwa zwei Seillängen weiter, und danach beschließen wir zu biwakieren. Es ist 20 Uhr. Nach der Vorbereitung zum Biwak, nachdem wir eine Vertiefung in das Eis gegraben haben, um die Nacht darin zu verbringen, begann schlechtes Wetter mit Sturm und eisiger Temperatur. Die Deutschen befanden sich etwa drei Meter von uns entfernt.

5. August, Montag. Etwa um drei Uhr früh bereiten wir uns etwas zu essen, um uns zu erwärmen, und bemerken, daß die Deutschen mit jeder Art von Komfort versehen sind. Wir fragen sie, warum sie sich nicht stärken? Sie geben uns zu verstehen, daß ihnen während der Nacht der Sack abgestürzt ist, der alle ihre Lebensmittel enthielt. Deshalb teilen wir aus Pflichten der Menschlichkeit unser Frühstück mit ihnen. Wir fragen, ob sie beschlossen hätten, weiterzusteigen oder nicht. Sie geben uns zu verstehen, daß sie auf jeden Fall weitermachen wollen. Dennoch beschließen wir, in getrennten Seilschaften weiterzusteigen. Es ist etwa 5.30 Uhr, und wir beginnen den Aufstieg über das Eis. Vertikal steigen wir etwa fünf Seillängen im Schwierigkeitsgrad fünf und erreichen nach etwa vier Stunden Klettern den Querstieg des Hinterstoisser. Hier beginnt der zweite der Seilschaft der Deutschen Schmerzen im Magen zu empfinden und Anzeichen von Müdigkeit zu zeigen. Da beschließen wir, eine einzige Seilschaft zu bilden. Ich steige als Seilführer, als zweiter der deutsche Seilführer, dann der andere Deutsche (denn in der Zwischenzeit hat sich sein Zustand verschlechtert) und als letzter Stefano.

Hier beginnt der Quergang des Hinterstoisser. Wir machen eine Traverse von etwa 25 Seillängen (immer loses Eis)...«

Wir wollen uns nicht mehr über die oftmalige und unrichtige Verwendung des Namens Hinterstoisser wundern. Corti wußte mit dem Namen nichts anzufangen und bezeichnete fast alles, was ihm bis zum Todesbiwak besonders schwierig schien, mit dem Namen Hinterstoisser. Das erste gemeinsame Biwak wurde nach Cortis ungenauer Beschreibung auf dem »Schwalbennest« oder in dessen Nähe verbracht. Laut Corti war es die Nacht vom Sonntag auf Montag.

Aber auch das stimmt nicht, wie wir noch hören werden. Der Zusammenschluß erfolgte, wenn man sich an Cortis Bericht hält, erst beim großen Quergang über das Zweite Eisfeld, also keineswegs, wie es aus seinem Bericht an die United Press hervorging, von Beginn an. Die Tatsachen, die Fritz von Almen und viele andere durch das 72fache Fernrohr aus dreieinhalb Kilometer Entfernung täglich beobachten konnten, stehen fest. Die Vergrößerung ist so gewaltig, daß man Karabiner, Seilschlingen, ja sogar Gesichtszüge darin unterscheiden kann. Danach schlossen sich die beiden Seilschaften erst kurz vor der Spinne zusammen, also am Freitag, dem 9. August.

Nach diesen Beobachtungen steht auch fest, daß die gemeinsamen Biwaks wie folgt stattfanden: Montag auf Dienstag am unteren Ende des Zweiten Eisfeldes, am gleichen Felskopf, an dem wir bei der Erstbegehung unser erstes Biwak hatten; Dienstag auf Mittwoch am Todesbiwak; Mittwoch auf Donnerstag im oberen Rampenteil; Donnerstag auf Freitag kurz vor der Spinne in ihrem oberen Teil und schließlich von Freitag bis Sonntag am Fuß der Ausstiegsrisse.

Die brennendste Frage aber ist: Wie verhielt es sich mit dem Verlust der Rucksäcke, der Ausrüstung der Deutschen? Zuerst hieß es, sie hätten alles, auch die Steigeisen, verloren. Nun ist es plötzlich nur der Proviantrucksack, der in der Nacht des ersten Biwaks abgestürzt sein soll. Was ist richtig? Tatsache ist, daß sich die beiden Seilschaften und später die vereinigte Seilschaft ungewöhnlich langsam fortbewegten.

Der stets gutinformierte Berner „Bund" schreibt unter dem Zwischentitel »Sonderbares Verhalten am Berg« über diesen Aufstieg:
»Von Grindelwald wie von der Kleinen Scheidegg aus sind die beiden Seilschaften, die vor einer Woche den Aufstieg begonnen haben, ständig beobachtet worden. Das äußerst behutsame und vorsichtige Vorgehen der Deutschen und Italiener ließ einmal darauf schließen, daß die Verhältnisse wohl ungünstig seien (Vereisung), zum anderen aber auch, daß es sich um Leute handeln mußte, denen die Gewandtheit im Eis abging.

Darauf deutet auch die Tatsache, daß in den Firnfeldern unwahrscheinlich lang und kraftraubend an Stufen gehackt wurde. Ebenso seltsam berührte die Feststellung, daß die beiden Seilschaften, die sich bereits am zweiten Tag einander näherten, nicht zusammenarbeiteten...«

Und die Führerschaft von Grindelwald unterzeichnete einen Bericht, der den Hergang, die Entwicklung und das Nachspiel der Tragödie zusammenzufassen versuchte und in dem es unter anderem heißt:
»Es soll hier nicht eine diskriminierende Kritik an den Toten geübt werden, und wenn wir es dennoch wagen, etwas zu sagen, ist es einzig als Warnung für künftige junge Bergsteiger, ihre hoffnungsvolle Jugend nicht aufs Spiel zu setzen. Sicher waren die Bergsteiger überdurchschnittliche Könner. Es waren auserwählte ›extreme Spezialisten‹. Ihre Erfahrung sammelten sie im Fels, nicht aber im Eis. Und das kam bei dieser Besteigung deutlich zum Ausdruck; denn von zuständigen Stellen und unabhängig voneinander stellte man fest, daß die Verunglückten in Eis und Firn die reinsten ›Badewannen‹ herausschlugen. Sie waren unbedingt zu langsam im Eis.

Dazu kommt die Tatsache, daß die Eiger-Nordwand immer wieder unterschätzt wird. Die Erstbesteiger haben dieses Problem wohl am eingehendsten studiert. Sie kannten die Geographie der Wand auswendig, und trotzdem ersehen wir aus ihren Berichten und aus denen ihrer Nachfolger, daß sie wesentliche Punkte unterschätzt haben. Die diesjährigen Begeher sollen die Wand auch eingehend studiert haben. Warum haben sie sich dann immer wieder verstiegen?...«

Man erinnert sich an das erste Interview, das Corti dem Journalisten der United Press gab: Stimmt es, daß die beiden Deutschen keine Steigeisen bei sich hatten? Das würde vieles erklären. Aber unerklärlich bleibt, wieso die Partie Nothdurft überredet werden konnte, trotz mangelnder Ausrüstung den weiteren Anstieg zu wagen. Die beiden kannten doch die Geschichte der Wand, wußten, wie ich mich hatte anstrengen müssen, die Tour ohne Steigeisen zu machen und die anderen dadurch nicht zu behindern, obwohl ich einen ausgezeichneten Schuhbeschlag hatte. Und wir vier waren eine homogene Gemeinschaft, die eine gemeinsame Sprache hatte. Die Partie Nothdurfts und die Cortis verstanden einander nicht einmal gegenseitig.

Versuchen wir, das Vordringen der vier in der Eiger-Nordwand rein zeitlich zu rekonstruieren. Als Anhaltspunkt soll diesmal nur der Bericht Cortis dienen. Das Biwak von Montag auf Dienstag — das zweite der Deutschen, das dritte der Italiener — wird danach wahrscheinlich am Beginn der Rampe bezogen. Die Beschreibung Cortis ist so ungenau, daß man nichts mit Sicherheit sagen kann. Aber wenn Corti von einer großen Einbuchtung spricht, die durch die Wand zieht, kann er nur die Rampe meinen. Nach seinen Angaben ging es dem einen Deutschen — Nothdurft — so schlecht, daß ihm eine herzstärkende Coramininjektion gegeben werden mußte. Aber offenbar dachte niemand an Umkehr.

Corti erklärt nun das langsame Vorwärtskommen mit der Schwäche Nothdurfts. Um 14 Uhr hätten sie erst »neun bis zehn Seillängen hinter sich gebracht«. Corti schreibt weiter: »Dann kommen wir an eine große überhängende Wand und überwinden sie mit zwei Seillängen im Schwierigkeitsgrad über sechs... Nach weiteren vier Seillängen befinden wir uns vor einem großen Wasserfall, der jeden Übergang verhindert. Es ist 18 Uhr, und wir einigen uns mit den Deutschen, zum Biwak haltzumachen. Nach Vergleich mit den Fotografien, die sich im Besitz der Deutschen befinden, ersehen wir, daß der Weg mitten durch den Wasserfall führen muß. Deshalb richten wir uns an der Stelle ein, die am wenigsten Unannehmlichkeiten bietet. Der Zustand des Kranken ist immer gleich.«

Nach Berichten der Beobachter sind die vier auf der Rampe viel zu hoch gestiegen, wahrscheinlich auch höher als fünf Jahre früher die Seilschaft Vanis. Es ist also anzunehmen, daß das Biwak etwa zwei

Seillängen oberhalb des Brüchigen Bandes, das zum Götterquergang führt, in der Rampe erfolgte. Die Versuche beweisen auch, daß sich die Rampe als Fluchtweg aus der Wand nicht eignet. Der Schein trügt, wie so oft in der Eiger-Nordwand. Die Rampe hat viele Überhänge und ist für die damalige Klettertechnik zu schwer. Hier ist kein Tor in die Freiheit.

Corti berichtet über den Mittwoch, den 7. August:

»Etwa um sieben Uhr brechen wir das Biwak ab und seilen einander an, um den Wasserfall senkrecht zu überwinden, der eine Höhe von etwa 35 Metern mit dem Schwierigkeitsgrad sechs hat. In der Zwischenzeit haben sich die atmosphärischen Bedingungen gebessert. Das Wetter ist wieder schön geworden, und die Sonne scheint kräftig. Etwa um zehn Uhr sind wir über den Wasserfall hinweg und halten uns, so gut es geht, in der Sonne auf, um uns trocknen zu lassen, denn wir sind vollständig von Wasser durchweicht. Jetzt ist der Zustand des Deutschen schlimmer geworden, und wir beginnen zu zweifeln, ob er den Rest des Aufstiegs wird durchhalten können...

Hier beginnen wir den Querstieg, um die Spinne zu erreichen, die sich zu unserer Rechten befindet. Wir starten etwa um zwölf Uhr. Der Querstieg erweist sich als sehr schwierig, wir finden ihn mit Eis bedeckt und siebzig bis achtzig Grad steil. Wir kommen etwa sechs Seillängen vorwärts. Wir gelangen in die Nähe der Spinne, und in der Zwischenzeit hat ein starker Schneefall begonnen. Überdies hören wir starke Stein- und Eislawinen über die Spinne niedergehen. Es ist etwa 16 Uhr, als wir nach gemeinsamer Übereinkunft ein Biwak beschließen. Die Nacht ist sehr kalt an dieser Stelle. Der eine Deutsche ist in einem stationären Zustand. Ich verbringe einen Großteil der Nacht damit, mit Unterstützung des Deutschen Franz (Mayers) die Hände Stefanos mit Alkohol einzureiben, um Erfrierungen, die sich in immer stärkerem Maße zeigen, zu verhindern...«

Es besteht kein Zweifel, daß die Überwindung des neuen Wasserfalls in dem oberen Rampenteil und die Querung, etwa achtzig Meter über dem Brüchigen Band, also über der richtigen Route, sehr große Schwierigkeiten brachten. Wir erfahren weiter, daß Günther Nothdurft in so elendem Zustand gewesen sein soll, daß es mehr als zweifelhaft schien, ob er durchhalten werde.

Und am nächsten Morgen, Donnerstag, den 8. August, klettern Franz Mayer und Günther Nothdurft voraus. Als getrennte Seilschaft! So arg kann die Erschöpfung Günthers also nicht gewesen sein. Corti bestätigt dies durch seinen weiteren Bericht.

»8. August. Sechs Uhr. Wir brechen auf, um die Spinne zu erreichen, und steigen waagerecht... Ich erreiche die beiden Deutschen und ver-

anlasse Longhi, die beiden Haken herauszunehmen und sich mir anzuschließen...«

Also waren Franz und Günther voraus. Corti holte sie ein. Beim Nachkommen Longhis ereignete sich die erste Katastrophe. Corti berichtet: »Nachdem ich das Seil etwa drei Meter eingeholt habe, gleitet
Longhi aus und schreit: ›Halt mich, Claudio!‹ Ich mache mich bereit,
den Ruck des Sturzes aufzuhalten. Und wenn ich jetzt wieder daran
denke, finde ich, daß wir nur durch ein Wunder nicht dem Sturz gefolgt
sind. Es gelang mir, Longhi zu halten.«

Die Leistung Cortis war beachtlich. Als man ihn drei Tage später aus
der Wand holte, zeigten seine Handflächen noch die tiefen Schnitte
und Brandwunden, die ihm das gleitende Seil, an dem der Freund
hing, zugefügt hatte. Folgen wir weiter seinem Bericht:
»Longhi rief mir zu, ihn etwa zwei Meter hinabzulassen, da er in der
Luft schwebe und unter sich ein bequemes Band bemerkt habe. Als
ich Stefano, wie er mir befohlen, hinabgelassen hatte, sicherte ich ihn
mit zwei Haken und den beiden Seilen. Dann ersuchte ich die beiden
Deutschen, mich auf der Eiswand etwa fünfzehn Meter hinabgleiten
zu lassen. Die Eiswand war etwa siebzig bis achtzig Grad steil. Ich
sah nun über den Überhang Longhi in etwa zwanzig Meter Entfernung
und fragte ihn, ob er sich etwas getan habe oder verletzt sei. Er antwortete mir nur, daß seine Hände keinen Halt mehr hätten, weil er
sie nicht mehr fühle. Dann sagte er mir, ich solle ihn bergen. Ich mun-
terte ihn auf, sich auch selbst ein wenig zu helfen. Ich versuchte
mehrere Male, ihn vom Rand des Überhangs aus heraufzuziehen
— weil dies wegen der geringeren Reibung des Seils dort leichter
schien —, aber vergebens. Die beiden Deutschen konnten mir nicht
viel helfen, denn der eine war erschöpft, und der andere, Franz, mußte
mich und den Kameraden sichern. Überdies drückte Franz in der
Stellung, in der er war, nur meine Hände gegen das Eis, als er Stefanos
Seil anzog. Er hinderte mich dadurch eher, Stefano in direktem Zug
hochzuziehen.«

Ohne Zweifel war die Situation außerordentlich schwierig. Doch
selbst ausgerastete Leute hätten Stefano nie frei über den Überhang
ziehen können. Das wäre vielleicht mit einem behelfsmäßigen
Flaschenzug möglich gewesen. Dazu aber hätte man eine Reihe fest
verankerter Haken gebraucht. Und an dieser Stelle war es, selbst bei
guter körperlicher Leistungsfähigkeit, gewiß kaum möglich, genügend
Haken anzubringen. Stefano Longhi war aber offensichtlich die Technik des »Prusikknotens« unbekannt. Auch mit nicht voll verwendungs-
fähigen Händen kann man sich mit Hilfe von zwei in besonderer Art
um das feste Seil geschlungenen Reepschnüren emporarbeiten. Longhi

war laut Corti trotz des Sturzes noch in guter Verfassung. Ihm ging es vielleicht am besten von allen, so gut, daß er auf seinem kleinen Standplatz noch fünf Tage lebte.

Verfolgen wir Claudio Cortis Bericht weiter.

»Dann, nachdem wir die Lage betrachtet hatten, in der wir uns nach dreistündigen Rettungsversuchen befanden, ermunterte ich Stefano, sich auf dem Band so gut wie möglich einzurichten, da wir glaubten, nicht mehr weit vom Gipfel entfernt zu sein. Ich versprach ihm, daß wir tun würden, was in unseren Kräften stehe, um den Gipfel zu erreichen und dann eine Hilfsaktion organisieren, um ihn bergen zu können. Da Stefano zustimmte, ließ ich ihm meinen Biwaksack hinunter und Medikamente, die ich bei mir hatte. Ich grüßte ihn, machte ihm Mut und versprach ihm abermals, daß ihm so schnell wie möglich Hilfe zuteil werden würde. Ich sah den armen Stefano nie wieder.

Es war genau 9.30 Uhr. Ich ließ mich von Franz hochziehen, und nachdem ich ihn erreicht hatte, stieg ich als Seilführer weiter, gefolgt von dem erschöpften Deutschen; als letzter ging Franz.

Ich machte zwei Seillängen waagrecht, und wir kamen mitten in die Spinne. Ich stieg etwa fünf Seillängen vertikal. Während ich mich etwa zwanzig Meter über einem Sicherungshaken befand, wurde ich von einem Stein auf den Kopf getroffen. Infolge dieses Schlages verloren meine Hände den Halt. Ich stürzte etwa dreißig Meter tief ab und wurde schließlich von Franz gehalten. Nach dem Sturz befand ich mich mit dem Kopf nach unten, etwa zehn Meter unter dem Deutschen.

Franz führte meine Bergung durch, die infolge der Kopfverletzung, die ich davongetragen hatte, ziemlich gefährlich war. Franz verband mich mit etwas Mull, den er bei sich hatte. Als er meinen Zustand und meine Betäubung sah, sagte er mir, ich solle hier bleiben, und er werde versuchen, mit seinem Gefährten den Gipfel zu erreichen, der noch 200 Meter entfernt sein müsse. Dann werde er zurückkehren, um mich und Stefano zu bergen. Er überließ mir sein Biwakzelt und die Haken und Stricke, die dazugehörten, um es zu sichern. Ich richtete mich ein, so gut es ging. Meine beiden Gefährten grüßten mich und stiegen weiter dem Gipfel zu. Es war etwa 15 Uhr...«

Nach Cortis Bericht trennten sich die drei am Donnerstag, dem 8. August, um 15 Uhr. Also haben die Deutschen nicht nur keine Nacht in dem Biwak über der Spinne verbracht, sie haben das Biwak gar nicht eingerichtet, haben nur Zelt und Zubehör Corti überlassen, haben gegrüßt und sind am Nachmittag, bei Schlechtwetter und drohendem Gewitter, weitergegangen, dem Gipfel zu? Gegen den

185

Mittellegigrat? Nach Westen? Durch die Ausstiegsrisse? Nur sie bieten hier einen Ausweg.

Corti erzählt weiter: »Von diesem Augenblick an bis zum Sonntag, 11. August, der Ankunft des Deutschen Hellepart, verbrachte ich abwechselnd Augenblicke der Hoffnung und der Verzweiflung. Ich dachte an Stefano und auch an die beiden Deutschen. Das Wetter blieb weiterhin häßlich. Auf Zeiten des Sturms und Schneefalls folgte Regen. Ich war sehr glücklich, daß der Samstag und der Sonntag durch das gute Wetter meine Bergung zuließen. Mein Stefano hatte nicht das gleiche Glück, denn im Augenblick seiner Bergung verschlechterte sich das Wetter, meinen mutigen Rettern war es nicht möglich, ihn in Sicherheit zu bringen.

Ich möchte betonen, daß, entgegen den verschiedenen Vermutungen, das Ausmaß meiner Vorbereitungen, ebenso wie der Stefano Longhis, hervorragend war. Was den Leichtsinn angeht, den mir jemand zuschrieb, lege ich Wert darauf zu betonen, daß diese Wand von mir und dem armen Stefano mit Fotografien und anhand eines ins Italienische übersetzten deutschen Führers jenes Gebietes in jeder Einzelheit studiert worden war. Viele andere Einzelheiten über den einzuschlagenden Weg hatte ich schon im Kopf, da ich Berichte der Begeher gelesen hatte, die mir vorangegangen waren. Da ich die Wand in winterlichem Zustand vorfand, begegnete ich einer Schwierigkeit vom fünften bis zum sechsten Grad.

Ich füge hinzu, daß wir zu dem Aufstieg mit Hochgebirgsausrüstung antraten, die den Bedürfnissen angepaßt war.

Das um der Wahrheit willen!

Ich habe diesen Bericht über die Eiger-Nordwand auf Verlangen des Zentralsitzes des Club Alpino Italiano, dem anzugehören ich stolz bin, aufgesetzt.

Gez. Claudio Corti.«

Um der Wahrheit willen... Das ist ein Eid. Wir wollen nicht zweifeln. Ein Mann hat geschworen. Wir wollen glauben.

Um der Wahrheit willen... Auch dieses Buch will der Wahrheit dienen. Es will nicht urteilen oder verurteilen, es will gewissenhaft berichten. Deshalb bat ich Guido Tonella, mir seine Meinung über Claudio Corti zu schreiben.

In einem langen Briefwechsel teilte er mir mit, daß Corti es mit der Wahrheit offenbar nicht sehr genau genommen habe, wie schon aus seinen Beschreibungen hervorgehe. Noch war die kostspielige Rettung Cortis in der Drus im Montblanc-Gebiet in allgemeiner Erinnerung — Tonella beschränkte sich also darauf, zu belegen, daß Corti schon längst vor der Eigerwand einen Unfall mit peinlichem Nachspiel hatte. Gewiß bestand er auf seinem Urteil, daß Corti unzulängliche Vorbereitungen zu seiner Eigertour getroffen habe; aber dieses Urteil hat ja mittlerweile schon alle Welt gefällt, auch bedeutende Männer wie Lionel Terray, und es ist das gute Recht eines Journalisten, eine Meinung und ein Werturteil auszusprechen.

Tonella versteht, daß sich Corti gegen Zweifel wehrt, auch gegen eine Darstellung seines wahren Charakters. Aber Corti hat diese Zweifel selbst hervorgerufen; die Details seiner Schilderungen sind allzu widersprechend. Tonella billigt Corti jede Möglichkeit eines Irrtums, hervorgerufen durch den außergewöhnlichen körperlichen und seelischen Zustand, zu. Auch in den Tagen kann man sich irren. Ob Donnerstag oder Freitag ist nicht so schwerwiegend. Aber nicht unterscheiden zu können, ob es in der Frühe oder am Nachmittag war...! Aus einer solchen Häufung von Widersprüchen und Ungenauigkeiten läßt sich kein klarer Eindruck gewinnen.

»Ich glaube«, meint Tonella, »daß Corti nicht die ganze Wahrheit sagen will! Es zwingt sich mir der Gedanke auf, daß Corti seine Fehler in der Eigerwand und gegenüber seiner Verantwortungspflicht vergessen machen will; vor allem die Tatsache, daß er den unglücklichen Longhi zu der Tour überredet hat, der — abgesehen von seinen 44 Jahren — keine Fähigkeiten für eine so schwere Fahrt mitbrachte und noch keinen Berg über 3000 Meter erklettert hatte. Und Corti fand es nicht einmal der Mühe wert, vorher wenigstens die Wegführung genau zu studieren. Durch diesen Fehler brauchte er sechs Tage für einen Weg, den gute Bergsteiger sonst in ein oder zwei Tagen zurücklegen...«

Noch etwas anderes in Tonellas Brief an mich ist bemerkenswert. Corti war nicht der letzte, der mit dem noch lebenden Longhi gesprochen hat. Als Samstag, den 10. August, nachmittags, die beiden hervorragenden italienischen Bergsteiger und Führer Cassin und Mauri zur Rettungsaktion auf den Eiger stiegen, sahen sie von einem Punkt des Westgrates aus in etwa 300 Meter Luftlinie-Entfernung Longhi auf seinem ausgesetzten Platz in der Wand. Cassin und Mauri riefen ihm zu, grüßten ihn und fragten: »Was ist mit Corti, was weißt du von ihm?"

Longhi rief zurück: »So nigot!«

Das war lombardischer Dialekt. Es hieß: »Ich weiß nichts darüber!« Diese rätselhafte Antwort schien wieder die These Cassins zu bestätigen. Corti konnte die Rufe nicht hören. Er war in einer Rinne, die jeden von außen kommenden Schall abschirmte. Nur das Brausen des Windes hörte er. Als Corti seinen Bericht verfaßte, wußte er nicht, daß Longhi der Außenwelt noch eine Nachricht hinterlassen hatte: »So nigot«...

Nur noch einmal sollte man Longhis Stimme hören: Am Sonntagabend, als man Corti hinunterbrachte und ihm vom Westgrat aus nochmals zurief, daß man ihn am nächsten Tag holen wolle. Longhi rief nur zwei Worte zurück, erschütternde Worte, klar verständlich: »Fame! Freddo!« Hunger! Kalt! Die Nacht brachte den Schneesturm und der Montag den Tod als Erlösung Stefano Longhis von seiner Qual.

Guido Tonella spricht nichts aus, was er nicht genau weiß. Aber das wiegt schwer genug. Trotz Cortis Erklärung in »La Suisse« vom 14. August 1957, er habe auf dem Gipfel nach seiner Rettung nicht behauptet, wieder die Eigerwand angehen zu wollen, beweist Tonella durch seine exakten Nachforschungen über jedes Detail, wie sich Corti nach seiner Rettung verhalten hat. Seine ersten Worte nach einem Schluck Kognak und dem Dank an die Retter waren: »Großartig, jetzt kann ich im nächsten Jahr wieder anfangen!«

Corti ist immer noch besessen von der Idee, die erste italienische Seilschaft durch die Wand zu führen. Er sieht nicht die eigenen Fehler, ist von sich so überzeugt, daß er glaubt, auch finanzielle Unterstützung für sein neues Unternehmen zu finden. Aber darüber hinaus ist er von einer an Ahnungslosigkeit grenzenden Naivität in seinem Ehrgeiz und seiner Geltungssucht.

In Gegenwart Cassins fragte er Tonella: »Glauben Sie, daß meine Begehung als erste italienische gewertet wird?«

Begehung? Hatte Corti vergessen, daß er von Hellepart und einem Stahlseil aus der Bergnot am Eiger gerettet wurde?

Auch einen Brief von Lionel Terray halte ich in Händen. Der feinfühlende Franzose, der den geborgenen, erschöpften Corti auf dem Rücken über den messerscharfen Gipfelgrat des Eiger trug, war schockiert über die Worte Cortis nach der Rettung: »Großartig! Das ist für mich gut ausgegangen. So kann ich im nächsten Jahr wieder einsteigen.«

Terray hat sich diese Worte von Mauri übersetzen lassen, weil er seinen eigenen Ohren und Italienischkenntnissen mißtraute. Terray schrieb über Cortis »ungenügende Erfahrung im Eis«: »Sie war nicht nur ein Handicap in den Ausstiegsrissen der Schlußwand. Selbst wenn Corti diese noch geschafft hätte, der Abstieg über den vereisten Normalweg wäre für ihn bei diesen Verhältnissen zu schwer gewesen.« Terray steht fassungslos vor dem Rätsel, das ihm der Charakter des Geretteten aufgibt, dessen Worte auf dem Gipfel ihm frevelhaft erscheinen.

Das Ende der Tragödie

Die Tragödie, die sich 1957 in der Eigerwand abspielte, scheint wahrhaftig eine Tragödie der Irrungen gewesen zu sein. Es irrten die Menschen, die die Wand unterschätzten, es irrten die Retter, die manche organisatorische Fehler machten, es irrten die Grindelwalder Bergführer, die eine Rettung für ausgeschlossen erklärten, es irrten viele Berichterstatter, die Tatsachen in die Welt posaunten, die keine Tatsachen waren.

Nur die Schaulustigen ohne innere Anteilnahme waren anscheinend gegen Irrtum gefeit. Hunderte und Aberhunderte kamen, bevölkerten eine Woche lang Grindelwald, Alpiglen und die Kleine Scheidegg, belagerten die Fernrohre, zahlten erhöhte Preise. Es war kein Bett mehr zu haben. Und je öfter Rundfunk und Presse Berichte von der Eigerwand gaben, desto mehr Zuschauer kamen. Das Wetter spielte bei diesem Schauspiel, das sich auf dem wildesten Naturtheater der Welt vollzog, freundlich mit. Tage hindurch blieb es schön, und wenn Wolken aufzogen, vorübergehend die Sicht bedeckten, so war das wie ein willkommener Zwischenvorhang, der die Spannung nur erhöhte.

Manche der Zuschauer fühlten nur den prickelnden Reiz und trugen gleichzeitig eine gewisse Selbstgefälligkeit zur Schau, in dem Bewußtsein, daß sie selbst einen solchen Unsinn niemals machen würden.

Aber nicht nur Sensationsgierige, auch Bergsteiger, Bergführer und bergverbundene Menschen verfolgten mit brennender Sorge den unverständlich langsamen Aufstieg der vier. Lionel Terray sagte zu seinem holländischen Touristen Tom de Bloy: »Jetzt könnten sie noch umkehren, jetzt müssen sie umkehren, sonst gehen sie direkt in den Tod!«

Nicht Sensationslust diktierten diese Worte. Sie wurden von einem Mann gesprochen, der oben hätte sein wollen, dort wo die Steine pfeifen, die Wasserfälle stürzen und Eis und Schnee die Felsen überziehen. Er hätte die fremden Kameraden warnen mögen, weil er die Kraft dazu in sich fühlte.

Am Freitag ist dem Regisseur des Dramas etwas Neues eingefallen: Longhi ist gestürzt, hängt in den Seilen. Der Abgestürzte lebt, man sieht, wie er seinen Rucksack öffnet, sich offenbar Verpflegung nimmt. Kleider anzieht. Die anderen aber gehen weiter, noch langsamer als vorher.

Flugzeuge steigen auf, umkreisen den Berg, fliegen nahe zur Wand. Aber auch daran gewöhnt man sich. Man erfährt, daß ein Flugzeug vom berühmten Gletscherpiloten Geiger gesteuert wurde, daß in Geigers Flugzeug Herr Balmer, der Bergführerobmann von Grindelwald saß, und daß er erklärt habe, es sei unmöglich, bei diesen Wandverhältnissen zu helfen. Es sei nichts zu machen...

Nicht alle glauben das. Erich Friedli, der Leiter der Rettungsstelle Blümlisalp, glaubt es nicht. Ludwig Gramminger, der Leiter der Bergwacht München, Robert Seiler, Lionel Terray, Riccardo Cassin und Carlo Mauri, sie alle glauben es nicht. Auch die Mitglieder eines polnischen Bergsteigerlagers und viele gute Alpinisten, die zum Teil die Wand schon kennen, glauben es nicht.

Gewiß, die Bergführer haben recht: Mit allen Mitteln, mit Seilen, Mauerhaken und Opferbereitschaft allein ist wirklich nichts zu machen. Aber alle, die das moderne Stahlseilgerät kennen, die Übung damit haben, wissen, daß damit den erschöpften Menschen in der Wand Hilfe gebracht werden könnte.

Erich Friedli, der die neuzeitlichen Rettungsgeräte im Ausrüstungslager in Thun in Verwahrung hat, stellt nicht nur seine Stahlseile und Winden zur Verfügung, er eilt selbst mit den freiwilligen Helfern zum Eiger. Auch Robert Seiler ist dabei, der 1950 mit seinen drei Kameraden als fünfte Seilschaft durch die Wand gestiegen ist und dabei den Sturmlauf von Erich Waschak und Leo Forstenlechner mit angesehen hat. Jeder hat den besten Willen, so schnell wie möglich zu helfen. Nur hat man noch keine Erfahrung im modernen Großeinsatz zur Bergrettung, und vielleicht gibt es auch manche Kompetenzstreitigkeit, aber gerade das Durcheinander im Anfang ist ein großartiges Bekenntnis für den guten Willen.

Vielleicht wäre manches anders geworden, wenn die Aktion schon am Donnerstag angelaufen wäre.

Erich Friedli telefonierte am Freitag, dem 9. August, mit Grindelwald. Frau Balmer erklärte ihm am Telefon: »Grindelwald unternimmt nichts, weil es unmöglich ist, dort oben etwas zu unternehmen.«

Dieselbe Antwort erhielt Ludwig Gramminger, als er in der Frühe des Freitag von München aus Grindelwald anrief. Aber Gramminger, der in Deutschland die größte Erfahrung auf dem Gebiet der Bergrettung besitzt, glaubte nicht an das »Unmöglich«. Er erkundigte sich bei der zuständigen Rettungsstelle Grindelwald, ob er und seine Helfer zur Rettung kommen dürften. Die Bewilligung wurde erteilt. Am Samstag eilten die Retter, die freiwilligen Helfer von zwei verschiedenen Seiten auf leichten Routen zum Eigergipfel.

Die Zuschauer bekommen ein neues, nicht vorgesehenes Schauspiel. Aber wer denkt jetzt noch an die sensationsgierigen Zuschauer? Wer ärgert sich, wundert sich noch über sie? Die Männer auf dem Eigergipfel haben ganz andere Sorgen. Es ist kalt dort oben. Auf dem Gipfelgrat hängen die Wächten einmal nach Süden, an anderer Stelle wieder nach Norden. Der Sturm heult. Deckung findet man nur in Höhlen, die man in die Wächten gräbt. Und da alles so übereilt unternommen werden mußte und sich nicht planmäßig durchorganisieren ließ, mangelt vieles, vor allem Proviant, Tee, Windschutz. Aber jetzt ist nicht Zeit, sich darum zu kümmern, jetzt gilt es nur, so schnell wie möglich eine solide Verankerung für die Seilwinde zu finden. Die Felsen unter dem Schnee sind brüchig, die Wächten trügerisch. Vorsicht bleibt auch für die Retter das erste Gesetz. Und dann ist noch die große Frage: Wo soll das Rettungsgerät aufgestellt werden? Man kann sich nicht auf Pendelquergänge einlassen, man will möglichst senkrecht von oben zu dem kleinen roten Zelt über der Spinne gelangen, wo man die Bergsteiger vermutet.

Durch Funkverbindung mit der Kleinen Scheidegg wird die Richtung gesteuert. Endlich, um 16 Uhr, ist es soweit. Der erste Mann wird in die Wand gelassen. Es ist Robert Seiler. Er kommt etwa 150 Meter tief, sieht in die Spinne, erkennt das rote Zelt. Dort aber ist nur ein Mann auszunehmen, und er antwortet nicht auf Rufe. Der Sturm ist wohl zu stark. Seiler wird wieder emporgezogen, steigt vom Eigergipfel ab.

Noch am selben Abend läßt sich Erich Friedli in die Tiefe. Es beginnt schon zu dämmern. Er sieht das rote Zelt nicht, doch auf seine Rufe antwortet jemand. Was geantwortet wird, kann er allerdings nicht verstehen, auch nicht, in welcher Sprache. Er hört nur die Laute. Deutlich entnimmt er aber daraus, daß nur einer antwortet. Sind die anderen so erschöpft, daß ihre Stimmen versagen?

Die Nacht droht. Heute ist nichts mehr zu machen. Friedli gibt durch Funk den Befehl, ihn wieder aufzuziehen. Es ist schon fast Nacht, als er wieder auf dem Gipfelgrat ankommt.

Ein kaltes, stürmisches Biwak. Wie werden die vier in der Wand die Nacht überstehen? Morgen muß die Rettung gelingen! Es wird beschlossen, tags darauf, am Sonntag, dem 11. August, früh, den Münchener Alfred Hellepart, einen von Grammingers Leuten, hinabzulassen.

Die Nacht geht zu Ende. Es dämmert, wird Tag. Und dann beginnt der Abstieg Helleparts.

Hellepart erzählt darüber in seinem Bericht an die Bergwacht München »Die Bergung aus der Eiger-Nordwand«:

»Um Punkt acht Uhr morgens, am Sonntag, stand ich im Einschnitt an der Wächte über der Nordwand des Eiger. Ich legte mir den Klettergürtel an, nahm das Funkgerät auf den Rücken und den Steinschlaghelm auf den Kopf. Der Führer der Schweizer freiwilligen Helfer Erich Friedli gab mir noch Anweisungen wegen der Funkverbindung, und dann begann für mich der Abstieg. Ich möchte hier nicht die Gefühle schildern, die mich bewegten. Aber ich wußte, unser Wiggerl Gramminger ist an der Sicherung. Und im Vertrauen auf sein Können und seine Sorgfalt, im Vertrauen auf meine Bergwachtkameraden und all die prächtigen Burschen, die sich auf dem Gipfel befanden und mir viele gute Wünsche mitgaben, stieg ich langsam in den Gipfelhang ein.

Ich probierte während des Abstiegs mehrmals die Funkverbindung, und es klappte ausgezeichnet. Langsam entfernte ich mich mehr und mehr von meinen Kameraden, und als ich in eine steile Schneerinne einstieg, verlor ich sie gänzlich aus den Augen. Ich kam mir in diesem Augenblick unsäglich verlassen vor. Doch ich hörte aus meinem Sprechfunkgerät die Stimme von Erich Friedli, und da wußte ich wieder, daß alle in Gedanken bei mir in der Wand waren. Langsam ging die Fahrt tiefer hinunter. Ab und zu mußte ich anhalten: Dann wurde wieder ein neues Stück Seil eingekuppelt.

Rechts von mir sah ich eine schwarze Kluft näherkommen. Ich wußte, daß ich diesen Weg gehen mußte, denn einen anderen gab es nicht. Und dann sah ich zum erstenmal in die Nordwand hinein...

Dieser Anblick nahm mir den Atem. Und ich glaube, ich habe einen Ausruf unterdrückt. Diese drohende düstere Schwärze, von einzelnen Schneebändern unterbrochen, wirkte mit ihrer fast in die Unendlichkeit verlaufenden Tiefe so unheimlich auf mich, daß ich unwillkürlich an meinem Stahlseil hochsah, das sich weit über mir wie ein Zwirnsfaden, immer dünner werdend, im Grau verlor. Nun hing ich winziges Menschlein, frei in der Luft schwebend, zwischen Himmel und Hölle und hätte beinahe vergessen, was meine Aufgabe war, so packte mich dieser Anblick. Und ich erinnere mich besonders an die beruhigende Stimme des Funkpostens von der Scheidegg, an den Gustl, der mir meine Fassung wiedergab und mich an meine Aufgabe, anderen Menschen zu helfen, denken ließ.

Während ich nun langsam weiter hineinfuhr in diese fürchterliche Wand — es sollte jeder, der die Wand machen möchte, einmal so am Stahlseil hinunterschweben, dann würde er sich's überlegen —, bekam ich mit Friedli wieder Verbindung zum Gipfel.

Während des kurzen Anrufs hörte ich plötzlich eine menschliche Stimme. Erst war sie zwischen dem hohlen Heulen und Singen des Windes, der dauernd durch die Wand streicht, kaum vernehmbar. Als ich dann auf einem brüchigen Steinpfeiler, von dem durch das Queren mit Steigeisen ständig Geröll und Steine dumpf in die Wand hinabpolterten, nach rechts pendelte, hörte ich ein deutliches Rufen, und nach einigen Minuten sah ich plötzlich auf gleicher Höhe mit mir einen Bergsteiger auf einem kleinen Felsenpfeiler sitzen. Er befand sich etwa zwanzig Meter von mir entfernt und winkte mir mit der Hand zu. Ich gab sofort per Funk durch, daß ich einen Mann gefunden habe.

Dann rief ich ihn an, und er sagte mir seinen Namen: ›Claudio.‹
Nun versuchte ich, an ihn heranzukommen und querte, mit den Steigeisen an das Geröll geklammert, über den Felspfeiler zu ihm hin. Seine erste Frage war nach Zigaretten. Leider hatte ich keine einzige mit. Da er auch nach Eßbarem verlangte, gab ich ihm, das heißt, warf ich ihm aus zwei Meter Entfernung eine halbe Tafel Schokolade zu, die er ergriff und sofort heißhungrig zu essen begann.

Ich merkte inzwischen, daß ich auf diesem Weg nicht an ihn herankommen könne, und gab nach oben durch, sie mögen mich etwa fünfzig Meter hochziehen, damit ich mir einen anderen Weg suchen könne. Ich machte dann Claudio verständlich, er solle sich einige Minuten gedulden. Er nickte nur, so sehr war er mit dem Essen beschäftigt.

Nach meinen Anweisungen zogen mich die Kameraden mit der Winde die Strecke höher. Ich ließ mich dann unmittelbar über dem Italiener in die steil nach unten fallende Rinne hinuntergleiten. Dabei löste sich wieder sehr viel brüchiges Gestein, und ich warnte Claudio durch meine Rufe vor dem Steinschlag. Er drückte sich, so gut es ging, ganz eng an die Felsen. Als ich auf der tischgroßen Plattform, die sein Standplatz war, ankam, schüttelte er mir die Hand und wollte sich aufrichten.

Ich bedeutete ihm, sitzen zu bleiben. Dann versuchte ich, ihn nach seinem Zustand zu befragen. Er zeigte mir seine verbundene Hand, die von einem Seilbrand aufgerissen war. Am Kopf hatte er Steinschlagwunden, und ich verstand dann soviel, daß er bei einem Versuch, allein nach oben zu kommen, etwa dreißig Meter abgestürzt war. Nun fragte ich ihn nach seinem Kameraden Longhi und nach den beiden deutschen Bergsteigern, die ja auch in der Wand sein mußten. Er deutete mir an, daß sein italienischer Kamerad an die hundert Meter tiefer in den Seilen hänge, und daß die beiden Deutschen, die ihren roten Biwaksack bei ihm zurückließen, versucht hätten, allein nach oben durchzukommen. Seitdem habe er von den beiden nichts mehr gesehen oder gehört.

Wir versuchten dann noch beide, seinen Kameraden anzurufen. Wir riefen beide mehrere Male, erhielten jedoch keine Antwort. Es war nur das scheußliche Brausen des Windes zu vernehmen.

Da nun Corti auf mich einen verhältnismäßig guten körperlichen Eindruck machte, bat ich Friedli durch Funk, den Italiener Cassin ans Gerät zu rufen. Dieser möge mit Claudio sprechen und ihn fragen, ob er sich zumute, allein und selbständig vor mir am Seil die Wand nach oben zu steigen. Ich sah jedoch schon im Verlauf dieser Verhandlungen, daß Corti dazu nicht fähig war. Ich unterbrach das Gespräch und gab Friedli durch, daß ich es mir überlegt habe und ihn auf dem Rücken nach oben transportieren werde.

Friedli begrüßte meinen Entschluß, da er glaubte, daß es so für den Zustand Cortis erträglicher sei. Dann bat er mich noch, mich nun etwas zu gedulden, da der Aufzug mit der Winde zu langsam gehe. Inzwischen wurde auf dem Gipfel auf Mannschaftszug umgestellt.

Währenddessen bemerkte ich auch, daß die Steigeisenriemen des Italieners alle abgerissen waren. Es wäre allein schon aus diesem Grunde unmöglich gewesen, ihn in der von mir vorher beschriebenen Art zu transportieren...

Ich packte Cortis Rucksack ein, machte seinen Eispickel fest und legte ihm den Rucksack um. Dann schnallte ich ihn in den Gramminger-Tragsitz, stützte ihn am Fels ab und schlüpfte selber in dieses Gerät hinein.

Ich hatte ihn nun fest auf meinem Rücken sitzen. Leider mußte ich mein Funkgerät auf die Brust schnallen, da ich es sonst nirgendwo unterbringen konnte. Dies war eine zusätzliche Behinderung, und ich mußte es durch Verlängerung der Gurte mittels Karabiner einigermaßen erträglich machen. Doch es ging alles ziemlich reibungslos, und ich hatte nun Claudio sicher auf meinem Rücken und am Seil fest.

Noch einige Minuten mußte ich sitzend warten, bis die Vorbereitungen auf dem Gipfel beendet waren. Dann kam von Friedli die Meldung, ich könnte nun aufseilen. Erleichtert gab ich das Kommando zum Aufziehen, um möglichst schnell von diesem ungastlichen Ort wegzukommen.

Ich spürte, wie sich das Stahlseil straffte und zu singen begann. Obwohl ich ein unbegrenztes Vertrauen zu unserem Gerät habe, konnte ich mich eines mulmigen Gefühls nicht erwehren, als das Seil, über die Felskanten scherend, uns langsam nach oben zog. In die steile Rinne hineinpendelnd und durch den Ruck des Seiles Steinbrocken loslösend, schwebten wir Meter für Meter nach oben. Das Gewicht des Mannes war nicht unerheblich; dadurch und durch das Funkgerät behindert, versuchte ich möglichst den besten Weg auszumachen.

Die Felsen waren mit einer etwa einen Zentimeter dicken Eisschicht überzogen, und wenn ich mit den Steigeisen diese Eisschicht durchtrat, polterte das Geröll zentnerweise in die Wand hinein. Ich war ja 320 Meter in die Wand eingefahren und mußte nun wieder Meter für Meter den gleichen Weg mit zwei Personen zurücklegen.

Das Gelände wurde mit der Zeit etwas besser, und ich konnte auch das Seil mehr zur Fallinie korrigieren. Dadurch hörte das unangenehme Scheuern am Fels auf. Der Italiener jammerte begreiflicherweise über Kälte. Und auch ich spürte die Kälte in den Fingern, da mir beim Anseilen in der Wand ein Paar Handschuhe hinuntergefallen waren. Allmählich kamen wir etwas höher, und zwischen Wolkenfetzen stahl sich etwas Sonne zu uns herunter. Ich hörte, wie sich Claudio darüber freute, und versuchte ihn zu trösten, daß es bald besser werde.

Nachdem wir noch eine Eisrinne hinaufgestiegen waren, empfand ich eine unermeßliche Freude, als ich meine Kameraden auf dem Gipfelgrat wiedersah. Der Italiener ließ vor Erschöpfung den Kopf sinken. Die Kameraden auf dem Gipfel nahmen irrtümlich an, daß er bewußtlos geworden sei, und beschleunigten nun das Tempo. Ich mußte meine ganze Kraft zusammennehmen, um noch mitzukommen. Durch den Anstieg und durch die verdünnte Höhenluft schon etwas ausgepumpt, nahm mich dieser letzte Hang sehr stark mit.

Ich erreichte mit letzter Kraft den Gipfel. Ich konnte Friedli noch zurufen, mich schnellstens von der Last zu befreien, dann legte ich mich der Länge nach in den Schnee. Corti wurde rasch aus dem Sitz herausgehoben, und ich riß mir das Funkgerät, das mich am meisten am Luftholen behinderte, herunter. Ich wurde aufgerichtet, man klopfte mir auf die Schulter, schüttelte mir die Hände.

Ich dachte in dem Moment an Wiggerl Gramminger, der treu an der Sicherung stand, und dachte, daß wohl das meiste Lob ihm gebühre, ihm und seinem Gerät, das so eine Sache erst möglich gemacht hat. Die vielen freiwilligen Helfer griffen dann zu, um den Verletzten sofort zu bergen. Ich verdrückte mich ganz still in ein Biwakloch, um niemandem im Weg zu stehen und einmal in aller Ruhe eine Zigarette zu rauchen.

Ich gab noch schnell einen kurzen Bericht. Dann stieg Lionel Terray, der hervorragende Alpinist, als zweiter in die Wand ein. Leider versagte dabei das Funkgerät, und er mußte ergebnislos wieder heraufgezogen werden. Wie schön wäre es gewesen, wenn auch er Erfolg gehabt und einen Bergkameraden dem sicheren Tod entrissen hätte! Der gerettete Corti wurde versorgt, so gut es den Umständen entsprechend ging. Und als ich zu ihm hineinging und er bereits eine Zigarette geraucht und heißen Tee getrunken hatte, lächelte er mich schwach an und sagte: ›Grazie.‹

Ein warmes Gefühl ging durch mich, und ich wußte, daß ich nicht umsonst Angst gehabt hatte in dieser höllischen Wand...«

Die Einfachheit des Berichtes Helleparts entspricht der Größe seiner Tat. Sie ist nicht mehr und nicht weniger als der größte Erfolg, den man bisher mit dem modernen Rettungsgerät zuwege brachte, ein Triumph der neuen Zeit des Stahlseils und der Froschklammern, die man zur Kupplung der Seile braucht. 320 Meter tief in die Eigerwand... Wer hätte so etwas für möglich gehalten!
Immer noch, auch mit dem besten Gerät, entscheidet der Mensch — sein Mut, seine Umsicht, sein Wille — sich bis zur Selbstaufopferung auszugeben. Der Bericht Helleparts ist ein Zeugnis eines solchen Menschen. Er stieg in die Wand und empfand Angst, aber er überwand die Angst, weil er mutig war.
Dieser Sonntag, der 11. August, war ein großer Erfolg des Stahlgeräts und der Männer, die es bedienten. Es war aber noch kein zufriedenstellender Erfolg, denn nur einer konnte gerettet werden: Claudio Corti. Stefano Longhi sollte die Besserung des Wetters nicht mehr erleben. Hunger und Kälte töteten ihn — fame e freddo —, nachdem er zehn Tage und neun Nächte in der Eigerwand ausgehalten hatte.
Am Montag kam nach Grindelwald ein Besuch, dessen Anblick alle erschütterte. Ein 65jähriger Mann mit einem in Trauer erstarrten Gesicht. Er selbst konnte die anderen nicht sehen. Er war kriegsblind. Zwei Söhne hatte er im Krieg verloren. Der jüngste, letzte, war nun auch nicht mehr zurückgekommen. Aus der Eigerwand... Der alte blinde Mann war der Vater Günther Nothdurfts.
Noch aber hatte man Hoffnung: Vielleicht waren Franz und Günther nach dem Ausstieg über den Mittellegigrat abgestiegen und hatten die Hütte auf dem Grat erreicht? Am Dienstag, dem 13. August, kamen Bergführer von der Mittellegihütte zurück. Sie hatten nichts gefunden.

Der tote Körper Longhis hing immer noch in der Wand und bot zwei Jahre lang eine makabere Attraktion für alle, die ihn mit dem Fernrohr suchten. Italienische und deutsche Alpinisten planten seine Bergung, aber schließlich lösten am 9. Juli 1959 die Grindelwalder Bergführer dieses zum Problem gewordene Schauspiel. Man machte es sich nicht leicht, mit großem Aufwand und modernsten Geräten leitete der Lauterbrunner Bergführer Werner Staeger die Bergung des Toten. Der holländische Verleger meiner »Weißen Spinne«, Jaap Giltay, war der Geldgeber dieses kostspieligen Unternehmens.
Es war Fritz Jaun, der in einer übermenschlichen Leistung den toten

Körper Longhis auf seinem Rücken zum Gipfel brachte. Eine unvorstellbare Kraftanstrengung war nötig, denn entgegen den Vorstellungen war der Leichnam Longhis inzwischen nicht ausgetrocknet und leicht, sondern völlig konserviert geblieben und unverändert schwer. Man stelle sich vor, neun Stunden hing Fritz Jaun am Stahlseil und die meiste Zeit mit dem schweren Longhi auf seinen Schultern!

Alle Beteiligten waren nach dieser schwierigen Bergung nur noch darauf bedacht, den Toten auf die Kleine Scheidegg zu bringen. Die vielen und schweren Ausrüstungsgegenstände, von einem Helikopter auf den Gipfel transportiert, mußten sie dort liegenlassen. Die Bergführer übergaben den Toten seinen italienischen Freunden, die ihn mit Alpenrosen bedeckten, und gingen dann still nach Hause.

An der Leiche stellte man fest, daß ein Bein gebrochen war, aber die Hoffnung, irgendwelche Notizen zu finden, die Aufklärung über die Tragödie von 1957 gebracht hätten, erfüllte sich nicht. Als letzte Hoffnung blieb jetzt die Auffindung der zwei Deutschen Günther Nothdurft und Franz Mayer.

Die Ausrüstung von der Bergung Longhis lag noch auf dem Gipfel, und da sie von Wert war, entschlossen sich zwei Jahre später einige Bergführer, wieder unter der Leitung Werner Staegers, zu holen, was noch zu gebrauchen war. Bei der Bergung rutschten einige der Seilrollen etwas abseits der begangenen Normalroute südwestlich über die Westflanke. Als sie den Seilen nachkletterten, standen die Männer plötzlich vor zwei Toten: Noch mit dem Seil verbunden lagen die Leichen von Günther Nothdurft und Franz Mayer vor den erschütterten Bergführern. Friedlich, als wenn sie schliefen.

Endlich bekam man Klarheit über die Tragödie, die nun bereits vier Jahre zurücklag. Das Tagebuch Nothdurfts war verblichen und gab keine Auskunft. Aber eines war nun klar: Die beiden hatten das Unmögliche möglich gemacht und waren unter Aufbietung ihrer letzten Kräfte auf den Gipfel gestiegen. Für den Abstieg reichte es nicht mehr. Sie starben an Erschöpfung und Kälte. Sie hatten ihren Biwaksack geopfert und damit wahrscheinlich Corti das Leben gerettet. Nothdurft und Mayer waren ihrem Ruf gerecht geworden, außergewöhnlich gute Bergsteiger zu sein.

Die Namen Nothdurft und Mayer sind im schwäbischen Donautal verewigt. Am Schaufelsen gibt es den »Kaiserweg«, den die beiden in den frühen fünfziger Jahren als erste begangen haben. Auch heute noch, im Zeitalter des X. Grades, kann eine Begehung ihrer Route zum Abenteuer werden.

Den beiden Deutschen gebührt der Ruhm der 14. Begehung der Eiger-

Nordwand, und sie rehabilitierten Claudio Corti, der jahrelang unter der Unklarheit über ihr Schicksal leiden mußte.

Und als ob es an diesem Tag mit der Auffindung von zwei Leichen nicht schon genug gewesen wäre, entdeckten die Bergführer noch einen weiteren Toten: den Wiener Kletterer Engelbert Titl, der seit 1958, nach dem Aufstieg über den Mittellegigrat, vermißt war.

Wäre manches anders verlaufen, wenn sich die Seilschaften nicht gelöst hätten? Wenn sich Corti und Longhi nicht getrennt und später die Seilschaft Nothdurft und Mayer von Corti? Man kann es nicht wissen, aber ich glaube an die Seilschaft.

In meiner »Weißen Spinne« beendete ich das letzte Kapitel mit der 13. Durchsteigung der Wand durch Diemberger-Stefan. Inzwischen haben sich durch neue Erkenntnisse noch zwei Begehungen dazwischengeschoben. Ueli Wyss und Karlheinz Gonda stürzten, nachdem sie das Gipfeleisfeld erreicht hatten, unterhalb des Mittellegi-Grates tödlich ab und man erklärte ihre Besteigung später als 12. Begehung. Die 13. Begehung war eine glatte und problemlose durch die Deutschen Albert Hirschbichler und Eberhard Riedl.

Doch auch die vier Jahre vom Beginn der großen Tragödie 1957 bis zu deren endgültiger Aufklärung in Jahre 1961 waren voller Spannung und Dramatik und müssen nun nachgeholt werden.

Am 31. Juli 1958 stieg die Seilschaft Hias Noichl, Herbert Raditschnig und Lothar Brandler kurz nach Mitternacht in die Wand ein. Für Lothar Brandler, den jüngsten der Gruppe, sollte es bereits der dritte Versuch sein.

Zwei Jahre waren vergangen, bis Lothar Brandler sein schreckliches Erlebnis vom August 1956, als Moosmüller und Söhnel über ihn hinweg zu Tode gestürzt waren, überwunden hatte und die Wand erneut anging. Ich hielt mich damals in Grindelwald auf und konnte ihnen noch einige Ratschläge mit auf den Weg geben.

Die drei hatten sich besonders gründlich vorbereitet und waren vorbildlich ausgerüstet. Bereits gegen 17.30 Uhr erreichten sie in 3300 Meter Höhe das »Bügeleisen«. Dort aber gerieten sie in den Steinschlag aus der Spinne. Ihre Sturzhelme bewahrten sie vor dem Schlimmsten, aber einer der Steine zerschmetterte die linke Hand des 38jährigen Bergführers Hias Noichl. Nun begann ein Rückzug, der als bergsteigerische Glanzleistung in die Geschichte der Wand eingegangen ist. Im »Todesbiwak« von Sedlmayr und Mehringer verbrachten die drei Männer die Nacht, nachdem Noichl, der unter großen Schmerzen litt, ein Notverband angelegt worden war. Bereits um fünf Uhr morgens brachen sie auf und erreichten nach zehnstündigem Abstieg das Stollenfenster der Jungfrau-Bahn. Ich hatte von der Kleinen Scheidegg aus ihre Schwierigkeiten beobachtet und ging ihnen bis zum »Schwierigen Riß« mit heißem Tee und Schmerztabletten entgegen. Zusammen mit mir kamen einige Schweizer Bergführer, um ihnen zu helfen. Trotz ernster Verletzung und starkem Blutverlust hatte Noichl auf diesem schwierigen Rückzug durchgehalten. Erst als er, von aller Verantwortung befreit, in den weichen Polstern meines Autos saß, auf dem Weg zum Krankenhaus in Interlaken, brach er zusammen.

Noichl führt heute eine angesehene Bergsteigerschule in St. Johann und ist Ehrenvorsitzender des österreichischen Bergführerverbandes sowie Ehrenmitglied des internationalen Bergführerverbandes in der Schweiz. Lothar Brandler machte sich mit künstlerisch hochstehenden Bergfilmen einen Namen. Herbert Raditschnig hat sein Leben eigenwillig und voll Abenteuerlust als hervorragender Kameramann gestaltet. Er begleitete mich auf einigen meiner Expeditionen, und ich hatte nie einen besseren und einsatzfreudigeren Kameramann als ihn.

Der Eiger hatte wieder einmal einen Angriff abgewehrt, der nach jeder menschlichen Voraussicht Erfolg versprochen hatte. Aber alle, die diese Tage in Grindelwald und auf der Kleinen Scheidegg miterlebten, wußten, daß die »Belagerung« des Jahres 1958 noch nicht zu Ende war. Auch das Pech Noichls würde andere nicht abschrecken.

Kaum versprachen die Meteorologen gutes Wetter, da stiegen am Dienstag, dem 3. August 1958, gegen 15 Uhr zwei Wiener Studenten, Kurt Diemberger und Wolfgang Stefan, bei völlig klarem Himmel in die Wand ein. Stefan hatte die Wand bereits bis zum Dritten Eisfeld kennengelernt, als er während der Tragödie 1957 mit Götz Mayr einen Versuch unternommen hatte.

Diemberger und Stefan hatten sich gründlich auf diesen Begehungsversuch vorbereitet. In etwa 3400 Meter Höhe bezogen sie, nach einem sicheren und zügigen Aufstieg am Dienstagabend das erste Biwak. Der Mittwochmorgen brachte einen der am Eiger häufigen Wetterstürze mit bis zu elf Grad Kälte und mehreren Zentimetern Neuschnee. Am Vormittag wurden Diemberger und Stefan beim Aufstieg aus der »Rampe« zur Spinne gesehen, dann verhüllte der Nebel die Wand. Raditschnig, Brandler und der Berner Fotograf Albert Winkler, stiegen über die Westflanke auf, um die beiden zu empfangen oder ihnen notfalls zu Hilfe zu kommen. Gegen 19 Uhr antworteten Diemberger und Stefan ihren Rufen, und knapp eine Stunde später erreichte die Seilschaft den Gipfel.

Die 15. Begehung in der Geschichte der Wand war gelungen. Nach einem kalten Biwak unterhalb des Gipfels trafen die beiden am 7. August wohlbehalten und in erstaunlich guter Verfassung auf der Kleinen Scheidegg ein. Diemberger berichtete dort: »Wir waren niemals in einer Krise, und wir haben nicht einen Moment daran gedacht, umzukehren. Trotzdem möchte ich die Eiger-Nordwand nicht mehr begehen. Es ist eine jener Touren, die man ein einziges Mal in seinem Leben macht, dann hat man genug.«

Kurt Diemberger hat bis zum heutigen Tag Bergsteigergeschichte geschrieben und wird es wohl noch weiter tun. Zusammen mit Hermann Buhl hatte er im Karakorum seinen ersten Achttausender, den 8047 Meter hohen Broad Peak, als erster bestiegen. Da sich beide hervorragend in Form befanden, nahmen sie sich noch gleich den danebenstehenden 7654 Meter hohen Chogolisa vor. Für Buhl, der in seinem berühmten Alleingang ohne Sauerstoff schon als erster den 8125 Meter hohen Nanga Parbat bestiegen hatte, sollte der Chogolisa tragischerweise sein letzter Berg sein. Buhl und Diemberger stiegen in dichtem Nebel ohne Seil ab, und dabei stürzte Buhl mit einer Wächte in die Tiefe. Wer den Himalaja und seine ungeheuren Wände kennt, weiß, daß eine Suche völlig aussichtslos ist. 1960 nahm Diemberger an einer Schweizer Expedition unter Führung des Luzerner Max Eiselin teil und bestieg in dieser Gruppe seinen zweiten Achttausender: Als erste bezwangen sie den 8172 Meter hohen Dhaulagiri.

Das Jahr 1958, das zwanzigste seit der Erstbegehung der Eiger-Nordwand, brachte nach fünf Jahren Pause doch noch den Erfolg. Es hat gezeigt, daß es viele Möglichkeiten gibt, die Gefahren der Wand zu verringern. Die wichtigste Voraussetzung: hervorragendes bergsteigerisches Können, ist absolut unerläßlich. Aber das allein genügt nicht. Außer dem zähen Durchhaltevermögen und bester Ausrüstung ist eine genaue Routenkenntnis unbedingt notwendig. Deshalb füge ich diesem Buch eine genaue Beschreibung der Aufstiegsroute bei, die mit Unterstützung von Diemberger und Stefan auf den neuesten Stand gebracht wurde. Vielleicht kann dadurch wenigstens das Versteigen verhindert werden. Ohne Routenkarte wäre vielleicht auch der Aufstieg von Diemberger und Stefan nach dem Wettersturz unglücklich ausgegangen. Ebenso wichtig und bei künftigen Besteigungen nicht mehr wegzudenken sind die Sturzhelme aus Kunststoff. Sowohl die Seilschaft Noichl, Raditschnig, Brandler als auch Diemberger und Stefan berichteten, daß sie sich in den mörderischen Steinschlägen oft am liebsten ganz unter ihre Helme gekauert hätten. Stefans Helm zeigte eine tiefe Beule, die durch einen Stein verursacht war. Ohne diesen Schutz wäre er wohl nicht mehr am Leben.

Aber trotz aller Sicherheitsmaßnahmen bleibt die Eiger-Nordwand eine der gefährlichsten Wände der Alpen. Wie gefährlich die Wand ist, das wissen alle, die jemals den Kampf mit ihr aufgenommen haben. Andere Berge, die Nordwand der Grandes Jorasses zum Beispiel, sind technisch schwieriger als der Eiger, doch nirgends sind die objektiven Gefahren wie Lawinen, Steinschlag und Wettersturz so ungeheuer. Die Eigerwand verlangt das Äußerste an Können, Zähigkeit und Mut. Ohne die gründlichste Vorbereitung ist ihr Gipfel nicht zu erreichen, und ohne die beste Ausrüstung ist der Versuch Leichtsinn. Sind alle Voraussetzungen erfüllt, so brauchen selbst hervorragende Bergsteiger eine Menge Reserven, um ihr Ziel zu erreichen. Deshalb sollte sich jeder, den die Nordwand lockt, sein Vorhaben gut überlegen, denn es genügt nicht ihren Anforderungen gewachsen zu sein, man sollte ihnen überlegen sein. Es gibt noch viele andere Ziele für bergsteigerischen Ehrgeiz, für Tatendrang und Abenteuerlust. Ich habe in den langen Jahren meiner Expeditionen viele weiße Flecken auf der Landkarte entdeckt. Sie versprechen alles, was sich ein tüchtiger Bergsteiger erhofft. Das letzte Abenteuer auf unserem Globus ist noch lange nicht bestanden.

Auf einer dieser Reisen begegnete mir im vorigen Jahr in Bhutan eine Gruppe amerikanischer Bergsteiger. Sie fragten mich im Laufe eines Gesprächs, wen ich für den besten Bergsteiger der Welt halten würde. Sie erwarteten vielleicht, daß ich den in der Gruppe befindlichen, wohlbekannten amerikanischen Bergsteiger John Roskelley nennen würde. Er war im Pamir dabeigewesen, als acht russische Bergsteigerinnen den Tod durch Erfrieren fanden. Auf dem Rückweg hatte er mit Chris Kopeczynski in drei Tagen auch die Eiger-Nordwand durchklettert und in den letzten Jahren mehrere Achttausender erstiegen.

Ich antwortete mit einer Gegenfrage: »Meinen Sie den berühmtesten oder den besten?«

Als den berühmtesten muß man ohne Zweifel Reinhold Messner bezeichnen, der mit seiner Tat, als erster alle vierzehn Achttausender bestiegen zu haben, eine historische Leistung vollbracht hat. Ich war im Herbst 1986 davon so beeindruckt, daß ich ihm spontan aus Bhutan ins Basislager des Lhotse ein Telegramm sandte: »Have a plan and stick to it — Congratulation Heinrich Harrer.«

Aber für den besten Bergsteiger bedarf es noch vieler anderer Kriterien und Bewertungen, und da gibt es viele Kandidaten: Kurt Diemberger zum Beispiel, um nur einen zu nennen. Er ist nach Hermann Buhls Tod am Chogolisa uneinholbar der einzige lebende Bergsteiger, der als erster auf dem Gipfel von zwei Achttausendern stand.

Mit der Durchsteigung Diemberger-Stefan 1958 endete eine Ära von zwanzig Jahren in der Geschichte des Eiger seit der Erstbesteigung. Wir finden an ihrem Ende eine erschütternde Bilanz. Und der Schriftsteller Arthur Roth machte einen erschreckenden Vergleich: »Mit Diemberger und Stefan haben 39 Männer die Wand durchstiegen, achtzehn verunglückten tödlich.

Aber so wie es ein »Lure of the East« gibt, besteht auch eine nicht endende Anziehungskraft und Faszination für diese »Wand der Wände«, und das Geschehen geht weiter.

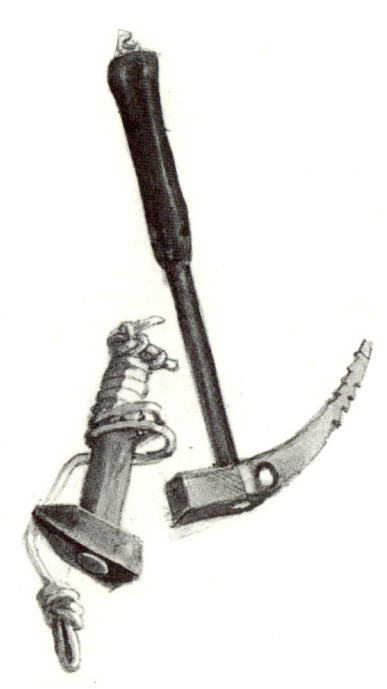

DIE WAND DER WÄNDE

Neue Herausforderungen

Das dritte Jahrzehnt nach der Erstbesteigung begann mit einem makaberen Geschehnis, das später einer gewissen Komik nicht entbehren sollte. Als ich mein erstes Eiger-Buch schrieb, war mein wichtigstes Anliegen, Gefahren aufzuzeigen und Ratschläge zu erteilen, wie man möglichst sicher und mit richtiger Ausrüstung die Nordwand durchsteigt. Daß mein Anliegen auch anders ausgelegt werden konnte, zeigte im Sommer 1959 die 16. Begehung durch zwei Schweizer Steinmetze aus dem Bündner Land.

Adolf Derungs und Lukas Albrecht sind besonders originelle Burschen. Beide haben wenig Geld und viel Schneid. Sie wissen von der modernen Ausrüstung, die man in den Westalpen im allgemeinen, und in der Eigerwand im besonderen haben soll. Aber sie kauften diese Ausrüstung nicht, denn sie hatten kein Geld.

Moderne Anoraks? Hatten sie nicht. Aber einer von ihnen zog vier — oder gar fünf? — Hemden übereinander an. Das wärmte auch. Und der andere nahm einen Mantel mit, einen alten zerrissenen, aber immerhin einen Mantel. Als Ersatz für einen Biwaksack. Zwei Menschen, die sich unter einen Mantel kauern, finden auch ein wenig Wärme. Genug, um nicht zu erfrieren, und genug um am nächsten Tag noch weiterklettern zu können. Und droben, wo man sicher zu sein glaubte, nicht mehr biwakieren zu müssen, gestattete man dem alten Mantel, den Gesetzen der Schwerkraft zu folgen. Man warf ihn die Wand hinunter.

Er glitt über die Spinne, stürzte ins Bodenlose. Ein Mantel hat Ärmel. Und ein Mensch hat Arme. Wer kann schon aus der Entfernung, selbst durch ein Fernrohr, unterscheiden, ob Ärmel oder Arme? Es gab damals manch spannende Anekdote über den dritten abgestürzten Mann, während man die beiden, Derungs und Albrecht, oberhalb der Spinne munter weiterklettern sah.

Tatsache ist, daß Lukas Albrecht und Adolf Derungs die 16. Begehung der Eiger-Nordwand vom 10. bis 13. August 1959 gelang. Das Wetter war sehr unfreundlich, und die beiden schlugen sich wacker. Die vielen Hemden und der alte Mantel bewährten sich. Vor allem aber die Zähigkeit und Willenskraft der beiden Bündner. Daß man ihnen vorwarf, statt moderner Steinschlaghelme alte, metallene Motorradhelme getragen zu haben, ist wohl absurd.

Alpine Beckmesser warfen sich zu Richtern über die beiden Bündner Handwerker auf. Das Wort »Leichtsinn« geisterte wieder einmal durch alle mehr oder weniger »alpin« interessierten Blätter.

Matthias Rebitsch aber, der unverwüstliche Haudegen der Berge, meinte anerkennend: »Großartige Burschen die beiden. Sie haben bewiesen, daß auch heute noch der Mann mehr zählt als seine Ausrüstung!«

Als sie wohlbehalten auf der Kleinen Scheidegg ankamen, wollte man Näheres über ihre bergsteigerische Vergangenheit erfahren. Die war nicht groß, und so kam auch die Frage, warum sie sich ausgerechnet diese schwerste Wand ausgesucht hätten. Die Antwort war kurz: »Wir haben ›Die Weiße Spinne‹ von Heinrich Harrer gelesen und gedacht, was die können, können wir auch!«

Derungs und Albrecht waren auch die ersten, die in der Spinne gefilmt wurden. Nicht als bezahlte Komparsen, sondern gewissermaßen außer Programm, aber hochwillkommen. Da gab es in München zwei Filmleute, die geradezu Fanatiker der Eigerwand waren: Edmund Geer und Wolfgang Gorter. Blutjung hatte Geer 1938 an der deutschen Tibetexpedition teilgenommen und damals schon einen hochinteressanten Film über das Land am Dach der Welt heimgebracht.

Die Hauptdarsteller des »Eiger-Nordwand«-Films waren Toni Hiebeler und Lothar Brandler. Es gab Aufnahmen im unteren Teil der Wand, Großaufnahmen im Eis, die offenbar nicht in der Wand gedreht worden sind, was auch mit dem Bericht Toni Hiebelers übereinstimmt, der den Hinterstoisser-Quergang als Umkehrstelle bezeichnet. Gut gefilmter Schlechtwettereinbruch... Man sieht dann Lothar und Toni im Abstieg. Man sieht aber auch zwei Bergsteiger im Aufstieg. Beide Seilschaften begegnen einander — die Neuen sind Derungs und Albrecht. Die Teleaufnahmen der beiden in der Spinne, gefilmt von der Schulter des Nordwestgrates, wirken wegen des immer wieder aufziehenden Nebels charakteristisch für die Eiger-Nordwand.

Was waren nun die neuen Herausforderungen? Die Wand stand da, groß, dunkel und von ungebrochener Anziehungskraft. Darum überlegten die Spitzenbergsteiger, was es noch für Varianten gab. Da war einmal der nationale Ehrgeiz. Nur Schweizer, Österreicher, Deutsche und Franzosen waren bisher erfolgreich gewesen. Wo blieben die Italiener, Engländer, Amerikaner, Polen, Tschechen und Japaner? Immer noch machte man alle Versuche über die klassische Route unserer Erstbegehung. Es lag förmlich in der Luft, daß man mit all den technischen Errungenschaften der Neuzeit unsere Zick-

Zack-Route begradigen würde. Also wann kam die Direttissima, der erste Alleingang, die erste Damenbegehung? Darauf wartete man. Aber was geschah? Man plante die erste Winterbegehung.

Als Toni Hiebeler, Walter Almberger, Toni Kinshofer und Anderl Mannhardt 1961 dazu starteten, hatten schon zwei andere Gruppen diese Idee gehabt, hatten aber wegen schlechten Wetters umkehren müssen.

Ende Februar stiegen die vier unter der Führung Hiebelers in die Wand ein. Unterhalb der Roten Fluh bezogen sie ihr erstes Biwak. Am nächsten Morgen hatte sich das Wetter so verschlechtert, daß sie ihre Ausrüstung hinterließen, durch das Stollenloch krochen und mit der Jungfrau-Bahn zur Kleinen Scheidegg zurückfuhren. Eine Woche später, am 6. März, das Wetter hatte sich gebessert, gingen die vier wieder zum Stollenloch hinauf und stiegen von dort erneut in die Wand ein. Es war eine großartige Leistung der vier Bergsteiger, als sie nach sechs Nächten in der kalten Winterwand auf dem Gipfel standen. Das Unternehmen setzte Mut und großes Können voraus.

Schade, daß nach dieser bergsteigerischen Leistung hinterher einige Kontroversen entstanden. Ausgelöst wurden sie wohl durch einen Artikel Hiebelers in seiner Zeitung »Bergkamerad«, wo es in der Beschreibung des ersten Tages hieß: »Vom Einstieg bis nahe zum Hinterstoisser-Quergang...« Damit erweckte er den Eindruck, als hätten sie die Wand von unten in einem durchstiegen. Eine ungenaue Formulierung, die zu Mißverständnissen führte. Die Leistung war dennoch groß. Vielleicht wird man allen gerecht, wenn man diese Begehung als erste Winterbegehung in zwei Etappen, und jene der vier Japaner, im Jahre 1970, die zweifellos mehr Kräfte erfordert hat, als erste Winterbegehung ohne Unterbrechung bezeichnet.

Toni Hiebelers Bericht ist nicht nur spannend-dramatisch, er ist auch sympathisch. Hiebeler spielt sich nie in den Vordergrund, sondern setzt seinen drei Gefährten ein schönes Denkmal. Gleichzeitig ist es eine psychologische Studie von drei grundverschiedenen Charakteren: Toni Kinshofer, der erste und wohl auch der beste, ist durch nichts aus der Ruhe zu bringen. Auf jede Frage, mag sie noch so bang, noch so berechtigt zweifelnd sein, kommt die unerschütterliche Antwort: »Geht schon.« Der zweite, Walter Almberger, der den Toni immer sichert, auch dort, wo die Sicherung nur mehr moralisch sein kann. Und da ist Anderl Mannhardt, der Skeptiker, der nicht verträgt, wenn man die Siegeszuversicht auch nur eine Sekunde vor dem errungenen Sieg äußert... Aber alle vier zusammen ergeben ein harmonisches Team, eine ideale Seilschaft. Die erste Winterbegehung der Eiger-Nordwand war und bleibt eine große Tat.

Die von Peter Aufschnaiter, Hans Lobenhoffer, Lutz Chicken und mir im Jahre 1939 erkundete Diamir-Flanke des 8125 Meter hohen Nanga-Parbat wurde 1962 von Toni Kinshofer und Anderl Mannhardt erstmals erstiegen. Schwierigstes hatte Toni Kinshofer geleistet, und gerade er stürzte 1964 bei Baden-Baden in einem Klettergarten ab! Ein Opfer großer Erfahrung.

Ein tückischer »Silbergraben«

Man kann ihn nur am späten Nachmittag sehen, den Silbergraben, wenn die Sonne auch in diese dunkle Wand helle Lichter wirft. Sein Name ist eine freundliche Umschreibung einer tückischen Stelle in der düsteren Wand. Er wurde nicht von den Kletterern erfunden, sondern von den Beobachtern, den Zuschauern auf der Kleinen Scheidegg. Am Fuß des Wasserfallkamins in der Rampe ist die Stelle. Wenn dort Eis liegt oder auch nur das Wasser spiegelt und glänzt, leuchtet sie silbern. In der Frühe, im Schatten, in dem jede Lebendigkeit erfroren erscheint, gibt es ihn nicht, den Silbergraben.

Seit dem Morgen des 28. August 1961, an dem Adi Mayr dort zu Tode gestürzt ist, wollen die Bergsteiger auch nichts mehr vom Silbergraben hören, mag er im 72fach vergrößernden Fernrohr auf der Terrasse der Kleinen Scheidegg noch so lustig gleißen und glänzen.

Die ganze alpine Welt nahm daran teil, als Anfang 1961 die erste Winterbegehung in Angriff genommen werden sollte. Noch nie hatte ein Jahr am Eiger so verheißungsvoll begonnen. Man konnte gespannt sein, was es noch bringen würde.

Die Wetterverhältnisse und der Zustand der Wand gestatteten zunächst keine Durchsteigung. Es gab wohl Versuche, Rückzüge, unangenehme Situationen, aber keine Katastrophen. Auch der August ging zu Ende, ohne daß es einer Seilschaft geglückt wäre, die 19. Begehung der Eigerwand durchzuführen.

In der letzten Augustwoche kommt der österreichische Bergsteiger Adolf Mayr auf die Kleine Scheidegg. Ein sehr junger, aber schon in den Ost- und Westalpen erfahrener Mann. Die schwersten Fahrten im Fels, aber auch bedeutende Touren im kombinierten Westalpengelände sind ihm gelungen. Der junge Adi Mayr — in Bad Hall, Oberösterreich, geboren, aber schon seit Jahren in Innsbruck lebend — hat alle Touren in guter Manier, in einwandfreiem Stil und mit viel Können gemeistert. Daß Vorsicht und gute Vorbereitung für ihn selbstverständlich waren, ergab sich schon aus seiner stark entwickelten Phantasie. Er konnte sich gefährliche Situationen am Berg vorstellen, bevor sie eintraten.

Adi Mayr war sympathisch. Das sagten alle seine Bergkameraden, das erzählte mir auch Fritz von Almen, der Hotelier von der Kleinen Scheidegg. Adi Mayr hatte ihn ins Vertrauen gezogen. Und Fritz beantwortete dieses Vertrauen mit Ratschlägen nach bestem Wissen und Gewissen, mit Sorge und Betreuung. Adi kannte bereits jeden

Meter der Wand, aus der Literatur, aus Erzählungen, von tagelangen Beobachtungen, und was ihm noch an Wissen fehlte, erklärte ihm nun noch Fritz von Almen.

Fritz sagte ihm auch, daß am Nachmittag die Querung des Dritten Eisfeldes durch Steinschlag äußerst gefährlich sei. Alles, was sich unter der Sonnenbestrahlung des Nachmittags an Steinen und Eistrümmern aus der Spinne und der Gipfelwand löst, kommt als fast pausenloser Geschoßhagel über das Dritte Eisfeld. Aus dieser Erkenntnis gibt von Almen den verantwortungsbewußten, richtigen Rat: »Wenn du erst nach 14 Uhr auf das Dritte Eisfeld kämst, biwakiere lieber vorher, im Todesbiwak... Es ist bestimmt langweilig, so lange zu warten. Aber besser, als erschlagen zu werden.«

Adi Mayr hat selbst Phantasie genug, um sich vorzustellen, wie gefährlich das Dritte Eisfeld am Nachmittag ist. Er will zeitig starten und so schnell wie möglich klettern, damit er am Nachmittag bereits in der Rampe ist.

Und das erste Biwak? Droben im Rampeneisfeld. Oder im Götterquergang. Oder in den Ausstiegsrissen. Oder gar auf dem Gipfel...

Adi Mayr ist gut im Training, hat mächtigen Auftrieb und Ehrgeiz. Er spricht es nicht aus, aber bestimmt ist die Tatsache, daß es die erste Alleindurchsteigung wäre, ein starker Ansporn für ihn. Das wäre ein Jahr: Die erste Winterbegehung und der erste Alleingang!

Knapp nach Mitternacht hat ihm Frau von Almen ein Frühstück gerichtet.

Als der Tag anbricht, noch grau in grau, ist Adi schon an den Felsen. Er klettert sich in dem leichten Gelände schnell warm. Als es genügend hell ist, beobachtet ihn Fritz von Almen durch das große Fernrohr. Mit ruhigen, gleichmäßigen Bewegungen, ohne Ruck, aber auch ohne Zögern überwindet der Alleingänger den Schwierigen Riß, das erste Bollwerk der großen Wand. Hie und da greift er auch in das Seil, das seit zwei Jahren dort hängt. Es ist nicht mehr ganz verläßlich. Aber Adi Mayr scheint dies zu merken. Er benützt das Seil nur vorsichtig, hängt nie sein ganzes Gewicht hinein. So ist es doch eine kleine Unterstützung.

Im leichteren Gelände nach dem Riß beweist er, daß er im Felsen wirklich zu Hause ist. Er hastet nicht. Gleichmäßig klettert er über die Felsen. Am Hinterstoisser-Quergang hält er sich kaum auf. Diese einst so berüchtigte Stelle ist längst entschärft. Es hängen dort zwar noch nicht so viele Seile, wie es bereits ein Jahr später der Fall sein wird, so daß die guten Seilschaften kaum mehr als zehn Minuten für den ganzen Quergang brauchen werden. Aber mehr als zwanzig Minuten braucht auch Adi Mayr nicht. Er klettert nicht nur gut. Er versteht es auch, mit

Seilen, Karabinern, Trittschlingen und anderen Hilfsmitteln umzugehen.
Je länger Fritz von Almen, einige andere Kletterer und lokale Bergführer dem jungen Oberösterreicher zuschauen, desto beruhigter
werden sie. Jeder bekommt den Eindruck: Hier läuft nicht ein junger
Ehrgeizling ins Verderben. Hier klettert ein Mann, der weiß, was er will
und kann.
Das Eis scheint hart und spröde zu sein. Hier und da muß Adi Stufen
schlagen. Außerdem ist er sichtlich im Felsen mehr zu Hause als
im Eis. Aber das waren ja die meisten der Ostalpenkletterer, die zum
Eiger kamen, um seine Nordwand zu versuchen, und schließlich auch
bestiegen. Das Wassereis im Eisschlauch zwischen Erstem und
Zweitem Eisfeld scheint Adi gar nicht zu behagen. Er steigt in die
Felsen links empor. Seit Erich Waschak, der diese Umgehung des
Eisschlauchs 1950 zum erstenmal versucht hat, weiß man, wie brüchig
und unangenehm geschichtet der Fels dort ist. Aber Adi kommt wieder
schnell voran, als ob er sich in den heimatlichen Kalkbergen befände.
Auch der Eiger besteht aus Kalk.
Das Zweite Eisfeld, das riesenhafte, das endlose, das man nicht ein-
fach hinauflaufen kann, sondern das man queren muß — einen halben
Kilometer weit —, wandelt den schnellen Höhenlauf des jungen Mannes in einen langsamen, bedächtigen, sehr vorsichtigen, vielleicht unerwartet vorsichtigen Gang von Stufe zu Stufe, von Meter zu Meter...
Das Zweite Eisfeld beeindruckt jeden. Auch uns ist es 1938 bei der
Erstbegehung so ergangen. Hier im Zweiten Eisfeld fühlt man sich
plötzlich auf einem Weg ohne Ende.
Wie soll ich das Zweite Eisfeld schildern? Stellen Sie sich das Steil-
dach eines gotischen Domes vor. In der Diagonale 500 Meter. Man
muß von rechts unten nach links oben queren, Sie sehen hundert, 200
oder 300 Meter links unter sich — je nachdem, wo Sie sich befinden —
die Unterkante des Daches. Dort ist aber keine Dachrinne, auch kein
fröhlicher Wasserspeier. Nach der Kante kommt Luft. Sechs-, sieben-
oder achthundert Meter Luft. Das kann bedeuten: senkrechter freier
Fall, nur mit wenigen Aufschlägen bis zum Wandvorbau... Ist es ein
Wunder, wenn auch ein guter, ein erstklassiger Alpinist wie Adi Mayr
auf diesem Eisfeld langsam und vorsichtig höher steigt. Über die
endlose Diagonale des riesigen Daches...?
In den steilen Felsen, die zum Bügeleisen leiten, beschleunigt der
Alleingänger wieder sein Tempo. Das kann man deutlich im Fernrohr
sehen. Man kann aber auch sehen, daß der Steinschlag begonnen hat.
Es ist etwa 14.30 Uhr, als Adi Mayr das Todesbiwak erreicht. Das
Sperrfeuer des Berges bestreicht bereits das Dritte Eisfeld und auch

die Bügeleisenkante, den Weg nach vorn, den Weg zurück. Es ist gutes Wetter. Und der Tag hätte dem Kletterer noch sechs Stunden Licht geschenkt.

In den sechs Stunden wäre Adi noch bis zum Götterquergang gekommen. Oder bis zum Corti-Biwak, an die Ausstiegsrisse. Wenn er leichtsinnig gewesen wäre und gedacht hätte: Ach was, jeder Stein trifft ja nicht...

Adi Mayr will nicht hasardieren. Er will die Wand nach allen Regeln der bergsteigerischen Kunst bezwingen. Darum versucht er seine eigene Unruhe zu überwinden. Er befolgt das Gebot der Vernunft. Er befolgt den Rat des Hoteliers Fritz von Almen. Es gibt nur einen Platz, der vom Steinschlag verschont bleibt: das Todesbiwak.

Es wird ein langes Biwak: eine fünfzehnstündige Nacht, an deren Beginn noch helle Nachmittagssonne scheint, in der es sechs Stunden hell bleibt. Endlos dauert es, ehe Adi Mayr die vereinbarten Lichtzeichen geben kann, die Fritz von Almen von der Kleinen Scheidegg aus erwidert. Noch länger dauert es aber, bevor sich aus dem Dunkel endlich das Grau des neuen Tages stiehlt, des 28. August 1961.

Niemand kann berichten, was der junge Mann in dem langen Biwak mitgemacht hat, wie er mit seiner Einsamkeit und seinen eigenen Gedanken fertig wurde, seiner Furcht, seinem Zweifel, gegen die er Trotz und Ehrgeiz setzte.

Am nächsten Morgen tut sich Adi offenbar schwer, seinen Rhythmus zu finden. Aber auch die 72fache Vergrößerung des Fernrohrs läßt nicht genau erkennen, ob die Bewegungen tatsächlich eckig, fahrig, zögernd und nicht harmonisch abgerundet wie gestern sind. Jedenfalls hat Adi kein Gelände vor sich, in dem er sich warmlaufen könnte. Hier gibt es keinen Wandvorbau wie gestern. Hier kommt als Begrüßung gleich die Querung, der schräge Abstieg über das Dritte, steilste Eisfeld.

Langsam schiebt sich Adi Mayr nach links, er schlägt Stufen, er macht alles richtig, vielleicht etwas langsamer als sonst, aber durchaus normal. Und trotzdem, Fritz von Almen kann sich bei den Beobachtungen des Gefühls nicht erwehren, daß dem einsamen Mann dort oben etwas fehlte. Eine körperliche Krankheit? Als Folge der Nachtkälte? Eine Depression als Folge des fünfzehnstündigen einsamen Biwaks an der Stelle, wo vor 26 Jahren die ersten Kandidaten der Eigerwand starben?

Über das Dritte Eisfeld jagen jetzt keine Steine. In der ganzen Wand ist es still. Nichts regt sich. Nur der Mensch. Ein Pünktchen Leben, ein Pünktchen Willen, ein Pünktchen Trotz in einer kalten, schattigen, lebensfeindlichen Unendlichkeit.

Adi Mayr kommt über das Dritte Eisfeld, erreicht die Rampe. Die ersten Seillängen sind nicht besonders schwierig. Es ist schöner Fels. Trotzdem scheint sich der Felsenmeister auch hier nicht besonders wohl zu fühlen. Liegt auf den Felsen Eis? Man kann es jezt, im Schatten, nicht erkennen, nur an den Bewegungen. Und die sind noch immer nicht frei und souverän wie gestern... Andererseits sieht man an keiner Stelle, daß Adi Mayr eine Selbstsicherung eingehängt hätte.

Jetzt kommt der Quergang zum Beginn des Wasserfallkamins. Die Stelle ist nicht leicht. Vom Silbergraben ist nichts zu sehen, der leuchtet nur am Nachmittag. Auch Wasser kommt keines durch den Kamin. Wahrscheinlich ist der Felsen dort mit Eis überzogen. Man kann im Schatten nichts genau erkennen. Nur den Mann und seine Bewegungen. Adi macht den Spreizschritt nach links. Der linke Schuh scheint abzugleiten. Adi zieht das Bein wieder zurück. Bearbeitet die Stelle — mit dem Pickel. Versucht den Spreizschritt nochmals. Wieder scheint er keinen Halt zu finden. Wieder sucht er den alten Stand. Nur hastiger.

So bewegt sich jemand, der müde ist oder nervös, oder verzweifelt. Adi hat auch an dieser Stelle keine Selbstsicherung eingehängt. Was ist nur los mit ihm?

Jetzt geht er die Stelle zum dritten Mal an. Er spreizt genauso wie früher. Nichts ist anders als bei den ersten beiden Versuchen, und trotzdem wagt Adi um 8.12 Uhr den Spreizschritt aus dem Silbergraben, der jetzt dunkel und schattig ist wie die ganze Wand. Auch der Körper ist im Schatten, der vom Silbergraben abgleitet und nur selten aufschlägt während seines 1200 Meter tiefen Sturzes...

Viele Nationen — eine Sprache

Im Jahr 1961 erfüllte sich Guido Tonellas Forderung nach einer europäischen Seilschaft erneut. Wie geschildert, hatte sich bereits 1957, anläßlich der großen Rettungsaktion die internationale Kameradschaft bewährt. Schon damals waren unter den Helfern auch Polen gewesen, die ersten Vertreter der Ostblockstaaten, die im Zusammenhang mit dem Eiger und seiner Nordwand genannt wurden.

Das Jahr 1961 aber bringt gleich zwei Seilschaften aus Osteuropa und auch zwei Durchsteigungen der Eiger-Nordwand! Am 30. August 1961, zwei Tage nach dem tragischen Tod Adi Mayrs, steigen zwei Tschechoslowaken in die Wand: Radovan Kuchař und Zdeno Zibrin. Man kennt ihre Namen nicht nur im Elbsandsteingebirge, nicht nur in der Tatra, nicht nur im Kaukasus, sie haben auch in den Westalpen sehr guten Klang, vor allem im Montblanc-Gebiet und in Zermatt. Vor kurzem war ihnen die Durchsteigung der Nordwand des Matterhorn gelungen.

So steigen die beiden aufeinander gut eingespielten Freunde ruhig — man könnte fast sagen: gelassen — über die unteren Wandpartien empor. Fritz von Almen berichtete mir, daß sie keine Sicherungsgelegenheit versäumten, daß sie wohl etwas langsamer als andere gute Seilschaften bei Schönwetter an Höhe gewannen, aber durch die ruhige Zweckmäßigkeit ihres Steigens auch dem Zuschauer Vertrauen einflößten. Was man nicht beobachten konnte, war, daß einer der beiden auf dem großen Zweiten Eisfeld einen Eispickel verlor. Sie ließen sich dadurch aber keineswegs aus der Ruhe bringen. Sie bewiesen zwei Tage später, daß sie sich durch den Verlust dieses so wichtigen Eisgeräts auch nicht am Aufstieg hindern ließen.

Zum Biwak dieses ersten Tages, der für sie etwa um drei Uhr früh begonnen hatte, rüsteten sie schon vor 18 Uhr am oberen Rande des Zweiten Eisfeldes, kurz vor Beginn der Felsen, die hinauf gegen das Bügeleisen leiten. Die beiden hätten die zwei bis drei Stunden Tageslicht noch leicht dazu benützen können, um zum Bügeleisen und zum Todesbiwak vorzudringen. Aber jetzt, am Nachmittag, war auch das Bügeleisen nicht sicher vor Steinschlag. Und der Grundsatz dieser Seilschaft hieß: Sicherheit.

Am nächsten Morgen, am 31. August, stiegen sie in ihrer langsamen, aber gleichmäßigen Art über das Todesbiwak und das Dritte Eisfeld in die Rampe. Dort trafen sie bereits in den unteren Felsen auf Eis, was die Langsamkeit Adi Mayrs erklären könnte. Die Querung, den Spreizschritt und den Wasserfallkamin fanden sie stark vereist.

Gewissenhafte Sicherung erfordert Zeit. So wählen die beiden bereits das Brüchige Band als zweiten Biwakplatz. Es ist erst 17 Uhr. Noch scheint die Sonne in die Wand. Aber Kuchař und Zibrin dokumentieren, daß sie Zeit haben.

Der nächste Tag, der 1. September, bringt die beiden verhältnismäßig rasch über den Brüchigen Riß zum Götterquergang, zur Spinne... Aber hier ereignet sich das Erstaunliche, das die Zuschauer erst auf den Gedanken bringt, mit der Eisausrüstung der Seilschaft müsse etwas nicht in Ordnung sein. Zibrin und Kuchař machen eine Variante. Eine Art Neutour. Sie betreten die Spinne gar nicht. Sie klettern in den Felsen links der Spinne empor, erreichen so unter bestimmt nicht unerheblichen Schwierigkeiten die Ausstiegsrisse. Das Eisklettern mit Eishaken, Eisbeil und den Vorderzacken der Steigeisen lieben sie offenbar nicht. Der osteuropäische Alpinismus steht der westlichen Akrobatik und Spitzentänzerei noch mißtrauisch gegenüber. Im Osten zieht man die klassischen sicheren und sichernden Methoden vor. Wenn man für das Eis zu schlecht gerüstet ist — dann geht man eben im Fels, auch wenn dies vorher noch niemand gemacht hat.

Im oberen Teil der Ausstiegsrisse wird das dritte Biwak bezogen. Und am Morgen des vierten Tages, kurz nach acht Uhr am 2. September 1961, erreicht die erste osteuropäische Seilschaft nach der Durchsteigung der Nordwand den Gipfel des Eiger.

Das Wetter war die ganze Zeit hindurch schön. Eine Partie, die überhaupt keinen Fehler machte, abgesehen vom Verlust des Eispickels. Aber wer von den Jungen schleppt heute überhaupt noch so ein Ding aus den Tagen ihrer Väter, so einen langen Pickel, mit sich? Die Seilschaft Radovan Kuchař und Zdeno Zibrin war mit ihrer 19. Begehung der Eigerwand ein gutes Beispiel.

Noch am selben Tag, am 2. September 1961, erreichen zwei polnische Ingenieure, Jan Mostowski aus Gleiwitz und Stanislaw Biel aus Krakau, den Gipfel: exakt zehn Stunden nach der tschechischen Seilschaft. Allerdings sind sie rund 24 Stunden später in die Wand eingestiegen, am 31. August...

Es wäre aber verfehlt, aus dieser Zeitangabe ein Werturteil ableiten zu wollen. Die Seilschaft der Polen litt unter Steinschlag, die der Tschechen nicht. Es scheint, daß bei Radovan und Zdeno alles einkalkuliert war — um die Sicherheit vollkommen zu machen.

Ungefähr zu der Zeit, als Kuchař und Zibrin ihren ersten Biwakplatz am oberen Rande des Zweiten Eisfeldes zustrebten, richteten sich am Spätnachmittag des 30. August zwei Schweizer im Schwalbennest gemütlich ein. Träger bekannter Namen: Ernst Schmied und Alois Strickler.

Ernst Schmied war einer der Zweitbegeher des höchsten Berges der Erde, des 8848 Meter hohen Mount Everest. Alois Strickler wieder gehört zu den jungen »Extremen«, die all das nachholen wollen, was — ihrer Ansicht nach — der Schweizer Alpinismus in seiner Traditionstreue versäumt hat. In Stricklers Tourenbuch fehlt keine Bergfahrt, die man nach Ansicht seiner Zeit gemacht haben muß, um zur Weltklasse zu zählen.

Ernst Schmied bekommt im Schwalbennestbiwak Magen- und Bauchschmerzen. Und Alois Strickler muß am nächsten Morgen mit seinem kranken Freund absteigen. Es ist der 31. August. Unterwegs stoßen die beiden auf zwei aufsteigende Partien: auf die schon erwähnte polnische und auf die Schweizer Sepp Inwyler und Kurt Grüter. Diese haben Verständnis und Mitgefühl mit Alois Strickler und verraten ihm, daß drunten auf der Kleinen Scheidegg ein Österreicher auf einen Partner für die Eigerwand warte. Mit diesem Mann hat es dann für Alois Strickler doch noch geklappt.

Der Österreicher, dessen Tiroler Kamerad sich nicht freimachen konnte, war Leo Schlömmer, ein engerer steirischer Landsmann von mir. Als Stabswachtmeister des österreichischen Bundesheeres und Fluglehrer der Fliegerschule Aigen im Ennstal hält er viel von gesundem, zielstrebigem Ehrgeiz. Fliegen zwischen hohen Bergen, in engen Tälern, begrenzt von riesigen Steilwänden, die er in seiner Freizeit erklettert — das ist sein Leben.

Am 1. September 1961, im ersten Licht des Tages, beginnen Schlömmer und Strickler ihren Anstieg. An diesem Morgen schlafen die beiden Tschechoslowaken noch auf dem Brüchigen Band. Die beiden Polen beginnen in ihrem Biwak rechts des Bügeleisens Tee zu kochen. Die beiden Schweizer, die etwa dreißig Meter rechts unterhalb »übernachtet« haben, werden durch die Morgenkälte geweckt, zögern aber mit dem Aufstehen. Um etwa sieben Uhr beginnen die Polen zu klettern, hinauf zum Bügeleisen, zum Todesbiwak. Als sie einmal zurückschauen, trauen sie ihren Augen nicht. Dort unten die kleinen Punkte, am Beginn des Zweiten Eisfeldes das sind ja Menschen... Unglaublich schnell steigende Menschen...

Auch Inwyler und Grüter sehen sie und schütteln ungläubig staunend den Kopf. Dann lacht Inwyler: »Das ist unser Strickler. Und der andere, das muß der Schlömmer sein.«

Am frühen Nachmittag kommen alle drei Seilschaften am Wasserfallkamin zusammen. Der Riß ist vereist und böse. Die Polen sind mittendrin, schaffen die schwere Stelle mit Ruhe und Sicherheit. Dann lassen sie ein Seil herunter, sichern die Schweizer empor.

Und die beiden letzten? Strickler und Schlömmer? Die beste Seilschaft? Machen die anderen den Schnelleren Platz?

Keine Spur. Sie lachen und grüßen. Und die anderen lachen und grüßen. Und alle freuen sich, daß sie beieinander sind; die Polen, die Schweizer und die Österreicher. Und auch die letzten nehmen das Seil, die angebotene Hilfe, an. Alle sechs bilden nun eine Seilschaft, die zwar nicht eine Sprache redet, aber doch die internationale Bergsteigersprache versteht.

Die sechs Kletterer finden einen gemeinsamen Biwakplatz links des Rampeneisfeldes. Das ist wohl jene Stelle, die seit dem Franzosenbiwak des Jahres 1952 gewissermaßen zum Inbegriff des »behaglichen Freilagers« in der Eigerwand geworden ist.

Der nächste Tag bringt manche Überraschungen. Diesmal führen Strickler und Schlömmer. Aber die Sechserseilschaft bleibt. Strickler verliert ein Steigeisen, und so muß Schlömmer in der Spinne Stufen schlagen. Trotz der Verzögerung rückt das Team den Ausstiegsrissen immer näher. Die Polen und Schweizer werden von Steinen getroffen, aber immer sind andere da, die helfen. Bis zum Ende der Ausstiegsrisse bleiben alle an einem Seil. Dann löst sich die große Seilschaft wieder in drei Zweierpartien auf.

Etwa um sechs Uhr abends, am 2. September 1961, erreichen Schlömmer und Strickler den Gipfel. Dort werden sie bereits von zwei Freunden erwartet. Eine halbe Stunde später kommen die Polen. Grüter und Inwyler betreten die Spitze des Eiger erst um 19.30 Uhr. Aber die anderen haben gewartet. Die gute Freundschaft ist wichtiger als das Bett oder das Matratzenlager auf der Scheidegg. Alle acht steigen gemeinsam ab, klettern ins Dunkle. Und dann biwakieren sie gemeinsam. Eine harmonische Fahrt.

Wir wollen diese zwanzigste Durchsteigung — natürlich vereinbarten alle sechs, daß es ihre gemeinsame Besteigung war, nicht drei von getrennten Seilschaften — als Höhepunkt des Jahres 1961 werten, wenn auch die weiteren Begehungen dieses Jahres erwähnenswert sind.

Vom 19. bis 22. September steigen die beiden Bayern Georg Huber und Gerhard Mayer und die Österreicher Karl Frehsner und Helmut Wagner durch die Wand. Die 21. Begehung. Man hat schnellere Kletterer gesehen, auch langsamere. Es gab keinen Grund zur Eile. Das Wetter war immer schön. Die Plätze der drei Biwaks: über dem Zweiten Eisfeld, unter dem Eiswulst in der Rampe, in den Felsen knapp oberhalb der Spinne.

Von den vier Bergsteigern der 21. Begehung hat Georg Huber sein großes Können später im Himalaja bewiesen. Leider starb er dann 1965 an Erschöpfung am Cho Oyu, jenem Berg, der mich an Herbert Tichy denken läßt und dem ich hier einige Zeilen widmen möchte.

Tichy war nie am Eiger, die steilen Wände waren nicht sein Metier. Bewundernswert waren seine Leistungen im Himalaja. Schon 1935 war er heimlich in Westtibet, als Pilger verkleidet und ohne spezielle Ausrüstung, bis auf 7200 Meter des 7728 Meter hohen Gurla Mandhata gestiegen. Zu groß angelegte Expeditionen zum »Thron der Götter« empfand dieser sensible Mann als ein Sakrileg, und so organisierte er 1954 eine Kleinstexpedition zum 8153 Meter hohen Cho Oyu, zusammen mit dem Tiroler Baumeister Sepp Jöchler, den wir schon von der achten Begehung der Eiger-Nordwand, zusammen mit Hermann Buhl, kennen. Ohne künstlichen Sauerstoff erreichten die beiden mit ihrem Sherpa als erste den Gipfel. Für den Schriftsteller Tichy war die Nähe zum Göttlichen ein mystisches Erlebnis. Er starb am 28. September 1987.

Das Wetter in diesem September ist — wie im Herbst üblich — sehr beständig. Es bleibt schön. Das Eis ist dementsprechend hart, die Steinschlaggefahr groß, da kann die Schnelligkeit oft entscheidend sein. Ein hervorragendes Tempo hatten z. B. Schlömmer und Strickler, bevor sie auf die anderen in der Rampe stießen. Aber was sich am 23. und 24. September abspielte, war kein Tempo mehr, das war ein Sturmlauf, wie man ihn seit Waschak und Forstenlechner nicht mehr erlebt hatte, seit elf Jahren also.

Es war die 22. Begehung der Eiger-Nordwand durch Hilti von Allmen und Ueli Hürlimann. Hilti ist kein Verwandter von Kaspar, Fritz und Albert. Das erkennt man schon am zweiten L. Er ist Bergführer und Schilehrer, ein sympathischer Junge, was ein Jahr später auch Luis Trenker entdecken wird: Hilti wird neben Toni Sailer und Dietmar Schönherr Hauptdarsteller des Trenker-Eigerfilms werden...

Mit Ueli steigt er am späten Nachmittag des 23. September in die Wand, erreicht in kurzer Zeit das Schwalbennest. Freilich, der Schwierige Riß ist schon etwas entschärft, und am Hinterstoisser-Quergang hängt das fixe Seil. Das erspart viel Zeit. In vierzehn Stunden stürmen sie, gewissermaßen im Nonstoplauf, vom Schwalbennest bis zum Gipfel, den sie um acht Uhr abends erreichen.

Natürlich reden alle Bergsteiger von der phantastischen Zeit. Auch die Zeitungen schreiben darüber. Und der junge Bergführer von Allmen wird bekannt. Er wird als »der Hilti« zum Begriff...

Natürlich erheben sich auch Gegenstimmen, warnen vor Rekord-sucht. Vor allem Arnold Glatthard prophezeit düster, daß die Eiger-Nordwand zur Rennstrecke würde. Wenn Glatthard etwas zum Thema Eiger sagt, so hat er das Recht dazu, denn er hatte schon vor 25 Jahren das langsame Sterben von Toni Kurz mitansehen müssen. Und wenn er jetzt wieder die Stimme erhob, so war es die Mahnung, daß man nichts leicht und lächerlich und selbstverständlich nehmen soll. Denn die Wand ist hoch und gefährlich. Auch mit seiner Voraus-sage, daß die Eiger-Nordwand eines Tages zur Rennstrecke werden würde, hat er recht behalten, denn es gibt inzwischen Profi-Bergstei-ger, die ihre Kletterzeit mit der Stoppuhr messen.

Nur drei Tage nach Hilti und Ueli stiegen wieder zwei Österreicher in die Wand: zwei Tiroler. Der erfahrene Altmeister Erich Streng und der junge Robert Troier. Seit Hermann Buhl und Sepp Jöchler war keine Seilschaft aus Tirol mehr eingestiegen.
Die beiden, die sich an die 23. Begehung der Eigerwand wagten, wußten, wenn das Wetter jetzt, Ende September, einmal umschlägt, dann bleibt es schlecht, dann wird es noch schlechter. Erstes Biwak im Schwalbennest. In der Früh schneite es. Trotzdem gingen sie weiter. Zweites Biwak in der Rampe. Am Morgen war das Wetter noch schlechter. Trotzdem gingen sie weiter. Nicht aus Leichtsinn, sondern weil sie so gut waren und weil sie zu kämpfen verstanden, wie Hermann Buhl und Sepp Jöchler oder die fünf Franzosen und die Brüder Maag neun Jahre vor ihnen.
Drittes Biwak in den Ausstiegsrissen... Und zur Zeit, als die ersten Gäste des Hotels drunten in den Frühstückssaal kamen, erreichten Erich Streng und Robert Troier den Gipfel. Nach vier Tagen.
Damit schließt die Nordwandchronik 1961. Trotz des tragischen Todes von Adi Mayr war es ein gutes Jahr. Ein Jahr der Könner und verantwortungsvollen Bergsteiger.

Das Jahr 1962 aber zeigte eine neue Eigerwand. Gewiß, es gab da auch Durchsteigungen und Begegnungen mit Menschen, denen wir vorbe-haltlos Sympathie und Achtung entgegenbringen. Aber da gab es auch welche, die — vom Schicksal gewogen und für zu leicht be-funden — doch durch die Wand kamen.
Und es gab Todesfälle. Erschütternde Todesfälle. Rätselhafte Todesfälle, die manche Frage bis heute unbeantwortet ließen.

»I am sorry, Brian...«

Ein verrücktes Jahr, dieses Jahr 1962. Ein Eigerjahr, wie man es nicht kannte. Fünf Tote in einem Sommer. Das gab es bisher noch nie. Gewiß, dagegen kann man sagen, daß 44 Männer lebend durch die Wand gekommen sind. Das gab es auch noch nie. Wenn man das Jahr 1936 nimmt, das Jahr der Tragödie des Toni Kurz, in dem vier starben, aber keiner durch die Wand kam — könnte man meinen, die Zeiten hätten sich gebessert. Aber so darf man nicht rechnen. Erinnern wir uns an 1952. Damals gab es in der Wand meist schlechte Verhältnisse, aber zwanzig Bergsteiger kamen trotzdem durch. Es gab keinen Toten. Das Jahr 1962 ist ein ungewöhnliches, ein trauriges Jahr — ein Jahr, in dem sich der Rummel um die Eigerwand überstürzt. Die Begriffe von Sinn und Unsinn des Alpinismus verwirren sich. Aber dem Leser der vielen Berichte, dem wißbegierigen Laien scheint zum ersten Mal der Sinn so einer Eigerbesteigung klar: Geld und Publicity. Trenker dreht einen Film an und in der Eigerwand. Das lockt Hunderte Schlachtenbummler, Journalisten, Propagandisten an. Drunten auf Alpiglen reiht sich Zelt an Zelt. Manchmal bildet sich ein ganzes Zeltdorf.

Zunächst beginnt die Eigersaison ganz normal, ohne Aufsehen. Auch die Filmarbeiten Trenkers stören die Eigerwandkletterer in keiner Weise. Ausgezeichnete Bergsteiger und Bergführer, unter anderem eine Elitemannschaft steirischer Bergsteiger unter Leitung Sepp Larchs und Walter Almbergers, helfen neben den »Oldtimern« bei Trenker als Führer, Träger, Komparsen, Darsteller und Doubles mit. Wolfgang Gorter ist wieder als Kameramann dabei. Man will möglichst viele Aufnahmen echt, an Ort und Stelle drehen. Man plant auch eine Durchsteigung der Eigerwand für den Film.

Toni Sailer, der lediglich mit mir im Wilden Kaiser klettern war, trainiert mit Sepp Larch und Hilti von Allmen und durchsteigt mit ihnen sogar den Schwierigen Riß bis zum Hinterstoisser-Quergang, eine beachtliche Leistung. Allerdings ist bereits der ganze untere Wandteil entschärft. Überall hängen Seile. Fixe Seile für Rettung und Film, alte, zurückgelassene Seile von Rückzügen, Versuchen. Die Ausaperung der ganzen Wand nimmt zu. Damit vergrößert sich auch die Steinschlaggefahr.

Das Schwalbennest wird zum beliebten ersten Biwakplatz. Sein Name wird in allen Sprachen genannt. Er hat sich eingebürgert wie ein Eigenname. Sogar ich vergesse, daß diese Biwakstelle oberhalb des Hinterstoisser-Quergangs nicht seit eh und je diesen Namen getragen hat.

Dieses Schwalbennest wird am 23. Juli nachmittags zum erstenmal im Jahre 1962 bezogen. Von den vier tüchtigen Schweizer Bergsteigern Jean Braun, André und Bernard Meyer und Michel Zuckschwert. Die nächste Nacht biwakieren die vier, denen die 24. Durchsteigung gelingen wird, schon droben am Brüchigen Band.

Das Schwalbennest erreichen aber auch, am Nachmittag des 24. Juli, zwei Engländer, Brian Nally und Barry Brewster. Es gibt noch keine »britische Durchsteigung« der Eigerwand. Werden die beiden die ersten sein?

In diesem Sommer gibt es einige englische und schottische Zelte am Fuß der Nordwand. Die große Wand des Eiger ist keine Sache nach dem Geschmack der britischen Tradition. Da ist zuviel unberechenbares Risiko dabei. Auch zuviel Lärm. Im Alpine Club würde man es gar nicht gerne sehen, wenn eines seiner Mitglieder die Eigerwand durchstiege.

Nally und Brewster sind nicht Mitglieder des Alpine Club. Der derbe, büffelstarke Brian ist 25 Jahre alt. Er hat ein breites, gesundes Gesicht, das ebenso gutmütig wie brutal wirken könnte. Im großen und ganzen ist es ziemlich unenglisch. Er erzählt gern. Bald wissen alle, die Kameraden der verschiedenen Nationen im Zeltdorf von Alpiglen ebenso wie die stets nach Neuigkeiten und spannenden Stories suchenden Journalisten, daß ihn am meisten die großen Touren interessieren. Ja, und die Matterhorn-Nordwand hat er auch schon gemacht, im vergangenen Sommer, mit dem Schotten Tom Carruthers. Und die Nordwand des Lyskamm. Und den Zmuttgrat auf das Matterhorn. Ja, das Matterhorn habe es ihm angetan. Das sei ein Berg nach seinem Geschmack. Ist es nicht seit Whymper ein englischer Berg? Na ja, er habe die Nordwand noch einmal versucht. Im Winter. Mit Georg Huber aus Traunstein. Sie sind mit Müh und Not zur Schulter ausgestiegen.

Brian gibt ehrlich zu, daß er ohne Georg Huber bestimmt nicht lebend zurückgekommen wäre. Brian lacht und erzählt und ist froh, daß man ihm zuhört und an seine unüberwindliche Kraft glaubt. Er selbst glaubt auch daran. Trotzdem ist er nicht nur erdgebunden und realistisch, wie es sein rustikales Äußeres vermuten ließe. Er ist angriffslustiger Tatmensch und Träumer zugleich. Er träumt von hohen Bergen und dem Ruhm, den man durch sie gewinnen kann. Ein gefährlicher Traum.

Brian erzählt und läßt sich bewundern. Sein ganzes Wesen ist so heiter und unbeschwert, wie der Name seines Kletterklubs heiter und unbeschwert ist: Rockhoppers — Mountaineering Club, London.

Barry Brewster, der 22jährige Gefährte, ist das genaue Gegenteil von

Brian Nally. Lang und hager, mit feinem, charaktervollem, intelligentem Gesicht. Er ist schweigsam, fast schüchtern, hat schmale Fesseln und Handgelenke. Er ist Student und Mitglied des University Climbing Club. Viele britische Alpinisten, Himalajabergsteiger, Forschungsreisende und Abenteurer haben so ausgesehen. Er ist ein Typus, der nichts an Energie für äußeres Erscheinen verschwendet, der aber in Augenblicken der Gefahr und Schwierigkeit unglaublich tapfer und zäh sein kann. Die beiden Männer biwakieren in der Nacht vom 24. zum 25. Juli im Schwalbennest. Am nächsten Tag kommen sie ziemlich langsam vorwärts. Barry, der Felsakrobat vom »Lake District«, ist im Eis nicht so zu Hause wie Brian. Und der eisgeübte Dekorateur und Anstreicher aus London weiß auch, was er dem Freund schuldig ist. Mit gelassener Ruhe schlägt er in das Zweite Eisfeld Stufe um Stufe. Barry kann auf dieser Leiter sicher nachsteigen.

Am Ende des Zweiten Eisfeldes, wo die steilen, stellenweise brüchigen Felsen zum Bügeleisen emporziehen, übernimmt Brewster die Führung. Schnell und sicher kommen sie höher. Es besteht kein Zweifel, daß sie heute noch zum Todesbiwak kommen werden.

Die Leute drunten auf der Kleinen Scheidegg beobachten die beiden Engländer. Und sie sehen, daß Barry Brewster stürzt. Mit ihm kommen Steine... Um diese Zeit, am Spätnachmittag, ist die Steinschlaggefahr besonders groß, da kommen oft ganze Steinlawinen aus der Gipfelwand, aus der Spinne... So ein Steinschlag hat sichtlich Barry Brewster aus dem Stand gerissen.

Der »Times«-Korrespondent berichtet: »... One of two British alpinists attempting to climb the North face of the Eiger was observed through a telescope tonight to have fallen about 300 ft. from the rock at the top of the second icefield... He is Mr. Barry Brewster of Crawley, who began the climb yesterday with Mr. Brian Nally of New Barnet. Mr. Nally was seen to hold his compagnon at rope's length for some time and then go down to where he was lying in the snow apparently hurt...«

Diesen Vorgang des Absturzes hat der Journalist offenbar genau berichtet. Nur in der Sturzhöhe hat er sich geirrt. Nally und Brewster kletterten an einem Hundert-Fuß-Seil, also an einem etwa dreißig Meter langen Seil. Brewster war die ganze Seillänge ausgegangen, als der Unfall passierte. Die Mauerhaken, in die Brewster das Seil eingehängt hatte, wurden durch die Wucht des Sturzes herausgerissen. Nur der Standhaken direkt an Nallys Sicherungsplatz hatte gehalten. Offenbar war es diesem nicht mehr möglich, das Seil einzuraffen, denn am Ende des Sturzes lag Brewster kopfabwärts, eine volle Seillänge unterhalb, auf dem Zweiten Eisfeld. Nachdem Nally das Seil gesichert hatte, kletterte er zum verletzten Freund hinunter, ständig selbst vom Steinschlag bedroht. Nally war durch den enormen Schock, die Anstrengung und wohl auch durch die Verzweiflung nicht imstande, später ein absolut klares Bild der Situation zu geben. Er, der lachende Erzähler, konnte nach seiner Rettung nicht gut erzählen, er widersprach sich öfter. Wer aber daraus gegen ihn Argumente konstruieren wollte, täte dem Burschen unrecht. Es ist nicht so wesentlich, was der Tapezierer des Rockhoppers-Club später sagte. Es ist wesentlich, was er tat. Und dies geschah unter den beobachtenden Augen der Öffentlichkeit.

Brian stieg mehrmals die dreißig Meter zwischen dem oberen Rand des Eisfeldes und der Stelle, an der Barry hing, auf und ab. Offenbar holte er von seinem eigenen Sicherungsplatz Lebensmittel, Kleidungsstücke oder sonstiges, um die Lage des schwerverletzten Freundes zu erleichtern. Vielleicht sah er schon, daß es hier keine Rettung mehr gab, wollte aber die Tatsache nicht zur Kenntnis nehmen. Es ist durchaus wahrscheinlich, daß Brewster während des Sturzes laut den Namen Brians gerufen hat. Es ist auch wahrscheinlich, daß Brewster die längste Zeit bewußtlos war, während sich Nally um ihn bemühte. Es besteht auch keine Ursache, daran zu zweifeln, daß Brewster in den kurzen Momenten seines Erwachens aus der Bewußtlosigkeit nichts anderes sagte als: »I am sorry, Brian, I am sorry.« Brewster entschuldigte sich bei Nally für die Ungelegenheiten, die er ihm bereitete. Und dieser einfache Kraftmensch, dessen Ehrgeiz und Bergbegeisterung nicht ganz mit seiner Erfahrung übereinstimmten, wollte das nahe Ende des Freundes, dessen geistige Überlegenheit er stets anerkannte, nicht wahrhaben. Er ignorierte die Steinfälle, die immer wieder von oben kamen. Es war ihm offenbar nur unerträglich, daß Steinschlag seinen bewußtlosen, wehrlosen Freund traf. Alle sahen durch die Fernrohre, daß Brian gegrätscht über Brewster stand, als ob er mit seinem Körper die Steine vom Freund abhalten wollte, und mit verzweifelten Schlägen versuchte, für den Ohnmächtigen einen Biwakplatz aus dem Eis zu pickeln.

Der »Times«-Korrespondent telefonierte mit der Kleinen Scheidegg: »... Nally was seen standing almost astride him (Brewster) to shield him from rock falls ... Nally then hacked out a bivouac for his injured comrade on the icefield ...«

Jeder Bergsteiger wird die große Anstrengung ermessen können, die es erfordert, aus einem steilen Eishang einen waagrechten Liegeplatz herauszuhacken. Auch für einen ausgerasteten Bergsteiger, ohne Schock, eine Schwerarbeit. Nally mußte aber schon todmüde gewesen sein. Toni Sailer, der den Vorgang auch durch das Fernrohr beobachtete, sagte mir: »Nally schlug mit ganz langsamen Bewegungen auf das Eis ein. Als ob er am Ende seiner Kraft wäre...« Trotzdem hat Nally den Biwakplatz aus dem Eis gehackt und mit letzter Kraft Brewster emporgezogen.

Von modernen Rettungsmethoden, von Anwendung des Prusikknotens, von Flaschenzügen und dergleichen hatte Nally offensichtlich wenig Ahnung. Er versuchte diesen Mangel an Kenntnis durch seinen guten Willen und die Kraft auszugleichen. Das haben die Leute am Fernrohr alle gesehen. Auch ein Arzt war unter den Beobachtern. Und er glaubte an den Bewegungen, die Brewster hie und da machte, zu erkennen, daß der Verunglückte teilweise gelähmt war. Man kann nicht Diagnosen auf diese Entfernung, bei diesem Höhenunterschied durch ein Teleskop stellen, auch wenn es 72fach vergrößert... Man konnte aber deutlich sehen, daß sich Brewster bewegte. Also hatte er den Achtzig-Meter-Sturz überlebt.

Auch am nächsten Morgen bewegte er sich noch. Wieder sah man Nally von seinem Sicherungsplatz abwärts steigen zu Brewster. Offenbar brachte er ihm etwas zu trinken, Tee oder Suppe, die er oben, auf seinem Platz, am Rande zwischen Fels und Eis, bereitet hatte.

Dann werkte er lange an den Seilen oberhalb der ausgepickelten Eishöhle herum. Offenbar trieb er Eishaken und Eisschrauben ein, um den Verletzten besonders zu sichern. War Brewster noch am Leben? Bewegte er sich nicht?

Man beobachtete ihn, man beobachtete aber auch die Rettungsmannschaft, die um vier Uhr früh vom Stollenloch aus in die Wand gestiegen war. Sieben Bergführer aus Wengen und Lauterbrunnen. Geleitet von Karl Schlunegger, der mit seinem Bruder Hans vor fünfzehn Jahren die Drittbegehung der Wand gemacht hatte. Auch Hilti von Allmen, zur Zeit einer der Hauptdarsteller des Trenker-Films, und Sepp Larch, einer der besten österreichischen Alpinisten dieser Tage, sind mit von der Partie. Sie stehen mit der Kleinen Scheidegg in Funkverbindung.

Fritz von Almen und seine Leute beobachten auch die zweite englische Seilschaft: Chris Bonington und Don Whillans, die von ihrem Biwakplatz im Schwalbennest aufwärts steigen. Beide haben keine Ahnung von der Tragödie ihrer Landsleute, von dem Drama, dessen Ausmaß noch niemand ahnt. Dort oben hängt Brewster im Eisfeld in den Seilen. Nally steigt von ihm weg, wieder hinauf zum Rand. Es ist acht Uhr früh.

Warum steigt Nally hinauf? Warum wartet er nicht auf die Rettung? Später wird man von ihm erfahren, daß er Barry für tot hielt. »Ich glaube, er ist in meinen Armen gestorben. Mit den Worten: I am

222

sorry, Brian...« Was will Nally dort oben am Rand des Eisfeldes? Kommen wieder Steine? Auch in der Nacht hat der Steinschlag nicht aufgehört...

Die Beobachter auf der Kleinen Scheidegg sehen, daß die Rettungsmannschaft schneller vorwärts kommt als die zweite englische Seilschaft.

Don und Chris sind erfahrene Bergsteiger, und überall in der Welt haben sie hohe, schwere Berge gemacht. Sie klettern gelassen, jede Sicherungsmöglichkeit, jede Deckung ausnützend. Und dann, um 8.45 Uhr, wird das scharfe Hämmern des Steinschlags durch das dumpfe Sausen abgelöst und das dumpfe Aufschlagen auf Schnee und Stein... Niemand kann es vergessen, der es jemals gehört hat: das Sausen und das stumpfe Aufschlagen eines stürzenden menschlichen Körpers.

Barry Brewster ist abgestürzt. Tausend Meter und mehr. Der Tote braust über die Köpfe der Rettungsmannschaft hinweg, schlägt knapp unter den acht Männern auf... Die Reste des Körpers fallen bis hinunter zum Wandvorbau

Wie war das möglich? Manche glauben gesehen zu haben, daß sich Barry knapp vor seinem Todessturz auf seinem Biwakplatz aufgerichtet hat, als ob er die Seilsicherung richten wollte. Und dann ist er gestürzt, lautlos, haltlos, als ob er gar nicht an einem Seil gewesen wäre... War Brewster doch nicht tot, wie es Nally angenommen hatte? Löste er selbst das »Brustgeschirr« oder mit welcher Methode er sonst an den Eishaken gesichert war, in Erkenntnis der Hoffnungslosigkeit seiner Lage? Löste er die Sicherung in einem Anfall von Sinnesverwirrung, die jeden Schwerverletzten am Berg befallen kann? Fegte eine neue Steinlawine Barry hinab, mit ihrer Wucht die Eishaken und Eisschrauben spielerisch leicht aus dem faulen, morschen Eis reißend? Ich glaube, daß es so war. Es entspricht auch am ehesten den Angaben Brian Nallys.

Ich kenne Nally nicht persönlich, aber ich glaube nicht, daß er zu jenen Typen gehört, die durch die Einsamkeit wachsen. Sein Trotz bäumt sich gegen die Angst auf. Er glaubt für den Kameraden das Beste getan zu haben — vielleicht, wahrscheinlich hat er auch für ihn das Beste getan. Und nach der Katastrophe, als Barry, der stets der geistige Führer Brians war, in die Tiefe gestürzt war, verwirren sich die Empfindungen in dem Einsamen. Sie lassen keine klare Willensbildung zu. Nally will absteigen, ungesichert über das steinschlagbestrichene Zweite Eisfeld. Nally will wieder zurück, über die Felsen hinauf. Ja, vielleicht gelingt ihm die Durchsteigung der Eigerwand im Alleingang? Brian überlegt.

Da sieht er tief unten, dort, wo der Eisschlauch in das Zweite Eisfeld mündet, Bergsteiger. Sie winken ihm. Er winkt zurück. Aber er ruft nicht. Denn da ist eine dauernde, tiefeingewurzelte Furcht in ihm: sich lächerlich zu machen. Nicht vor der Öffentlichkeit, sondern in seinem Club, den Rockhoppers. Ein Freundschaftsbund von rein lokaler Bedeutung. Aber dort gilt Nally als der große, starke Nordwandmann. Unerträglich der Gedanke, daß man sich dort zuflüstert: »Der Brian Nally ist aus der Nordwand geholt worden...«

Darum ruft er den fremden Bergsteigern nichts zu. Aber die beiden holen ihn. Die Rettungsmannschaft hat Whillans und Bonington verständigt, daß Brewster abgestürzt sei und Nally geholt werden müsse. Die beiden Briten, berechtigte und sichere Kandidaten auf die erste britische Begehung der Eigerwand, sind sofort bereit, ihr Unternehmen abzubrechen und Brian Nally zu holen. Die Rettungsmannschaft mit Schlunegger, Larch und Hilti von Allmen befestigt am Hinterstoisser-Quergang ein Seil, um den anderen den Rückweg zu erleichtern. Dann steigen sie ab.

Am späten Nachmittag schon wird das, was von Brewster noch übrig ist, geborgen. Frau von Almen hat im Wandvorbau einen winzigen roten Fleck entdeckt, einen Fetzen von einem roten Anorak...

Der Abstieg der drei Engländer ist nicht leicht. Es kommt ein Hochgewitter. Blitz auf Blitz, Schlag auf Schlag. Der Sturm heult, die Steinschläge krachen mit dem Donner um die Wette. Don Whillans und Chris Bonington haben ihre Bergerfahrung nicht nur in den Alpen, sondern auch im Himalaja und den sturmumbrausten Bergen Patagoniens erworben. Ihre Nerven sind dem Unwetter gewachsen. Sie erreichen mit ihrem Schutzbefohlenen das Stollenloch, wo sie von den anderen Kameraden der britischen Zeltkolonie »Eigerwand«, erwartet werden.

Natürlich stürzen sich die Journalisten auf den »starken Mann«, Brian Nally, dessen Nerven und Reaktionsfähigkeit dem jähen Wechsel von Verzweiflung, Trauer, Furcht, Trotz, Hoffnung, Todesangst und ganz unvermutetem, lebendigem Heimkehren nicht gewachsen waren.

Alpinistinnen versuchen die Wand

Beginnen wir mit dem guten Ende.

Am 31. Juli 1962, vormittags, treffen vier Bergsteiger auf der Kleinen Scheidegg ein. Zwei Frauen und zwei Männer. Sie kommen von einem Rückzug aus der Eigerwand. Nach drei kalten Biwaknächten. Aber man sieht den Männern die Strapazen, die Übermüdung, die Durchkältung nicht an. Und auch die Gesichter der Frauen sind nicht vom Erlebnis, vom Abenteuer, vom Schrecken »Eigerwand« gezeichnet. Die Gesichter sind weder verhärtet noch gealtert, nicht sportlich kämpferisch, sondern hübsch, apart, weiblich.

Die Frauen: Loulou Boulaz und Yvette Attinger. Frau Boulaz ist schon um die Fünfzig. Und sie leugnet es auch nicht, obwohl sie dies nach ihrem Aussehen ruhig tun könnte.

Ausgeglichen, anmutig, komplexfrei, so würde man den Charakter von Loulou Boulaz vermuten, wenn das Gesicht dessen Spiegelbild ist. Und die Vermutung ist auch richtig. Loulou Boulaz ist zur Zeit eine der erfolgreichsten, auch berühmtesten Alpinistinnen der Welt. Aber sie verbrennt nicht in ihrem Ehrgeiz. Sie hat 1959 wohl die »Frauenexpedition« auf den 8153 Meter hohen Cho Oyu unter Leitung von Claude Kogan mitgemacht. Aber nicht aus dem Prinzip der Gleichberechtigung des weiblichen, des separatistisch weiblichen Alpinismus, sondern weil es sich halt so ergab. Loulou klettert lieber in männlicher Begleitung.

Yvette hat zwar ein schärferes Gesicht, aber nicht als Erinnerung an unweiblich harte Kämpfe, obwohl sie in den letzten Jahren, in Begleitung Michel Vauchers, in die Weltklasse der Alpinistinnen aufgerückt ist.

Über ihren späteren Mann, Michel Vaucher, braucht man wohl nichts mehr zu sagen. Jeder Bergsteiger kennt ihn. Der Genfer Student und Alpinist, der unter anderem auch die Zweitbegehung des 8222 Meter hohen Dhaulagiri ohne Sauerstoffgerät und bei noch mangelnder Höhengewöhnung gemacht hat, schaut aus wie ein Nordländer — gemildert durch französischen Charme. Irgendwer hat einmal behauptet, Michel sei der geborene Naturbursche. Ich bin nicht dieser Ansicht. Er ist nur ein vollkommen natürlicher Mensch. Er ist so gut am Berg, daß er noch lächeln kann, wo andere schon kämpfen. Darum behält er seine letzten Kraftreserven für wirklich böse Situationen und bringt solche auch zu einem guten Ende. Ich glaube nicht, daß Michel beim Rückzug aus der Eigerwand bereits seine Kraftreserven beanspruchen mußte. Weder Michel Vaucher noch

Michel Darbellay, der junge, hervorragende Bergführer aus Martigny, von dem wir noch hören werden.

Wie sich der Frauenangriff und der Rückzug in der Eigerwand abgespielt haben? Die Wand richtete alles zur höchsten Dramatik her. Auch der Sturm und die Steinschlagrhythmen waren bereit, eine Tragödie zu begleiten. Es wurde keine Tragödie, es wurde kein Drama. Die beiden Frauen waren einfach sehr gute Alpinistinnen. So gute, daß sie die Überlegenheit der beiden Michels neidlos anerkannten und selbstverständlich fanden. So selbstverständlich, daß sie sich auch im Schneesturm geborgen fühlten und trotz eigener Meisterschaft und Selbständigkeit ebenso empfanden wie andere gute weibliche Berggefährten: »Was kann mir schon geschehen, wenn der Michel da ist.« Am 28. Juli, nachmittags, steigen die vier in den Wandvorbau ein, rüsten bereits in der klassischen Biwakhöhle zwischen Zerschrundenem Pfeiler und Schwierigem Riß zum ersten Biwak. Am 29. in der Früh ist das Wetter unsicher, erst spät verlassen sie den sicheren Platz.

Leute, die nicht wissen, von wem sie sprechen, die aber, ungefragt, ihre Kritik aus der Fernrohrperspektive äußern, schütteln bedenklich das Haupt: So spät aus dem so tiefgelegenen Biwak aufsteigen? Bei diesem schlechten Wetter? Dieselben Kritiker sperren aber zwei Stunden später vor ungläubigem Staunen den Mund auf. Was dort aus dem Nebel wächst, ist ohne Zweifel das Zweite Eisfeld. Und wer ist dort oben? Ohne Zweifel die vier. Dabei schaut die Fortbewegung der beiden Seilschaften gar nicht wie ein Sturmlauf aus, sondern eher wie ein gelassenes Spazieren. Sie tun auch so, als ob sie gar nicht zusammengehörten, der Michel Darbellay mit Loulou und der Michel Vaucher mit seiner Yvette. Das Wetter wird immer schlechter, zieht den Vorhang zu. Man hört das Wasser, den Steinschlag und die Schneerutsche über die Wand stürzen. Kommt doch ein Drama? Das Publikum ist von der Schaubühne Eigerwand ausgesperrt...

Hinter dem Vorhang vollzieht sich aber alles weiter mit programmgemäßer Gelassenheit. Bügeleisen, Drittes Eisfeld, Rampe. — Es ist erst Nachmittag. Man könnte noch bis zum Rampeneisfeld, zum Brüchigen Band, zum Götterquergang oder noch höher kommen. Wenn das erhoffte Schönwetter aber ausbleibt? Wenn es noch schlechter wird? Wenn man morgen umkehren müßte?

Die vier biwakieren in der Rampe, an der klassischen Stelle. Die Gelassenheit und Heiterkeit läßt trotz der Kälte keine schlechte Stimmung aufkommen.

Der Morgen des 30. Juli. Das Wetter ist noch schlechter geworden.

Man sieht kaum eine Seillänge weit. Und was man sieht, was aus dem grauen Nebel wächst, ist eine Winterlandschaft.

Die beiden Damen würden ohne weiteres hinaufsteigen, die Kletterei zum Wasserfallkamin fortsetzen. Aber die beiden Männer wollen nicht. Ihre Meinung, ihre Autorität entscheidet: Wir kehren um!

Der Abstieg aus dieser Höhe hat schon manchem das Verderben gebracht. Dieser Abstieg, den man einst — bevor es Hias Rebitsch anders vorexerzierte — als verzweifelte Flucht ins Leben bezeichnete, bekommt auch diesmal leicht dramatische Ansätze. Aber nur Ansätze. Von Flucht und Hast ist keine Rede. Aber die vier seilen sich zusammen, bilden eine Seilschaft. Wenn da einer rutscht, dann spüren die anderen kaum den Ruck, wenn sie ihn halten. Bei einer Zweierseilschaft ist die Gefahr ungleich größer. Die Gefahr der unsicheren, vereisten Felsen, der mit Neuschnee bedeckten Eisfelder, Steinschläge und Schneerutsche ist trotzdem groß. Aber dramatisch wird die Sache nicht. Jeder leistet Meisterarbeit — ohne Reservekräfte einzusetzen.

Im unteren Teil der Wand müssen die vier oft durch regelrechte Wasserfälle klettern. Kein trockener Faden ist mehr an ihnen. Es wird dunkel, sie klettern in die Nacht, seilen sich hinunter, plagen sich mit den nassen Seilen. Die beiden Michels behüten die weltbekannten Alpinistinnen, wie eben ein Mann eine Frau behütet, die er führt. Naß und müde und etwas durchkältet kommen sie zur Biwakhöhle. Am nächsten Morgen werden sie, schon getrocknet und »restauriert«, die Terrasse des Hotels der Kleinen Scheidegg betreten, herzlich begrüßt und bestaunt von den Gästen. Sie selbst bleiben auch hier gelassen, freundlich, aber ohne Beifallshunger.

Die beiden Frauen und die beiden Männer müssen in ihrer Biwakhöhle gut geschlafen haben, denn sie haben gar nicht gemerkt, nicht gehört, daß im Morgengrauen zwei Bergsteiger, von unten kommend und zum Schwierigen Riß emporkletternd an ihnen vorbeigestiegen sind.

Am Morgen des 31. Juli 1962. Jetzt kommt die Geschichte vom guten Anfang: Die Akteure sind die beiden Wiener Alpinisten Helmuth Drachsler und Walter Gstrein. Die Namen sagten den Gästen und Reportern der Kleinen Scheidegg nichts. Auch die Filmleute nahmen von den beiden kaum Notiz. Walter Almberger und die anderen Österreicher wissen natürlich viel von Helmuth und Walter, vor allem wissen sie, daß man um die beiden Wiener keine Sorge zu haben braucht.

Walter ist ein stiller, bescheidener Mann mit einem fast finsteren Gesicht. Wenn er lächelt, bekommt er Grübchen in den Wangen. Gstrein wurde auch schon auf Auslandsfahrten mitgenommen. Vor allem im Kaukasus hatte er schöne Erfolge. In den Ost- und Westalpen kennt er viele schwere und schwerste Touren. Sein Gefährte Helmuth Drachsler steht Walter an Können und Erfahrung kaum nach. Aber das wissen die Kritiker, Lober und Tadler am Fernrohr nicht...

Wer sind schon die beiden, wenn man hier die berühmten Damen und noch berühmteren Michels zur Gesellschaft hat?

Manchmal wird ein Auge für die beiden riskiert. Sehr schnell sind sie gerade nicht. Die Verhältnisse in der Wand dürften aber auch recht ungemütlich sein. Überall Wasser. Aber deshalb müßte man doch nicht im leichten Gelände zwischen Schwierigem Riß und Hinterstoisser-Quergang so lange brauchen, so vorsichtig gehen. Die beiden Wiener haben keine Möglichkeit, das Publikum aufzuklären, daß der Fels hier vereist ist.

Nach dem Ersten Eisfeld machen sie wieder etwas Ungewohntes: Sie steigen nicht in Richtung Eisschlauch, sondern wenden sich nach links, zu jener Wandstufe zwischen Erstem und Zweitem Eisfeld, die Mehringer und Sedelmayr bei ihrem Versuch 1935 zum ersten Mal erstiegen haben. Steil ist der Fels hier, nach unten geschichtet, rutschig, brüchig; es gehen kaum einmal Haken hinein. Gstrein und Drachsler raufen sich vorsichtig, aber verbissen, zäh hinauf.

Am späten Nachmittag haben die beiden das Todesbiwak erreicht. Dort bleiben sie. Das Wetter scheint sich zu bessern. Sie werden's brauchen.

Am Morgen des 1. August sieht man Gstrein und Drachsler zum Aufbruch rüsten. Aber das Interesse gilt heute anderen Dingen. Vor allem dem Alleingänger, der seit gestern in der Wand sein soll. Auch auf der Nordwestgratschulter sind die Teleobjektive der Filmkameras in Erwartung des Alleingängers in die Wand gerichtet. Aber er kommt nicht... Warum kommt er nicht? Über diese Frage rätseln alle, vergessen sind die beiden Wiener.

Gstrein und Drachsler planen nicht mehr und nicht weniger als den »direkten Durchstieg« durch die Eigerwand. Genau in der Linie, die Sedelmayr und Mehringer erdacht und die verschiedene Seilschaften seither schon versucht hatten: vom Todesbiwak gerade hinauf zur Spinne. Es ist noch nicht die Zeit der »Superdirettissima« gekommen. Man denkt noch in großen harmonischen Linien, wie es dem Berg und dem Geist des Bergsteigers geziemt.

Gstrein und Drachsler kommen beim Direktversuch höher als alle anderen Seilschaften zuvor. Nur noch ein kurzes Stück — kaum mehr als eine Seillänge — trennt sie vom unteren Spinnenrand. Aber dieses kurze Stück ist für sie ungangbar. Der Felsen ist total vereist. Und jetzt, als Mittag schon vorbei ist, steigert sich die Steinschlaggefahr von Minute zu Minute. Schwer ist der Entschluß. Aber es ist der einzig mögliche: zurück.

Etwas nach 15 Uhr sind die beiden wieder auf dem Bügeleisen. Müde, abgekämpft, durchkältet, aber nicht gebrochen, sondern nur um eine Erfahrung reicher. Vorsichtig tasten sie sich über das Dritte Eisfeld schräg hinunter zur Rampe.

Auf dem Rampenbiwakplatz unter dem Silbergraben rüsten sie zum zweiten Nachtlager. Ein harter Tag war das, ein gefährlicher Tag, aber ein guter Tag, denn die beiden haben das Beste gegeben, was in ihnen war.

Sie steigen am 2. August, langsam, wie es die Wandverhältnisse erfordern, weiter zum Wasserfallkamin. Der Überhang ist so vereist, daß sie die schwere Terray-Variante machen müssen. Auch das Brüchige Band, der Brüchige Riß und der Götterquergang sind in bösem Zustand. Die Spinne selbst ist grau, schwarz vom Steinschlag, der in das Eis seine Spuren zeichnet. Nein, durch die Spinne kann man heute nicht steigen.

Gstrein und Drachsler machen die Tschechen-Variante. Sie klettern an der felsigen linken Begrenzungskante der Spinne hinauf, Seillänge um Seillänge. Sie queren oben wieder nach rechts, steigen weiter Richtung Ausstiegsrisse, es wird dunkel, sie klettern noch immer weiter, verhauen sich, seilen sich zurück, wieder hinauf. Endlich ein Biwakplatz, ein kleiner Stand, ein paar Sicherungshaken. So wollen sie die Nacht verbringen.

Es stürmt, es schneit, es friert. Das Wetter steigert sich zum Unwetter. Und trotz Kälte und Schnee kommt auch ein Gewitter. Es schlägt auf dem Eiger, diesem Wetterfänger ununterbrochen ein, Blitz und Donner gleichzeitig. Und mancher dieser Blitze fährt entlang der Eis-, Schnee- und Wasserrinnen abwärts. Seine Ausläufer finden das Eisenzeug der Bergsteiger, die durchnäßten Gewänder, die Körper. Die Stromschläge sind so stark, daß es Gstrein und Drachsler schüttelt. Aber trotzdem lassen sie sich nicht von Verzweiflung lähmen. Sie setzen ihren Willen gegen alles, was dem Leben feindlich ist.

Der Wille und die Zähigkeit müssen noch den ganzen nächsten Tag aushalten. Grauenhaft die Vereisung in den Ausstiegsrissen, böse der Sturm. Die Kälte dringt durch alle schützenden Hüllen. Aber zentimeterweise gewinnen die beiden die letzten 300 Meter der Eiger-

wand. Um 17 Uhr stehen sie auf dem Gipfel. In der Nacht kommen sie zu den anderen Menschen zurück. Am 3. August 1962.
Eine große Leistung war diese 25. Begehung der Eigerwand, die am 31. Juli begann, am Tag des guten Anfangs.

Der 31. Juli 1962 ist aber auch ein Tag des bösen Endes. Eines Endes ohne Wiederkehr. Am 31. Juli 1962 stürzt Adolf Derungs in der Eigerwand tödlich ab. Der zweite Versuch eines Alleingangs. Der zweite mit tödlichem Ausgang.
Wir erinnern uns noch gut an Adolf Derungs, den Graubündner Maurer, der von den Bergen und vom Bergsteigen so gefesselt war, daß er auch die Bergführerprüfung machte. Adolf Derungs, der die wohl originellste Eiger-Nordwand-Begehung machte — die 16. — mit Lukas Albrecht: die Wintermantelbegehung. Was veranlaßte ihn nun, die Wand nochmals zu machen? Allein?
Einige behaupten, Adolf Derungs wäre nur gegangen, um zu beweisen, daß man die Nordwand sehr wohl allein machen könne und es keine Mordwand sei.
Andere meinen, er wollte als Bergführer berühmt werden, um Gäste und Touristen für die Zukunft zu bekommen.
Doch lassen wir die Spekulationen. Zeigen wir die wenigen Tatsachen auf.
An diesem 31. Juli wollte Derungs zum Schwalbennest aufsteigen. Am 1. August womöglich in einem Tag bis zum Gipfel. Tatsache ist, daß schon am Morgen des 1. August Kameraleute vom Trenker-Film auf der Nordwestgratschulter warteten, um den Alleingänger in der Wand zu filmen. Die Aufnahmen wären bestimmt hochwillkommen gewesen, um so mehr, als laut Drehbuch ein Alleingänger in der Eigerwand vorkommen sollte.
Die Kameras warteten vergeblich. Derungs kam nicht ins Bild. Er stürzte noch vor dem Hinterstoisser-Quergang ab. Das bewies die Lage der Leiche.
Meiner Ansicht nach ist Derungs im leichten, vereisten Gelände einfach ausgerutscht und zu Tode gestürzt. In der Geschichte des Alpinismus gibt es Hunderte Beispiele dieser Art.

Katastrophen überschatten die Erfolge

Wenige Tage gibt die Eigerwand den Menschen Zeit, sich vom Schock des Todessturzes von Adolf Derungs zu erholen. Am 11. August, also knapp eine Woche nachdem die Leiche des unglücklichen Graubündners gefunden wurde, steigen sechs Italiener in die Wand, denen in sieben Tagen die 27. Begehung und die erste italienische Durchsteigung gelingen wird. Die italienische Sechserseilschaft Pierlorenzo Acquistapace, Armando Aste, Gildo Airoldi, Romano Perego, Franco Solina und Andrea Mellano, die ursprünglich aus zwei Dreierseilschaften bestand, wurde auf dem Zweiten Eisfeld von der Partie Almberger — den »Sechsundzwanzigsten« —, die zwei Tage später eingestiegen war, überholt.

Almberger und seine Freunde Adi Weissensteiner, Klaus Hoi und Hugo Stelzig, alles Steirer, zeigen in der Art ihrer Durchsteigung vollendete Meisterschaft. Sie beweisen auch, daß man in der großen Wand überall vorbeisteigen kann. Auch an einer Sechserseilschaft. Almberger, der die Bedingungen des englischen »he is a good sport« erfüllt, macht die Durchsteigung wohl aus zweierlei Gründen: Erstens will er die Wand im Sommer und als Seilerster kennenlernen (bekanntlich gehörte Almberger zum Team der Winterbegehung); zweitens braucht man für den Eigerfilm dringend noch Live-Aufnahmen aus der Wand, und Walter gehört ja zum Trenker-Film.

Zur Sicherheit nimmt er seine verläßlichen Freunde aus der Steiermark mit. Aus Teleaufnahmen vom Zweiten Eisfeld mit agierenden Bergsteigern dürfte wohl nichts geworden sein. Denn man brauchte im Film eine Seilschaft oder einen Alleingänger, aber keinen Tummelplatz für alpine Wallfahrer, als den sich das Zweite Eisfeld am 13. August darbot. Zehn Leute zur gleichen Zeit. Über-, unter- und nebeneinander. Walter Almberger, der bergsteigende und bergführende Bergmann aus Eisenerz, erweist sich wieder als alpine Sonderklasse. Er bringt seine Seilgefährten sicher auf den Gipfel, obwohl das erste Biwak auf dem Bügeleisen und das zweite am Ende des Götterquergangs nicht allzu angenehm sind.

Zehn Leute zugleich in der Wand? Das ist wohl ein Ausnahmezustand. Tatsächlich scheint es aber der Normalzustand zu werden in diesem hektischen Sommer 1962. In der Zeit vom 19. bis 23. August sind einen Tag lang sogar sechzehn Bergsteiger zugleich in der Wand: Schweizer, Österreicher, Deutsche, Spanier und der erste Amerikaner (John Harlin). Den Gipfel erreichen am 22. bzw. 23. August nur zehn Kletterer. Aber es passiert kein Unfall. Es ist wieder einmal bewiesen, daß gute Alpinisten an jeder Stelle der Wand umkehren können. Sechs kehren auch um.

Die anderen halten vorbildliche Kameradschaft. Die drei Seilschaften Felix Kuen und Dieter Wörndl (Österreich), Konrad Kirch und John Harlin (Deutschland und USA) und Franz Jauch, Josef Jauch, Franz Gnos und Josef Zurfluh (Schweiz) erreichen getrennt und zu verschiedenen Zeiten den Gipfel. Aber man wartet aufeinander. So wird eine gemeinsame 28. Durchsteigung daraus. Von John Harlin, dem ersten Amerikaner werden wir noch hören.

Die 29. folgt am nächsten Tag. Es sind die beiden Österreicher Hans Hauer und Nikolaus Rafanowitsch. Tüchtige, bedachte, ja vorsichtige Steiger. Es fehlt ihnen an Westalpenerfahrung und wohl auch ein wenig Konditionstraining. Um so höher ist ihr allein und ohne jede Hilfe errungener Erfolg unter bösen Umständen auf dem Eiger zu werten. Die kleine Feier, die ihnen zu Ehren nach ihrer glücklichen Heimkehr von Gemeinde und Bevölkerung ihrer Heimatstadt Gmunden veranstaltet wurde, war ihnen zu gönnen.

Über mangelndes Konditionstraining durften sich »die Dreißigsten« wiederum nicht beklagen. Schneller geht's fast nimmer. Schneller war nur Erich Waschak vor zwölf Jahren. Auch Hilti von Allmen war im Vorjahr nicht schneller. Die Seilschaft vom 29./30. August 1962 handelte offenbar nach dem Wahlspruch: »Was der Hilti kann, kann der Paul auch.« Der Paul Etter nämlich, der Seilgefährte Hiltis bei der winterlichen Erstbegehung der Matterhorn-Nordwand.

In der Eigerwand waren sie getrennte Seilschaften. Aber auch die Schweizer Partie, Bergführer Paul Etter und Bergführer Martin Epp, nimmt die Wand im Sturmlauf. Einstieg in der ersten Morgendämmerung. Biwak am Götterquergang. Zu Mittag des nächsten Tages — Gipfel.

Wie schnell sich doch die Zeiten ändern... Waren es nicht die Schweizer Bergführer, die so böse auf alle waren, die immer und immer wieder die Wand versuchten, bis endlich ein Durchstieg gelungen ist? Heute haben die Schweizer Alpinisten mit den »Extremen« der anderen Länder nicht nur gleichgezogen, heute stellen die jungen Schweizer Bergführer überall Rekordzeiten auf. Und gehen dabei trotzdem nie auf Risiko!

Ist die Eigerwand also doch eine sichere Bergfahrt, wenn man alle Vorsichtsmaßnahmen berücksichtigt? Man berauscht sich an Stil und Zeit der Schweizer Stürmer. Auch ich tat das. Und habe einen traurigen Tag übersprungen. Einen sehr traurigen Tag für alle Bergsteiger der jungen Generation. Einen unvergeßbar traurigen Tag für die Wiener Bergsteiger: Am 27. August 1962 ist Diether Marchart in der Eigerwand tödlich abgestürzt. Der dritte Versuch eines Alleingangs, der dritte Todessturz.

Beim Übergang vom Ersten zum Zweiten Eisfeld glitt er ab, riß im Sturz beinahe eine Münchener Seilschaft mit sich, die er kurz zuvor überholt hatte. Mit freundlichem Lächeln hatte er die Einladung der Münchener, sich an ihr Seil zu binden, abgelehnt.

»Nein, danke. Vielleicht später, wenn es schwerer wird.«

Woher er denn käme, wer er sei, wollten die Münchener wissen. Wieder lächelt Diether nur: »Ich bin ein Wiener.«

Nichts sonst. Er sagte nicht seinen Namen. Denn dann hätten alle gewußt: Das ist der Alleinbegeher der Matterhorn-Nordwand. Das ist der Mann, der im Winter die Dachstein-Südwand durchstiegen hat. Das ist der Erstbegeher des Distaghil Sar, des höchsten der bis dahin noch unbestiegenen Siebentausender der Erde. Das ist einer der berühmtesten Alpinisten Österreichs, obwohl er erst 22 Jahre alt ist. Diether Marchart hatte sich auch im Hotel Kleine Scheidegg nicht mit seinem Namen eingetragen, denn sonst hätte man gleich gewußt: Der versucht die Eigerwand allein. Diether wollte kein Aufsehen. Er gehörte wohl auch zu jenen, die ihre Kraft in der Einsamkeit und aus sich selbst schöpfen, die mit sich selbst ins reine kommen müssen, bevor sie einen Entschluß fassen. Wenn dieser aber gefaßt ist, dann wollen sie weder Lorbeeren noch Grabreden als Vorschuß.

Diether Marchart trug sich ins Gästebuch vom Scheidegg als »Georg Winkler« ein. Das zeigt mir, daß er im Innersten seines Wesens noch ein romantischer Bub war. Georg Winkler, das Urbeispiel des Alleingängers aus der klassischen Zeit des Alpinismus, der nicht nur den kühnen Vajoletturm im Rosengarten der Dolomiten allein als erster bestieg, der auch als Alleingänger in der Westwand des Zermatter Weißhorns von einer Eislawine verschluckt wurde — mit neunzehn Jahren, 1889!

Kurt Maix schrieb in seinem Nachruf für Diether Marchart: »...er vollbrachte Leistungen nicht um des Aufsehens willen. Im Gegenteil, das Aufsehen war nur eine unangenehme Beigabe. Der junge Student mit dem Gesicht eines sympathischen Buben, mit der Willenskraft und der Urteilsfähigkeit eines reifen Mannes, mit der empfindsamen Seele eines Künstlers entsprach dem Urbild eines Gentleman... Als Diether vor drei Jahren, als Neunzehnjähriger, die Nordwand des Matterhorns im Alleingang durchstiegen hatte, erzählte er zunächst gar nichts von seinem Erfolg. Er fürchtete, seine Klubkameraden könnten das Risiko, das er auf sich genommen hatte, als Leichtsinn deuten. Aber Marchart war nicht leichtsinnig. Als künstlerischer Mensch erlebte er in der Phantasie jede Gefahr im voraus. Das schwächte nicht seinen Mut, sondern erhöhte nur seine Geistesgegenwart...«

Aber auch Mut und Geistesgegenwart helfen einem stürzenden Körper nichts. Man hatte den zerschlagenen Leichnam nicht identifizieren können. Erst an den verstümmelten Fingern der rechten Hand — eine Folge der Erfrierungen, die er sich bei der Besteigung des Distaghil Sar zugezogen hatte — erkannte man ihn. Das Grab Diether Marcharts ist in Grindelwald.

Noch im selben Jahr, am 30./31. August, gelang Chris Bonington, diesmal zusammen mit Ian Clough, der an Stelle von Don Whillans nun der Seilgefährte Boningtons ist, die 31. und damit erste britische Durchsteigung der Wand. Ian Clough erzählt die Geschichte der ersten britischen Nordwandbegehung selbst:

»Wir kamen am Abend des 28. August keuchend und schwitzend zu einer niedrigen Nische mit etwas Sand auf dem Boden. Es würde in einer Stunde Nacht sein, und wir könnten beide hier bequem liegen, deshalb biwakierten wir unterhalb des Schwierigen Risses. Die plötzliche Entscheidung, das Herumjagen nach Geld für die Eisenbahnfahrt, der frühe Morgenzug, alles schien weit weg zu sein. Die Wand hatte schwarz und trocken ausgesehen, als wir uns Grindelwald näherten, und wir wußten, daß sich die Reise gelohnt hatte. Ich dachte an das Mädchen in der Buchhandlung, wo wir eine Beschreibung von der Wand aus Harrers Buch abschrieben. Sie wollte uns durch das Erzählen der jüngsten Unglücksfälle abhalten, in die Wand einzusteigen. Ich dachte an den Blick des Schmieds, der unsere Eisen schärfte, die Blutflecken an den unteren Felsen, wo der Absturz des österreichischen Alleingängers Diether Marchart aufgehalten worden war, an die Augenblicke des Zweifelns und der Unentschlossenheit. Aber jetzt waren wir hier. Chris Bonington und ich, in der Eiger-Nordwand, glücklich, zufrieden, mit vier Tagen guten Wetters in Aussicht, wenn die Züricher Wetterpropheten recht behielten.

Zwei kleine Gestalten waren hinter uns in die Wand eingestiegen. Jetzt kletterte die erste an dem alten fixen Seil zu dem Band herauf, nicht weit von uns. Er stellte sich als Egon Moderegger vor und war Österreicher. Dann kam sein Begleiter. ›Hello‹, wir waren überrascht, englisch zu hören. ›Ich bin Tom Carruthers.‹ Wir sprachen eine Weile miteinander. Toms schottische Freunde wollten nicht mit in die Wand einsteigen. Er hatte den Österreicher in Alpiglen getroffen. ›Was hat er schon gemacht?‹, fragten wir vorsichtig. ›Er ist im Kaukasus gewesen‹, erwiderte Tom. Ich stellte mir Moderegger auf einer kaukasischen Eingehtour vor. Wir hatten das nicht gerne. Zufallsbekanntschaften, zweifelhafte Erfahrung, kaum fähig, sich zu verständigen. Es schien höchst töricht. Doch wir waren nicht verantwortlich dafür. Wir kamen überein, daß wir zusammen gehen wollten, wenn wir gleich schnell gingen. Die beiden anderen biwakierten um die Ecke.

Chris rüttelte mich wach. Er war ungeduldig fortzukommen. Es war schon spät, fünf Uhr. Ein eiliges Frühstück, dann fort. Carruthers und Moderegger waren genau hinter uns, als wir den Schwierigen Riß erkletterten, aber sie konnten nicht mit uns Schritt halten. Wir kamen schnell voran. Wir erreichten den Eisschlauch. Erst jetzt konnten wir wirklich schätzen, wie gut die Bedingungen waren, denn der Eisschlauch war eine reine Felskletterei. Auf dem Zweiten Eisfeld: ›Was immer geschieht‹, schrie Chris, ›schau nicht hinauf‹, indem er sich auf seine Erfahrung aus früheren Versuchen in der Wand mit Don Whillans berief. Nicht ein Stein fiel. Kein Schnee lag auf dem Eis, und die Steigeisen drohten auf der abweisenden Oberfläche auszurutschen. Eine steile, kurze Felsstufe brachte uns zum Bügeleisen. Unter uns war ein Band im Eis herausgeschlagen, das mit Ausrüstungsgegenständen bestreut war. Es war eine böse Mahnung, daß der Eiger nicht immer in solch wohlwollender Stimmung ist wie heute morgen. Für Chris beschwor das besonders bittere Erinnerungen herauf. Erinnerungen an die Tragödie des vorigen Monats, bei der der Eiger sein erstes britisches Opfer gefordert hatte.

Die Todesgedanken wurden rasch verscheucht. Wir hatten uns ganz auf die Gegenwart zu konzentrieren. Wir erreichten den Kamm des Bügeleisens und kletterten hinauf zum Todesbiwak. Beim Zurückschauen sahen wir zwei schwarze Punkte. Tom Carruthers und Egon Moderegger, die sich kaum bewegten, am Zweiten Eisfeld, das sie diagonal überquerten. Wir waren zu weit weg, um ihnen einen Rat zurufen zu können, und mußten uns selbst aus der Gefahrenzone hinausbegeben.

Das Dritte Eisfeld ist das steilste und muß mehr oder weniger horizontal gequert werden, um die Rampe zu erreichen. Wir schlugen tiefe Stufen und an einer Stelle machten wir von einem Eishaken aus eine lange Pendeltraverse, um Zeit zu sparen. Die Rampe selbst erinnerte an steile Klettereien in den Dolomiten.

Der Fels war verhältnismäßig gut. Wir waren glücklich, denn es war technisch der schwierigste Teil. Es machte uns Spaß, wieder auf Fels zu sein. Das schien überhaupt nicht die wilde Eigerwand zu sein, von der wir gelesen hatten, es war nur eine großartige Kletterei.

Dicke Wolken, die sich langsam am Fuß der Wand gebildet hatten, zogen auf, verbargen uns vor den Fernrohren und dämpften den Ton des Alphorns. Wir kamen zum Wasserfall, wo sich die Rampe aufteilt zu einem Kamin. Dies ist oft der unangenehmste Teil der Kletterei — eisiges Wasser strömt den Hals und die Ärmel hinunter und stellt ein trauriges Vorbild zu einem Biwak dar. Heute strömt kein Wasser herunter, dafür bedeckt eine leichte Eisschicht alle Griffe. Für uns war es die schwierigste Kletterei — ein paar Zentimeter hinauf, Eis abkratzen vom nächsten winzigen Griff. Ein oder zweimal rutschte ein Schuh ab, für den zweiten Mann ein angespannter Augenblick, aber der erste war so von seiner nächsten Bewegung in Anspruch genommen, daß er kaum Zeit hatte, sich aufzuregen. Nach einem zweiten Abschnitt von sauberem, trockenem Fels kamen wir zum Eiswulst, dann waren wir im Rampeneisfeld.

Es war kalt. Ein zweiter Seilquergang sparte Zeit und ermüdendes Stufenschlagen und brachte uns auf eine sanfte Felsrippe neben dem Eistrichter. Wir kletterten hinauf, uns gespannt fragend, wo der Anfang des Götterquergangs sei. Dann hörten wir unterdrückte Stimmen. Der Nebel wurde für einen Augenblick etwas durchsichtiger, und wir sahen den Brüchigen Riß, der zum Götterquergang leitet.

Am Beginn des Quergangs saßen zwei schmunzelnde Schweizer, die sich als Paul Jenny und Hausheer vorstellten. Obgleich es erst 17 Uhr war, biwakierten sie schon, da einer von ihnen von einem Stein getroffen worden war, aber sie brauchten keine Hilfe.

Der Götterquergang war beinahe schneefrei. Am Ende des Bändersystems mußten wir eine breite Eisrinne passieren. Chris hatte die ersten Stufen zu schlagen begonnen, die zu der kleinen Eisrippe in der Mitte der Spinne führten, als plötzlich krachend und donnernd eine Ladung Steine die Eisrinne herabkam und unter uns ins Leere ausströmte. Die Sonne hatte die Felsen von ihrer Unterlage gelöst. Chris kam zurück und wir sahen einander ziemlich erschüttert an: ›Es wird heute nacht frieren, wir wollen hier biwakieren.‹ Wir saßen auf unserem Band und beobachteten den Sonnenuntergang. Es war eine kalte Nacht. Wir schliefen ein paar Stunden.

Steif und ungelenk stiegen wir am anderen Morgen in die Spinne hinauf. Jenny und Hausheer, die unseren Spuren folgten, waren gerade hinter uns, als wir das Ende der Spinne erreichten. Der Zugang zu den Ausstiegsrissen war ein enges Eiscouloir. Es zog sich nach oben, bis es sich in einem Gewirr von Überhängen verlor. Wir befragten unsere Beschreibung und kamen zu dem Schluß, daß wir einen steilen, mit Eis gefüllten Kamin links zu erklettern hätten. Chris kletterte langsam hinauf. Es war senkrecht und schrecklich brüchig, nur das Eis hielt die Griffe an ihrem Platz. Es war bei weitem der schwierigste Abschnitt.

Ich folgte mit Anstrengung, und wir zogen den ersten Schweizer zu unserem Stand herauf. Ich hatte das halbe Seil ausgegangen, als ich merkte, daß wir direkt oberhalb der Spinne waren. Sicher mußten wir uns mehr links halten. Dort schien jetzt ein Weg um die Überhänge zu führen. Wir waren verärgert, daß wir so viel Zeit verloren hatten, und seilten uns ins Eiscouloir zurück. Es besänftigte uns nicht sehr, daß wir den Schweizern das Abseilen beibringen mußten.

Das Eiscouloir und die Ausstiegsrisse wurden leicht und leichter. Bald waren Schnee und Eis verschwunden. Wir wunderten uns, daß diese Ausstiegsrisse Bergsteiger wie Hermann Buhl Schwierigkeiten bereitet hatten. Aber am Eiger können die Bedingungen alles bedeuten. Wir waren froh, daß wir es so leicht hatten. Wir nahmen das Seil ab und gingen allein zum Gipfeleisfeld.«

Warum lasse ich Ian Clough so ausführlich zu Wort kommen? Weil mir sein Bericht unter den vielen Schilderungen, die vorliegen, besonders gut erscheint. Zwei Bergsteiger mit großem Können, mit Intelligenz und Verantwortungsbewußtsein erleben die Wand mit Freude und völlig unpathetisch. Geschildert von Clough im typisch britischen Understatement. Die Bemerkung, daß sie die Route aus meinem Buch abgeschrieben haben, freut mich besonders, denn sie hat zu einem guten Ende geführt.

Sonst aber war dieses 1962 ein trauriges Jahr. Wohl wird in ihm die Zahl der Begehungen bis 37 hinaufgetrieben, aber die Katastrophen überschatteten die Erfolge.

Die Mitglieder der fünf Seilschaften, denen die 34., 35. und 36. Durchsteigung gelingt, gliedern sich folgendermaßen: vier Schweizer, drei Österreicher, ein Deutscher.

Im September machten die beiden Schweizer Bergsteiger Claude Asper und Bernard Voltolini einen entsetzlichen Fund. Am äußersten Ende des Zweiten Eisfeldes erblickten sie den Arm und das Bein einer Leiche. Es war nicht schwer, den Toten zu identifizieren. Sie hatten Karl Mehringer gefunden, von dem man angenommen hatte, daß er zusammen mit seinem Freund Max Sedelmayr an Erschöpfung im Todesbiwak gestorben war. Nun weiß man — nach 27 Jahren —, daß sie erst beim Rückzug den Tod fanden.

Mit der 37. Begehung durch die Schweizer Brüder Alfred und Edwin Brunner schloß das bewegte Jahr 1962.

Die angesehene Basler »National-Zeitung« brachte im Jänner 1963 einen Artikel über das Eiger-Jahr 1962, überschrieben mit »Eiger-Bilanz«. Dieser Artikel erscheint mir wichtig genug, um ihn im Wortlaut wiederzugeben.

»Nicht weniger als rund hundert Bergsteiger versuchten im letzten Sommer ihr Glück in dieser Teufelswand. 44 hatten es und erreichten glücklich den Gipfel, unter ihnen erstmals auch Italiener, Engländer, Tschechen, Polen und Amerikaner. Mindestens so viele Alpinisten mußten, teils unter außerordentlich schwierigen und gefährlichen Verhältnissen (unter ihnen Loulou Boulaz mit Gefährten, die als erste Frau ernsthaft versuchte, diese Wand zu bezwingen) wieder absteigen, ohne den Gipfel erreicht zu haben, und nicht weniger als fünf Bergsteiger wurden in der Eiger-Nordwand vom Tode ereilt.

Das erste Eiger-Opfer des Jahres 1962 war der Engländer Barry Brewster, der auf dem Zweiten Eisfeld von einem Stein getroffen wurde.

Am 31. Juli versuchte der Bündner Bergführer Adolf Derungs sein Glück als Einzelgänger. Es war ihm ebensowenig hold wie seinem Berufskollegen Adolf Mayr, der ein Jahr zuvor in der Rampe vom Schicksal ereilt wurde.

Auch dem dritten Alleingängerspezialisten, Diether Marchart aus Wien, der im Jahre 1959 die Nordwand des Matterhorns als Einzelgänger in der Rekordzeit von fünf Stunden durchklettert hatte, ging es am Eiger nicht besser. Auf dem Zweiten Eisfeld begegnete er einer Zweierseilschaft, die ihm anbot, ihn an ihr Seil zu nehmen. Doch er lehnte ab und schickte sich an, an diesen Bergsteigern vorbeizuklettern. Dabei glitt er aus. Im Sturz hielt er sich am Seil dieser zwei Alpinisten, wodurch der Führende ebenfalls aus dem Stand geworfen wurde, jedoch von seinem Kameraden gehalten werden konnte. Marchart mußte das Seil fahrenlassen und stürzte zu Tode. Vier Tage später glitten im gleichen Wandabschnitt der Engländer Tom Aston Carruthers aus Glasgow und sein Seilkamerad Egon Moderegger aus Salzburg ebenfalls ab und fanden den Tod, wobei die Ursache des Unglücks wegen des damals herrschenden Nebels nicht festgestellt werden konnte. Fünf Bergsteigern war das Schicksal also nicht hold.« Soweit die Basler »National-Zeitung«.

Brewster und Marchart wurden auf dem kleinen Bergfriedhof von Grindelwald begraben, die meisten Eigertoten wurden jedoch von ihren Familienangehörigen in die Heimat geholt. Es ist eine häufig gestellte Frage der Touristen in Grindelwald: »Wo ist der Eiger-Nordwand-Friedhof?« Eine Frage, die der Pfarrer von Grindelwald, Willy Lempen, nicht gerne hört. Zu Recht sagte er mir im Frühling 1987, der Friedhof sei eine Stätte der Ruhe und keine Touristenattraktion.

SUPERLATIVE

Michel Darbellay

Die erste Durchsteigung des Jahres 1963, die 38., nimmt eine Schweizer Zweierseilschaft vor. Einer der Partner heißt Erich Friedli, ein Name, der am Eiger einen besonders guten Klang hat. Ein Erich Friedli war Leiter der alpinen Rettungsstelle Thun. Ein Erich Friedli war es, der sich am Stahlseilgerät in die Wand hinunterließ, um die Lage des überlebenden Corti zu erkunden. Diese Erkundung war eine waghalsige Angelegenheit im Dienste der Rettung.

Der Erich Friedli, der die 38. Begehung der Eigerwand macht, ist der Sohn des Einsatzleiters von 1957. Er und sein Gefährte Arnold Heinen steigen am 30. Juli 1963 vor Tagesanbruch in die Wand, legen ein Tempo im Stil der jungen Schweizer Führerschaft vor, kommen zum Dritten Eisfeld, als gerade der ärgste Steinschlag wütet.

Da gibt es zwei Möglichkeiten: entweder warten oder das Risiko des Steinschlags auf sich nehmen. Friedli und Heinen wählen eine dritte: Sie betreten das Dritte Eisfeld gar nicht, sondern queren oberhalb in den Felsen zur Rampe. Dort ist es steinschlagsicher. Aber klettern muß man können. Weiter durch die Rampe samt deren Hindernissen. Brüchiges Band, Götterquergang. Bei diesem Sturmlauf werden die späteren 39. Begeher (die Österreicher Max Friedwanger und Friedl Schicker) und die 40. (der Engländer Dougal Haston und der Rhodesier Robert Baillie) überholt. Beide befinden sich seit dem 29. Juli morgens in der Wand. Friedli und Heinen kommen an diesem 30. Juli noch bis zu den Ausstiegsrissen. Biwak. Am nächsten Mittag stehen sie auf dem Gipfel, den die beiden inzwischen überholten, ebenso tüchtigen Seilschaften am Abend desselben Tages erreichen.

Die erste, einsame alpine Tat am Eiger aber erfolgte am 2. und 3. August 1963. Sie war deshalb so groß, weil sie einen Mythos durchbrach, der dem Eiger wie ein Fluch anhaftete. In der Eigerwand tötet die Einsamkeit. Alle, die dort im Alleingang starben, waren mutig, waren ausgezeichnete Bergsteiger.

Bevor der stille, bescheidene und bis dahin noch nicht so bekannte Bergführer Michel Darbellay seinen Alleingang in der Eiger-Nordwand erfolgreich beendete, war ein anderer Kandidat in Grindelwald angekommen. Walter Bonatti, einer der besten Bergsteiger der Welt, hatte sein hellblaues Zelt am Fuße des Eigers aufgeschlagen, um das zu vollbringen, was vier Bergsteigern vor ihm nicht gelungen war: den Allein-gang durch die Nordwand. Alle die von seinem Unternehmen wußten, hatten keinerlei Zweifel. Wenn es überhaupt einem gelänge, dann Walter Bonatti. Sein Können, seine große Erfahrung und die Lei-stungen, die bereits hinter ihm lagen, machten ihn zum würdigen An-wärter für dieses schwere Unternehmen. Er hatte mit den Italienern an der erfolgreichen Erstbesteigung des K 2 teilgenommen, große Anstiege in den Alpen tragen seinen Namen. Kein Wunder, daß ein so berühmter Mann nicht heimlich und ungesehen sein Unternehmen starten kann. Rundfunk, Fernsehen und Presse hängten sich an seine Fersen und warteten nur darauf, sensationelle Nachrichten über den großen Bonatti in alle Welt zu senden.

Am 28. Juli 1963, kurz nach Mitternacht, stieg er in die Wand ein und errichtete sein erstes Biwak am unteren Rand des Zweiten Eisfeldes. Am nächsten Morgen hatte sich die Situation nach einer zu warmen Nacht völlig geändert. Wasser, Eisbrocken und ein Hagel von Steinen bedrängten den einsamen Kletterer. Als er von einem Stein getroffen wurde, beschloß er umzukehren. Dieser sicher nicht leichte Entschluß, zurückzugehen, die bereits ungeduldig wartende Öffentlichkeit zu ent-täuschen, zeigt seine geistige Größe, und so sagte er zu den erwartungs-vollen Reportern: »Kein Berg ist das Leben eines Menschen wert.« Zwei Jahre später zeigte er sein Können, als er als Erster allein die Matterhorn-Nordwand durchstieg, und das mitten im Winter.

Die Enttäuschung über den Rückzug Bonattis war in der Presse noch nicht ganz verklungen, als nur zwei Tage später, am 1. August, der nächste Anwärter für den Alleingang ankam. Dieser allerdings ohne Gefolge, ohne Presse. Nur Heidi und Fritz von Almen, die Hoteliers der Kleinen Scheidegg, wußten von seinen Plänen. Es war der eingangs erwähnte Schweizer Bergführer Michel Darbellay aus dem Wallis. Die Nordwand war ihm nicht unbekannt, denn er war einer der Begleiter jenes ersten Versuchs einer Damenbegehung, die nach vier Tagen mit einem vorbildlichen Rückzug geendet hatte. Schon damals hat Michel Darbellay Verantwortungsbewußtsein und Vernunft bewiesen. Ihm konnte man vertrauen.

Am 2. August, kurz nach Mitternacht, macht sich Michel Darbellay von der Kleinen Scheidegg aus auf den Weg. Das Mondlicht zeigt ihm den Weg, auch kennt er sich gut aus, und bei beginnender Dämmerung ist er am Schwierigen Riss, von wo er weiterklettert. Kurz vor dem Hinterstoisser-Quergang trifft er eine deutsche Zweierseilschaft, die ihm anbietet, sich ihr anzuschließen. Michel lehnt dankend ab. Allein weiter? Die beiden Deutschen schütteln den Kopf und wünschen ihm alles Gute.

Fritz von Almen hat heute keine Zeit, sich um seine Hotelgäste zu kümmern. Immer wieder setzt er sich vor sein Teleskop, um Darbellay in der Wand zu suchen. Er kennt jeden Meter, weiß ganz genau um die kritischen Stellen und kann sagen, wann und wo der Kletterer sein muß. Michel ist ein hervorragender Bergführer, also vermutet von Almen, müßte er jetzt schon auf dem Ersten Eisfeld, vielleicht sogar am Eisschlauch sein. Unruhe erfaßt den Beobachter, als er im Eisschlauch die Zweierseilschaft ausmacht. Wo ist Michel? Noch einmal geht er alle wichtigen Punkte durch. Nichts! Er schwenkt nach oben, um sich den Himmel anzuschauen, da sieht er sich etwas bewegen ... in der Rampe, Michel? Unmöglich! Aber er ist es. Ruhig und sicher klettert eine einsame Gestalt seitlich vom Wasserfallkamin durch die überhängenden Wandstellen. Unglaublich, dieses Tempo, denn ein vorsichtiger Alleingänger muß alle schwierigen Kletterstellen dreimal machen.

Am Fuß der problematischen Stelle wird ein besonders guter sogenannter Standhaken geschlagen. Je nach Höhe wird das Seil mit einer entsprechend langen Schlinge durch den Schnappring gezogen. Jetzt kann der Kletterer mit Hilfe weiterer Haken zum Beispiel einen Überhang meistern, um dann am neuen Platz, oberhalb des Problems, einen weiteren Standhaken zu schlagen. An diesem wird das Seil festgemacht, und nun kann er sich ohne Mühe zurück zum unteren Standhaken abseilen. Schnappring und meist auch den Haken nimmt er mit, um für weitere schwierige Stellen genug Material zu haben. Nun hantelt er sich wieder hoch. Bei großen Überhängen wird das mit Hilfe des sogenannten Prusikknotens gemacht. Es ist eine mühsame, dafür aber sichere Möglichkeit, die heute von modernen Klettergeräten ersetzt wird.

Alles dies erfordert Kraft und Zeit, aber Michel Darbellay ist ein vorbildlicher Schweizer Bergführer, der genau weiß, daß der Eiger keine Unachtsamkeit erlaubt, und er will auf keinen Fall ein Risiko eingehen, sondern als erster den Gipfel im Alleingang erreichen. Aber noch liegt Schweres vor ihm. Die Frage, ob er den Gipfel vor Einbruch der Dunkelheit betreten kann, entscheidet er ebenso umsichtig. Er ist müde und biwakiert in der Nähe der Ausstiegsrisse. Mit Verspätung — seine Uhr geht falsch — gibt er dem jetzt ängstlich gewordenen Fritz von Almen das verabredete Blinkzeichen. Daraufhin legt sich auch der freundliche Beobachter für einige Stunden schlafen.

Die Glieder sind kalt und steif, als Michel beim ersten Morgenlicht seinen kleinen Biwakplatz verläßt. Ausstiegsrisse, Gipfeleisfeld, der Grat ... Um 8 Uhr morgens steht Michel Darbellay als erster Alleingänger auf dem Gipfel des Eiger.

Ein großer persönlicher Erfolg für den bescheidenen, sympathischen Mann aus dem Wallis. Aber darüber hinaus bedeutet diese große Leistung noch sehr viel mehr. Michel Darbellay ist ein Schweizer Bergführer, und durch seine Tat stellt er die Bergführer seiner Heimat an die Seite der besten europäischen Alpinisten. Mit ihm ist der Anfang gemacht für eine Reihe von erfolgreichen Taten der jungen Schweizer Bergführergeneration in der ganzen Welt bis hin zum Himalaja.

Die letzte erfolgreiche Sommerbegehung der Eigerwand im Jahre 1963, die 42., erfolgte am 3. und 4. August durch die Deutschen Helmut Salger und Horst Wels. Es war eine fähige Seilschaft, die sich trotz Steinschlag und Wettersturz erfolgreich durchraufte. Um 19.30 Uhr des 4. August erreichten die beiden den Gipfel und stiegen — ganz ungewöhnlich — in der Nacht über den oberen Mittellegigrat zur Mittellegihütte ab.

Doch auch von einer Tragödie ist zu berichten. Inzwischen wetteiferten nicht nur die Nationen um ihre erste Begehung, sondern auch berühmte Verbände eines Landes; Angehörige einer Volksgruppe zum Beispiel wollten den Ruhm ernten, die ersten ihrer Nation zu sein. Es begann mit den Spaniern. Die Katalanen José-Manuel Anglada und Jori Pons, anerkanntermaßen die besten Bergsteiger Spaniens, waren 1962 klug genug gewesen, die Durchsteigung der Wand nicht zu erzwingen, sie kehrten um.

Jetzt, 1963, wollten zwei Aragonier zeigen, was sie können, und die Lorbeeren für Spanien erringen. Alberto Rabada und Ernesto Navarro hatten bekannte Namen, vor allem als Kletterer im Fels. Für sie gab es keine finanziellen Probleme wie für so viele ihrer Vorgänger. Der »Club Montaneros de Aragón« unterstützte sie großzügig bei ihrem Unternehmen, und so konnten sie hoffen, ihre Pläne erfolgreich durchzuführen. Doch das Wetter war tagelang schlecht, und das Warten zehrte an ihren Nerven. Endlich, nach einer Woche, konnten sie einsteigen.

Auch zwei Japaner, Daihachi Okura und Mitsuhiho Yoshin, nahmen die Gunst der Stunde wahr, um die Nordwand zu begehen.

Natürlich beobachtet man alle vier, die getrennt gehen, von der Kleinen Scheidegg aus und wundert sich, wie langsam die beiden Spanier vorwärts kommen. Aber nicht nur das, sie scheinen auch alle Vorsichtsmaßnahmen zu ignorieren. Im Gegensatz zu den Japanern, die im Schwalbennest biwakieren, mißachten sie die gefährlichste Zeit des Steinschlags am Nachmittag und klettern unbekümmert weiter.

Nicht genug damit, am Abend leitet ein schweres Gewitter den Wettersturz ein. Jeder weiß um diese Warnung, und die Japaner reagieren vernünftig und steigen ab. Warum nicht die Spanier? Keiner begreift es. Vielleicht zögern sie noch, hoffen auf den nächsten Tag, obwohl jeder, der die Wand kennt, genau weiß, daß es bei diesen Wetterverhältnissen nur eines gibt: den sofortigen Rückzug.

Am Morgen des 13. August entdeckt man die Spanier am Beginn der Rampe. Alle, die von Scheidegg aus die Seilschaft verfolgen, das Ehepaar von Almen, Toni Hiebeler, die beiden Bergführer Guy Formay und Alfons Darbellay, der Bruder von Michel, sind entsetzt, denn nun haben die beiden keine Möglichkeit mehr umzukehren, und sie klettern, davon sind alle voll Sorge überzeugt, in ihr Verderben. Die dritte Nacht verbringen sie oberhalb des Wasserfallkamins, und am 14. August sieht man sie weiterklettern. Langsam, unendlich langsam steigen sie auf. In der kommenden Nacht wird das Wetter noch schlechter, und nun beschließt man, Vorbereitungen für eine Rettungsaktion zu treffen. Drei spanische Bergführer kommen aus Chamonix, die Grindelwalder Bergführer unter Führung des erfahrenen Hermann Steuri sind bereit, und auch der Polizeichef von Grindelwald, Kurt Schwendener, ist auf Scheidegg eingetroffen: Mit Sprechfunkgeräten will man versuchen, Kontakt zu den beiden Spaniern aufzunehmen.

Herr Schwendener war so entgegenkommend, mir den offiziellen Polizeibericht dieser Tragödie am Eiger zur Verfügung zu stellen. Dieser Bericht erscheint mir in seiner Objektivität, Klarheit, Genauigkeit und Sachlichkeit so interessant, daß ich ihn wortgetreu übernommen habe.

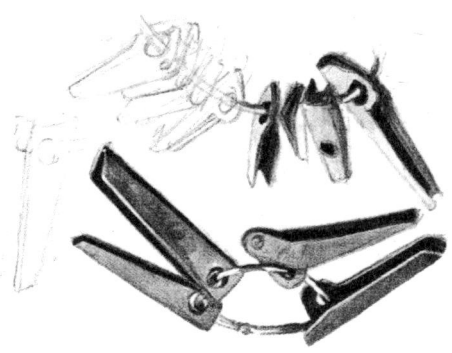

Protokoll der Kantonspolizei

Tödlicher Bergunfall in der Eiger-Nordwand, Gdo. Grindelwald, in der Zeit vom Sonntag, den 11. August 1963, bis Freitag, den 16. August 1963.

1. Navarro-Castan Ernesto, geb. 24. Juli 1934 in Duenealderas, spanischer Staatsangehöriger, ledig, wft. gewesen in Latassa, 24 (Spanien), und
2. Rabada-Sender Nicasio Alberto, geb. 13. Februar 1933 in Zaragoza, spanischer Staatsangehöriger, ledig, wft. gewesen in Sildefonso, 11 (Spanien).

Sonntag, den 11. August 1963, am frühen Morgen, stiegen die zwei spanischen Alpinisten, Navarro-Castan Ernesto und Rabada-Sender Nicasio Alberto, bei schönem Wetter in der Eiger-Nordwand ein. In der Nacht von Sonntag/Montag, den 11./12. August biwakierten sie oben im Eisschlauch. Am Sonntag traversierten sie das Zweite Eisfeld und biwakierten in der Nacht vom Montag/Dienstag, den 12./13. August 1963 im Bügeleisen. Am Dienstag kletterten sie bis oben in die Rampe, wo sie in der Nacht von Dienstag/Mittwoch, den 13./14. August 1963 biwakierten. Mittwoch, den 14. August 1963, traf das schon seit dem Montag erwartete Schlechtwetter ein, und es schneite in der Eiger-Nordwand. Die beiden Alpinisten wurden am Abend des 14. August 1963 noch kurz in der Spinne beobachtet, worauf sich die Nordwand wieder im Nebel verhüllte. Donnerstag, dem 15. August 1963, herrschte sehr schlechtes Wetter, und in Höhen über 3000 Meter schneite es ununterbrochen. Über das Schicksal der beiden Alpinisten konnte nichts mehr beobachtet werden.

Rettungsversuche:
Donnerstag, den 15. August 1963, mittags, stieg der deutsche Alpinist Hiebeler Toni, aus München mit zwei italienischen und zwei englischen Alpinisten in die Westflanke des Eiger und versuchten erfolglos mit den zwei Spaniern Rufverbindung herzustellen. Da man von den beiden weder etwas sehen noch hören konnte und es in der Nacht von Donnerstag/Freitag, den 15./16. August 1963 noch mehr schneite, mußte angenommen werden, daß die beiden, wenn sie noch lebten, dringend Hilfe benötigten. Aus diesem Grunde wurde eine Rettungskolonne, bestehend aus ca. zwanzig Bergführern aus Grindelwald und Lauterbrunnen aufgeboten, welche sich am Morgen des 16. August 1963 auf die Kleine Scheidegg begab. Es war ein klarer Morgen und von der Kleinen Scheidegg aus konnte im Fernrohr eine unbewegliche Gestalt im oberen Teil der Spinne beobachtet werden. Infolge des Gegenlichts konnte jedoch nicht mit Sicherheit festgestellt werden, ob es sich um einen der beiden Alpinisten handelte. Von der Westflanke aus konnte nichts beobachtet werden. Weil der Eiger stark vereist und verschneit war und sich eine Rettungsaktion sehr schwierig gestaltet hätte, entschloß der Einsatzleiter, Steuri Hermann, mit einem Helikopter festzustellen, ob die beiden Alpinisten noch lebten, um nicht unnötig die Rettungsmannschaft zu gefährden. Durch den ebenfalls anwesenden Chef der Schweizerischen Rettungsflugwacht, Herrn Bühler, wurde der Pilot Hermann Geiger aus Sitten mit dem Helikopter auf die Kleine Scheidegg bestellt. Der Pilot startete ca. 11.00 mit Herrn Bühler und dem Bergführer Thommen Eduard von der Kleinen Scheidegg aus zu einem Beobachtungsflug und stellten fest, daß die beiden ca. zwanzig Meter übereinander tot in der Spinne hingen. Es machte den Eindruck, daß der untere der beiden ins Seil gestürzt sei.

Unfallursache:
Der Unfall ist zum Teil auf das schlechte Wetter zurückzuführen. Die Verunglückten stiegen bei einer ungünstigen Wettervorhersage in die Eiger-Nordwand ein. Montag, den 12. August 1963 war es stark bewölkt und jedermann klar, daß es in nächster Zeit regnen mußte. Zwei japanische Alpinisten befanden sich über den zwei Spaniern und entschlossen sich infolge der Wetterveränderung umzukehren, was vom Zweiten Eisfeld aus verhältnismäßig leicht ist. Aus unerklärlichen Gründen kletterten die Verunglückten weiter. Das hatte zur Folge, daß sie am Mittwoch Schnee und schlechte Verhältnisse hatten. Wie die sachkundigen Beobachter feststellten, waren die beiden Alpinisten in Schnee und Eis ungewohnt und sehr schlecht. Im Fels wurden sie jedoch als Könner taxiert. Sie hatten beispielsweise für die Traversierung des Zweiten Eisfeldes zehn Stunden, wofür am 2. August 1963 der Bergführer, Darbellay Michel, im Alleingang bei ungefähr gleichen Verhältnissen eine Stunde benötigte.

Bergung:
Samstag, den 17. August 1963, verschlechterte sich das Wetter wieder und auf dem Eiger fiel erneut Schnee. Seither herrschte ausgesprochen schlechtes Wetter und es schneite einige Mal fast bis ins Tal hinunter. Auf dem Eiger hat es eine Menge Neuschnee, so daß eine Bergung trotz Ansuchen der »Federacion Espanola de Montanismo« in Madrid kaum vor dem Sommer 1964 in Frage kommen dürfte.
Über die Bergung wird zur gegebenen Zeit erneut berichtet.

KANTONSPOLIZEI
Grindelwald BE
sig. Schwendener, Ldj.

Grindelwald, 3. Jänner 1964
Untersuchungsrichteramt Interlaken

Ergänzungsbericht zum tödlichen Bergunfall Navarro-Castan Ernesto und Rabada-Sender Alberto in der Eiger-Nordwand;
Bericht vom 17. September 1963

Bergungsbericht:
Am Montag, 30. Dezember 1963 vormittags wurde uns von der Kleinen Scheidegg tel. mitgeteilt, daß drei Bergsteiger vom Eigergipfel bis zum »Bügeleisen« abgestiegen seien und dabei die Mitte August in der Spinne tödlich verunglückten Spanier Navarro-Castan Ernesto, des Gabriel Navarro und der Maria Castan, ledig, geb. 24. Juli 1934 in Fuencalderas, spanischer Staatsangehöriger, Zeichner, wft. gewesen in Fuencalderas, Provinz Zaragoza, Spanien
und
Rabada-Sender Nicasio Alberto, des Nicasio Rabada und der Maria Theresa Sender, ledig, geb. 13. Feber 1933 in Zaragoza, spanischer Staatsangehöriger, wft. in Zaragoza, Spanien
mitgenommen hätten. Laut der tel. Meldung befanden sich die drei Bergsteiger am Sonntag, 29. Dezember beim Bügeleisen und sie hatten die Nacht auf den Montag dort verbracht. Mit dem Fernrohr sei festgestellt worden, daß die beiden Leichen während der Nacht abgestürzt und am Fuße des Eigers seien.
Gestützt auf diese Meldung wurde durch den Rettungschef Fritz Gertsch, Bahnhofvor-

stand, Grindelwald, eine Bergungsmannschaft aufgeboten. Der Bezirkschef der Kantonspolizei in Interlaken, Pw. Weiss wurde um 10.30 tel. orientiert.
Die Bergungsmannschaft begab sich mit dem Zug um 13.08 nach Salzegg, von dort mit dem Skilift zum Eigergletscher und anschließend mit den Ski zum Fuße der Eigerwand. Um 15.45 kamen wir bei den beiden Hauptkörpern der Spanier an. Die Leichenteile und Gegenstände der Abgestürzten lagen auf eine Distanz von ca. 500 Meter verstreut umher. Die Hauptteile, d. h. der Rumpf lag östlich des 1. Pfeilers, etwa 100 Meter unterhalb der Einstiegs-Felsen. Die Leichenteile und die Gegenstände wurden zusammengesucht und in zwei Leichensäcke verpackt. Anschließend wurden sie zur Station Strätli der WAB transportiert und von dort mit der Bahn nach Grund überführt. Das Taxiunternehmen Gertsch transportierte die Leichen um ca. 18.30 in die Leichenhalle Grindelwald.
Die Leichenschau wurde durch den Arzt, Herrn Dr. med. Steiger, um 18.30 in der Leichenhalle Grindelwald vorgenommen. (Siehe Leichenschau-Verbal).

Identifizierung der Leichen:
Da die Leichen stark gefroren waren, sind sie durch den Absturz stark zerschlagen worden. An einer Leiche, d. h. an Rabada Alberto fehlte nebst den Beinen und Armen, auch der Kopf. Navarro Ernesto mußte ohne Beine geborgen werden; der Kopf war verhältnismäßig wenig zerschlagen.
Am Dienstag, 31. Dezember 1963 kam der Präsident de la Federacion Espanola de Montanismo, Herr Felix Mendez Torres, mit einem Mitarbeiter nach Grindelwald. Da beide die Verunglückten persönlich kannten, konnten sie eindeutig deren Identität feststellen.
Navarro und Rabada sind durch den Unterzeichneten am 31. Dezember 1963 im Totenregister von Grindelwald eingetragen worden.
Die Leichen sind am 3. Januar 1964 von Grindelwald nach Zürich und von Zürich per Flugzeug nach Madrid transportiert worden.
Nach tel. Rücksprache mit dem Richteramt Interlaken wurden die Leichen freigegeben.
Nebst den Aussagen des Etter Paul, Gantenbein Ueli und Henkel Josef (siehe Protokoll) kann zur Bergungsaktion am Eiger noch folgendes berichtet werden:
Wie bereits im Protokoll erwähnt, kamen Etter, Gantenbein und Henkel am Sonntag, 29. Dezember 1963, ca. 15.00 in die »Spinne«. Der weiter oben befindliche Spanier war ganz an den Sicherungshaken gezogen worden. Er trug einen Rucksack und hatte Steigeisen an den Schuhen. Er befand sich in stehender Haltung, der Oberkörper stark zurückgelehnt. Ungefähr bis zu den Hüften war er im Eis eingeschlossen. Es konnte nicht mit Sicherheit ermittelt werden, um welchen Spanier — Navarro Ernesto oder Rabada Alberto — es sich handelte. Von hier lief das Seil zuerst in den Sicherungshaken und nachher hinab zum zweiten Spanier. Dieser lag quer am Ende des Seils. Den Rucksack hatte er unter dem Arm. Unter dem anderen Arm befand sich sein Bergpickel. Die Steigeisen lagen bergseits an seinem Körper; sie waren also nicht angeschnallt. Zwischen dem unteren und dem oberen Spanier war das Seil angespannt. Nebst dem Sicherungshaken bei der oberen Leiche waren bei dem nach unten führenden Seil noch zwei Eishaken eingeschlagen. Dies zeigt, daß nicht — wie allgemein angenommen — der weiter unten befindliche Bergsteiger vorerst weiter oben war und dann abstürzte, wobei der andere an den Sicherungshaken gezogen worden wäre, sondern daß dieser vermutlich infolge Erschöpfung im Aufstieg starb.

An der Bergungsaktion vom 30. Dezember 1963 beteiligten sich folgende Personen:
Jann Fritz, Bergführer, Stechelberg
Seiler Fritz, Bönigen
Bernet Hans-Rudolf, Grindelwald
Märkle Hermann, Grindelwald
Inäbnit Fritz und Sohn, Grindelwald
Gfr. Jakob, Kantonspolizei Lauterbrunnen
Ldj. Brand, Kantonspolizei Grindelwald

KANTONSPOLIZEI
Grindelwald BE
sig. Brand, Ldj.

Soweit diese authentischen Berichte, die trotz ihrer Nüchternheit voller Dramatik sind.

Zwei Namen von zwei außergewöhnlichen Männern tauchen hier auf, denen wir später wieder begegnen werden: Fritz Bühler und Hermann Geiger. Beide haben große Verdienste um die Entwicklung der Rettung mit Flugzeug und Hubschrauber, und in dem Kapitel über »Rettungsmethoden am Eiger« wird noch ausführlich über sie berichtet.

Liest man das Protokoll der Schweizer Bergführer zur Bergung der beiden Spanier, so kann man nur ahnen, was sich hinter diesen einfachen Worten an Dramatik und Einsatzbereitschaft verbirgt. Diese blutjungen Burschen, einer war gerade zwanzig Jahre alt, Ueli Gantenbein, Paul Etter und Josef Henkel, unternahmen freiwillig die äußerst gefährliche Bergung zweier Bergsteiger, die schon seit vier Monaten tot waren. Allein das Abseilen von der Spinne direkt zum Bügeleisen — 300 Meter Höhenunterschied — zeigt, welch hervorragende Bergsteiger die drei waren, vertraut mit moderner Kletter- und Abseiltechnik. Unter schwierigsten Bedingungen verbrachten sie die Silvesternacht und den Neujahrstag in der eisigen Wand. Zur Befriedigung, ihre Aufgabe als Bergführer erfüllt zu haben, kam hinzu, daß sie in die Geschichte des Eiger eingingen, als erste die Nordwand des Eiger im Abstieg gemeistert zu haben.

Der Wettstreit zwischen den Bergsteigern aus Katalonien und Aragonien wurde im Sommer 1964 zugunsten der Katalanen entschieden. José Anglada und Jordi Pons aus Barcelona glückte die erste spanische Begehung der Wand. Die Katalanen hatten den Erfolg, aber die Aragonier hatten den Weg gezeichnet.

Traurig, aber harmonisch und würdig ist das Jahr 1963 ausgeklungen. Kaum zwei Wochen später beginnt das neue Eigerjahr. Es kommt die Direttissima.

Erste Frauenbegehung und Direttissima

Zwei Deutsche, Georg Ostler und Dietmar Bachstein, machten Anfang August 1964 das halbe Hundert der geglückten Begehungen in 26 Jahren voll, ehe die 51. wieder etwas Neues war. Werner Bittner, ein Elektriker aus München, hatte diesmal als Seilgefährten eine Frau. Bittner war kein Unbekannter. Zusammen mit drei Deutschen, darunter Peter Siegert, war er bereits am 12. Jänner desselben Jahres auf der Sedelmayr-Mehringer-Route in die winterliche Wand gestiegen, um die »Direttissima« zu versuchen. Sie plagten sich redlich, gingen fast im Schnee unter, mußten aber nach drei Tagen, noch weit unter dem Ersten Eisfeld, aufgeben. Die schützende Station »Eigerwand« der Jungfraubahn nahm sie auf.

Erfolgreich war Bittner hingegen 1962 gewesen, als er mit einer Dreierseilschaft im Februar bei großer Kälte die erste Winterbegehung der Matterhorn-Nordwand machte. Die Amputation sämtlicher Zehen war damals der Preis für dieses schwierige Unternehmen, aber Bittner gab die Extremkletterei trotzdem nicht auf.

Es war also ein erfahrener Könner, dem sich die Münchener Sekretärin Daisy Voog anvertraute. In Estland geboren, blond und sportlich aussehend, hatte sie, abgesehen von den Dolomiten, keine Klettererfahrung in den Westalpen. Wenn auch hier und da Stimmen laut wurden, der Eiger habe viel an Schwierigkeit verloren — man kannte inzwischen genau jede Stelle, fand Seile und Haken vor —, so werden uns die kommenden Jahre leider vom Gegenteil überzeugen. Die Wand hatte nichts von ihren Problemen verloren, um so bewundernswerter war die Leistung von Daisy Voog, unterstützt von ihrem Gefährten. Nach drei Biwaks standen sie auf dem Gipfel, die junge Frau und der Münchener Bittner.

Die nächste große Herausforderung der Wand, deren Lösung noch bevorstand, war nun die Direttissima.

Schauen wir uns zuerst einmal genau die Fallinie der Eiger-Nordwand an. Die absolute, nicht mehr zu verbessernde Direktroute von unten weg hatten Sedelmayr und Mehringer gewählt; sie vollendeten ihre Linienführung bis zum Todesbiwak und noch etwas darüber hinaus. Gstrein und Drachsler kamen noch höher, bis auf eine gute Seillänge an den unteren Rand der Spinne heran. Wenn es möglich wäre, bis in die Spinne zu gelangen, auf dem Weg also, über den sich Etter und Gefährten bei der Bergung der beiden toten Spanier abseilten, dann hätte man immer die Direktlinie eingehalten. Man durfte aber nicht von der Spinne weg schräg links den Ausstiegsrissen in Richtung Gipfeleisfeld und oberstem Mittellegigrat folgen, sondern müßte mehr rechts in der felsigen Gipfelmauer einen Ausstieg finden. Das würde bestimmt eine äußerst schwierige, gefährliche Kletterei werden, dieses Wegsuchen in der Gipfelwand des Eiger. Man würde nicht ohne künstliche Hilfsmittel auskommen. Wahrscheinlich müßte man auch Bohrhaken verwenden oder bei einem Biwak in der Gipfelwand in Hängematten übernachten.

Die angestrebte Direttissima kann man auch erkennen, wenn man durch ein starkes Fernrohr schaut. Vor allem aber, wenn am späten Nachmittag die Sonne so schräg steht, daß in der glatten Wand Vorsprünge und Risse zu erkennen sind. Auch durch Schnee, der da und dort hängen bleibt, kann solche plastische Sichtwirkung erzielt werden. Das war aber nicht der Grund, warum Werner Bittner und seine Gefährten im Winter zur Direttissima eingestiegen sind. Sie taten dies, um der Konkurrenz zuvorzukommen.

Aber zurück zu der gedachten Direttissima! Den unteren Teil, bis zum Zweiten Eisfeld, kann man Sedelmayr und Mehringer nicht mehr wegnehmen. Aber vom Zweiten Eisfeld aus: Verfolgen wir seinen oberen Rand nicht gegen die Felsen des Bügeleisens hin, sondern nach rechts, nach Westen. Da treffen wir auf eine Formation, die wie ein zweites Bügeleisen aussieht. Und von da zieht schräg nach links in der glatten Wand eine Verschneidung hinauf, die man eine zweite Rampe nennen könnte. Und höher oben liegt ein in steile oder senkrechte Felsen eingebettetes Schneefeld, das gewissermaßen eine zweite Spinne darstellt. Aber darüber sieht man nur glatte Felsen und keine Andeutung von Ausstiegsrissen.

Man könnte vielleicht an einem Pfeiler hinauf und zum obersten Teil des Nordwestgrates klettern. Aber das wäre auch ein Schönheitsfehler. Bei der absoluten Direttissima müßte man über die wächtengekrönte Eiswand. Man müßte? Man wird. Man wird bestimmt. Es ist nicht aufzuhalten. Die Zeit für die Direttissima ist reif.

Wenige Jahre zuvor war der Name eines hervorragenden amerikanischen Kletterers zum ersten Mal in Europa aufgetaucht: John Harlin, ein blendend aussehender blonder Mann, Jagdbomberpilot aus Kansas City, voller Selbstbewußtsein und mit dem untrüglichen Instinkt für Publicity und spektakuläres Auftreten ausgestattet. Mit dem bescheidenen stillen Deutschen Konrad Kirch hatte er bereits im August 1962 die Nordwand auf der Heckmair-Route durchstiegen. Ursprünglich hatte er den Versuch gemacht, Sherpa Tenzing Norgay für dieses Unternehmen zu gewinnen, der gerade zu dieser Zeit als Gast des Schweizer Alpen-Clubs in Grindelwald weilte. Man stelle sich vor: der erste Amerikaner am Eiger zusammen mit dem berühmten Mount-Everest-Erstbesteiger Tenzing Norgay... Das wäre eine Sensation für die Weltpresse gewesen und wäre dem ehrgeizigen Harlin wie gerufen gekommen.

Tenzing war einer jener Pioniere des Himalaja, die schon ganz früh ohne Seil, ohne Steigeisen und ohne Sauerstoff kletterten. Ich hatte ihn 1948 kennengelernt, als er in Begleitung von Professor Giuseppe Tucci, dem bedeutenden Tibetologen, nach Lhasa gekommen war.

In unserer Begeisterung verabredeten wir, daß ich mit ihm zur Eiger-Nordwand gehen würde, er aber dafür seine Himalaja-Erfahrung — er war damals schon mehrfach über 8000 Meter gewesen — mit mir teilte. Wir planten, zusammen den Kangtschendzönga in Sikkim zu versuchen, denn bis zu diesem Zeitpunkt war noch kein Achttausender bestiegen worden. Als ich nach der Besetzung Tibets durch China Lhasa verlassen mußte, traf ich Tenzing immer wieder in Darjeeling, seiner neuen Heimat. Seine Mutter stammte übrigens aus Lhasa, sein Vater aus Rongbuk am Nordfuß des Mount Everest, jenes Berges, durch den er Weltberühmtheit erlangte, als er ihn, zusammen mit Sir Edmund Hillary, 1953 zum ersten Mal bestieg. Oft war ich Gast in Tenzings Haus in Darjeeling, das voller Andenken und Geschenke aus der ganzen Welt ist. Ein großer Bergsteiger und ein bescheidener Mensch, der leider 1987 verstorben ist. Natürlich wurde er nach seinem Erfolg am Mount Everest von allen Ländern, die mit Bergsteigen zu tun haben, eingeladen und bereiste die ganze Welt.

So wollte es der Zufall, daß gerade in jenem Sommer 1962, in dem John Harlin seine Erkundungen am Eiger machte, Tenzing sich den seit unserem Gespräch in Lhasa gehegten Wunsch erfüllen konnte, die Eiger-Nordwand näher anzuschauen. John Harlin erfaßte die Gunst der Stunde und stieg mit Tenzing über die Westflanke des Eiger, von wo man die Nordwand studieren konnte. Ein Blick genügte dem erfahrenen Bergsteiger, um John Harlin eine Absage zu erteilen. Dies hier war nicht seine Art des Bergsteigens. Seine Stärke lag in der Ausdauer in Eis und Schnee in den großen Höhen des Himalaja.

John Harlin genügte es nicht, der erste Amerikaner am Eiger gewesen zu sein, er wollte mehr: Er wollte der erste sein, der die Wand senkrecht, in direkter Linie, in der »Direttissima«, durchstieg. Einige Jahre sollte es dauern, bis Harlin diesen Traum verwirklichen konnte. Der Eiger und seine Ideen ließen ihn nicht los, und er wußte selbst nicht genau, wie oft er seit 1962 vor der Wand gestanden hatte, die Verhältnisse studierte, Versuche abbrechen mußte und mit unterschiedlichsten Partnern geklettert war. Im Februar 1964, nur wenige

Wochen nach Werner Bittners deutschem Versuch, war John Harlin mit vier Italienern eingestiegen. Aber die fünf Bergsteiger erreichten nicht einmal das Erste Eisfeld. Bei Schneesturm retteten sie sich ins Stollenloch.

Anfang 1966 stand nun sein Team von vier Bergsteigern für die »Direttissima« startbereit. John Harlin und mit ihm Dougal Haston, Chris Bonington und Layton Kor warteten auf der Kleinen Scheidegg günstiges Wetter ab. Ihre Ausrüstung war das Beste, was sich denken ließ. Vom speziell entwickelten Schuhzeug bis zur Daunenjacke, von leichten Rucksäcken bis zu den sieben und elf Millimeter dünnen Seilen hatte Harlin in seinem Perfektionismus alles vorbereitet. Mehr noch, der berühmte Gletscherpilot Hermann Geiger wurde von ihm gebeten, mit dem Helikopter aus nächster Nähe Aufnahmen der Nordwand zu machen. Nichts sollte dem Zufall überlassen bleiben.

Aber das Wetter war stürmisch, und es hörte nicht auf zu schneien. Während der langen Tage ungeduldigen Wartens beschlossen sie schließlich, die Zeit zu nützen und einen Teil ihrer Ausrüstung unterhalb der Fenster der Station Eigerwand zu deponieren. Eine Methode, die sich im Himalaja seit frühesten Pionierzeiten bestens bewährt hatte. Man baute ein Basislager, dann Lager 1, 2 usw. Während man früher in den Alpen mit seinem Rucksack ohne jegliches Depot aufbrach, errichtet man heute Stationen wie bei einer Expedition, wohingegen man im Himalaja die Lager immer kleiner werden läßt, und so wie Reinhold Messner möglichst allein oder zu zweit im alpinen Stil die Achttausender erklettert.

Noch einmal gab es einen Aufschub, da sich Harlin beim Schilaufen die Schulter verletzt hatte und einige Wochen zu Hause zur Genesung brauchte. In dieser Zeit erreichte ihn und Haston die Hiobsbotschaft, daß inzwischen acht deutsche Kletterer auf gutes Wetter warteten, um ebenfalls die »Direttissima« zu versuchen. Daraufhin eilten Harlin und Haston sofort zum Eiger und trafen sich dort mit den zurückgebliebenen Kor und Bonington.

Bonington, der als einziger dem Unternehmen skeptisch, zumindest abwartend gegenüberstand, hatte inzwischen, da er als guter Fotograf bekannt war, vom »Daily Telegraph« den Auftrag erhalten, die Begehung in Bildern festzuhalten. Überglücklich nahm er an, denn hier sah er die Möglichkeit, seine Fähigkeiten als Kletterer zu einer künstlerisch-schöpferischen Tätigkeit zu nutzen. BBC-Leute und internationale Reporter begaben sich, um die Ereignisse zu beobachten, zur Kleinen Scheidegg. Sie alle hofften auf sensationelle Geschichten. Und sie sollten auf ihre Kosten kommen.

Acht Wochen dauerte das Geschehen um die »Direttissima«. Acht

Wochen unaufhörlicher Spannungen, täglichen Einsatzes und hervorragenden Kletterns. Ebenso Diskussionen, Wettstreit und Kameradschaft und leider auch, kurz vor dem Erreichen des Ziels, die entsetzliche Tragödie. Ausgerechnet jener Mann, der seit Jahren davon geträumt hatte, als erster die Direktroute zu machen, John Harlin, stürzte unterhalb der Spinne ab. Er hatte keinen Kletterfehler gemacht — das Sieben-Millimeter-Fixseil war gerissen!

Was würden die anderen tun, Dougal Haston und die Deutschen? Ihre erste Reaktion war abzusteigen, aufzuhören, aber dann überlegten sie, daß alles Denken und Planen von John Harlin umsonst gewesen wäre, er hätte sein Leben für nichts verloren. Sie wollten den Aufstieg vollenden, das war es, was John gewollt hätte — um jeden Preis. Dougal Haston und die Deutschen beendeten die direkte Begehung und nannten sie die »John-Harlin-Route«.

Natürlich gab es auch einige Journalisten, die bestritten, daß die Eiger-Direktlinie eine große Tat war, denn sie kreuzte an zwei Stellen die Route der Erstbegeher; und sie verurteilten vor allem die Methode, mit der sie durchgeführt worden war. Aber für die Beteiligten war es sicherlich mehr als eine schwierige Kletterei. Es war ein Ereignis, zu dem zwölf junge Männer verschiedener Nationalität zusammengekommen waren und nach anfänglichen Mißstimmungen und Rivalität Freundschaft geschlossen und gemeinsam alle Schwierigkeiten überwunden hatten. Chris Bonington schilderte den Beginn dieser Freundschaft schon vor John Harlins tragischem Tod. Und die beiden Teams hätten zusammen in Harmonie den Gipfel in direkter Linie erreicht, wäre nicht das Seil gerissen...

Die Direttissima, die Begradigung, die Aufstiegsverkürzung der klassischen Route, hatte acht Wochen gedauert, und alle Wetterlaunen erfahren, die die Nordwand zu bieten hat: Schneestürme von 150 Kilometern pro Stunde, Sonne, Kälte bis zu minus 25 Grad. Die Details dieser Expedition in die Senkrechte waren spannend und forderten den Männern übermenschliche Anstrengung ab.

Der dramatische Ablauf der Wochen in der Wand ist in mehreren Büchern genau beschrieben worden. Daher kann ich mich damit begnügen, nur die Namen derer festzuhalten, die an dieser großartigen Seilschaft beteiligt waren:

Sir Christian Bonington, Buchautor, berühmtester und bester britischer Bergsteiger, der nach seinen Erfolgen am Mt. Everest 1976 von Königin Elizabeth II. geadelt wurde.

Dougal Haston, Schotte, der mit dem Rhodesier Robert Baillie 1963 die Normalroute der Eiger-Nordwand gemacht hatte und später auf den Gipfeln der Annapurna und des Mt. Everest stand.

Don Whillans, englischer Bergmann, Expeditionen nach Patagonien und in den Himalaja.
Layton Kor, Maurer aus Colorado (USA), Spezialist im Fels und in der Handhabung technischer Hilfsmittel.
Die Deutschen stammen fast alle aus der Stuttgarter Gegend.
Karl Golikow, schwierigste Routen in den Dolomiten.
Peter Haag, alle großen Nordwände der Alpen.
Siegfried Hupfauer, wird einer der besten Himalaja-Bergsteiger.
Jörg Lehne, stirbt 1969 an Steinschlag am Walkerpfeiler der Grandes Jorasses.
Rolf Rosenzopf
Günther Schnaidt
Günther Strobel
Roland Votteler
Von dieser internationalen Seilschaft von zwölf Bergsteigern erreichten am 25. März 1966 fünf den Gipfel: Dougal Haston, Jörg Lehne, Günther Strobel, Roland Votteler und Siegfried Hupfauer.
Chris Bonington und Dougal Haston gelang zehn Jahre später die Erstbegehung der gewaltigen Südwestflanke des Mt. Everest, eine der drei großen Wände am höchsten Berg der Welt.

Die Japaner kommen

Das Jahr 1967 ist kein gutes Jahr, und es bleibt dem Berichterstatter nicht erspart, neben sechs gelungenen Begehungen auch von Tragödien zu berichten.

Im Frühjahr kam der Franzose Roland Travellini, um die John-Harlin-Direkt-Route allein zu machen. An einem Morgen Anfang März stieg er in die Wand ein, und niemand hat je wieder etwas von ihm gesehen.

Im Juni trafen vier gute Bergsteiger aus Sachsen in Grindelwald ein. Sie hatten einen Mannschaftstrainer und Ersatzmann und nannten sich »Nationalmannschaft Alpinistik der DDR«. Fritz von Almen beobachtete sie am 21. Juni durch das Fernrohr und bewunderte ihr Können. Auch ein junger Bahnbeamter schaute ihnen durchs Fernrohr zu, wie sie unterhalb des Hinterstoisser-Quergangs alle vier zusammen auf einem Felsenabsatz standen. Der junge Mann mußte Entsetzliches mitansehen. Er beobachtete, wie der Vorankletternde plötzlich aus der Wand stürzte, und dann einen nach dem anderen, sich überschlagend, mit in die Tiefe riß. In den fünfzig Jahren Eiger-Nordwand-Geschichte seit der Erstbegehung war dies das entsetzlichste und die meisten Opfer fordernde Unglück.

Hingegen war das Drama von 1936, bei dem Toni Kurz als letzter der Viererseilschaft angesichts der Retter sterben mußte, wegen seines langsamen Ablaufs das erschütterndste Geschehen. Filme wurden darüber gedreht, und Dr. Peter Sayer schrieb ein Hörspiel.

Im August 1967 durchstiegen zwei Österreicher aus der Steiermark, Hans Herzel und Kurt Reichardt, erfolgreich die Wand (57. Begehung), aber sie verirrten sich beim Abstieg über die Westflanke und stürzten zu Tode. Und leider war es nicht das erste Mal, daß die einfache Westflanke den Absteigenden zum Verhängnis wurde. Die beiden Grazer hatten weder meine Worte in der »Weißen Spinne« beherzigt, noch den guten Rat Toni Hiebelers befolgt, die Westflanke in der Schlechtwetterperiode zu erkunden. Wie andere vor ihnen waren auch sie aus Unkenntnis in den Tod gegangen.

Der Ansturm auf den Eiger hält 1967 an und ist inzwischen kaum mehr zu überblicken. Es würde über den Rahmen und Sinn dieses Buches hinausgehen, würde ich weiterhin alle Begehungen am Eiger einzeln aufzählen. Ich sehe meine Aufgabe nun darin, in großen Zügen festzuhalten, was mir für die Geschichte des Eiger und das Interesse des Lesers wichtig erscheint. Jede Begehung der Nordwand ist etwas

Außergewöhnliches; auch heute noch, im Zeitalter des Extrem-Bergsteigens, eine Art Bewährung, ein Kriterium. Jeder einzelne, der sie gemacht hat, wäre gewiß erwähnenswert, denn die Eiger-Nordwand bleibt immer noch die »Wand der Wände«. Aber aus der Fülle kann ich nur auswählen; und ich will versuchen, das Besondere zu finden.

Und dazu gehören nun einmal die Japaner. Bereits 1963 hatten sich Okura und Yoshin am Eiger versucht, kamen aber nur bis zum Schwalbennest und mußten von dort den Rückzug antreten.

Nicht so gut verlief der zweite Anlauf im Jahre 1965: Mitsumasa Takada und Tsuneaki Watabe stiegen am Nachmittag des 19. August in die Wand ein und bezogen ihr erstes Biwak im Schwalbennest. Am nächsten Tag regnete es, der Regen wurde immer ärger und brachte den so gefährlichen Steinschlag mit sich. Glücklich überwanden Takada und Watabe das Zweite und Dritte Eisfeld und bezogen ihr zweites Biwak unter widrigen Verhältnissen in der Rampe. Am dritten Tag erreichten die beiden den Götterquergang, wo Takada durch einen ausgebrochenen Tritt etwa dreißig Meter tief abstürzte, sich aber nicht verletzte. Später, in der Spinne, verloren sie noch einmal kostbare Zeit, da sie sich verkletterten und ihren Fehler korrigieren mußten. Bei starkem Schneefall bezogen sie das dritte Biwak in den Ausstiegsrissen. Der Gipfel lag in erreichbarer Nähe, als Watabe beim Überwinden des letzten Ausstiegsrisses fünfzig Meter tief abstürzte und sich das Bein brach. Takada versorgte ihn so gut wie möglich, hinterließ ihm seinen Rucksack mit Verpflegung und versprach, sofort Hilfe zu schicken. Er erreichte den Gipfel, stieg über die Westflanke ab und war am 22. August, um vier Uhr früh, wieder auf der Kleinen Scheidegg. Das Wetter war inzwischen so schlecht, daß die sogleich eingeleitete Rettungsaktion warten mußte. Auch der Helikopter war nicht in der Lage, etwas zu unternehmen. Sechs von Watabes Bergsteigerfreunden bemühten sich von der Westflanke aus um seine Rettung, aber alles war umsonst.

Am 24. August fand man den Körper Watabes zerschmettert am Wandvorbau. Niemand kann sich erklären, wie dieser Todessturz geschehen konnte.

Für das Jahr 1969 sind mehr als dreißig erfolgreiche Seilschaften zu verzeichnen, und sechs von ihnen waren japanisch. Das Land der aufgehenden Sonne hat eine Vielzahl guter Bergsteiger, die sich überall auf der Welt, in den Alpen wie auch im Himalaja, bewähren.

Der Beamte im Büro in Kathmandu, der für die Genehmigungen zur Besteigung der hohen Himalaja-Berge zuständig ist, erzählte mir, daß genauso viele Japaner auf Expeditionen gingen wie aus der übrigen Welt zusammen. Es war also vorauszusehen, daß sie auch am

Eiger eines Tages in größerer Zahl auftauchen würden, um ihr Können unter Beweis zu stellen.

Eine sechsköpfige Mannschaft, unter ihnen eine Frau, die Ärztin Dr. Michiko Imai, beschloß, eine noch direktere neue Sommer-Direttissima zu versuchen. Nach ihrem guten Ausgang wurde sie »Japaner-Route« genannt. Vier Wochen brauchten sie durch den steilsten und schwierigsten westlichen Teil der ganzen Wand. Sechzehn Tage waren sie ohne Verbindung mit der Kleinen Scheidegg und ganz auf sich angewiesen. Es war eine großartige Leistung der sechs, die trotz riesigen Materialaufwands und ungeheurer Kosten (80 000 D-Mark) völlig ausgelaugt und am Ende ihrer Kräfte auf dem Gipfel standen. Es waren neben der jungen Ärztin die fünf Japaner Takio Kato, sein Bruder Yasuo Kato, Satoru Nigishi, Amano Hirofumi und Susumu Kubo. Es folgte dann ein neuer Rekord, den man als die größte Materialschlacht am Eiger bezeichnen kann. Und wieder einmal lockte die Direttissima. Nachdem der Franzose Roland Travellini 1967 bei seinem Alleinversuch der Direttissima spurlos verschwunden war, konzentrierten sich im Dezember 1969 sieben Japaner auf die zweite Winterbegehung der John-Harlin-Direttissima. Auch ihre Namen sollte man festhalten: Jiro Endo war der Leiter, mit ihm gingen Noduyiki Ogawa, Takao Hoshino, Yukio Shimamura, Ryoichi Fukata, Masaru Sanba und Yukio Tabaku. Es war eine Begehung, die dem Expeditionsstil von Himalaja-Unternehmen ähnelte, so riesig war der Aufwand an Material und Zeit. Nach Breuer beliefen sich das Material auf 1,5 Tonnen und die Gesamtkosten auf 60 000 D-Mark. Sie brauchten für ihr Unternehmen 87 Tage, davon 42 Tage für den Aufstieg, der immer wieder unterbrochen wurde durch die Rückkehr zur Scheidegg, um sich zu erholen. Von einigen der Gruppe sagte man allerdings, daß sie 26 Tage ohne Unterbrechung in der Wand aushielten.

Die Wetterverhältnisse waren so katastrophal wie kaum in einem Winter zuvor. Nach Strapazen, die sich nicht schildern lassen, standen sie am 18. März 1970 doch alle auf dem Gipfel. Um das viele und kostbare Material nicht zu verlieren, stiegen sie dann wieder durch die Wand hinab und konnten nach drei Biwaks ihre gesamte Ausrüstung bergen.

Außer den dreizehn Japanern gab es 1969 noch weitere gut vorbereitete Begehungen, die ohne nennenswerte Zwischenfälle verliefen. 29 Schweizer Bergsteiger stehen am Anfang dieser erfreulichen Liste, gefolgt von zehn Deutschen. Im ganzen waren acht Nationen und siebzig Alpinisten im Jahre 1969 erfolgreich durch die Eiger-Nordwand gestiegen.

Die Materialschlacht geht weiter

In der Schweiz gibt es viele gute Bergsteiger, wie wir im Verlauf der Geschichte um den Eiger erfahren haben. Einige der besten sind im Kletterclub der »Bergfalken« im Berner Oberland zusammengeschlossen, immer auf der Suche, Neues und Schwieriges zu unternehmen. Nachdem die Japaner ihre äußerst schwere und aufwendige »Direttissima« im Sommer 1969 gemacht hatten, setzten sich die »Bergfalken« zum Ziel, dieselbe Route im Winter zu gehen. Fünfzehn junge Männer machten sich im Dezember desselben Jahres auf den Weg zur Kleinen Scheidegg. Fünf von ihnen — Peter Jungen, Max Dörflinger, Hans Müller, Otto von Allmen und Gottfried von Känel — waren ausersehen, in die Wand zu steigen; die übrigen zehn waren die sogenannten »Wasserträger«: bereit, das nötige Material bis zum Wandvorbau zu tragen. Die fünf Kletterer beförderten dann die notwendigen Seile in die Wand und erreichten über Eis und Schnee den Fuß der »Roten Fluh«. In der Nacht begann es so heftig zu schneien, daß sie den Rückzug antreten mußten. Sie kletterten zurück zum tiefer gelegenen Stollenloch und gingen durch den Tunnel der Jungfraubahn zur Station Eigergletscher.

Vier Tage Pause. Gottfried von Känel beschloß, nicht noch einmal einzusteigen. Seinen Platz nahm der Deutsche Werner Asam ein. Die neue Methode der Belagerung einer Wand ging weiter. Mühevoll schleppten sie das schwere Material in die Wand, getrieben von der Zeit, denn die Tage im Winter sind kurz und die Dunkelheit bricht schon früh ein. Das Wetter war schlecht und wurde immer schlechter, so daß die Gruppe wieder zur Station Eigergletscher zurückkehren mußte. Peter Jungen schildert in seinem Bericht, daß alle nach Hause gingen, um den Heiligen Abend im Familienkreis zu verbringen.

Nach den Festtagen rafften sie sich erneut auf und schleppten und schleppten, bis schließlich alles erforderliche Material, zum Teil durch das Stollenloch transportiert, in der Wand lag. Ein neuer Mann, Hans Peter Trachsel, hatte sich ihnen inzwischen angeschlossen. Sie arbeiteten unaufhörlich, manchmal sogar mit Stirnlampen in der Dunkelheit, um das Gelände vorzubereiten. Es gab dann noch einmal einen Rückzug, noch einmal Warten auf gutes Wetter, das dann endlich nach elf Tagen etwas besser wurde.

In bezug auf die immer beliebter werdenden Winterbegehungen wäre zu erwähnen, daß die kalte Jahreszeit in der Wand vielleicht mehr Sicherheit bietet als der Sommer mit dem gefährlichen Steinschlag. Daß aber auch der Winter seine Tücken hat, sollte Peter Jungen erfahren. Es sind die vielen Fixseile, die überall in der Wand hängen, die Gefahr bringen. Natürlich sind die Kletterer versucht, sie zu benutzen, aber es gehört sehr, sehr viel Erfahrung dazu, um beurteilen zu können, ob sie belastbar und fest an einem Haken gesichert oder nur im Eis festgefroren sind. Peter Jungen entdeckt solch ein altes Seil der Japaner, das frei herabhing, prüfte es nach allen Regeln der Belastbarkeit und war überzeugt, es würde halten. Das tat es auch, bis Jungen kurz vor der Verankerung erkennen sollte, was das alte Seil gehalten hatte: kein Haken, nein, das letzte Stück des Seiles war lediglich im Eis festgefroren und hätte sich jederzeit lösen können. Vielleicht veranlaßte ihn dieser Schock dazu, daß er, als sie dann alle auf dem Gipfel standen, das Unternehmen als »Ende eines verrückten Abenteuers« bezeichnete.

Peter Jungen und Hans Müller hatten im vergangenen Sommer bereits die Nordwand auf der Heckmair-Route durchstiegen, und Müller kletterte nun im darauffolgenden Sommer mit Hans Berger nochmals die Japaner-Direttissima. Er tat es auch, um das viele wertvolle Material zu bergen, das sie im Winter zurückgelassen hatten. Ein neuer Rekord: Hans Müller von den Berner Oberländer »Bergfalken« hat dreimal die Eiger-Nordwand durchklettert!
1976 machen sechs Tschechen wieder im Expeditionsstil die zweite Winterbegehung der Japaner-Route. Sie brauchen sechzehn Tage, zehn Tage mehr als die Schweizer. Erschöpft und durchfroren wie sie sind, verlassen einen von ihnen während des ungesicherten Abstiegs die Kräfte, und er stürzt 250 Meter die Westflanke hinunter. Verletzt bleibt er auf einer kleinen Plattform liegen — und hat großes Glück. Der Pilot Günther Amann von der Schweizerischen Rettungsflugwacht macht zufällig einen Übungsflug ganz in der Nähe. Er und seine beiden Helfer, Adolf Küfenacht und Ueli Sommer, entdecken die fünf und holen den Verletzten mit ihrem Helikopter aus seiner mißlichen Lage. Völlig kostenlos, denn alle Teilnehmer waren vor ihrem Einstieg mit 20 Franken Förderer der Schweizerischen Rettungsflugwacht (SRFW) geworden. Die neue Ära der Helikopter-Rettungen am Berg hat begonnen.

ZWISCHENBILANZ

Retter aus der Luft

Das Matterhorn in Zermatt ist ohne Zweifel der begehrteste Gipfel in der bergsteigenden Welt. Wenn man das Matterhorn als den »Berg der Berge« bezeichnet, so kann man die Nordwand des Eiger die »Wand der Wände« nennen. Leider gibt es am Matterhorn auch die meisten Unfälle. Seit der Erstbesteigung 1865 haben dort über 400 Menschen ihr Leben verloren. Es ist daher logisch, daß dort bereits — früher als am Eiger — die »Air Zermatt« mit Hubschrauberrettungen begonnen hat. Die Zermatter Piloten sind zweifellos die Pioniere der Bergrettung mit Helikopter.

Einsätze von Hubschraubern sind inzwischen in den ganzen Alpen alltäglich geworden. Zum besseren Verständnis muß man allerdings die Hubschraubereinsätze in ihrer Schwierigkeit unterscheiden. Einmal die Rettung im Gelände, wo der Pilot seine Maschine noch aufsetzen kann, und zum anderen die sogenannten Direktrettungen aus steilen Wänden, wobei sich die Bergführer aus dem schwebenden Helikopter mit der Winde zum Verunglückten abseilen.

Die erste Winterrettung fand am 25. Jänner 1970 statt. Fünf japanische Bergsteiger wollten die zweite Winterbegehung machen. Nach dem sechsten Biwak stürzte einer von ihnen, der 24jährige Kengi Kimura, in den Ausstiegsrissen ins Seil und brach sich den Unterschenkel. Siegfried Stangier, ein Pionier der alpinen Rettungsfliegerei, schildert die Bergung des Japaners als eine der größten und aufwendigsten Rettungsaktionen in den Alpen. Man erinnerte sich an den Unfall von T. Watabe im Jahre 1965 und wollte alles tun, um diesmal den Verletzten so schnell wie möglich zu bergen, da nur die allerkräftigsten Menschen eine Verletzung in dieser gefürchteten Wand überleben können.

Die beiden Bergführer Oskar Gertsch aus Wengen und Rudi Kaufmann aus Grindelwald werden vom Gipfel an Drahtseilwinden langsam in die Wand gelassen. Es erfordert großes Können, die beiden Winden synchron zu bedienen. Aus Sicherheitsgründen hat man die beiden Drahtseile miteinander verbunden: Sollte ein Seil — etwa durch Steinschlag — reißen, so würde der Retter immer noch durch seinen Kameraden gehalten, Kimura wurde gerettet und ins Krankenhaus von Interlaken gebracht.

Im Juli desselben Jahres forderte die Nordwand wieder ein Opfer, den Italiener Angelo Ursella. Um seinen Gefährten Sergio De Infanti zu retten, wurde alles aufgeboten. Ich bin in der Lage, den genauen Hergang von Unfall und Bergung sowie eine exakte Zusammenstellung der Kosten aufzeigen zu können. Unterlagen, die ich wiederum Herrn Kurt Schwendener zu verdanken habe.

Grindelwald, 24. Juli 1970
Untersuchungsrichteramt
3800 Interlaken

Tödlicher Bergunfall in der Eiger-Nordwand.
Meldung: Samstag, den 18. Juli 1970, 17.30, tel. durch Fritz von Almen, Hotelier, Kleine Scheidegg auf die Bergrettungsstation Grindelwald (Kantonspolizei). Anschließend wurde Herr Untersuchungsrichter Nägeli in Interlaken und der Bezirkschef der Kantonspolizei Adj. Weiss orientiert.
Ort: Ausstiegsrisse der Eiger-Nordwand auf der Höhe des sog. Cortibiwak, Gde. Grindelwald.
Zeit: Unfall: Donnerstag, den 16. Juli 1970, zwischen 17.00 und 18.00.
Rettung und Bergung: Sonntag, den 19. Juli 1970
Tödlich verunfallt: Ursella, Angelo, des Giuseppe und der Katharina Forte, ledig, geb. 18. Juli 1947 in Gemona, italienischer Staatsangehöriger, Zimmermann, wft. gewesen in Buia, Strambcus 31, Udine (Italien).
Aus der Wand gerettet: De Infanti, Sergio, des Celso und der Maria Gracco, ledig, geb. 25. März 1944 in Ravascletto, italienischer Staatsangehöriger, Skilehrer und Träger, wft. 33020 Ravascletto/Udine (Italien).

Unfallhergang:
Die beiden Bergsteiger kamen Sonntag, den 12. Juli 1970, von Italien her über Lauterbrunnen auf die Kleine Scheidegg. Sie begaben sich sofort an den Fuß der Eiger-Nordwand, wo sie ihr Zelt aufschlugen. Da das Wetter und die Vorhersage sehr gut waren, stiegen sie am Montag, dem 13. Juli 1970, ca. 04.00, in die Wand ein, welche sie auf der Normalroute besteigen wollten. Am Zelt befestigten sie einen Zettel mit den Namen und dem Einstiegsdatum. Sie kamen sehr gut und ohne Zwischenfälle vorwärts und befanden sich am zweiten Tag oberhalb der Spinne. In der Nacht zum Mittwoch, dem 15. Juli 1970, schlug das Wetter um. Die Temperatur sank sehr stark, und es fiel reichlich Schnee. Die beiden Bergsteiger blieben den ganzen Tag im Biwak. Am folgenden Tag dauerte das schlechte Wetter an. Sie entschlossen sich gegen 15.00 trotz des schlechten Wetters weiterzusteigen. Nach fünfzig bis siebzig Meter kamen sie zu der Traverse beim »Cortibiwak«, wo sich ein fixes Seil in der Wand befindet. Die Felsen waren mit einer feinen Eisschicht und Neuschnee überzogen, so daß sich die Kletterei sehr schwierig gestaltete. Ursella Angelo kletterte gesichert am fixen Seil sowie durch ein Doppelseil durch De Infanti Sergio voran. In der Mitte konnte er das Doppelseil an zwei vorhandenen Haken einhängen. Als er sich auf der linken Seite der Traverse befand, rief er seinem Kameraden zu, ihm zu folgen. Als De Infanti einige Meter nachgeklettert war, verspürte er einen starken Ruck im Seil und wurde aus dem Stand gerissen. Er stürzte sechs bis sieben Meter nach unten und pendelte, durch die mittleren Haken gehalten, im Seil. Sein Freund war ca. dreißig Meter ins Seil gestürzt.

De Infanti konnte am Seil hochklettern. Er versuchte jedoch vergeblich, seinem Kameraden Hilfe zu bringen, weil er selber kein Seil mehr hatte. Er versuchte ebenfalls Richtung Gipfel weiterzuklettern, was er infolge der schlechten Verhältnisse aufgeben mußte. Es war somit nicht möglich, Hilfe zu holen. Die Hilferufe noch die Notsignale wurden weder gehört noch gesehen, bis sich am Samstag das Wetter besserte und Fritz von Almen vgt. De Infanti im Fernrohr zufällig winken sah.

Nach der angetroffenen Situation hatte sich Ursella Angelo mit einer Strickleiter, in welcher er saß, gesichert, als er seinen Freund Sergio nachnahm und sicherte. Der Sicherungshaken muß ausgerissen haben, worauf Ursella stürzte, sich mit dem Hals im Seil verfing, und sich den tödlichen Genickbruch zuzog. Nach Aussagen des Arztes muß der Tod sofort eingetreten sein.

Bei dem sehr schlechten Wetter und Sturm in der Wand muß sich Infanti Sergio eingebildet haben, seinen Kameraden noch gehört zu haben.

Unfallursache:

Der Unfall ist sicher auf den plötzlichen Wetterumsturz zurückzuführen. Infolgedessen waren die Verhältnisse in der Wand sehr schlecht. Bei den beiden Italienern hat es sich um gute Bergsteiger gehandelt, welche zusammen schon mehrere schwere Touren gemacht haben. In den ersten zwei Tagen sind sie sehr gut vorwärts gekommen und hätten bei normalen Verhältnissen in einem weiteren Tag den Gipfel erreicht. Die Ausrüstung war gut.

Rettung und Bergung:

Da von Almen De Infanti nur kurz gesehen hatte und später infolge Wolken und Dunst nicht mehr sehen konnte, war es nicht sicher, ob überhaupt ein Unfall passiert war. Als sich gegen 20.00 die Sicht verbesserte, bat ich als Rettungschef die SRFW, mit einem Flächenflugzeug einen Rekognoszierungsflug zu machen. Infolge ungenauer Ortsangabe und fortgeschrittener Dämmerung konnte der Gletscherpilot Ty Rufer die Verunfallten nicht sehen. Bei der SRFW wurde ein Helikopter Alouette III der »Air Zermatt« auf 05.00 nach Grindelwald Grund bestellt. Ein weiterer Helikopter B 204 der »Heliswiss« wurde auf Pikett gestellt. Bei Rettungschef Fritz Jaun, Stechelberg, wurden 14 Bergführer angefordert. Aus Grindelwald wurden 17 Bergführer nach Grindelwald Grund bestellt. Um 04.45 befand sich nebst dem Biwakmaterial, welches nachträglich beim Zeughaus Interlaken angefordert wurde, sämtliches Material und die Mannschaft aus Grindelwald in Grindelwald/Grund. Beim Eintreffen des Helikopters unternahm ich mit Kaufmann Rudolf einen Rekognoszierungsflug. Den leichtverletzten De Infanti (Erfrierungen an den Zehen) und den toten Ursella konnten wir sofort finden. Nach der Landung auf der Kleinen Scheidegg wurden sofort zwei Bergführer im Grund abgeholt und auf dem Eigergrat mit der Seilwinde abgesetzt. Die übrige Mannschaft fuhr mit dem Material im bereitstehenden Extrazug auf die Kleine Scheidegg. Nach dem Eintreffen des Zuges aus Lauterbrunnen wurden die Chefs (s. Mannschaftsverzeichnis) zusammengezogen und über die Rettung orientiert und instruiert. Sämtliche Mannschaften und Material konnten auf dem Eigergrat abgesetzt werden. Für einen eventuellen Rückzug zu Fuß (Wetterumsturz) wurde bis auf den Eigergipfel gepfadet. Die beiden Seilwinden wurden an den gleichen Stellen verankert wie im Januar für die Rettung von Kenji Kimura, d. h. ca. 200 Meter Richtung Mittellegi. Um 10.55 konnten die beiden Retter in die Wand einsteigen und kamen ohne Zwischenfälle um 11.30 bei De Infanti an. Dieser konnte noch gehen und stieg, nachdem er verpflegt war, mit den zwei

Rettern am Stahlseil hoch. Um 12.35 kamen die zwei Retter mit dem Verunfallten auf dem Eigergrat an. Er wurde mit der Seilwinde in den Helikopter Alouette III hochgezogen und nach der Kleinen Scheidegg überflogen.

Um 13.00 stiegen zwei weitere Retter in die Wand ein, um den toten Ursella zu bergen. Sie kamen um 13.35 bei diesem an und verpackten ihn für den Aufstieg. Um 14.00 konnten die zwei Retter mit dem Toten hochgezogen werden und kamen um 14.55 auf dem Eigergrat an. Die Leiche wurde als Unterlast direkt zur Leichenhalle Grindelwald überflogen.

Ohne Zwischenfälle konnte Mannschaft und Material nach der Kleinen Scheidegg zurückgeflogen werden. Außer einer leichten Fußverletzung, welche sich Bergführer Ulrich Sommer bei einem Fehltritt zuzog, verlief die Aktion sehr gut und ohne Zwischenfälle. Aus den Fehlern, welche anläßlich der Rettung vom Januar begangen worden waren, war viel gelernt worden. Anfängliche Schwierigkeiten hat einzig der Brennstoffnachschub für den Helikopter geboten.

Leichenschau und Freigabe der Leiche:
Die Leichenschau erfolgte Sonntag, den 19. Juli 1970, 15.25, durch Dr. med. Iranyi, Arzt in Grindelwald, in der Leichenhalle Grindelwald. Als Vertreter von Herrn Untersuchungsrichter Nägeli wirkte Gemeindepräsident Chr. Brawand mit. Als Protokollführer amtierte Ldj. Graf. Die Leiche konnte einwandfrei identifiziert werden. Da kein Verbrechen vorliegt, wurde die Leiche zur Überführung und Erdbestattung in Italien freigegeben. Die Eintragung ins Totenregister von Grindelwald erfolgte Montag, den 20. Juli 1970, durch mich.

KANTONSPOLIZEI
3818 Grindelwald BE
Schwendener, Kpl.

Rapport Nr. 5

SAC Rettungsstation Grindelwald
Unfallort: Eiger-Nordwand   Unfalldatum: 16. Juli 1970, ca.18.00
Tödlich verunfallt: Ursella Angelo, 47, Buina (Udine)
Gerettet: De Infanti Sergio, 44, Ravascletto (Udine)

Zusammenstellung der Kosten:
Personalkosten:

26 Führer und Leiter à sfr. 200.—	sfr. 5200.—
5 Träger à sfr. 150.—	sfr. 750.—
3 Funker à sfr. 100.—	sfr. 300.—
2 Mann für retablieren je 1 Tag	sfr. 120.—

Verpflegung:

Rechnung KleineScheidegg	sfr. 780.95
Hotel Bahnhof	sfr. 19.20
Meta-Tabletten	sfr. 40.—

Versicherungsprämien:

36 x sfr. 25.—	sfr. 900.—

Transportkosten:

Rechnung WAB/JB (Bahn)	sfr. 212.—
Lastwagen Kaufmann AG	sfr. 20.—

Auto Schwendener	sfr.	32.—
Auto Roth Ulrich	sfr.	25.—
Auto Weber (Transport Biwakmaterial)	sfr.	40.—
Auto Pulver, (Treibstoff-Transp.)	sfr.	10.—
Auto Häsler, Lauterbrunnen	sfr.	32.40
Material:		
1 Abseilsitz	sfr.	165.—
1 Sicherungsstift zu Winde	sfr.	4.50
2 Karabiner	sfr.	22.—
2 Seilstrippen	sfr.	71.—
1 Seilkupplung	sfr.	17.—
Holzpfähle	sfr.	54.50
Daunenkleiderreparaturen	sfr.	20.—
2 Spitzeisen 60 cm lang	sfr.	20.—
Stahlseilkontrollen, Rechnung Brugg und Romanshorn	sfr.	120.—
Rechnung Bhend für Windenböcke	sfr.	70.—
3 Kronenbohrer	sfr.	22.50
3 Haken »System Schwendener«	sfr.	42.—
5 Haken »Bhend«	sfr.	20.—
1 Kappe verloren, Ringgenberg A.	sfr.	14.50
Wäscherei Reichen	sfr.	3.—
Zeughaus Interlaken (Biwakmaterial)	sfr.	24.—
Funkgerät reparieren	sfr.	23.40
Taschenlampenbatterien	sfr.	40.—
1 Sturmhose, Gertsch Oskar	sfr.	51.30
Verschleiß, Abnutzung der Seile etc.	sfr.	550.—
Telefone:		
Grindelwald	sfr.	30.—
Lauterbrunnen	sfr.	30.—
Porti:	sfr.	60.—
Leichenschau und Untersuchung:		
Arzt	sfr.	45.—
Fotos	sfr.	20.—
Leichenhallenreinigung	sfr.	25.—
Berichterstattung und Material:	sfr.	50.—
Kosten Rettungsstation	sfr.	10096.25
Rechnung Schweizerische Rettungsflugwacht:	sfr.	16304.40
Total	sfr.	26400.65

Grindelwald, den 9. September 1970

Die erste Direktrettung aus der Eiger-Nordwand

Im Jahre 1971 wurde zum ersten Mal eine Helikopter-Direktrettung aus der Eiger-Nordwand von der Schweizerischen Rettungsflugwacht durchgeführt. Im September wurden die beiden deutschen Alpinisten Peter Siegert und Martin Biock nach einem Wettersturz aus dem Zweiten Eisfeld gerettet. Der Pilot war Günther Amann mit dem Schweizer Bergführer Rudolf Kaufmann.

Einen der Geretteten, Martin Biock, traf ich im September 1987 anläßlich der Filmaufnahmen für die Fünfzig-Jahr-Feier der Erstdurchsteigung. Biock, inzwischen erfolgreich in der Filmbranche tätig, stellte mir seine Geschichte im Wortlaut zur Verfügung:

»Die beiden Münchener Bergsteiger Martin Biock und Peter Siegert kamen am Mittwoch, den 8. September 1971, zur Wand, nachdem sie zehn Tage zuvor durch einen Wettersturz aus der Roten Fluh zum Rückzug gezwungen worden waren. Nun sollte es glücken. Ihre Rucksäcke waren nicht mehr so schwer, keine Hartwurst und Büchsen, nur flüssige Nahrung: Ovomaltine, Tee, Traubenzucker, gekörnte Brühe, Sanddornsaft, etwas Dörrobst. Am Donnerstagmorgen erreichten sie den Schwierigen Riß. Beim Hochziehen von Biocks Rucksack blieb dieser hängen, löste sich vom Seil und sauste in die Tiefe des Vorbaues. Große Freude, als sie ihn, eingekeilt zwischen zwei Blöcken, entdeckten. Der Rucksack war also da, aber die Steigeisen von Biock waren weg. Ohne Steigeisen aber ging es nicht. Siegert entschloß sich, durch den Tunnel zur Kleinen Scheidegg abzusteigen und in Grindelwald neue Steigeisen zu kaufen. Nach einem halben Tag war er zurück, und sie kletterten noch eine Seillänge unter das Zweite Eisfeld. Als sie sich zur Nacht richten und kochen wollten, entdeckten sie das zweite Mißgeschick: Der Kocher war durch den Sturz nur noch ein Klumpen. ›Aus! Morgen früh abseilen! Die Tour ist beendet. Nach Hause. Ohne Kocher waren wir erledigt.‹

Am nächsten Morgen ging die Sonne auf, das Wetter schien besser, und sie stiegen weiter. Am Spätnachmittag kamen sie zum Todesbiwak, ein sicherer Platz, wo man sogar liegen kann. Kaum hatten die beiden sich eingerichtet, hörten sie entferntes Grollen. Donner, Blitz, heftiger Schneefall, Lawinen fegten über das Dritte Eisfeld und Nebel hüllte sie ein. Sie saßen in einer Falle, ohne Nahrung. Ein wenig Ovomaltine mit Schnee gemischt, war alles. Obwohl sie es zunächst für chancenlos hielten, versuchten sie zu rufen. Vielleicht würde man sie hören. Kurz vor Mitternacht schoben sich die Wolken auseinander, und sie sahen die Lichter der Hotels. Siegert blinkte mit der Stirnlampe, und sie bekamen Blinkzeichen als Antwort. Das gab Auftrieb und Hoffnung. Die Wetterbesserung war nur kurz. Bald schneite es wieder, und nun hielten sie es nicht mehr aus. Sie brauchten Wärme, Bewegung, wollten runter. Sie seilten ab, und gerade, als sie sich entscheiden mußten, ob sie in der Fallinie das Eisfeld hinab und über den ihnen unbekannten Abbruch zum Vorbau gelangen oder das Zweite Eisfeld in voller Breite durchqueren wollten, gab es plötzlich wieder blauen Himmel. Sie hörten die Bergwacht, die sich mit einem Megaphon verständlich machte. Da sahen sie auch schon den Hubschrauber. Günther Amann, der Pilot der ›Alouette 315 Lama‹, hatte schon manchen Bergsteiger unter Einsatz seines Lebens aus Bergnot gerettet, aber noch nie hatte man eine Rettung aus der steilen Nordwand gewagt. Amann sagte dazu: ›Immer wieder drohten die Rotorblätter die Bergwand zu berühren.‹ Mit der Winde ließ sich Bergführer Rudolf Kaufmann zu den Erschöpften abseilen. Kurze Zeit später saßen die Bergsteiger bei Tee und warmem Essen glücklich im Hotel Scheidegg und sagten: ›Es war eine großartige Leistung der schweizerischen Bergwacht, des Piloten und des Mannes, der freiwillig hinaus ins Ungewisse ging, um uns zum Leben zurückzuholen.‹«

Es war dies der Beginn einer neuen Ära: Helikopter-Rettungen aus der Nordwand. Zweifellos ein großer Schritt, Menschenleben zu retten, aber immer sollte man dabei auch an die Worte Dr. Christian Bühlers, des verdienstvollen Direktors der SRFW, denken, der einmal sagte: »Helden wollen die Rettungspiloten nicht sein. Wo immer sie fliegen, verlangt man von ihnen, daß sie in der Lage sind, das Risiko klar abzuschätzen und auch gegebenenfalls ›nein‹ sagen zu können. Denn ihre Aufgabe ist nicht nur, Menschenleben zu retten, sondern auch, keine weiteren zu gefährden.«
Dies sollten vor allem jene Bergsteiger beherzigen, deren Kräfte und Fähigkeiten nicht für die ungewöhnliche Wand ausreichen, und die sich, nur weil es die SRFW gibt, in ein Unternehmen stürzen, dem sie nicht gewachsen sind. Leichtsinnige Unternehmungen werden in Zukunft öfter vorkommen, denn gegen einen geringen Betrag kann jeder Mitglied der Schweizerischen Rettungsflugwacht werden und wird dann kostenlos aus der Wand gerettet. Im Unterbewußtsein könnte es den unsicheren Bergsteiger ermuntern und letzte Zweifel am eigenen Können wegräumen. Eine Garantie ist es aber in keiner Weise, das sollte man stets bedenken, denn die meisten Unglücke passieren bei Schlechtwetter, und da kann auch der Helikopter nicht

helfen. Das muß man beherzigen und deshalb von vornherein sich nur auf seine eigenen Fähigkeiten verlassen.

In die Zeit der ersten Helikopter-Rettung fällt auch die hundertste Begehung der Wand. Man kann nicht genau sagen, welche Seilschaft es war — braucht dies auch nicht —, denn viele Nationen kommen für die Jubiläumsbegehung in Frage. Schweizer, Franzosen, Engländer, Deutsche und Österreicher erreichten erfolgreich in dieser Zeit den Gipfel. 26 Jahre dauerte es, von 1938 bis 1964, bis man fünfzig erfolgreiche Durchsteigungen zählen konnte, für die nächsten fünfzig sollte es nur sechs Jahre dauern, und fast alle bergsteigerisch ambitionierten Nationen waren beteiligt.

Zwei bedeutende Ereignisse nach der Erstbegehung fallen in die ersten fünf Jahrzehnte: die Winterbegehung und der Alleingang; in die zweiten gehören die erste Frauenbegehung und die Direttissima als besondere Leistungen.

Über den Beginn dieser neuen Ära der Rettungen gibt es den wunderschönen Bildband »Aus dem Tagebuch der Schweizerischen Rettungsflugwacht«, Zürich 1982, in ihm schildert der Spanier Jesus Dominguez Fernandez seine Rettung und die seines Bergfreundes im Jahre 1977 durch die SRFW:

»Am 4. August verließen wir Granada. In den Kordilleren in der Sierra Nevada (Spanien) bereiteten wir uns auf das Abenteuer vor. Während eines Monats übten wir extreme Klettertouren. Dabei gewöhnten wir uns an Klima und Höhe.

Zehn Tage später reisten wir ins Tal von Chamonix. Der Montblanc war unser nächstes ›Übungsobjekt‹. Dabei lernten wir die Technik der Kletterei im ewigen Eis.

Danach arbeiteten wir anderthalb Monate in Bordeaux, um vom Lohn unsere Ausrüstung und den notwendigen Proviant kaufen zu können. An einer selbstgebastelten Klettervorrichtung übten wir täglich für unser Vorhaben.

Unsere Gedanken kreisten ständig um die Eiger-Nordwand, ihre Routen, ihre hängenden Schneefelder und die 1001 Abenteuer, die mit dieser Wand verbunden sind. Sie zog uns an, wohl weil sie unbezwingbar scheint, weil sie Opfer haben will. Wir fühlten uns zu ihr hingezogen, als wär's ein Stück von uns. Dann wieder erschien dieser Berg in unserer Phantasie als ein Gebilde von Fragezeichen. Werden wir wieder herauskommen? Werden wir für immer in einer der schwierigen Passagen des Berges gefangen bleiben? Vielleicht im ›Götterquergang‹? Oder in der ›Spinne‹?

In Chamonix kauften wir vom Lohn unserer Arbeit die Ausrüstung. Das Material mußte vom Besten sein. Es kostete auch dementsprechend. Anschließend waren unsere Taschen fast leer. Das aber spielte keine Rolle. Hauptsache, wir hatten eine gute Ausrüstung!

Tags darauf bestiegen wir die Eisenbahn nach Grindelwald. Mit jedem Kilometer wuchs die Spannung. Es war ein einmaliges Erlebnis, plötzlich jenen Berg vor unseren Augen zu sehen, den wir bezwingen wollten. Ihm hatte unser ganzes Interesse in den letzten Monaten gegolten. Nun standen wir dem großen Unbekannten erstmals gegenüber. Welch magische Kräfte mögen wohl in diesem Berg stecken?

Bevor wir uns an das Unternehmen heranwagten, verbrachten wir einige Tage in Grindelwald, studierten anhand einiger Postkarten, wie sie an jedem Kiosk zu kaufen sind, unsere Route. Jeden Morgen absolvierten wir im Freien ein Fitness-Training. Nach jedem Rumpfbeugen blickten wir zum Gipfel, dem diese Anstrengungen galten.

Da die Hotelunterkunft für unser bescheidenes Budget unerschwinglich war, errichteten wir im Friedhof unser Lager. Die Eingangshalle diente uns als Schlafstätte. Zugegeben, ein trister, makaberer Ort, denn viele, die hier begraben waren, waren einst dem gewaltigen Berg zum Opfer gefallen. Sie alle hatten wohl einst in derselben Illusion wie wir gelebt, besessen von der ›Faszination Eiger‹. Und nun ruhten sie hier, ihre Illusion elendiglich zerstört. Und niemand erfuhr je, weshalb sie sich auf das Abenteuer eingelassen hatten.

Die Wettervorhersage prognostizierte für die nächsten Tage beständiges, schönes Wetter. Das war grünes Licht für unser Vorhaben.

Es war acht Uhr morgens. Unser großes Abenteuer, von dem wir so lange geträumt hatten, begann.

Während der eine stieg, sang der andere irgendein Lied. Es war eine Genugtuung, sich durch ein Seil mit dem Freund verbunden zu wissen. Die Gewißheit, im Falle eines Absturzes aufgefangen zu werden, gab uns genügend Sicherheit. Wir stiegen langsam. Wir wußten, daß viele Unfälle passierten, weil die Beteiligten nicht genügend Zeit für Sicherungen investierten. Mit dem Seil um die Hüften, so dachten wir, spielt auch ein Tag Mehraufwand keine Rolle.

Wir kletterten, singend, Anekdoten erzählend. Während der ersten vier Tage kamen wir langsam, aber sicher voran. Wir waren den Anforderungen dieser sehr schwierigen Wand gewachsen und verspürten kaum Müdigkeit. Probleme gab es bei der Traversierung am ›Hinterstoisser-Quergang‹. Die dort von früheren Expeditionen angebrachten Seile lagen unter einer dicken Eisschicht.

Wir lösten dieses Problem — doch ein neues kündigte sich an: Aufziehende Wolken deuteten auf einen Wetterumschlag hin.

Was zu befürchten war, traf am nächsten Tag ein: Wind und Schneegestöber brüllten wie Furien. Alles erschien wie eine drohende Geste, als ob sich der Eiger gegen die Begehung zur Wehr setzen wollte. Wir waren mitten in einem Unwetter. Schnee deckte alles zu. Aber wir ließen uns nicht entmutigen, sangen fröhlich, wie es kleine Kinder tun, wenn zum ersten Mal Schnee fällt. Nichts beunruhigte uns, und wir gingen, gut geschützt, weiter. ›Eine gute Schale bedeckt alles‹, sagt ein spanisches Sprichwort, und unsere Schale war die Ausrüstung, die allen Unbilden des unfreundlichen Wetters trotzte und uns Sicherheit gab.

Manchmal stürzten Schneerutsche auf uns nieder und deckten uns von Kopf bis Fuß ein. Wir hatten unseren Spaß an diesem Naturschauspiel. Jedesmal, wenn wir Schneemassen auf uns fallen sahen, preßten wir uns wie Eidechsen an die Wand, um den Aufprall etwas auffangen zu können. Ja, wir hatten unsere helle Freude, plötzlich im Schnee ›begraben‹ zu sein.

Unser Optimismus wurde jäh gedämpft, als mein Kamerad von einem Schneebrett erfaßt und etwa zwanzig Meter ins Nichts mitgerissen wurde, wo er in der Seilsicherung hängenblieb. Dieser Zwischenfall ereignete sich mitten in einem fürchterlichen Unwetter.

Mein Freund konnte nicht mehr gehen. Beide Beine waren gebrochen. Es schien zu Ende zu sein. All unsere Kraft und unser Wille hatten uns verlassen. Der Tag ging zur Neige. Endstation? Alles, was wir in Monaten sorgfältig vorbereitet hatten, war nun in Sekundenbruchteilen vorbei, ein Traum ausgeträumt. Hatten wir umsonst auf so vieles verzichtet, vergebens gekämpft?

Alles hat eine Lösung in diesem Leben, nicht aber der Tod! Wir mußten weiterkämpfen. Ich schleifte meinen verletzten Kameraden in ein Schneeloch, das ich für ihn ausgegraben hatte. Vierzig Meter unterhalb unseres Standortes entdeckten wir eine gute Stelle, die sich zur Errichtung eines Biwaks eignete. Ich schlug Haken ein, befestigte einige Taue und seilte meinen Freund ab.

Schlafen war in unserer Notbehausung unmöglich. Mein Freund lag auf einem höchst unbequemen ›Bett‹ aus hartem Schnee. Ich saß daneben, meine Beine über die seinen gelegt, damit wir uns gegenseitig etwas Wärme spenden konnten. Fast ohne uns zu bewegen, verharrten wir so vier lange Tage und Nächte. Für meinen Freund waren in dieser Stellung die Schmerzen am erträglichsten. Wir sprachen kaum ein Wort. Wir hofften.

Abends versuchten wir jeweils mit unserer Taschenlampe Notsignale zu geben. Aufsteigende Nebelschwaden verschlangen jedoch den Schein, bevor er ins Tal dringen konnte. Schließlich leuchtete die Lampe nicht mehr. Sie war, wie alles um uns herum, durchnäßt.

Es gab Momente, da beteten wir, daß es bald Morgen würde. Wir hofften auf einen Helikopter, der uns Hilfe bringen könnte. Es blieb bei der bloßen Hoffnung. Mein Freund konnte sich nicht mehr bewegen. Ich war müde, sehr müde. Trotzdem versuchte ich ständig, nach einem Lebenszeichen Ausschau zu halten. Die Zeit ging nur langsam voran. Wir hatten längst nichts mehr zu essen. Schnee, der alle Tage im Überfluß fiel, diente uns als Durstlöscher.

Der zehnte Tag war der Tag unserer Wiedergeburt: Wir sichteten einen Helikopter! ›Es scheint, daß sie uns gesehen haben‹, schrie ich Miguel zu, ›sie machen Zeichen.‹ Ich begann zu schreien: ›Miguel, Miguel‹, rief ich freudestrahlend, ›sie haben uns gesehen!‹ Der Helikopter entfernte sich einen Moment, dann kam er wieder vorbei und nochmals und abermals. ›Jetzt haben sie uns mit Sicherheit gesehen‹, belehrte ich Miguel, ›jetzt werden sie uns rausholen.‹ Die Sonne tauchte hinter den Eigergipfel. Einer der Rettungsmänner gab uns aus dem Helikopter noch Zeichen, die wir als ›morgen holen wir euch heraus‹ deuteten. Dann verschwand der ›rote Vogel‹.

Welch eine Freude in jener Nacht. Miguels Schmerzen hatten sich in Nichts aufgelöst. Wir waren wieder gut gelaunt, sprachen von all den Dingen, die uns auf sicherem Boden erwarten würden. Es interessierte uns nicht mehr, daß unsere Rücken naß waren und wir an den Füßen froren. Wir fühlten uns wie neugeboren.

Immer wieder erwachten wir in der Hoffnung, es würde bereits dämmern. Als endlich unsere Konturen sichtbar wurden, stand ich auf und schaute zum Himmel. Wolkenloses, strahlendes Blau begrüßte uns. Das sprach für uns. ›Miguel, Miguel, es kann nichts mehr schiefgehen‹, kommentierte ich, ›alles wird gutgehen. Das Schicksal meint es gut mit uns.‹ Die Temperatur war angenehm. Der ganze Morgen schien uns anzulachen. Wir plauderten wieder. Aber unsere Ohren lauschten nicht den Worten, sondern gespannt auf allfällige Motorengeräusche.

Um neun Uhr morgens hörten wir endlich den Helikopter in der Ferne. ›Er kommt!‹ Die Rotorschläge waren immer deutlicher zu hören. Wir konnten den ›roten Vogel‹ kaum erwarten. ›Er ist da!‹ Vom Helikopter aus machte man uns Zeichen. ›Wir sollen Ruhe bewahren, meinen sie.‹ Der Helikopter zog eine Schleife, anscheinend, um einen Platz zu rekognoszieren, von dem aus eine Rettung eingeleitet werden könnte.

Dann wurde ein Retter aus dem schwebenden Helikopter auf einen winzigen Felsvorsprung abgesetzt. Wenig später vernahmen wir den uns wohlvertrauten Klang, der vom Einschlagen der Haken herrührte. Es gab keine Zweifel mehr: ›Unsere Rettung ist eingeleitet

worden, sie holen uns heraus.‹ Ein weiterer Mann wurde an der Seilwinde des Helikopters in die Wand abgesetzt und noch ein dritter.
Wir fühlten, wie diese Retter unter uns arbeiteten, zu uns hoch-
kletterten. Was für eine Genugtuung, wieder Menschen in unserer
Nähe zu wissen! Die Minuten verstrichen. Wir wurden ungeduldig,
konnten die Ankunft unserer Retter kaum erwarten.

In unserem Eishäuschen, das uns so viele Nächte Schutz geboten hatte,
mußten wir noch dreißig Minuten ausharren, bis die Männer uns
endgültig die Gewißheit über unsere Rettung brachten. Ich starrte
sie an. Ich fand keine Worte. Ich war gerührt. Dann reichte ich ihnen
die Hand zum Gruß, einem Gruß, fast ohne Kraft. Ich war erlöst —
am Ende!

Die Retter seilten mich ab. Miguel blieb noch im ›Nest‹. Er rief uns
noch zu: ›Es geht mir gut, geht nur!‹, eine Geste, die in einer solchen
Lage großmütiger nicht hätte sein können. Die Retter stiegen mit
mir bis zu jener Stelle ab, wo das Windenseil des Helikopters erreichbar war. Dann ging's ins Spital Interlaken. Mein Freund kam
einige Zeit später.

Die beiden Spanier wußten nicht, wie sie ihren Rettern danken
sollten. Sie strotzten wieder vor Lebensfreude. Jedoch schlug das
Schicksal erneut hart zu: Es gelang trotz aller ärztlichen Bemühungen
nicht, Miguels gebrochene und erfrorene Beine zu retten. Trotzdem
werden die Berge mit ihren steilen Felswänden neue Bezwinger anlocken und erneut Schicksal spielen. Und immer wieder werden wir
uns fragen: Warum zieht es Menschen dorthin? Wir werden nie
eine zufriedenstellende Antwort erhalten, nie das Magische dieser
Berge verstehen.«

Aus dem Tagebuch der Schweizerischen Rettungsflugwacht, mit
freundlicher Genehmigung der Schweizerischen Rettungsflugwacht,
Zürich.

Und so beschreibt Kurt Schwendener die Rettung aus der Wand:

Grindelwald, den 25. November 1977

Rettung aus der Eiger-Nordwand vom Freitag, dem 18. November 1977
Gerettet wurden bei einer Direktrettung aus der Rampe:
1. Fernandez Jesus Dominigues, geb. 28. Mai 1953, Spanier, Elektromonteur,
   wft. Granada, Primavera 8.4a (Spanien). Verletzungen: Erfrierungen an beiden
   Füßen.
2. Perez Miguel Angel, geb. 10. Februar 1957, von Spanien, Student, wft. Granada,
   Av. De Cervantes 14 (Spanien). Verletzungen: Beide Unterschenkel gebrochen.

Rettungsaktion:
Die ersten Telefonanrufe erhielten wir bereits am Freitag, dem 11. November 1977. Es wurde empfohlen, die zwei Bergsteiger wegen dem bevorstehenden Wetterumsturz aus der Wand zu fliegen, obwohl diese keine Notsignale gaben und weiterstiegen. Die Anrufe, welche zum größten Teil von Laien stammten, nahmen ständig zu. Zum Glück hatten wir Sonntag und Montag praktisch nie Sicht in die Wand, und diese »Besserwisser« mußten auch einsehen, daß bei dem schlechten Wetter nicht an eine Rettung zu denken war.

Dienstag, den 15. November 1977, kam die erste Aufhellung. Bei der Einsatzzentrale der SRFW wurde ein Helikopter angefordert. Der Helikopter Alouette III SA 319B, welcher bei der BOHAG in Interlaken stationiert ist, traf mit Pilot M. Burkhard und Mech. U. Menet um 14.30 in Grindelwald ein. Mit dem Führerobmann U. Sommer und Bergführer U. Roth unternahm ich einen Rekognoszierungsflug. Der Wind war jedoch sehr stark und böig. Wir konnten uns der Wand nur auf ca. fünfzig Meter nähern. Sofort konnten wir einen heftig winkenden Mann in der Rampe entdecken. Er befand sich vor einer Felsspalte auf 3400 Meter ü. M. Wir mußten sofort annehmen, daß der Mann Hilfe brauchte, und hofften, daß sich der zweite Mann in der Felsnische befinde. Die Schneehöhle konnten wir nicht sehen. Sofort wurde beraten und die Rettung organisiert. Da die Wand in der Rampe überhängend ist, hatten wir wenig Hoffnung auf eine Direktrettung mit dem Helikopter. Wir entschlossen uns, bei der ersten Wetterbesserung eine Rettung mit dem Stahlseil vom Gipfel aus durchzuführen. Es war uns allen klar, daß diese Rettung kaum in einem Tag durchgeführt werden konnte. Das Rettungsmaterial wurde nach einer vorbereiteten Liste bereitgestellt und verpackt. Beim Gebirgszeughaus in Interlaken wurden dreißig Schlafsäcke und 150 Notkocher bezogen. Zwanzig aktive Bergführer aus Grindelwald und fünf aus Lauterbrunnen wurden mit einer Postkarte orientiert und gebeten, mit Proviant für zwei Tage und der nötigen Winterausrüstung auf Pikett zu stehen. Sie hatten die Rettungsstation Grindelwald resp. Lauterbrunnen ständig zu unterrichten, wo sie erreichbar seien. Da wir im geheimen hofften, eine extreme Helikopter-Direktrettung durchführen zu können, wurden vier Mann ausgesucht, welche in letzter Zeit viele gemeinsame schwere Touren durchgeführt hatten. Diese konnten sich für diesen Einsatz entsprechend ausrüsten.

Mittwoch, den 16. November 1977, war das Wetter sehr schlecht. Bei einer kurzen Aufhellung gegen Abend versuchte Pilot M. Burkhard auf einem Rückflug erfolglos mit den beiden Bergsteigern Sichtverbindung herzustellen.

Donnerstag, den 17. November 1977, nachmittags, führte Pilot G. Amann mit Herrn Dr. F. Bühler und Herrn O. Guignard von der SRFW einen Erkundungsflug durch. Das Wetter erlaubte es jedoch nicht, Näheres in Erfahrung zu bringen.

Freitag, den 18. November 1977, 06.40: Wetter schlecht mit starkem Schneefall. — 07.30: Schneefall hat nachgelassen, und das Wetter hellt sich auf. — 07.45 von den auserwählten vier Extremkletterern melden sich Kaufmann Rudolf, Frei Ueli und Bohren Eduard. Diese haben ein Aufgebot, um 09.00 in Thun den Nachschießkurs zu besuchen! Soll ich diese für die Rettung sehr wichtige Leute gehen lassen? Wir entschließen uns, auf eine Aufhellung zu warten und bei der voraussehbaren kurzen Wetterbesserung einen Rettungsversuch zu unternehmen. Zu den drei Mann wird auf 08.30 noch Bergführer Stähli Hannes, bei der SRFW Pilot G. Amann und Mech. Ad. Rüfenacht mit der bei der BOHAG Interlaken stationierten »Alouette III 319 B aufgeboten. 08.30 war die erhoffte Aufhellung da. Drei Mann mit Material wurden auf die Kleine Scheidegg geflogen. Anschließend unternahm ich mit der Helikopter-Crew und Bergführer-Flughelfer Rud. Kaufmann einen Rekognoszierungsflug. Es war absolut windstill und wir konnten direkt zu den Verunfallten fliegen. Wir suchten nach einem Platz in der Nähe der Verunfallten, wo vier Retter abgesetzt werden konnten. Anfänglich scheiterten diese Versuche. Die überhängende Wand erlaubte dem Piloten nicht, mit einer Seilverlängerung zu operieren. Wir flogen auf die Kleine Scheidegg und entschlossen uns, eine Rettung mit Stahlseil vom Gipfel aus über die Lauperschild-Rampe durchzuführen. Um 09.40 gab ich Auftrag, die ganze Rettungskolonne aufzubieten. Drei Mann mit dem ersten Material wurden mit dem Helikopter in Grindelwald abgeholt. Um 11.23 waren 28 Mann und Pilot, Mechaniker und Herr Guignard von der SRFW auf der Kleinen Scheidegg. Um 10.10 startete der Helikopter mit den Bergführern Kaufmann Rudolf und Stähli Hannes Richtung Eiger. Kaufmann Rudolf bat mich, beim Flug noch einen Versuch unternehmen zu dürfen, in der Nähe der Rampe abzusetzen. Nach längerem Versuchen gelang es ihm, ca. 20 Meter links von der Rampe auf einem kleinen Band abzusetzen. Für die Helibesatzung war er gar nicht mehr sichtbar. Es dauerte einige bange Sekunden, bis für den Windenmann das Seil frei wurde. Der Heli entfernte sich, und nach ca. fünf Minuten hatte sich »Bisi« gesichert, und der zweite Mann konnte gebracht werden. Dieser Flug war schon einfacher, weil der Mann durch Kaufmann ergriffen und gesichert werden konnte. Jetzt mußte auf diesem Adlerhorst Platz geschaffen werden. Nebst zwanzig Felshaken wurden für die Traverse bis zur Rampe drei Rettungsbohrhaken »Mod. Schwendener« benötigt. Um 11.30 konnte der Retter Frei Ueli und um 12.09 Bohren Eduard folgen. Um 11.45 kam die erlösende Meldung »Stähli ist beim Biwak. Beide Mann leben. Einer hat beide Beine gebrochen.« Der Unverletzte wird über das verhältnismäßig leichte Stück ca. dreißig Meter über die Rampe abgeseilt und anschließend traversiert. Um 12.45 kann er mit dem Heli abgeholt werden. Der Transport des zweiten Mannes ist schon schwieriger. Über die ca. dreißig Meter Rampe muß er auf dem Gesäß rutschen. Anschließend wird er im »Gramingersack« auf den Rücken von Stähli Hannes verladen, worauf Hannes die schwierige Traversierung mit der schweren Last macht. Um 14.10 kann auch dieses Opfer aus der Wand geflogen werden. Das Wetter hatte sich schon gegen 11.00 verschlechtert, so daß keine Retter auf den Eiger geflogen werden konnten (zum Glück). Nachdem beide Opfer aus der Wand waren, war uns die Sicht zu unseren Kameraden durch Nebel verwehrt, und zudem war in der Wand Wind aufgekommen. Müssen unsere Kameraden in der Wand biwakieren? Wir hatten nochmals Glück! Um 14.18 werden Bohren und Frei und um 14.32 Stähli und Kaufmann aus der Wand geflogen.

Da unser Helikopter, gestützt auf die schlechte Wetterlage nicht abkömmlich war, wurden die Verunfallten durch die »Air Glacier Lauterbrunnen« um 13.15 bzw. um 14.19 ins Regionalspital in Interlaken überflogen. Den zwei Bergsteigern geht es den Umständen entsprechend gut. Soweit voraussehbar ist, kommen sie ohne bleibende Schäden davon.

Schlußbemerkung:
Die ganze Aktion verlief gut und unfallfrei. Die Rettung war dank dem großen Können von Helibesatzung und Bergführern möglich. Das Wetter und der Wind waren uns sehr gut gesinnt. Windstille Zeiten sind in der Eiger-Nordwand selten, und so-

Seite 273: Thomas Bubendorfer im Zweiten Eisfeld.

Die Eiger-Direttissima. Biwak von René Ghilini und Michel Piola. Foto Bruno Cartesi/Vertical.

Seite 274: Deltaflug vom Eiger, Ringier-Dokumentationszentrum, Zürich. Foto S. Kuhn.

Eiger-Nordwand. Aufnahme der Wild-Leitz AG und Institut für Geodäsie und Photogrammetrie, ETH Zürich.

Seite 276: Die Eiger-Nordwand-Direttissima während der Besteigung durch René Ghilini und Michel Piola. Foto Michel Piola/Vertical.

277

Eiger, Mönch und Jungfrau. Foto Alex H. R. Keltenberger, Grindelwald.

Seite 279 oben: Vorbereitung für eine Rettung: Helikopter der Berner Oberländischen Helikopter AG (BOHAG) mit Bergführer Hans-Rudolf Kaufmann, Grindelwald.

Seite 279 unten links: Rettung vom 16. Juli 1970. Der Italiener Sergio de Infanti wurde gerettet, Angelo Ursela war tot, Sturz in den Ausstiegsrissen. Auf dem Bild die beiden Bergführer Hans-Rudolf Kaufmann aus Grindelwald (in Rot) und Oskar Gertsch aus Wengen (in Blau). Foto Kurt Schwendener.

Seite 279 unten rechts: Helikopterbergung vom 18. November 1977 der beiden Spanier Perrez Miguel Angel und Fernandez Jesus Dominguez. Wetterumsturz in der Rampe, Perrez brach sich ein Bein. Auf dem Bild ist Bergführer Ueli Frei aus Grindelwald. Foto Edi Bohren.

278

weit ich beobachten konnte, hatten wir das Glück, eine der wenigen Flauten innert vierzehn Tagen zu erwischen. Bei der zweitletzten Windenoperation setzte die Winde aus. Glücklicherweise war die Panne nur von kurzer Dauer. Für solche Aktionen sollte ein zweiter gutausgerüsteter Helikopter dabei sein oder innert kürzester Frist erreichbar sein. An Gipfelaktionen ist mit einem Helikopter nicht mehr zu denken. Herr O. Guignard von der SRFW hat mich sehr entlastet. Er übernahm als Fachmann die Orientierung von Presse und Radio. Ich möchte auch an dieser Stelle allen Beteiligten für den großen Einsatz und die gute Zusammenarbeit bestens danken.

SAC-Rettungschef
3818 Grindelwald
K. Schwendener

Seite 280: Rettung vom 18. November 1977 der beiden Spanier Fernandez Jesus Dominguez und Perrez Miguel Angel. Auf dem Bild sind Bergführer Ueli Frei und Fernandez Jesus Dominguez.

Aus der Statistik des Polizeichefs

Im Jänner 1987 hielt Polizeichef Kurt Schwendener einen hochinteressanten Vortrag über »Rettungen aus der Eiger-Nordwand«, in dem er eine Serie von Unglücken und Rettungen schilderte. Er bot eine Statistik, die in nüchternen Worten und Daten dennoch die Dramatik dieser Bergungen erkennen ließ.

Nicht unerwähnt darf bleiben, daß es in diesen Zeiträumen auch perfekte Durchsteigungen der Wand gegeben hat, mit Können und sorgfältiger Vorbereitung

1972

22. 3. Kysilkova, Sylvia (TC) / Smid, Jiri (TC) / Novak, Lumbomir / Cempela, Zbynek. Novak und Cempela kehrten wegen schlechter Verhältnisse um. Direktrettung aus dem Zweiten Eisfeld.

1. 8. Masahiro, Furukawa / Masaru, Miyagawa (Japan) stürzten beim Schwierigen Riß ab.

1973

18. 8. Yamazaki, Buntaro / Kato, Teruo (Japan). In den Ausstiegsrissen fiel Yamazaki ins Seil und brach den rechten Fußknochen. Nach 100 Metern aufgegeben. Ein Schulknabe sah durch ein Wolkenfenster winken. Rettungsaktion vom Gipfel aus. 35 Rettungsleute. 500 Kilo Material. Mit zwanzig Meter Verlängerung und Kartoffelsack wurden die zwei Bergsteiger und Retter aus der Wand geflogen.

11. 9. Kämpfer, Ulrich / Marti, Paul (CH). Zweites Eisfeld. Wurden durch Wetterumsturz in der Rampe überrascht. Rettung dauerte eine Stunde.
Mein Kommentar im Bericht: »Für die Rettungsleute geben solche ›Bilderbuchrettungen‹ zu denken. Bis heute sind alle glücklich abgelaufen, was jedoch nicht selbstverständlich ist. Die Helikopterbesatzung und die Retter setzen sich großen Gefahren aus. Nur an wenigen Stellen können die Rettungen direkt mit dem Helikopter erfolgen. Dies mußten am 19. August 1973 die Japaner Yamazaki und Kato erleben, welche für die Rettung sfr. 18.578.20 zu bezahlen hatten.«

1974

13. 8. Knowles, David / Hoover, Mike.

15. 8. Wladysla, Woznisk / Wojciech, Dzik (Polen). Direktrettung aus dem Zweiten Eisfeld. Linkes Bein gebrochen.

1977

5. 7. Merhar, Wolfgang / Wechselberger, Martin. Stiegen bei schlechten Verhältnissen und bei schlechtem Wetterbericht in die Eiger-Nordwand ein. Kamen bis zur Rampe. Wurden direkt beim Bügeleisen gerettet.

18. 11. Fernandez, Jesus / Perez, Miguel Angel (Spanien).
8. Einstieg in die Wand. Kamen sehr langsam vorwärts.
Essen für zehn Tage.

11. Wetterumsturz; gingen trotzdem weiter.
Scheebrett in der Rampe; fiel ins Seil, und Perez brach sich
beide Unterschenkel.
11. Erste Alarme; zwanzig Mann auf Piket.
12. Rekognoszierungsflug nicht.
13. Beide wurden kurz gesehen.
15. Sahen die beiden auf 3400 Meter. Helirettung unmöglich, konnten uns nur auf fünfzig Meter nähern.
18. 06.40 starker Schneefall.
07.40 Schneefall läßt nach. Retter drängen. Gipfelrettung
wird vorbereitet. Letzter Versuch gelingt. Ausführlicher Bericht
siehe Seite 266ff.

1978

24. 4. Smeikal, Dieter (Tscheche) wird mit Erfrierungen im Zweiten Eisfeld gerettet
29. 5. Pechous, Jiri / Slegl Jiri (Tschechen) tödlich abgestürzt. Expedition auf
John-Harlin-Route. Smeikal wurde schon gerettet; s. oben. Die vier Kameraden wollten keine Rettung. Hatten sechs Lager mit Proviant etc. Seilriß
bei der Fliege. Kameraden seilten bis zum Wandfuß ab.

1979

26. 2. Huston, Teven / Cuthbertson, David / Barker, William / Mc. Cartnes /
Lncashiere Hoeward. Die sechs waren bei gutem Wetter und guten Verhält-
nissen eingestiegen. Sie kamen in acht Tagen nur bis zur Spinne, wo sie auf
Hilfe warteten. Direktrettung in fünfzig Minuten.

1980

21. 2. Strzelski, Bogdan / Zajac, Jerzy (Polen). Befanden sich fünf Tage auf dem
Nordpfeiler. Wurden mit Erfrierungen aus der Lauperroute gerettet. Verhältnisse sehr schlecht.

1981

12. 2. De Schepper, Johann (B) / Heudfonds, François (NL). Kamen nur langsam
vorwärts. Wetterumsturz, waren blockiert. Wurden nach vier Tagen im Zweiten Eisfeld gerettet. Das Absetzen an dieser Stelle war nur bei Windstille
möglich!
28. 2. Aasheim, Stein (N) / Myrer, Lund (N) / Smid, Jiri (Tscheche), Smid wollte
die Wand im Alleingang durchsteigen. Wurde durch einen Schlechtwettereinbruch überrascht. Traf in der Rampe auf die Norweger. Entschlossen sich,
wegen des Schlechtwettereinbruchs Hilfe anzufordern. Hatten Funkverbindung. Stiegen bis Bügeleisen ab. Seilten von dort bis Station Eigerwand ab.
Meldeten, daß beim Bügeleisen noch drei Polen auf Hilfe warten, welche
erst am 5. März, weil sich das Wetter nicht besserte, auch abseilten.
13. 8. Ueda, Susuma (Japan) stieg am 13. August als Alleingänger in die Wand ein.
Vermutlich stürzte er am 16. August bei einem starken Gewitter beim Ersten
Eisfeld oder Eisschlauch ab.
7. 9. Bryan, Charles (GB) / Johnes, Thomas (GB) / Berger, Hans (CH) / Fuster,
Beda (CH). Bryan stürzte in der Rampe ins Seil und verletzte sich an der

Hand. Berger und Fuster wollten die Wand in einem Tag durchsteigen. Die Verhältnisse und die Wettervorhersage waren schlecht. Sie wurden durch den Wetterumsturz überrascht und warteten mit den Engländern auf Hilfe. Sie wurden beim Bügeleisen gerettet.

1982
20. 7. Laurat, Claude (F) durchstieg als Gast mit zwei Bergführern die Eiger-Nordwand. Erlitt infolge Steinschlags einen Armbruch. Wurde aus den Ausstiegsrissen gerettet. Führer stiegen weiter.

1983
5. 1. Vodicka, Vaclav / Hradecky, Josef (Tschechen). Wollten eine neue Route neben der John-Harlin-Route eröffnen. Vodicka stürzte zwei Seillängen unter der Spinne ins Seil und erlitt Rippenverletzungen. Wurde beim Zweiten Eisfeld gerettet.

8. 8. Burger, Thomas / Wedel, Holger (D). 31. Juli Einstieg, nur für einen Tag Ausrüstung. Bis zum Schwalbennest. 1. August Gewitterwolken. Rückzug. Heftiges Gewitter wie in der Hölle. 5. August Zelt entdeckt. 8. August Suchflug eine Stunde. Wedel bewußtlos, 24 Grad.

1984
20. 3. Cadiach-Puig, Oscar / Casola, Jouan / Perez-Gil, Xavier / Lucas-Lop, Enrique / Ponigas-Martorell, Neil (E), Kamen bis Bügeleisen. Forderten über Funk Hilfe an. Wurden mit leichten Erfrierungen und Schneeblindheit aus dem Zweiten Eisfeld gerettet.

30. 7. Bradac, Thoma / Heizmann, Stanec (TS). Steigen bei schlechten Verhältnissen, d. h. Neuschnee mit Tauwetter in die Wand ein. Seile werden durch Steinschlag beschädigt. Sind durchnäßt. Rufen um Hilfe. Werden in den Unterhosen aus der Wand geflogen!

2. 9. Tschaenn, Raymond / Tschaenn, André (F). Bergführer mit Bruder. Wurde nervös, hatte Angst. Beim Abstieg riß eine alte Schlinge, und der Bergführer stürzte ins Seil. Erlitt Rippenbrüche und Quetschungen am Gesäß. Biwakierte beim Schwalbennest. Zwei deutsche Bergsteiger holten Hilfe.

1985
5. 8. Terray, Laurent / Martin, Remy (F). Kamen bis zum Eiswulst in der Rampe. Terray fiel ins Seil. Gaben Notsignale, welche von Hunderten von Personen gesehen wurden. Steigen zum Todesbiwak ab. Wurden vom Bügeleisen aus gerettet.

22. 8. Noel, Pascale (B) / Berger, Eugène (L). Am oberen Ende des Zweiten Eisfeldes hielt sich Frl. Noel an einem alten Seil, welches wegen der starken Ausaperung aus dem Eis ausriß. Sie stürzte und verletzte sich mit dem Steigeisen am Knie. Wegen der verschiedenen Notsignale fanden wir die zwei Bergsteiger zufällig.

22. 8. Steinbach, Hans (D) / Belak, Stane (YU). 19. August—22. August. Wollten die Wand in einem Tag durchsteigen. Auftrag: Alarm nach einem Tag. Gaben Notsignale. Kehrten während des Suchflugs selber zurück.

22. 8. Eberle, Bernd / Kriener, Bernhard (D). Eberle wurde in der Rampe durch Steinschlag an der Stirn verletzt. Schrien um Hilfe. Da wir bereits zwei Einsätze hinter uns hatten, entschlossen wir uns trotz der vorgerückten

Zeit (11.00) zur Rettung. Retter auf Bügeleisen abgesetzt. Die Bergsteiger wurden dorthin geholt und gerettet. Starker Steinschlag. Nie mehr!

27. 8. Seaton, Marc / Pevell, Marc (GB). Stiegen bis zum Götterquergang auf. Dort wurden sie durch einen Wetterumsturz mit viel Neuschnee überrascht. Sie warteten dort auf Hilfe. Bei einer riskanten Aktion konnte der Bergführer dort abgesetzt werden und die zwei Bergsteiger wurden gerettet. (Rotorfreiheit ein bis zwei Meter)

28. 9. Rösli, Thomas / Schnider, Thomas (CH). Gingen unangeseilt. Auf der Höhe des Stollens 3.8 stürzte Rösli tödlich ab.

1986

20. 3. Kopfer, Erwin / Gasser, Peter (A). Wurden von einem Wetterumsturz überrascht. Gerieten im Rampeneisfeld in eine Lawine. Gasser stürzte ins Seil und wurde verletzt. Notsignale wurden gesehen. Bei nicht gutem Wetter wurden vier Bergführer im Rampeneisfeld abgesetzt. Zuletzt mußte die Aktion über der Nebeldecke vom Jungfraujoch aus beendet werden.

22. 3. Cornelissen, Frank / Tangme, Guido (B). Verloren schon beim Schwierigen Riß einen Teil der Ausrüstung und stiegen zurück. Sie fanden das Stollenloch nicht. Unter der Roten Fluh warteten sie fünf Tage auf Hilfe und wurden zufällig durch die BOHAG gesehen.

5. 8. Stachowitz, Paul / Stadelwiesel, Rudolf (A). Stachowitz war zuckerkrank, wegen Magenverstimmung mußte er erbrechen. Sie stiegen noch zum Todesbiwak zurück, wo er ins Koma fiel. Der Kamerad schrie um Hilfe. Sie konnten direkt mit dem Heli gerettet werden. Stachowitz erholte sich im Spital schnell wieder.

23. 12. Won Kyum, Kim / Jong Sonn, Bae (Korea). Wollten trotz schlechter Wettervorhersage die Eiger-Nordwand durchsteigen. Kamen nach Wetterumsturz in den Ausstiegsrissen nicht mehr weiter. Der Suchflug, welcher wegen schlechten Wetters erst nach zehn Tagen durchgeführt werden konnte, verlief erfolglos. Die Leichen wurden im März 1987 von zwei Winterbegehungen gesichtet und aus der Wand geholt.

Diese lange Liste zeigt, wozu die Schweizerische Rettungsflugwacht in der Lage ist, was ihre Männer unter Einsatz ihrer Körper- und Nervenkräfte aus humanitären Beweggründen zu leisten imstande sind, oftmals mit dem Einsatz des eigenen Lebens. Deshalb möchte ich noch einmal betonen, daß jeder Bergsteiger, bevor er in die Nordwand einsteigt, gut vorbereitet sein sollte und sich prüfen muß, ob er den Anforderungen gewachsen ist. Es darf nicht passieren und ist nicht fair, wenn, wie die erste Eintragung in der Liste zeigt, im März 1972 drei schwache tschechische Bergsteiger mit einer Frau in die Wand einsteigen, denen alle Voraussetzungen für die geplante dritte Winterbegehung der Heckmair-Route fehlen. Immerhin sind zwei von ihnen so einsichtig, daß sie nach drei (!) Tagen am Hinterstoisser-Quergang umkehren. Aber Sylvia Kysilkova will es erzwingen. Sie weiß, daß im Sommer bereits drei Frauen die Nordwand durchstiegen haben: Daisy Voog 1964 als erste, dann 1967 die Französin Christine Colombelle, beide über die klassische Route, und 1969 Dr. med. Michiko Imai in der Japaner-Direttissima. Die Tschechin will nun die erste Frau sein, der eine Winterbegehung gelingt. Mit Jiri Smid klettert sie weiter, aber erst am sechsten Tag, völlig durchnäßt und bereits ohne Verpflegung, kehren sie am Todesbiwak um und werden schließlich am Zweiten Eisfeld vom Hubschrauber aus der Wand gerettet. Als man ihnen die Rechnung von 2600 Franken präsentierte, meinten die Tschechen, sie hätten noch nie so viel Geld gesehen! Der Chef der SRFW erließ ihnen die Bezahlung.

Die großartigen neuen Rettungsmethoden brachten selbstverständlich neue Probleme, ja auch Kritik mit sich. Würden sich in Zukunft auch Kletterer in die Wand wagen, die eigentlich den Schwierigkeiten nicht gewachsen sind? Oder würde man ab jetzt in aussichtslosen Lagen, zum Beispiel bei Wetterstürzen, keinen Rückzug mehr antreten? Rückzüge, die durch ihre Umsicht und Perfektion in die Geschichte des Eiger eingegangen sind. Hatte man das nun nicht mehr nötig? Es gibt ja die Schweizerische Rettungsflugwacht!

Aber hat man nicht vor allem auch die Pflicht, an die Retter zu denken? An die Piloten und die mutigen Bergführer, die sich abseilen müssen. Die Gefahren für beide sind am Eiger nicht gering. Es gibt das unberechenbare typische „Eiger-Wetter", plötzlich aufkommende Winde und vieles mehr, das gerade den Eiger für eine Helikopter-Rettung besonders schwierig macht. Aber man rief sie um Hilfe an, und sie kamen — immer wieder, voll Aufopferung und Hilfsbereitschaft, wie wir es den genauen Unterlagen entnommen haben.

Was sonst noch alles am Eiger geschah

Drei wichtige und gewissenhafte Chronisten haben inzwischen aufgehört, über den Eiger zu berichten. Im August 1974 starb Fritz von Almen, Besitzer des Hotels Bellevue auf der Kleinen Scheidegg. Seine große Liebe, aber auch seine Sorge galt Zeit seines Lebens der Wand, die er täglich sah, und den Bergsteigern, die sie durchklettern wollten. Er war der nimmermüde Ratgeber, kannte jede Stelle der Wand, obwohl er nie in ihr gewesen war, wußte um das Wetter und half mit Quartier und Essen, wo es nötig war. Durch sein riesiges Fernrohr verfolgte er das Geschehen am Eiger, und wollte einer Auskunft, Fritz von Almen konnte sie ihm geben.

Heute ist es ein großes Vergnügen, seiner Witwe, Heidi von Almen, zuzuhören, wenn sie ihre Geschichten erzählt. Da sie das große Hotel alleine führen muß, hat sie keine Zeit, alles genau zu registrieren, wie Fritz es getan hatte, aber Anteil nimmt sie noch immer, obwohl, wie sie sagt, sich alles geändert hat. Manchmal kommen junge Bergsteiger zu ihr und fragen: »Wo geht's denn da zum Einstieg der Eiger-Nordwand?«...

Auch die Chronik des gut unterrichteten Bergjournalisten Toni Hiebeler, der bei der ersten Winterbegehung der klassischen Nordwandroute die Führung hatte, endete mit seinem Tod im Jahr 1986, als der Helikopter, mit dem er beruflich in den Julischen Alpen unterwegs war, abstürzte.

Bleibt noch Thomas M. Breuer, der gewissenhafteste Chronist am Eiger, der sich im Sommer 1979 selbst in der Nordwand versucht hatte und mit unendlicher Mühe und viel Kleinarbeit alles über den Eiger zusammengetragen hat. Es wurde daraus das Nachschlagewerk »Eiger im Detail«, das für jeden, der über diesen faszinierenden Berg Genaues wissen und schreiben will, unentbehrlich ist.

Eines seiner Exemplare widmete er mir mit den Worten:

»Berge bestehen,
Menschen vergehen;
bewacht die Natur, erhaltet ihre Schönheit,
bewacht die Idee des Alpinismus,
nehmt die Herausforderung der Berge mit fairen Mitteln an.
Berge bestehen, Menschen vergehen.«

Die Fülle der Begehungen und Unglücke ist nicht mehr übersehbar. Thomas M. Breuer hörte aber nicht auf, weiter zu sammeln, und war im Frühjahr 1988 so liebenswürdig, meine Aufzeichnungen nachzuprüfen und zu korrigieren, wofür ich ihm zu großem Dank verpflichtet bin. So kann dieses »Buch vom Eiger« mit der höchstmöglichen Genauigkeit in Druck gehen. Wenn sich trotzdem ein Fehler eingeschlichen haben sollte, so bitte mich oder den Verlag zu verständigen. Wir sind auch für Ergänzungsvorschläge dankbar.

Die Eiger-Nordwand mit ihren vielen abenteuerlichen Begehungs-geschichten hat manchen Autor verführt, unter reißerischen Buchtiteln sensationell zu berichten. Ich habe mich bemüht, sachlich und der Wahrheit verpflichtet zu schreiben, getreu dem englischen Sprich-wort: »Truth is stranger than fiction«, denn an »wahren« Sensationen mangelt es nicht. Im folgenden Kapitel möchte ich nun dem Leser, der mir bisher geduldig gefolgt ist, noch ein paar der ungewöhnlichen, erstaunlichen und »neuzeitlichen« Geschehnisse um den Eiger er-zählen. Es geschieht dies in lockerer, nicht nach Jahren geordneter Folge bis zum Jahr 1988, der fünfzigjährigen Wiederkehr der Erst-begehung der Eiger-Nordwand.

IM ZEICHEN DER MASSENMEDIEN

Schifahrer

Über die Westflanke des Eiger, 1600 Meter hoch, wurde der Eiger im Jahr 1858 zum ersten Mal bestiegen. Man darf diese Route nicht unterschätzen, denn leider fanden auch hier manche Kletterer den Tod, nachdem sie die Nordwand bereits gemeistert hatten.

Neue Ideen kamen ins Gespräch. Warum nicht den Eiger mit Schiern abfahren? Man weiß nicht genau, wer schon alles mit dem Plan gespielt hat, sicher war der Walliser Extremschifahrer Sylvain Soudain der erste, der tage-, ja wochenlang, von der Kleinen Scheidegg aus die Westflanke des Eiger beobachtete: das Wetter, die Eis- und Schneeverhältnisse morgens, mittags, abends und sogar in der Nacht. Lange mußte er warten, bis die Verhältnisse für sein gewagtes Unternehmen, die Westflanke mit den Schiern abzufahren, einigermaßen günstig schienen. Meistens sah er nur spiegelblankes Eis, oder der Schnee lag zu dünn, wie darauf gepudert. Aber endlich, am 9. März 1970, schien es möglich. Kein Nebel hinderte den Helikopter, ihn hinauf auf den Grat des Eigerjochs zu fliegen. Der Schnee hatte sich inzwischen — wie Soudain glaubte — auch mit dem Eis verbunden, und so begannen er und der Fotograf Dany Martinez den Aufstieg zum Gipfel. Er war sehr schwer, mühsam und gefährlich, denn der viele lockere Schnee hatte doch keine Bindung mit dem darunterliegenden Eis.

Ein plötzlich auftauchender Hubschrauber jagte ihm noch einen gehörigen Schrecken ein, denn dies konnte nur der Japaner sein, der auch schon seit Tagen auf der Kleinen Scheidegg auf Wetterbesserung wartete. Würde er sich auf dem Gipfel absetzen lassen und ihm zuvorkommen?

Der Schweizer konnte nichts dagegen tun und stieg unverdrossen weiter. Was der Schweizer Soudain nicht wissen konnte, der Japaner war umgekehrt und hatte sein Unternehmen aufgegeben. Soudain und sein Begleiter kamen nur langsam voran, und Soudain mußte fürchten, daß er durch den kräfteraubenden Anstieg die Kondition, die er für die Abfahrt dringend benötigte, einbüßen würde. So nahm er Funkkontakt mit seinem Helikopterpiloten auf und bat diesen, ihn und den Fotografen auf den Gipfel zu fliegen. Das war keine leichte Aufgabe für den Piloten, aber es gelang.

Nun begann die schwierige Abfahrt über die Westflanke: über blankes

Eis, steile Wandstufen und mit Schnee dünn bedeckte Steinplatten; oft griffen die Stahlkanten seiner Schier nicht.

Auf der Kleinen Scheidegg beobachtete man das Unternehmen atemlos durch das Fernrohr. Staunen, Sorge und Bewunderung erfaßten die Zuschauer. Fasziniert starrten der bekannte Journalist Guido Tonella und auch Fritz von Almen nach oben. Die Kenner aller Routen meinten, Soudain habe den bestmöglichen Weg für die Erstbefahrung der Westflanke gefunden. Eine weitere Herausforderung des Eiger war damit tollkühn erfüllt worden.

Nach der sensationellen Erstbefahrung der Westflanke dauerte es dreizehn Jahre, bis einer es wagte, die sehr viel steilere Nordostwand des Eiger mit Schiern hinunterzufahren. Man hatte es als schier unmöglich bezeichnet, und selbst die an Sensationen gewohnten Grindelwalder schüttelten die Köpfe. Aber der Profi Toni Valeruz aus Alba-Canazei in Südtirol wollte es wagen. Fernseh-Reporter und Journalisten belagerten die Kleine Scheidegg. Man fühlte sich in diesem Mai 1983 an den Wirbel um Bonatti erinnert. Zusammen mit seinem Begleiter, dem Bergführer Bruno Pederiva, brauchte er rund eine Stunde für seine unglaubliche Leistung.

Rudolf Rubi, Grindelwalder und Verwalter des Heimatmuseums, erzählte mir, er habe damals von den Plänen des Italieners gehört, aber nicht daran glauben können. Als er dann plötzlich Hubschraubergeräusche vernahm — es war der Hubschrauber, aus dem das Unternehmen gefilmt wurde —, sei er vor die Tür seines Hauses getreten und habe das Wagnis mit eigenen Augen durch den Feldstecher beobachtet. Ein irres, verrücktes Unternehmen, das selbst die Grindelwalder zum Staunen brachte.

Das Befahren steiler Wände setzt eine spezielle und besonders gute Ausrüstung voraus. Sie allein ist aber nicht genug: Mut und Erfahrung gehören unbedingt mit dazu. Wie gefährlich diese Sportart jedoch auch noch für die Erfahrensten ist, zeigt das Beispiel des Kaminkehrers Heini Holzer aus Südtirol. Seit 1970 war er der bekannteste Steilwandfahrer der Ostalpen, wo er an der Marmolada und am Ortler die steilsten Hänge erstbefahren hatte. In den Westalpen meisterte er dann die Piz-Palü-Nordwand und die Brenvaflanke am Mt. Blanc, bis er trotz seiner immensen Erfahrung, im Sommer 1977 an der Piz-Roseg-Nordostwand mit seinen Schiern zu Tode stürzte.

Rekorde! Rekorde! Am 22. April 1987 hatten die Touristen auf der Kleinen Scheidegg wieder etwas zum Staunen. Dem Franzosen Bruno Gouvy gelang die Abfahrt der Westflanke des Eiger auf einem Schnee-Surfbrett in 28 Minuten. Da er keine Genehmigung der schweizerischen Luftfahrtbehörde bekommen hatte, mit dem Helikopter auf dem Gipfel zu landen, mußte er bei tiefem Neuschnee vom Jungfrau-joch in siebeneinhalb Stunden zum Gipfel klettern. Nach der Eiger-Abfahrt wollte er noch mehr: Er flog per Helikopter auf die italie-nische Seite des Matterhorns, um mit dem Schnee-Surfbrett und ausgerüstet mit zwei kurzen Eispickeln zum Bremsen in zweieinhalb Stunden über die Ostwand abzufahren. Kaum zu glauben, daß so etwas möglich ist, und nur ein guter Kletterer konnte es vollbringen, denn mehrere Steilabbrüche waren lediglich durch Abseilen zu über-winden. Nach all den außergewöhnlichen Leistungen hatte er genug Zeit und Kraft, um auch noch die Südwand der Grandes Jorasses auf seinem Surfbrett in einer Stunde zu »befahren«. Auch hierüber wurde vom italienischen Fernsehen ein Film gedreht.

Diese spektakulären Taten sind Ausdruck einer neuen Generation. Auch daß solche Unternehmungen mit Kameraleuten, Journalisten und vielen Helfern professionell vorbereitet und für Werbezwecke ge-sponsert werden, ist in der heutigen Zeit üblich.

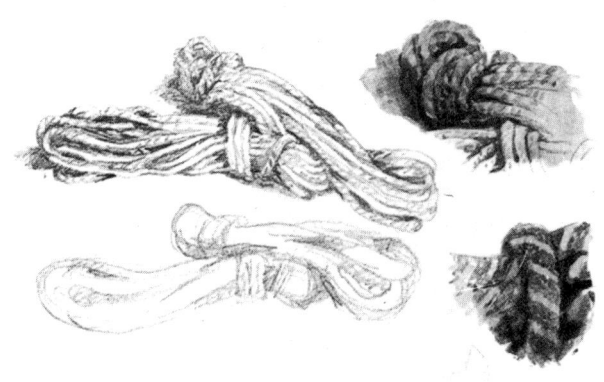

Neue Rekorde

Als im Jahr 1950 die vierte Begehung der Eiger-Nordwand von Erich Waschak und Leo Forstenlechner in achtzehn Stunden, das heißt an einem Tag, gemacht wurde, dachte man, dieser fast unglaubliche Rekord wäre der Beginn einer Ära, in der die Kletterer nie mehr als ein bis zwei Tage für die Wand benötigen würden. Aber das war ein großer Irrtum. Selbst heute, fünfzig Jahre nach der Erstbegehung, gibt es immer wieder Seilschaften, die viele Tage brauchen, bis sie auf dem Gipfel stehen — oder, wie so oft, gerettet werden müssen.

Die kurze Durchsteigungszeit der Österreicher Waschak und Forstenlechner war nur der Anfang der Schnelligkeitsrekorde.

Im August 1974 kamen der Südtiroler Reinhold Messner und sein Zillertaler Partner, der Bergführer Peter Habeler, nach Grindelwald. In der Wand überholten sie problemlos eine Tiroler Vierergruppe, erlebten hautnah die perfekte Hubschrauberrettung von zwei Polen und waren nach zehn Stunden, um 15 Uhr, auf dem Gipfel des Eiger. Eine harmonisch, sicher und schnell kletternde Seilschaft!

Für Reinhold Messner begannen nun die Jahre der Achttausender, und zusammen gelang ihnen die zukunftsweisende Tat, den höchsten Berg der Welt ohne künstlichen Sauerstoff zu besteigen. Was für ein Team! Die Tradition der großen Seilschaften schien sich mit diesen beiden außergewöhnlichen Bergsteigern fortzusetzen. Aber was in Übereinstimmung begann, endete leider im Zerwürfnis. Der Individualismus der Profibergsteiger nahm seinen Anfang. Schade für die Seilschaft!

Später fand Reinhold Messner einen neuen Partner, seinen engeren Landsmann Hans Kammerlander. Die letzten sieben der vierzehn Achttausender bestiegen sie zusammen. Reinhold Messner nennt seine Freundschaft mit Hans Kammerlander eine »symbiotische« Seilschaft und will damit wohl ausdrücken, daß zwei verschiedenartige Charaktere sich zusammengeschlossen haben, um aus ihrer Gegensätzlichkeit gemeinsam Nutzen zu ziehen.

Die schnellen Zeiten von Seilschaften sollten bald von den Alleingängern noch erheblich unterboten werden.

Im Sommer 1981 bewältigte der Schweizer Ueli Bühler, von Beruf Forstwart, die Wand auf der Heckmair-Route in nur achteinhalb Stunden. Zwei Jahre später, Ende Juli 1983, bei außergewöhnlich guten Wandbedingungen, die Einheimischen sprachen von einem Jahrhundertsommer, durchstiegen innerhalb einer Woche zwei Alleingänger die Wand in der sensationellen Zeit von weniger als fünf Stunden. Der erste war der Österreicher Thomas Bubendorfer, der vom Einstieg bis zum Gipfel vier Stunden und fünfzig Minuten brauchte. Er hält bis heute den Rekord. Der Südtiroler Reinhard Patscheider schaffte es in fünf Stunden. Beide waren typische Alleingänger. Bubendorfer mit einem Minimum an Gepäck: Pickel, Steigeisen, Sitzgurt und einer Tafel Schokolade. Patscheider hatte immerhin noch ein Fünfzig-Meter-Seil, Eisschrauben und Felshaken.

Man muß sich das einmal vorstellen: Da überwinden Kletterer in einer steilen Wand denselben Höhenunterschied in der gleichen Zeit, die ein Bergsteiger auf einem ausgetretenen Pfad über Almböden braucht. Er muß dabei, ohne zu rasten, sehr flott gehen, um diese 1800 Höhenmeter in fünf Stunden zurückzulegen. Es war eine gute Idee, daß Bubendorfer einige Tage vorher in Seilschaft mit Peter Rohrmoser die Route in zehn Stunden kennengelernt hatte. Und es ist nebensächlich, ob er beim »seilfreien Alleingang«, wie es nennt, die vielen vorhandenen Seile berührt hat oder nicht; und es ist auch egal, wo beim Einstieg die Stoppuhr gedrückt wurde. Die Eiger-Nordwand in fünf Stunden alleine zu durchklettern ist für beide eine außergewöhnliche Leistung. Aber sie kam nicht von ungefähr.

Bubendorfer war durch schnelles Klettern schon aufgefallen. Walker-Pfeiler an der Grandes Jorasses in sieben Stunden, Matterhorn-Nordwand in weniger als vier Stunden. Und der Vintschgauer Reinhard Patscheider, ein ungemein konditionsstarker Mann, hatte die Kombination von Ortler, Zebru und König-Nordwand in zehneinhalb Stunden bewältigt. Diese beiden erfüllten den Traum so manchen Bergsteigers, am Morgen in die Nordwand einzusteigen und am Abend desselben Tages das Abendessen in der warmen Stube einzunehmen. Thomas Bubendorfer ist inzwischen bekannt geworden und kann als Profi vom Bergsteigen leben. Reinhard Patscheider ist Schilehrer und hat die Ausbildung als Bergführer gemacht.

Zu jener neuen Entwicklung, die sich anbahnt, gehört auch das Zeitklettern. Es gibt sogenannte Klettergärten, Wände mit elektrischem Zeitmesser, wo man beim Einstieg auf einen Knopf drückt und oben angekommen wieder, so kann man die Minuten und Sekunden genau ablesen. Das hat zwar nur mehr wenig mit der Motivation zu tun, die uns früher in die Berge trieb, aber ich maße mir kein Urteil an. Die Zeit schreitet weiter, und jeder muß selbst wissen, wo für ihn der Sinn seiner Unternehmungen liegt. Der Bergsteiger von heute, der Außergewöhnliches leisten möchte, kann sich nicht mehr mit den einfachen Herausforderungen vergangener Zeiten zufrieden geben, ist die Meinung von Sir Edmund Hillary, und ich gebe ihm recht. Für uns gab es Gelegenheiten zu großen Taten an Wänden in den Alpen und Gipfeln der ganzen Welt. Heute sind diese Aufgaben fast alle gelöst, und so sucht man nach Neuem. Tempora mutantur, die Zeiten ändern sich.

Viele dieser jungen Leute gehören zur modernen Generation, die Bergsteigen als Wettkampf betreibt. Tausende Zuschauer beklatschen ihre eleganten Bewegungen im glatten Fels oder an den senkrechten gefrorenen Wasserfällen. Der Sieger kassiert den Scheck.

Für diese »Freeclimber« ist nicht mehr der Gipfel das Ziel, sondern die Schnelligkeit auf der genau begrenzten Route. Um gleiche Bedingungen für jeden Bewerber zu schaffen, werden jedesmal die winzigen Griffe mit einer Zahnbürste vom Magnesium gereinigt, das sie benutzen, um einen besseren Halt zu bekommen. Sie sind zweifellos Hochleistungssportler, und ihnen zuzuschauen ist ein ästhetischer Genuß.

Im September 1987 gab es in Arco — sinnigerweise nicht weit von der Arena in Verona entfernt — einen groß aufgezogenen Sportkletter-Wettkampf. Es war eine Massenattraktion! Stoppuhr und Metermaß entschieden, daß der Deutsche Stefan Glowacz inoffizieller Weltmeister wurde, und damit ist er »Rockmaster 1987«. Vizeweltmeister wurde der Franzose Jacky Godoffe, Meisterin unter den Frauen die Amerikanerin Lynn Hill vor der Französin Isabelle Patissier.

Ich erwähne diese Rekorde nur, weil vielleicht eines Tages die glatte Mauer der »Roten Fluh«, sozusagen die Wand in der Nordwand des Eiger, durch die bereits »geschlosserte« Routen der Japaner, Tschechen und Schweizer führen, für junge Sportkletterer ein lockendes Betätigungsfeld werden kann. Die große Arena, die Arena des Eiger, wäre vorhanden.

Klettern »by fair means« nennen sie es heute, und ich finde dies einen sehr schönen Ausdruck für eine neue Zeit, die in meinen Augen aber nur eine Wiedergeburt ist. Ich denke da vor allem an Männer wie Paul Preuss, Georg Winkler und Hans Dülfer, die alle das Klettern »by fair means«, das Anpassen des Menschen an den Berg ohne »Schlosserei«, gefordert und vorgelebt haben.

Paul Preuss aus Altaussee, war einer der leidenschaftlichen Anhänger des Freikletterns: Seine Aussagen zum Bergsteigen erleben seit rund fünfzehn Jahren eine Renaissance und sind heute aktueller denn je. So lauten einige seiner Kletterregeln:

— Bergtouren, die man unternimmt, soll man nicht gewachsen, sondern überlegen sein.

— Die Berechtigung für den Gebrauch von künstlichen Hilfsmitteln besteht nur im Falle einer unmittelbar drohenden Gefahr.

— Der Mauerhaken ist eine Notreserve und nicht die Grundlage einer Arbeitsmethode.

— Das Seil darf ein erleichterndes, niemals aber das allein seligmachende Mittel sein, das die Besteigung der Berge ermöglicht.

Mit 27 Jahren stürzte Preuss als Alleingänger an der Manndlkogel-Nordkante ab.

Ein junger Mann, der in diesem Zusammenhang — dem Klettern »by fair means« — noch einmal erwähnt werden muß, ist der Münchener Bergsteiger Georg Winkler. Er hat als erster im Alleingang den nach ihm benannten Turm in den Dolomiten gemacht. Jetzt, im Sommer 1988, sind es genau hundert Jahre, daß er von einer Überschreitung des Zermatter Weißhorns nicht mehr zurückkehrte. Erst 86 Jahre später entdeckte man seine Leiche. Sein Wahlspruch war: »Es ist die Gefahr, die, aufgesucht und überwunden, dem Manne unendliche Genugtuung und Befriedigung gewährt.« Der Wahlspruch eines Achtzehnjährigen...

Hans Dülfer, ein Zeitgenosse von Paul Preuss, der bis 1914 an die fünfzig Erstbesteigungen gemacht hatte, ist in die Geschichte des Bergsteigens eingegangen durch den Dülfer-Sitz beim Abseilen und Queren glatter Felsbereiche, wie ihn Hinterstoisser bei seinem Quergang in der Eiger-Nordwand perfekt praktizierte. Dülfer fiel mit 23 Jahren im Ersten Weltkrieg in Frankreich.

Niemand würde doch sagen, daß Hinterstoisser seinen Quergang im Dülfer-Sitz in der Eiger-Nordwand nicht »by fair means« gemacht hat. Es ist begrüßenswert, daß die neue Generation nicht mehr mit künstlichen Hilfsmitteln schwer bepackt in die Berge zieht, sondern sich der Tradition dieser drei Männer erinnert, die in der Geschichte des Alpinismus als begeisterte Verfechter des Freikletterns verewigt sind.

Immer wieder treffe ich in der ganzen Welt hervorragende Bergsteiger, die kaum einer kennt und die dann irgendwann im Laufe des Gesprächs bescheiden sagen: »Ja, die Eiger-Nordwand habe ich auch gemacht.« Was die Grindelwalder zutiefst bewundern, sind nicht die Rekorde, sondern Leistungen, wie sie Adolf von Allmen aus Lauterbrunnen vollbracht hat. Ohne Vorschußlorbeeren, ohne darüber zu sprechen, machte er seine schwere und zugleich wunderschöne Tour. Sie führte ihn von Stechelberg auf 922 Meter Höhe über den längsten Aufstieg zur Jungfrau auf 4158 Meter, was 3226 Meter Höhenunterschied bedeutet, über das Jungfraujoch zum 4099 Meter hohen Mönch, von dort fuhr von Allmen mit der Bahn zur Station Eismeer, ging über den Mittellegigrat auf den 3970 Meter hohen Eiger und stieg über die Westflanke ab. Eine großartige Leistung, bei der sicher die Freude und innere Befriedigung eine größere Rolle gespielt haben als die Rekordzeit.

Zu den Rekorden gehören natürlich auch der jüngste und der älteste Kletterer am Eiger. Der jüngste, Wilfried Amann, war gerade siebzehn Jahre alt, als er zusammen mit der Deutschen Bergsteigerin Claudia Heissenberger im Februar 1980 die zehnte Winterbegehung machte. Für Claudia Heissenberger, die führte, war es übrigens die erste Winterbegehung der Normalroute durch eine Frau.

Nicht so glücklich verlief das Unternehmen mit dem ältesten Besteiger, Jean Juge aus Genf. Er war Physikprofessor und Präsident des bergsteigerischen Dachverbandes und schon 67 Jahre alt, als er sich in das gefährliche Abenteuer stürzte, die Nordwand des Eiger zu durchsteigen. Es gelang ihm zwar vom 9. bis 11. August 1975, geführt und unterstützt von dem berühmten Bergführer Michel Vaucher, den Gipfel zu erreichen, aber wahrscheinlich war es für ihn zuviel, denn beim Abstieg in der Westflanke verließen ihn die Kräfte, und er mußte von einem SRFW-Helikopter herausgeholt werden.

Jean Juge hat vielleicht den Fehler gemacht, seine Kräfte zu überschätzen, denn als er drei Jahre später, mit 70 Jahren, die Matterhorn-Nordwand durchstiegen hatte, starb er beim Abstieg an Erschöpfung. Er hatte sein Ziel erreicht, um dann zu sterben. Wie oft geschieht es bei großen Marathonläufern, daß der Sieger hinter der Ziellinie zusammenbricht. Groß ist auch das Risiko, bewegt man sich in der dünnen Luft oberhalb der Baumgrenze. Hier brechen Krankheiten der Organe aus, von denen man zuvor nichts ahnte, und der Weg zum Herzversagen ist nicht weit. Darum sollte gerade der ältere Mensch rechtzeitig seine Grenzen erkennen.

Eiger-Nordwand ohne Ende

Niemand, der sich mit der Geschichte der Eiger-Nordwand beschäftigt, konnte sie je vergessen, jene beiden jungen Münchener Bergsteiger, Max Sedelmayr und Karl Mehringer, die am 21. August 1935 todesmutig als erste in die Wand einstiegen. Die mächtige Natur sollte ihr Können besiegen, Steinschlag und Schneestürme waren stärker. Zum letzten Mal sah man sie im Schneesturm, knapp unterhalb der Stelle, die für sie zum Todesbiwak wurde. Max Sedelmayr wurde ein Jahr später am Fuß der Wand gefunden, Karl Mehringer blieb verschollen; erst 27 Jahre danach entdeckte die Schweizer Seilschaft Claude Asper/Bernard Voltolini am Zweiten Eisfeld die Leiche. Am 21. Juni 1976 stieg eine tschechische Vierermannschaft in die Wand ein. Václav Zajic versuchte mit dem Pickel, das harte Eis für ein Biwak aufzuschlagen, als ihm eine verbeulte Blechbüchse entgegenrollt. Im Inneren ein durch Rost und Wasser vergilbter Zettel mit den Namen Sedelmayr und Mehringer — ein letzter Gruß nach 41 Jahren!
1976 war ein »Tschechenjahr«. Eine Gruppe nach der anderen kletterte mit und ohne Erfolg in die Wand. Einer Fünferseilschaft gelang eine neue direkte Route, bereits die sechste in der Wand. Wieder unter der Führung von Jiri Smid erschlossen die Tschechen noch zwei weitere neue Aufstiege.
Ein Name taucht in den Analen der Nordwand-Geschichte immer wieder auf. Es ist der Ringgenberger Kaspar Ochsner. Er ist ein Beispiel dafür, wie wirkliches Können mit Bescheidenheit gepaart sein kann. Der Westgratpfeiler, »Genfer Pfeiler« genannt, im August 1979 durch die beiden Genfer Michel Piola und Gerard Hopfgartner erstbegangen, ist einer der schwierigsten Eiger-Anstiege. Man hörte lange nichts von einer Wiederholung dieser Direttissima. Erst Kaspar Ochsner machte im Februar 1981 die erste Winterbegehung dieses Pfeilers zusammen mit Norbert Joos aus Graubünden.
Wieder tauchten die beiden Namen auf, die am 1. Jänner 1983 zusammen mit Martin Grossen und Bernhard Misteli die erste Winterbegehung des Eiger-Nordpfeilers am östlichen Rand der Eiger-Nordwand machten. Nach nur zwölf Stunden reiner Kletterzeit erreichten sie den Gipfel. Bis zu diesem Tag hatte der Forstwart Kaspar Ochsner die Eigerwand — wieder ein neuer Rekord! — fünfmal durchstiegen; zum ersten Mal 1978 als Neunzehnjähriger. Norbert Joos war zum vierten Mal in der Wand. Kaspar Ochsner, der sympathische Bergsteiger ist nicht auf Sensationen aus. »Das wich-

tigste für mich ist jeweils das persönliche Erlebnis, der Erfolg kommt erst in zweiter Linie«, versicherte er in einem Interview dem Oberländischen Volksblatt-Echo Grindelwald.

Die Zahl der Bergsteiger, welche die Wand inzwischen mehrmals gemacht haben, wird immer größer. Wie gut erinnere ich mich noch an jene Zeiten, als ich berühmte und hervorragende Kletterer nach ihrer Durchsteigung gefragt hatte: »Würdet ihr es noch einmal machen?« Und immer wieder kam die gleiche Antwort: »Nie wieder, die Nordwand macht man nur einmal!« Auch hier haben sich die Zeiten grundlegend geändert.

Nicht geändert haben sich hingegen die unsicheren Wetterverhältnisse in der Wand. Dreizehn Tage hielt sie zum Beispiel zwei junge Allgäuer gefangen, die Anfang August 1983 bis unter das Todesbiwak geklettert waren und den Rückzug nicht mehr schafften. Auch sie wurden — wie so viele vor ihnen — von der SRFW geborgen. Die Durchsteigung der Eiger-Nordwand bleibt eine Herausforderung und ist bis zum heutigen Tag immer noch ein sehr ernstes Unternehmen, das nichts an Gefahren verloren hat. Die SRFW kann darüber berichten...

Nicht unerwähnt bleiben sollen im »Buch vom Eiger« außergewöhnliche Leistungen an den sogenannten Nebenfronten wie die erste Begehung der 1200 Meter hohen Eiger-Nordverschneidung am 26./27. August 1981 durch Christel und Hans Howald, Zürich, zusammen mit Marcel Rüedi, Winterthur.

Schon einen Tag danach durchstieg diese Dreierseilschaft auch die klassische Heckmair-Route in zwei Tagen. Christel Howald machte damit bereits die sechste Begehung durch eine Frau.

Während seiner Himalaja-Jahre kam Reinhold Messner 1968 noch einmal nach Grindelwald und fand zusammen mit Toni Hiebeler, seinem Bruder Günther und Fritz Maschke eine neue Route in der Eiger-Nordwand, im linken Wandteil, über den Nordpfeiler (1. Begehung vom 30. Juli bis 1. August 1968).

Einer Damenseilschaft gelang die zweite Begehung. Die Führung hatte eine der erfolgreichsten Bergsteigerinnen, die geborene Polin Wanda Rutkiewicz. Später leitete sie Expeditionen in den Himalaja, und als Krönung ihrer bergsteigerischen Unternehmungen stand sie 1978 als erste Europäerin auf dem Gipfel des Mt. Everest. Nur einer Japanerin und einer Tibeterin war vor ihr diese Leistung gelungen.

Es gibt viele gute Bergsteiger unter den Polen, viel mehr als man denkt, aber sie selber betonen, daß sie keine mediensüchtigen Kletterer seien, und daher weiß kaum jemand, daß sie die meisten Achttausender auf neuen Routen erstiegen haben und daß von den sechs Winterbesteigungen der Himalajariesen fünf von Polen gemacht wurden. Den »Wettlauf«, als erster sämtliche Achttausender bestiegen zu haben, verlor der 39jährige Pole Jerzy Kukuczka allerdings. Der Rekord ging 1986 an Messner. Eine Genugtuung war es für den Polen, daß er es im Herbst 1987 schaffte: in der halben Zeit von Messner, in nur sechs Jahren.

Was für neue Ideen konnten noch geboren werden? Wie ließ sich das bisher am Eiger Geleistete immer noch übertreffen? Der französische Alpinist Christophe Profit hatte den Gedanken, hintereinander die Nordwände der Grandes Jorasses im Mont-Blanc-Massiv, des Eiger und des Matterhorn im Alleingang zu durchsteigen. Bisher waren ähnliche Versuche am Wetter gescheitert, Profit jedoch vollbrachte diese Leistung in vierzig Stunden. Und damit scheint die Grenze des Möglichen vorerst erreicht. Selbstverständlich mußte der Alpinist die Technik einschalten. Um von einem Berg zum anderen zu gelangen, brauchte er einen Helikopter, und ein Fallschirm sparte Zeit beim Abstieg. Für den Profibergsteiger alles kein Problem. Ein Hubschrauber fliegt das Gerät zum Gipfel, aber der normale Bergsteiger muß das Paket des über vier Kilo schweren Schirms zusätzlich zu seiner Ausrüstung beim Klettern mit sich schleppen.
Christophe Profit war einer der ersten, der bei seinen Besteigungen einen Gleitschirm benutzte, um in wenigen Minuten vom Gipfel ins Tal zu fliegen. Auch Reinhold Messner ist überzeugt, daß diese Gleitschirme »das Bergsteigen nochmals verändern werden«.
Schon tauchen die Schirme in den Katalogen der Sportartikelfirmen auf und locken damit, dem Menschen den ewigen Traum vom Fliegen zu erfüllen. Ein wahrer Boom ist ausgebrochen in dieser Sportart des »Paragliding«. Aber Georg Bachler, selbst Gleitschirm-Ausbilder, warnt vor den Gefahren. Nur mit viel Übung, theoretischem Wissen und genauer Kenntnis der Wetterverhältnisse sollte man diesen neuen Sport in den Bergen betreiben.
Als Christophe Profit am 1. März 1985 nach zehn Stunden die Nordwand im Alleingang durchstiegen hatte und bald darauf im Hotel Bellevue auf der Kleinen Scheidegg eintraf, waren zwanzig Jahre vergangen, seit der erste Alleingänger Michel Darbellay ebenfalls von der freundlichen Heidi von Almen freudig empfangen wurde. Bei einer Tasse heißen Tees waren die ersten Worte von Profit: »Es war dämonisch und super.« Beide, Darbellay und Profit, sind aus der Besteigungsgeschichte des Eiger nicht wegzudenken.
Faszinierend sind die Bilder des kletternden Christophe Profit aus dem

Helikopter aufgenommen, der auch den Namen »Christophe« trug. Dem Betrachter werden hier ganz neue Eindrücke von der Spinne vermittelt: in der Draufsicht, völlig senkrecht anzuschauen, und mitten im glatten Eisfeld die roten Hosen des Kletterers. Uns vier hätte man vor fünfzig Jahren in unserem grauen Walliser Loden kaum erkennen können. Die Farbfotografie und die Möglichkeit einer leichteren Auffindung Verunglückter haben die Entwicklung zur bunten Kleidung positiv beeinflußt. Als besonders imponierend empfinde ich in diesem Fall auch die Zusammenarbeit des Kletterers Profit, der Hubschrauberbesatzung und der Kameraleute. Ein Meisterwerk der Organisation machte diese eindrucksvolle Vorstellung in einer Arena, in einem überdimensionalen Stadion von 1800 Meter Höhe, möglich. Als Profit nach der letzten der drei Nordwände auf dem Gipfel des Matterhorns stand, sagte er mit offensichtlich erschöpfter Stimme: »Es ist verrückt — völlig verrückt.« Und auf die Frage, was er sich jetzt wünsche: »Eine gute Nacht.«

Neue Namen von Bergsteigern tauchen auf, die nun nicht mehr für sich klettern, sondern bereits Profi-Verträge mit Sponsoren haben. Ihre Stirnbänder tragen Namen von Produkten, ihre Kletteranzüge sind beschriftet wie die Anzüge der Autorennfahrer oder Schispringer. Natürlich verlangt die Industrie dafür publikumswirksame Leistungen. Erhard Loretan und André Georges waren bereit, diese Erwartungen zu erfüllen. Sie wollten in zwanzig Tagen vierzehn Nordwände im Berner Oberland durchsteigen. Doch schon beim Aufstieg zur Nordwand des Mönchs gerieten sie auf dem Eigergletscher in ein Schneebrett, und Loretan erlitt Rückenverletzungen und mußte ins Spital gebracht werden.

Werbung, Vorausverträge und Vorausbezahlungen vermag ich bei Expeditionen oder schweren alpinen Unternehmungen nicht als ratsam zu empfehlen. Man verkauft damit nur seine Bewegungsfreiheit. Ich habe es in meiner fünfzigjährigen Forschungstätigkeit stets vermieden, mich vor einem Unternehmen zu verpflichten. Habe ich etwas Interessantes, Neues mitgebracht, konnte ich es später verwerten, aber nie war ich gezwungen, etwas zu tun, das über meine Möglichkeiten hinausging, oder ein Risiko einzugehen, nur weil ich mich bereits vorher verpflichtet hatte.

Das Unmögliche filmen

In den vorausgegangenen Kapiteln haben wir gesehen, daß diese Nordwand eine Faszination ausstrahlt, die alles nur Erdenkliche anzieht: Drachenflieger, Schifahrer, Solos im Sommer wie im Winter. Alles findet am Eiger statt. Am Anfang der Durchsteigungsgeschichte kletterte man noch still und ohne Vorankündigung durch die Wand, erzählte davon höchstens Fritz von Almen und war froh, wenn sonst niemand davon wußte. Heute ist es anders. Die spektakulären Unternehmungen, oft gesponsert, brauchen ihre Zuschauer. Die Medien, die Welt, sollen teilnehmen und davon erfahren. Wo gäbe es einen besseren Platz als hier am Eiger, der sich dem Besucher frei und offen in seiner exponierten Größe wie eine Naturarena darbietet.

Obwohl bis Sommer 1969 bereits mehr als 250 Bergsteiger die Wand durchstiegen hatten, gab es noch keinen chronologisch aufgebauten, umfassenden Film von der gesamten Geschichte der Eiger-Nordwand. Natürlich hatte es immer wieder Versuche gegeben, Ansätze, aber meistens waren sie durch Schlechtwettereinbrüche vorzeitig abgebrochen worden. Die verschiedenen Spielfilme, die rund um den Eiger entstanden, zählen nicht zu diesem Kapitel, denn sie haben keinerlei dokumentarischen Wert und entsprechen nicht den Tatsachen. Um einen Film zu drehen, der allen Anforderungen gerecht würde, bedürfte es schon außergewöhnlicher Fähigkeiten: Man müßte Kamera-Profi sein, ein Filmmann mit technischem Können, vor allem müßte man aber auch ein hervorragender, überdurchschnittlicher Bergsteiger sein. Dies wäre die Basis. Hinzu kämen dann noch Mut und Ideenreichtum für die Regie. Nur dann hätte man die Chance, diesen langerwarteten Film von der Eiger-Nordwand dokumentarisch genau zu drehen.

Als im September 1970 vier junge englische Bergsteiger in die Wand einstiegen, um die Heckmair-Route zu filmen, gab es einen unter ihnen, der alle obenerwähnten Voraussetzungen besaß. Leo Dickinson, Kameramann und Autor, machte sich keine Illusionen über seinen Beruf. Von ihm stammen die Worte über die Nordwand: »Wenn du sie durchsteigst, bist du ein Held. Wenn es dir mißlingt oder du stirbst, warst du unfähig.«

Darüber waren sich die vier im klaren, als sie ihr schwieriges Unternehmen, unterstützt vom Fernsehen und einem Geschäftsmann aus Manchester, starteten. Schwierig deshalb, weil sie unendlich viel mitschleppen mußten: außer den an sich schon gewichtigen Rucksäcken noch eine komplette Kameraausrüstung und unzählige Filmrollen. Die vier waren schon einige Tage in der Wand, als sich etwas ereignete, das später die Gemüter der Medien und Journalisten erregte. Einer der vier, Cliff Phillips, befand sich ungesichert am Schneefeld, in der Nähe des Ersten Pfeilers. Sein Freund Dickinson filmte ihn. Plötzlich verlor Phillips den Halt und war nicht mehr in der Lage, sich mit seinem Eispickel festzuhalten. Er rollte, rutschte, sich überschlagend, den unteren Wandteil hinab, dem sicheren Tod entgegen. Und Dickinson filmte, er filmte, ohne den Finger vom Auslöser zu nehmen, die Todesfahrt seines Begleiters, bis er ihn aus den Augen verlor. Dickinson empfand es als Erlösung, als der Gefährte aus dem Suchbild seiner Kamera verschwand, und nannte es »einen natürlichen Schnitt«. Man warf ihm Kaltblütigkeit vor, auch nachdem man wußte, daß es Phillips gelungen war, kurz vor dem nächsten Abbruch seine Todesfahrt aufzuhalten. Dickinson konnte gegen die Vorwürfe nur entgegnen, er habe wie unter Zwang gehandelt, »mesmerised« nannte er seinen Zustand, vergleichbar den Kriegsberichterstattern in Situationen des Vietnam-Krieges.

Und wie reagierte Phillips? War er schockiert, daß Dickinson filmte? Nein, ganz im Gegenteil. Seine erste Frage, nachdem er den Sturz abgefangen hatte, war: »Hast du alles auf den Film bekommen?« Dickinsons Antwort: »Natürlich, Idiot! Solche Szenen werden wie eine Bombe bei den Zuschauern einschlagen!«

Danach kletterten sie filmend weiter durch die Nordwand, eine Wand mit einem »Charisma«, wie Dickinson es nennt, die keine andere ausstrahlt. Wo gäbe es auch Bezeichnungen so voller Romantik und Bildhaftigkeit wie Götterquergang, Bügeleisen, Todesbiwak, Schwalbennest und Weiße Spinne? Aber so romantisch, ja gemütlich manche Namen klingen; die Wirklichkeit ist hart. Dickinson wurde von einem Stein an der Schulter getroffen, so daß die Gruppe ihr Unternehmen für einige Wochen unterbrechen mußte.

Bei einem erneuten Versuch benötigten sie sechs Tage bis zum Gipfel. Diese Tage beinhalteten fast alles, was die Wand an Widerstand »aufbieten« konnte: Schlechtwetter, Blitz, Donner und Steinschlag waren so heftig, daß Dickinson überzeugt war, das alles nicht zu überleben. Und es gehört auch zum Bild dieses Mannes, daß er dann in seinem Buch sehr sensibel schildert, wie er am Ende deprimiert war und keine Lust mehr hatte, diesen Film vom Eiger fertig zu drehen. Aber die vier machten weiter, filmten, wechselten Rollen mit klammen Fingern und brachten ihr schwieriges Unternehmen erfolgreich zu Ende. Der Film erhielt viele Preise, und im »Daily Mirror« schrieb ein Journalist: »Es war für mich, und sicher auch für Millionen Zuschauer, der historisch dramatischste Dokumentarfilm über das Bergsteigen.« Einer der vier, Leo Dickinsons Freund Eric Jones, wollte 1980 als erster Brite die Nordwand im Alleingang durchklettern. Immerhin hatte er schon die Matterhorn-Nordwand im Alleingang gemacht, aber er war 43 Jahre alt und wollte sich von Dickinson bestätigen lassen, daß er noch dazu in der Lage sei. Er machte sich dieses Votum nicht leicht. Vor mir liegt das Buch »Filming the Impossible«, das mir Dickinson, der Autor, geschenkt und gewidmet hat, und ich lese immer wieder jene Sätze, die das Ringen Dickinsons um eine Entscheidung beinhalten. Eric Jones war schließlich fest entschlossen, und Dickinson traf Vorbereitungen, um den Alleingang zu filmen. Aber wie? Ging er mit, war es kein Alleingang mehr; also blieb nur der Helikopter.

Dickinson fand einen Piloten, der sich bereit erklärte, die Aufgabe zu übernehmen. Außerdem mußte nach Schweizer Gesetz noch ein einheimischer Bergführer dabeisein. Jones stieg in die Wand ein und kletterte zügig, so daß sich Dickinsons Sorgen langsam legten. Zusammen mit Hannes Stähli, dem Bergführer, ließ er sich vom Helikopter zum Todesbiwak hinab, um von dort den kletternden Jones am Zweiten und Dritten Eisfeld sozusagen hautnah zu filmen. Am schwierigsten für den Helikopter war es, Dickinson bei den Aufnahmen in der Spinne abzuseilen und wieder zurückzuholen. Der Film sollte zeigen, mit welcher Anstrengung Jones sich im steilen Eis hinaufkämpfte — »wie eine Fliege im Netz der Spinne«. Aber schließlich erreichte er überglücklich den Gipfel. Er hatte sich bewiesen, daß er mit 43 Jahren noch in der Lage war, sich diesen großen Wunsch des Sologanges zu erfüllen. Jones und Dickinson trafen sich auf dem Gipfel, und es gelang Dickinson, seinen Freund zu überreden, nicht auch noch zu Fuß abzusteigen, sondern mit dem Helikopter ins Tal zu fliegen.

Einer der dramatischsten Teile des Eiger-Dokumentarfilms sollte die Rekonstruktion des Todessturzes von John Harlin aus der Direttissima werden. Die Errungenschaften der Technik und deren meisterhafte Beherrschung machten es möglich, das schier Unmögliche im Film zu zeigen. Dickinson schrieb mir in seinem Brief vom 21. Oktober 1987: »Wir zwei Fallschirmspringer — Paul Applegate und ich — flogen mit dem Alouette-Helikopter über den Gipfel des Eiger, und etwa in Richtung Alpiglen sprangen wir heraus. Paul war wie ein richtiger Kletterer angezogen, das heißt, er hatte Bergschuhe, Gamaschen und mehrere Karabiner am Körper, auch trug er einen roten Anorak. Seinen Fallschirm hatte er wie einen Kletterrucksack getarnt. Ich selber nahm den normalen Fallschirm, und die Filmkamera war an meiner Hand befestigt. Während wir zusammen an der Nordwand hinunterfielen, schien der Berg uns mit 250 Stundenkilometern entgegenzufliegen, daher die verschwommenen Bilder, und, wie Du in meinem Videofilm gesehen hast, ein schneller Sturz vom Eiger. Wir öffneten unsere Fallschirme etwa in der Höhe des Hinterstoisser-Quergangs, und dann glitten wir hinunter bis zur Station Alpiglen, um heißen Tee zu trinken. Es war bitter kalt, wir waren im tiefen Winter den Eiger hinuntergefallen. Um alle Phasen des Todessturzes von John Harlin gut filmen zu können, sind wir sechsmal aus dem Helikopter gesprungen. Um auch den Absturz und das Aufschlagen John Harlins durch den unteren Wandteil genau rekonstruieren zu können, habe ich eine Puppe verwendet. Diese war genau wie der fallschirmspringende Kletterer angezogen. Diese Puppe warfen wir dann aus dem Fenster der Eigerwand-Station. Diesen Sturz durch den unteren Wandteil kann man im Film ja sehr realistisch sehen. Meiner Meinung nach war das Resultat gut und hat die Anstrengungen gelohnt. Wir flogen immerhin bei großer Kälte mit 250 Stundenkilometern durch die Luft. Ich war sehr froh, daß ich vom Sohn John Harlins, der selbst ein guter Bergsteiger ist, die volle Zustimmung meiner filmischen Rekonstruktion erhielt.«

Das einzigartige Filmwerk stieß an die Grenzen menschlichen Reaktionsvermögens. Wie Professor Wildor Hollmann, leitender Mediziner der Sporthochschule Köln, in »Welt am Sonntag« dazu feststellt, reagiert ein Mensch auf optische Signale in 0,15 bis 0,2 Sekunden, auf akustische Signale in 0,12 bis 0,27 Sekunden. In seinem freien Fall erreichte der Kameramann eine Geschwindigkeit von rund 250 Stundenkilometern — und brachte es gleichwohl fertig, die Kamera zu bedienen.

Einer der Gründe: Auf Streßsituationen reagieren Menschen mit ungewöhnlicher Steigerung der Leistung. Die Kenntnis von Gefahr bewirkt, daß auf Signale des Gehirns hin das Streßhormon Adrenalin in den Blutkreislauf ausgeschüttet wird. Es erhöht die Kreislauf- und Muskelleistung und durch chemische Einwirkung auf die Sinneszellen auch die Reaktionsbereitschaft. Das Adrenalin bewirkt sogar noch mehr: Gegen Verletzungsfolgen in Gefahrensituationen beschleunigt es die Blutgerinnung und vermindert so den Blutverlust. Ich habe den Film inzwischen mehrmals gesehen und finde, Dickinson hat »das Unmögliche gefilmt«. Auch Anderl Heckmair meinte in einem Gespräch, dies sei der bisher beste Film von der Eiger-Nordwand.

Dem Teufel vom Karren geholt

Noch einen allerletzten offiziellen Bericht des SAC-Rettungschefs Kurt Schwendener möchte ich aus dem Jahrhundertsommer 1983 hier festhalten:

SAC-Rettungsstation   Grindelwald, 12. August 1983
3818 Grindelwald

Ref.: Rettung aus der Eiger-Nordwand, unterhalb vom Hinterstoisser-Quergang, auf 2700 m, Montag, 8. August 1983, Burger Thomas, 20. Juli 1964, Deutscher, Schüler, wft. D-8960 Kempten, Freundenthal 5 B und Wendel Holger, 13. August 1965, Deutscher, Schüler, wft. D-8960 Kempten, Reutlingerstraße 8.

Freitag, 5. August 1983, meldete Bauer Gerhard, Bayrischer Rundfunk, München, telefonisch an die Rettungsstation Grindelwald, daß sich oberhalb des Scheidegg-Hotels, Kl. Scheidegg, ein leeres oranges Zelt befinde. Dieses sei, soweit er in Erfahrung gebracht habe, seit dem 31. Juli 1983 nicht mehr bewohnt. Im Zelt habe er den Namen Thomas Burger gefunden. Auf einem Zettel habe er dem Zeltbesitzer mitgeteilt, daß er die Rettungsstation Grindelwald orientiert habe und er solle sich nach der Rückkehr mit der Kantonspolizei Grindelwald in Verbindung setzen. Samstag, 6. August 1983, meldeten sich die Eltern von Burger Thomas und Wendel Holger telefonisch bei der Kantonspolizei Grindelwald. Sie teilten mit, daß sich ihre Söhne irgendwo in den Bergen unterwegs befänden. Sie hätten sich auch geäußert, den Mittellegigrat am Eiger zu besteigen. Auch von der Durchsteigung der Eiger-Nordwand sei gesprochen worden. Die Wand lag zu dieser Zeit jedoch im Nebel und konnte erst am Sonntag mit dem Fernrohr abgesucht werden. Da sich in der Wand nichts regte und die zwei Bergsteiger schon mehr als eine Woche unterwegs sein mußten, befürchteten wir das Schlimmste. Montag, 8. August 1983, war schönes Wetter. Bei der Schweizerischen Rettungsflugwacht in Zürich, REGA, wurde ein Helikopter angefordert. Um 10.00 startete ich mit der HB-XFF mit Pilot G. Amann und Bergführer/Flughelfer U. Roth zu einem Suchflug. Während ca. 1 Stunde suchten wir den Wandfuß, Nordwand, Mittellegigrat, Eigerjöcher und die Westflanke erfolglos ab. Außer unverdächtigen Ausrüstungsgegenständen konnten wir nichts feststellen. Zum Abschluß der Suchaktion suchten wir den Wandfuß nochmals gründlich ab.
Praktisch im letzten Moment, d. h. vor dem Abschluß der Suchaktion sah U. Roth unterhalb vom Hinterstoisser-Quergang auf 2700 Meter eine sitzende Person, welche den Arm bewegte. Daneben lag im Biwaksack ein lebloser Körper.
Nach einer Zwischenlandung auf der Kl. Scheidegg flog G. Amann zur Unfallstelle. Durch Mech. Ad. Rüfenacht wurde U. Roth mit der Rettungswinde zu den zwei Bergsteigern abgesetzt. Ueli Roth meldete sofort über Funk, daß beide noch am Leben seien. Wendel sei bewußtlos und beide seien stark unterkühlt. Sofort wurde auch der Rega-Arzt Dr. Cermag in die Wand geflogen, wo die zwei Bergsteiger transportbereit gemacht wurden. Als erster wurde Burger Thomas in seinem Klettersitz mit der Rettungswinde in den Helikopter gehievt und sitzend nach der Kl. Scheidegg überflogen. In der Zwischenzeit war das Regionalspital Interlaken entspre-

chend orientiert worden und für den Transport ein zweiter Helikopter angefordert worden. Durch die Besatzung der HB-XIA wurde der Patient übernommen und liegend ins Regionalspital Interlaken überflogen. Anschließend erfolgte die Rettung von Wendel Holger im Horizontalnetz, begleitet durch Dr. Cermag. Während der Patient auf der Kl. Scheidegg für den Transport vorbereitet wurde, flog G. Amann den Bergführer U. Roth mit dem Material aus der Wand. Anschließend wurde mit der HB-XFF auch Wendel Holger ins Spital überflogen. Trotz starker Unterkühlung der zwei Bergsteiger, Burger T. 34 Grad und Wendel H. 24 Grad, gelang es den Ärzten, die beiden am Leben zu erhalten. Wieweit Burger und Wendel bleibende Schäden davontragen werden, ist zur Zeit noch nicht bekannt.

Unfallhergang:

Freitag, 12. August 1983, wurden Burger Thomas und Wendel Holger in der Intensivpflegestation des Regionalspitals Interlaken befragt. Sie machten auf meine Fragen hin sinngemäß folgende Aussagen:

»Wir kamen am 31. Juli 1983 ca. 15.00 mit dem Zug von Lauterbrunnen her auf die Kl. Scheidegg, wo wir unser Zelt aufschlugen. Da das Wetter wunderschön war, entschlossen wir uns unverzüglich in die Eiger-Nordwand einzusteigen. In der Eile vergaßen wir, jemand über unser Vorhaben zu informieren. Wir beabsichtigten, die Wand auf der Normalroute zu durchsteigen. Am ersten Tag wollten wir bis zum Schwalbennest aufsteigen, am zweiten Tag bis zum Gipfel, und am dritten Tag über die Westflanke absteigen. Der Einstieg erfolgte am 31. Juli ca. 16.00. Um unsere Säcke möglichst leicht zu halten, nahmen wir nur die dringend notwendige Ausrüstung und Verpflegung mit. Planmäßig erreichten wir am 31. Juli das Schwalbennest, wo wir biwakierten. Am folgenden Tag verlief der Aufstieg normal und wir waren am frühen Vormittag beim Bügeleisen. Weil sich starke Gewitterwolken aufzogen und ein Wetterumsturz befürchtet werden mußte, entschlossen wir uns ca. 10.00 zum Rückzug. Am unteren Rand des Zweiten Eisfeldes wurden wir durch ein unheimliches Gewitter überrascht. Als sich das Wetter einigermaßen besserte, stiegen wir noch bis zum Ersten Eisfeld ab, wo wir biwakierten. Am folgenden Tag, d. h. am 2. August, war das Wetter sehr schlecht. Wir hatten Regen, Schnee und dichten Nebel. Wir befürchteten, den uns bekannten Stolleneingang bei diesem Wetter nicht zu finden und entschlossen uns, vor dem Hinterstoisser-Quergang abzuseilen. Beim Abseilen verfing sich eines unserer zwei Seile und wir konnten nur mit Mühe einen Teil des zweiten Seiles frei bekommen. Über uns war ein Überhang und weiter Abseilen war mit dem Seilrest von ca. 40 Meter nicht mehr möglich. In dieser Situation sahen wir uns gezwungen, zu biwakieren und auf Hilfe zu warten. Wir schrien erfolglos um Hilfe und gaben nachts mit den Stirnlampen Notsignale. Wir hatten seit dem zweiten Tag, d. h. seit dem 1. August keine Nahrung mehr. Die Suppen konnten wir nicht kochen, weil unsere Zündhölzer naß waren. Wendel war noch bis Sonntag, 7. August, ansprechbar. Am Tag der Rettung, d. h. am 8. August, war er bewußtlos und ich konnte ihn nicht mehr wecken. Ich, Burger Thomas, habe angenommen, daß uns der Hubschrauber am Tag der Rettung schon beim ersten Anflug gesehen hatte, denn er flog langsam über uns. Mit einer Rettung haben wir nicht mehr gerechnet.

Für die Eiger-Nordwandbegehung waren wir gut vorbereitet. Wir haben verschiedene schwere Fels-, Eis- und Winterbegehungen gemacht. Für gemischte Touren hatten wir nur wenig Gelegenheit und fanden deshalb den Zeitpunkt für die Durchsteigung der Wand gut, weil sie stark ausgeapert war.«

Die beiden Bergsteiger ließen sich offensichtlich durch das seit langem anhaltende schöne und warme Wetter und die guten Verhältnisse in der Wand verleiten. Sie stiegen ohne das Wetter zu studieren und ohne jemand über ihr Vorhaben zu informieren in die Eiger-Nordwand ein und glaubten, diese in zwei Tagen zu durchsteigen, was ihnen ohne den Wetterumsturz wahrscheinlich gelungen wäre. Erst als nach dem Zelt auf der Kl. Scheidegg auch noch das Auto in Lauterbrunnen aufgefunden werden konnte, mußte mit Bestimmtheit angenommen werden, daß sich die beiden noch im Gebiet befanden. Bei einer bestimmten Meldung hätte die Rettung trotz dem schlechten Wetter sicher früher durchgeführt werden können. Die beiden Bergsteiger hätten kaum noch ein weiteres Biwak überlebt.

SAC-Rettungschef
3818 Grindelwald
K. Schwendener

Nach diesem detaillierten Bericht kann man gut verstehen, daß der junge Holger Wendel ein tiefes Gefühl der Dankbarkeit für Kurt Schwendener empfand und ihn öfter besuchte. Leider stürzte Wendel später bei einer Bergtour tödlich ab. Seinem Freund Thomas Burger mußte als Folge der Erfrierungen ein Bein amputiert werden.

Kurt Schwendener hat in einem Vierteljahrhundert als Retter viel erlebt, aber kein Ereignis hat ihn mehr ergriffen und bewegt, als die Rettung dieser jungen Schüler aus dem Allgäu. Er wird ihre Gesichter nie vergessen und machte sich Gedanken, wie wohl die Tragödie Toni Kurz und seiner Begleiter 1936 verlaufen wäre, hätte man damals schon die technischen Möglichkeiten von heute gehabt. Holger Wendel, einer der beiden Schüler, meinte nach seiner Rettung: »Schlimmer kann es in der Hölle auch nicht sein.« Und Kurt Schwendener sagte zu mir: »Wir haben die beiden dem Teufel vom Karren geholt.«

Die Rettung dieser beiden jungen Männer hatte viele Menschen in Grindelwald tief bewegt. Sie war tatsächlich in letzter Minute erfolgt. Es ist also keineswegs so, wie es ein Hotelier formulierte, daß man über die Ereignisse am Eiger nur noch in der Zeitung liest. Zu eng ist die Bevölkerung mit diesem Berg verbunden. Vor allem jene, die unterhalb der Nordwand wohnen, leben im wahrsten Sinne des Wortes im Schatten dieses Berges und nehmen Anteil am Geschehen in der Wand. Verständlich, daß für sie, aber mehr noch für ihre Vorfahren, der Berg schon immer als böse und furchteinflößend galt, denn so manches ihrer Schafe wurde durch Steinschlag, Lawinen oder Eisbrocken getroffen und getötet.

Sie warten auf die Sonne

Rudolf Rubi erzählte mir von dem Ortsteil Burglauenen, wo er acht Jahre gewohnt hatte. Die Sonne konnte er von seinem Anwesen aus rund dreieinhalb Monate nicht sehen; andere müssen die wärmenden Strahlen sogar fast fünf Monate entbehren. Heute wohnt Rubi auf dem Stutz in der Bergschaft Wärgistal, direkt unter dem Eiger. Vierzig Tage, vom 2. Dezember bis zum 10. Jänner, schaut die Sonne nicht hinterm Eiger hervor, und auch an diesem Jännertag erscheint sie nur eine Weile am späten Nachmittag, wenn sie kurz über die Eigerspitze geht. Rubis bezauberndes Bauerngärtlein bringt dennoch Blumen und Salat hervor, wenn auch etwas später als die sonnseitig gelegenen Gärten. Aber Jahr für Jahr erwartet er mit seinen beiden Enkelkindern sehnlichst den Tag, an dem die Sonne wiederkommt. Die Kinder hören natürlich von klein auf von den Erwachsenen, wie sehr man die Sonne herbeisehnt — so sehr, daß Pfarrer Gottfried Strasser ihr eines seiner Gedichte »Die Sonne steht wieder hoch« widmete. (Gemeint ist, über dem Eiger und über dem Mettenberg.)

Manche Leute meinen scherzhaft, man solle die Gipfel ein bißchen absägen; ohne Sonne sei das Leben doch nur halb so schön. Nur wenn man all das bedenkt, versteht man den letzten Vers von Pfarrer Strasser richtig, in dem es voll Zuversicht heißt: »Schau doch, wie sie kommt, schau, wie sie scheint! Juheiaho! Dein Unglück verschwindet. Diese Sonne — erwarte es nur getrost — reicht bis in die Ewigkeit hinüber.« Auch ich betrachte den Eiger und seine gewaltige Wand voll Freude und Dankbarkeit, denn sie war für mich und viele andere ein großes, unvergeßliches Erlebnis. Mehr noch: Für mich war sie der erste Schritt auf einem Weg, der mich in viele Länder unserer Erde führen sollte. Auch darum ist der Eiger für mich ein schöner Berg und die Nordwand keine Mordwand. Auch für die Bewohner Grindelwalds hat sie heute ihre Schrecken im wesentlichen verloren. Der Berg ist zu einer Art Wohltäter für sie geworden, denn nicht zu zählen sind die Besucher aus aller Welt, die kommen, um die berühmte Nordwand zu bestaunen. Der Bergsteiger jedoch sollte sich ihr nach wie vor mit Respekt nähern, denn sie ist ein Stück Natur und läßt sich nicht bezwingen oder besiegen, davon zeugen fünfzig Tote. Bezeichnenderweise ist kein Grindelwalder unter den Eiger-Nordwand-Opfern, denn sie kennen die Verhältnisse am Berg und haben Zeit zu warten.

Das Jahr vor dem Jubiläum

Auch heute noch, nach den vielen, fast unvorstellbaren Sensationen am Eiger, füllen sich die Aktenordner des Grindelwalder Rettungschefs Kurt Schwendener mit Berichten über Unfälle, die auf der normalen Route geschahen. Oft wären sie zu vermeiden gewesen, hätten die Kletterer auf die Warnungen der erfahrenen Einheimischen gehört und die immer wieder gepredigten Regeln befolgt. Niemals sollte man sich in den Nachmittagsstunden auf den für Steinschlag exponierten drei Eisfeldern bewegen, eine Vorsichtsmaßnahme, die wir bereits bei der Erstbegehung einhielten. Liest man die Chronik, so berichtet sie, daß die meisten Unglücke im unteren Wandteil passierten.

So kamen am 13. Dezember 1986 zwei Koreaner zur Eiger-Nordwand, um sie auf der klassischen Route zu durchsteigen. Die Warnung der Kantonspolizei von Grindelwald, daß ein Wettersturz bevorstehe, wurde mißachtet. Leider sollte Gfr. Lüthi, der sie eindringlich auf den bevorstehenden Wettersturz aufmerksam machte, recht behalten. Als sich die Koreaner bereits in den Ausstiegsrissen befanden, wurden die Verhältnisse in der Wand besonders schlecht. Der Funkkontakt war abgebrochen, und am dritten Tag konnten die koreanischen Kameraden von der Kleinen Scheidegg aus beobachten, daß ihre Freunde nicht mehr weiterkamen. Am gleichen Nachmittag forderten sie Hilfe an. Wegen der vorgerückten Zeit mußte der Einsatz auf den nächsten Morgen verschoben werden. Der vorausgesagte Wettersturz mit Schneefall und stürmischen Westwinden war in vollem Gange. Bei Lawinengefahr, einer Temperatur von minus 35 Grad und Windgeschwindigkeiten von 160 Stundenkilometern, die auf dem Jungfraujoch gemessen wurden, konnten die zwei Koreaner bei kurzen Aufhellungen noch gesehen werden. Danach war jegliche Sicht unterbrochen. Am vierten Tag startete Kurt Schwendener mit dem Helikopter zu einem 47-Minuten-Suchflug. Mit Pilot Mühlemann, Mechaniker Gama und — wie so oft — Kaufmann als Bergführer und Flughelfer suchte er die verschneite Wand von der Spinne bis zum Gipfel erfolglos ab, und auch am unteren Teil der Wand war nichts zu entdecken.

Mitte März 1987 meldete ein spanischer Alpinist, daß auf dem Mittellegigrat, etwa hundert Meter unter dem Gipfel, ein Bein aus dem Schnee rage. Wegen erneuten Schlechtwetters mußte die Bergung verschoben werden. Erst im Juli konnte ein Helikopter starten und den Bergführer Edi Bohren und den Polizisten Walter Lüthi mit der

Rettungswinde auf dem Grat absetzen. Sie fanden die Leiche und vermochten sie aus dem Eis zu befreien — eine schwierige Bergung, die vier Stunden in Anspruch nahm. Der zweite Koreaner ist noch nicht gefunden.

Glücklich und unfallfrei verlief die Rettung des spanischen Alleingängers Guillermo Mateo Yeste, der im Februar 1987 in die Wand eingestiegen war, um sie auf der Normalroute im Alleingang zu machen. Ungefähr beim Hinterstoisser-Quergang stürzte er zehn bis fünfzehn Meter ins Seil und verletzte sich leicht am rechten Knie.

Dabei verlor er sein zweites Seil und einen Steigbügel. Sowohl das Weiterklettern als auch den Abstieg fand er mit einem Seil zu riskant. Er stieg noch bis zum Eisschlauch auf, wo er rechts davon ein gutes, steinschlagsicheres Biwak fand. Dort wartete er auf Hilfe. Bei einem Rekognoszierungsflug stellten Polizeichef Schwendener und Bergführer Kaufmann fest, daß der Bergsteiger an der betreffenden Stelle mit dem Hubschrauber geholt werden konnte. Am Morgen erfolgte der Start, und Kaufmann wurde zum Spanier abgeseilt. Dann wurde zuerst der Verletzte und anschließend der Retter in den Helikopter aufgeseilt.

Ohne Ergebnis blieb hingegen die Suche nach den beiden Deutschen Müller und Unseld. Sie waren Ende August 1987 nach Grindelwald gekommen, wollten am ersten Tag das Schwalbennest erreichen und am zweiten Tag den Gipfel. Sie wurden beobachtet, wie sie zwar angeseilt, aber ohne zu sichern, durch das Zweite Eisfeld aufstiegen. Aus ungeklärten Gründen muß einer der beiden Bergsteiger gestürzt sein und seinen Kameraden mitgerissen haben. Verschiedene Personen haben den Absturz bis zum Bergschrund beobachtet und die Rettungsstation Grindelwald verständigt. Sogleich forderte Kurt Schwendener einen Helikopter an und unternahm mit Pilot Hirni und Flughelfer Spring einen Suchflug. Sie konnten die Absturzspuren vom Zweiten Eisfeld bis an den Wandfuß, wo sie in der Randkluft verschwanden, deutlich feststellen. Wegen Steinschlaggefahr mußte die Leichenbergung einige Tage verschoben werden. Doch außer Ausrüstungsgegenständen konnte auch bei einer späteren Aktion keine Leiche gefunden werden.

In diesem Jahr 1987, dem Jahr vor dem Jubiläum der Erstbegehung, herrschte reges Treiben am Eiger. Verschiedene Fernsehgesellschaften waren in Grindelwald angekommen, um ihre Dokumentarberichte vorzubereiten. Das ZDF unter der Regie von Hanns Henn vom »Sportspiegel« hatte sich als Kameramann Martin Biock mitgebracht, den wir als den ersten aus der Wand mit einem Helikopter Geretteten bereits kennen. Die ARD schickte Manfred Pessel vom Hessischen Fernsehen, um vom Jubiläum zu berichten. Und der ORF gab für die Serie »Land der Berge« einen Film von Lutz Maurer in Auftrag, worüber ich den Bergführer Peter Geyer der mit seinem Partner Hans Bärnthaler in der Wand war, berichten lassen möchte:

»Klappe — Todesbiwak. Hans schnürt seinen Rucksack auf, zum Vorschein kommt eine Schachtel mit einem ungewöhnlichen Inhalt für dieses Fleckchen Erde. Genüßlich lassen wir die Linzertorte auf der Zunge zergehen. Fulvio Mariani, unser Kameramann, ist zufrieden mit diesem Tag, wieder drei Rollen im Kasten.
Über Funk hören wir, daß unser Taxi in zehn Minuten kommt, wir packen zusammen. Die Piloten leisten Hervorragendes, sie setzen uns in fast allen Wandbereichen ab und holen uns wieder. Gerade als wir fertig sind, wird auch das Motorengeräusch lauter. Der große Eisenkarabiner am Zwanzig-Meter-Seil schwebt auf uns zu, zwei von uns klinken sich ein, ein Zeichen zum Piloten, die rasante Talfahrt, am Seil hängend, beginnt und endet wenig später direkt in Alpiglen, unserem Stützpunkt.
Lutz, unser ›Offizieller‹ vom ORF empfängt uns mit Glühwein. Wir lachen.
Es ist Oktober 1987, und wir drehen einen Film über die Durchsteigung der Nordwand in der heutigen Zeit. Der Anlaß dafür ist die großartige Leistung der Erstbegeher, die sich 1988 zum fünfzigsten Mal jährt. Obwohl nicht die besten Verhältnisse herrschen — es liegt lockerer Neuschnee in der Wand —, macht die Arbeit mit diesem Team viel Spaß.
Die vier Männer von 1938 hätten sich damals nie träumen lassen, daß ihre Tat fünfzig Jahre später einmal so nachvollzogen wird.
Hans Bärnthaler und ich kennen die Wand bereits, Fulvio Mariani, der Kameramann mit seinem Team geben in diesen Tagen ihr Debüt am Eiger. Es ist kalt in der Wand und deshalb sicher. Wir lassen uns Zeit.
Eine sehr große Erleichterung unserer Arbeit ist der Hubschrauber. Er fliegt uns morgens zum ›Arbeitsplatz‹ und holt uns am Nachmittag weiter oben wieder ab. Aber wir sind uns alle einig, daß dies nur leicht dahingesagt ist. Es ist eine große nervliche Belastung. Ohne jegliche Anlaufzeit, ohne eine geistige Aufwärmphase werden wir ohne Übergang von den sonnigen grünen Matten auf Alpiglen in eine uns ganz ungewohnte Welt versetzt. In der man zwar irgendwann sein Milieu wiedererkennt, aber bis dahin wie ein Fremder von einem Fuß auf den anderen tritt. Im Gegensatz dazu fällt die natürliche Spannung,

die uns tagsüber beherrscht, urplötzlich ab, wenn man sich, die Steigeisen noch an den Füßen, auf den Almen vor Alpiglen vom Hubschrauberseil ausklinkt.

Wir benötigen etwa die fünffache Zeit einer normalen Durchsteigung für unsere Filmarbeiten und bewundern täglich die Leistung von Fulvio, unserem Kameramann, wenn er ruhig, aber unglaublich schnell, in der Kälte ohne Handschuhe, seine Kamera bedient. Voller Bewunderung und Anerkennung unterhalten wir uns auch an jeder Schlüsselstelle der Wand über die enorme Leistung der Erstbegeher mit ihren damaligen Mitteln.

Fünfzig Jahre sind vergangen, fünfzig Jahre Bergsteigen. Jeder weiß, welche rasante Entwicklung der Alpinismus erlebt hat; um so deutlicher und klarer wird uns deshalb die herausragende Tat der vier Bergsteiger von 1938.«

Manche Stunde saßen Anderl Heckmair und ich mit den Filmleuten vom ORF auf dem Stamm einer riesigen vom Sturm gefällten Zirbe — Arve nennt man diesen schönen Nadelbaum in der Schweiz — und redeten von den Tagen der Erstdurchsteigung. Später erkundigten wir uns bei den Kameraleuten, wie es denn möglich sei, daß sie frühmorgens in die Wand kletterten und am Abend wieder zurück sein? Was man schon gehört hatte, konnten sie uns bestätigen: Bis zum Schwalbennest gibt es ganze Galerien von Seilen, und weiter hinauf bis einschließlich der Ausstiegsrisse sind Hunderte von Haken und Seilen vorhanden, wie uns das auch Herr Schwendener schon geschildert hatte. In den sechziger Jahren hatte man sich bereits überlegt, was damit geschehen sollte. Verleiteten sie nicht zu katastrophalem Leichtsinn? Versuchten nun nicht auch mittelmäßige Bergsteiger den Einstieg? Im Grunde müßte man alles entfernen, was nach streng alpinen sportlichen Regeln dort nicht hingehört. Ich machte vor zwei Jahrzehnten einen diesbezüglichen Vorschlag und sprach mit Fritz von Almen darüber. Fritz meinte: »Gewiß hast du recht. Aber es geht nicht. Auch die Bergführer, die Bergretter und die Kantonalregierung in Bern wollen es nicht. Nicht nur wegen der Rettungen. Es ist heute schon so bekannt, daß der untere Wandteil entschärft ist, daß die Leute auf jeden Fall einsteigen. Und wenn dann nichts mehr da ist, würde die Zahl der Unfälle nur steigen.« Fritz hatte wohl recht. Auch die Bergführer und die Kantonalregierung. Aber mit dem Wie des Bergsteigens läßt sich diese Unmenge von Haken, Seilen, Seilschlingen, Reepschnüren und was sonst das untere Wanddrittel ziert, nicht vereinbaren. So saßen wir beieinander zwischen den dunkelgrünen Zirben, hinter uns die Wand und erinnerten uns.

NACHGEDANKEN

Das Hüttenbuch vom Stöckli

Ich möchte das große Kapitel »Rund um den Eiger« mit seinen vielen Untertiteln nicht nur mit Tragödien und mit spektakulären, in die Zukunft weisenden Berichten beenden. Ich möchte mit dem Leser noch einmal kurz in dem kleinen Hüttenbuch vom »Stöckli« blättern, so wie ich es schon so oft getan habe, wenn mich die Sehnsucht nach Grindelwald getrieben hat und von dort hinauf zu den mit Alpenblumen übersäten Wiesen unter der Wand. Dann spaziere ich die zehn Minuten von der Kleinen Scheidegg hinüber Richtung Männlichen, wo es eine Herberge mit Restaurant gibt, das »Stöckli« genannt. Das weiße Kreuz auf rotem Grund, die Schweizer Fahne, hebt sich leuchtend vom blauen Himmel ab. Über die grünen Almen hinweg findet das Auge den schönsten Blick auf die Eiger-Nordwand. In der Hütte wird man von freundlichen Wirtsleuten betreut. Das Hüttenbuch, das sich inzwischen im Heimatmuseum von Grindelwald befindet, ist gleichsam eine Geschichte des Eiger. Es wäre unmöglich, alles zu zitieren, was an Ernstem und Heiterem auf diesen teilweise schon sehr abgegriffenen Seiten steht, aber einiges will ich hier doch festhalten:

»Durch Zufall entdecken wir im Jänner 1966 das ›Stöckli‹. Wir finden, daß es eine ideale Unterkunft für Bergsteiger ist. Während der Tage der Direttissima-Besteigung war es uns eine zweite Heimat. Dies Tourenbuch widmen wir der Familie Bohren, die uns so herzlich aufnahm. Viel Glück allen Bergsteigern, die von hier aus ihre Touren beginnen.

Kleine Scheidegg, am 1. Jahrestag der ersten Besteigung des John-Harlin-Climb. Dougal Haston, Jörg Lehne, Günther Strobel, Roland Votteler und Siegfried Hupfauer.« Sie erreichten am 25. März 1966 den Gipfel des Eiger auf der John-Harlin-Direttissima.

Auch das steht im Hüttenbuch: »John Harlin stürzte am 21. März 1966 kurz unterhalb der Spinne ab. Das Seil, an dem er mit Nachschubmaterial emporgestiegen war, hat sich an einer scharfen Felskante durchgescheuert.«

Und weiter lesen wir: »Eiger-Nordwand (Heckmair-Route). 25. August 1981. Begehung in zwölf Stunden (ohne Biwak). Einstieg 4 Uhr, Gipfel 16 Uhr. Erstes Eisfeld, Zweites Eisfeld, Drittes Eisfeld, Rampeneisfeld blank, Spinne etwas besser. Schlüsselstelle Wasserfallkamin und Eiswulst sehr schlecht; Ausstiegsrisse optimale Verhältnisse, Quarzriß brottrocken, auch Brüchiger Riß trocken. Hatten etwas Probleme mit den krangelnden Seilen (zwei Seile 8 mm), ansonsten alles klar. Taktik: Hinauftragen der Rucksäcke bis Schwierigen Riß (wichtig zur Konditionsersparnis und zum Kennenlernen des unteren Wandteils), am Vortag Abstieg und gute Nacht im Zelt, am nächsten Tag Durchstieg von unten mit sehr wenig Gepäck. In der Wand trafen wir einen jungen Schweizer — Alleingänger —, der noch etwas schneller (ca. eine Stunde) durchgekommen ist. Ein sehr guter Mann! Es war der junge Ueli Bühler aus Sigriswil.

Hans Kammerlander
Werner Beikircher   Sand in Taufers, Südtirol, Italien«

Noch einige Namen des Hüttenbuches müssen erwähnt werden, weil sie mit der Zeit der 150. Begehung zu tun haben. Seit der hundertsten sind sieben Jahre mit fünfzig Begehungen vergangen: eine Zahl, die beweist, daß es nicht nur Unglücke und neue Herausforderungen gegeben hat, sondern daß die normalen, problemlosen Begehungen der Heckmair-Route unvermindert die Mehrzahl war. Die Schweizer Bergführer Edi Bohren und Fritz Imboden sowie Hannes Stähli und Martin Grossen haben im Herbst 1978 nach problemloser Nordwand-Durchsteigung im Stöckli übernachtet. Stähli und Bohren waren die Männer, die ein Jahr zuvor die Spanier aus der Rampe gerettet hatten. Edi Bohren war damit auch der erste Grindelwalder, dem es gelang, die Nordwand zu durchsteigen. 120 Jahre zuvor war es zwei Grindelwalder Bergführern gelungen, mit dem Engländer Charles Barrington über die Westflanke zum ersten Mal den Gipfel des Eiger zu erreichen. Daß Bergführer auch die schwierigsten Wände mit ihren Herren durchklettern, ist inzwischen völlig normal. Aber Bergführer, die sich speziell für die Eiger-Nordwand anbieten, gibt es nicht. Der Eiger hat auch da seine eigenen Gesetze.

Im Stöckli-Buch steht noch ein Name — in großen Buchstaben und in japanischen Schriftzeichen: Tsuneo Hasegawa. Mehr nicht: kein Kommentar, kein Datum; doch wieviel verbirgt sich dahinter! Im März 1978 machte er die erste Winterbegehung im Alleingang in einsamen sechs Tagen.

Die weniger steinschlaggefährlichen Wintermonate nutzte zur selben Zeit der Franzose Ivan Ghiradini, der als erster Kletterer die Nordwände von Matterhorn, Jorasses und Eiger im Solo durchstieg, die Nordwand des Eiger genau wie Hasegawa in sechs Tagen.

Blättern wir im Hüttenbuch ein paar Seiten zurück, finden wir noch weitere berühmte Namen: Bereits im Juli 1952 trug sich Hermann Buhl hier ein, der neben Kurt Diemberger der einzige Bergsteiger der Welt ist, dem die Erstbesteigung von zwei Achttausendern gelungen ist. Buhl stürzte am Chogolisa im Himalaja mit einer Wächte zu Tode, ganz ähnlich wie mein Eiger-Partner Fritz Kasparek, der in den Anden am Salcantay sein Leben ließ. Die Liste der erfolgreichen Eiger-Nordwand-Begeher, die in den Bergen ihr Leben ließen, ist lang, sehr lang...

In der Eiger-Nordwand tödlich verunfallt:

(Liste des SAC-Rettungschefs Kurt Schwendener)

1	Karl Mehringer	Deutschland	1935	21.—25. August
2	Max Sedelmayr	Deutschland	1935	21.—25. August
3	Willy Angerer	Österreich	1936	18.—25. Juli
4	Edi Rainer	Österreich	1936	18.—25. Juli
5	Andreas Hinterstoisser	Deutschland	1936	18.—25. Juli
6	Toni Kurz	Deutschland	1936	18.—25. Juli
7	Mario Menti	Italien	1938	21. Juni
8	Bortolo Sandri	Italien	1938	21. Juni
9	Paul Körber	Deutschland	1953	26.—28. Juli
10	Roland Voss	Deutschland	1953	26.—28. Juli
11	Karlheinz Gonda	Deutschland	1953	20.—22. August
12	Ueli Wyss	Schweiz	1953	20.—22. August
13	Walter Moosmüller	Deutschland	1956	8. August
14	Dieter Söhnel	Deutschland	1956	8. August
15	Stefano Longhi	Italien	1957	3.—11. August
16	Franz Mayer (b. Abstieg)	Deutschland	1957	3.—11. August
17	Günther Notdurft (b. Abstieg)	Deutschland	1957	3.—11. August
18	Adolf Mayer (AV)	Österreich	1961	27.—28. August
19	Barry Brewster	England	1962	24.—26. August
20	Adolf Derungs (AV)	Schweiz	1962	31. Juli
21	Diether Marchart (AV)	Österreich	1962	27. August
22	Tom Carruthers	England	1962	30. August
23	Egon Moderegger	Österreich	1962	30. August
24	Alberto Rabada	Spanien	1963	11.—15. August
25	Ernesto Navarro	Spanien	1963	11.—15. August
26	Tsuneaki Watabe	Japan	1965	19.—22. August
27	John Harlin	USA	1966	22. März
28	Roland Travellini	Frankreich	1967	März

ist vermutlich in der Eiger-Nordwand vermißt

29	Fritz Eske	DDR	1967	21. Juli
30	Günter Kalkbrenner	DDR	1967	21. Juli
31	Kurt Richter	DDR	1967	21. Juli
32	Günther Warmuth	DDR	1967	21. Juli
33	Hans Herzel (b. Abstieg)	Österreich	1967	12.—15. August
34	Kurt Reichardt (b. Abstieg)	Österreich	1967	12.—15. August
35	Martin Weiss	Österreich	1969	3. August
36	Angelo Ursella	Italien	1970	19. Juli
37	Masaru Miyagawa	Japan	1972	1. August
38	Furukuva Masahiro	Japan	1972	1. August
39	David Ambros	England	1974	13. August
40	Kurt Stär (b. Abstieg)	Österreich	1976	20. Juli
41	Jiri Pechous	Tschechoslowakei	1978	2. Mai
42	Jiri Slegl	Tschechoslowakei	1978	2. Mai
43	Ueda Susumu (AV)	Japan	1981	26. August
44	Thomas Rösli	Schweiz	1985	28. September
45	Kim Won Kyum	Korea	1986	23. Dezember

46 Bea Jong Soom	Korea	1986	23. Dezember
			noch vermißt
47 Andreas Müller	Deutschland	1987	31. August
48 Ulrich Unseld	Deutschland	1987	31. August
49 Boris Ziljak	Jugoslawien	1987	15. August

vermutlich in der Eiger-Nordwand vermißt,
Zelt wurde aufgefunden

| 50 Slavomir Maczinski | Polen | 1988 | 10. März |

Von der Gefahr der Erfahrung

Alle wichtigen Routen rund um den Eiger sind begangen, Winterbesteigungen, Direttissimas, Rekorde; fast alle Nationen, die am Bergsteigen interessiert sind, haben ihre Kletterer in der Nordwand gehabt. Materialschlachten fanden statt, mehrere Frauen haben erfolgreich die Wand durchstiegen, und Männer erreichten als Einzelgänger im Sommer und Winter den Gipfel. Aber auch normale Begehungen der klassischen Route hat es gegeben und noch mehr gescheiterte Versuche. Hier drängt sich ein Vergleich auf mit Bergen, die ebenso wie die Eiger-Nordwand ein Superlativ verkörpern.

Nehmen wir die Watzmann-Ostwand. Sie ist die höchste Wand der Ostalpen und zieht die Bergsteiger magnetisch an; neunzig Tote sind die traurige Bilanz. Am Matterhorn, dem vielleicht schönsten Berg der Welt, zählt man vierhundert Tote. Schließlich muß man noch vom Mt. Everest berichten; es gibt schönere und leichtere Achttausender, aber trotzdem muß es der Mt. Everest sein. Er ist der höchste Berg der Welt und in Scharen wollen die Bergsteiger auf seinen Gipfel, zweihundert waren bereits oben, und auf Jahre hinaus sind neue Besteigungen bei der nepalischen Regierung gebucht. Auch hier gab es bereits vierundachtzig Tote, und es wird so weitergehen. Die klassischen Routen, sowohl am Mt. Everest wie am Eiger, sind die begehrtesten. Varianten und Direttissimas werden weniger oft bestiegen.

Die Chronik des Eiger vermeldet leider von Jahr zu Jahr eine größere Anzahl von Toten, fünfzig sind es schon. Die Eiger-Nordwand bleibt unter den Nordwänden die Ausnahme, und ihre Durchsteigung wird nie zur Routine werden.

Routine, oder nennen wir es Erfahrung, ist eine große Gefahr, die allen außergewöhnlichen Unternehmungen droht. Es ist bestimmt kein Zufall, daß es viele erfolgreiche Nordwanddurchsteiger gibt, die später auf leichtem Gelände verunglückten. Ihre Routine, ihre Erfahrung, war so groß, daß sie dann auf leichteren Wegen nachlässig wurden. Es gibt noch viele Beispiele aus anderen Gebieten, für diese »Gefahr der Erfahrung«. Auf meinen Expeditionen in tropische Länder hatte ich aufgehört, Malariamittel zu nehmen. Es war immer gutgegangen, das war meine Erfahrung, und eines Tages erwischte mich die Krankheit. Ich magerte zum Skelett ab, doch retteten die Ärzte mein Leben. Die großen Katastrophen der letzten Jahre — bis hin zu Tschernobyl — waren in der Mehrzahl auf menschliches Versagen und Routine zurückzuführen. Das Vertrauen in die Erfahrung ist gefährlich, denn mit der Erfahrung wächst das Vertrauen, und mit dem Vertrauen kommen die Routine, die Nachlässigkeit und schließlich die Gefahr. Wieviele hervorragende Bergsteiger, erfahren in schwierigen Situationen, kamen gesund von großen Himalaja-Expeditionen zurück und fanden auf leichten Touren in den Alpen den Tod.

Der wohl extremste Fall von Gefahrenunterschätzung durch Erfahrung und Routine beim Bergsteigen passierte dem Amerikaner Rand Herron. Er hatte Berge auf der ganzen Welt erstiegen und befand sich 1932 auf dem Heimweg von einer erfolgreichen Expedition zum Himalaja. In Ägypten machte er noch einen Ausflug zu den Pyramiden von Gise. Beim Abstieg von der kleineren zweiten Pyramide stürzte er zu Tode. Ich verstehe, wie das passierte: Er war geistig nicht beim Bergsteigen, wußte von seinem Können, vertraute seiner Erfahrung, die Routine wurde zur Nachlässigkeit, und das Ende war eine ironische Tragödie.

Und wie geschah das Unglück mit dem langjährigen Vorsitzenden des Deutschen und Internationalen Verbandes der Berg- und Schiführer, Franz Rasp? Zweihundertfünfzigmal hatte er die Watzmann-Ostwand schon durchstiegen, die höchste Wand der Ostalpen. Warum mußte er hier zu Tode stürzen? Das Wetter war schön, die Verhältnisse waren gut, und er kannte jeden Meter in der Wand. Verzichtete er deshalb darauf, sich mit seinem Partner anzuseilen? Sie hatten Erfahrung in der Wand... Denke ich an meine eigenen Stürze, so habe ich hinterher immer gewußt, warum sie passiert sind, und mir war stets bewußt, daß es mein eigener Fehler war: Ich war nachlässig geworden!

Der Japaner J. Kato, schon bekannt aus der Eigerwand, stand dreimal auf dem Gipfel des Mt. Everest, nach dem vierten Mal blieb er verschollen. Niemand weiß, was geschehen ist.

Endlos könnte man diese Liste fortsetzen, die in tragischer Weise zeigt, daß in der Erfahrung nur allzu oft die Gefahr lauert. Es ist sicherlich eine Fiktion, eine erdichtete Annahme, daß dem Erfahrenen weniger oder nichts passieren kann. Gerade er sollte seine Grenzen kennen, sollte wissen, daß am Berg schon der kleinste Ausrutscher verhängnisvoll sein kann.

Mit dem letzten Beispiel möchte ich noch eines Mannes gedenken, der wohl auch Opfer seiner Erfahrung wurde: Hermann Geiger, einer der berühmtesten und besten Rettungsflieger, der unzählige Male dicht an die Nordwand herangeflogen war, die gefahrvollsten und schwierigsten Rettungsflüge unternommen hatte, endete unfaßbar und tragisch. Er, der erfahrene Pilot, starb, als er bei einem routinemäßigen Start vom Flughafen Sion mit einem anderen Flugzeug kollidierte.

Natürlich birgt die Erfahrung nicht nur Negatives in sich. Ich will aber warnen vor Routine, Nachlässigkeit und Schlamperei. Selbstverständlich sind Erfahrungswerte gerade bei großen und schwierigen Unternehmungen von entscheidender Bedeutung. Wie oft habe ich es auf meinen Forschungsreisen erlebt, daß mir die Erfahrung Einblicke in Sitten und Gebräuche der Eingeborenen verschafft hat, die ein Unerfahrener nie erhalten hätte. Oder wenn ich zu Stämmen kam, die noch nie einen Weißen gesehen haben, waren es die Erfahrungswerte, die mir das Leben gerettet haben.

Konflikte bereitet mir inzwischen meine Einstellung zur Atomenergie. Als modern denkender Mensch war ich ein Befürworter ihrer Verwendung zu friedlichen Zwecken. Leider habe ich nun lernen müssen, daß sie genauso wenig zu »bezwingen« ist wie die Berge, das Meer, das Weltall, die Natur schlechthin.

So wird es auch am Eiger bleiben, die Liste der Verunglückten ist ohnehin schon zu lang und wird — leider — immer noch länger werden, denn der Eiger ist »dämonisch« sagte Profit. Und Bonatti schreibt: »Kein Berg ist das Leben eines Menschen wert.« Namen, die man dem Eiger gibt, sagen viel über ihn aus. »Unberg« heißt in einem Roman von Georges Sonnier der Eiger, »Ogere« oder »Ogre« nennen ihn die Franzosen nach dem in einem Märchen vorkommenden menschenfressenden Riesen. All das sollte man bedenken und sich diesem außergewöhnlichen Berg mit Demut und ohne Überheblichkeit nähern.

Man kann heute kein Buch über Berge schreiben, ohne nicht in wenigen Sätzen eines großen Problems in der Natur zu gedenken, des Mülls in, um und auf den Bergen.

In den Anfangszeiten der Erschließung des Himalaja vergruben die damals noch kleinen Expeditionen ihre leeren Konservendosen ordentlich und tief im Schutt der Moränen, um die Natur sauber zu erhalten. Über die Folgen gab es keinerlei Erfahrung, heute weiß man, daß das Blech verrostete und Jahrzehnte später das kostbare Trinkwasser für die tiefer wohnenden Einheimischen verdarb. Der Überfluß, mit dem die heutigen Expeditionen ausgerüstet sind, ist meilenweit entfernt von dem »mug and spoon«, dem berühmten »Becher und Löffel«, mit denen der englische Forscher Harold William Tilman in die Berge gezogen ist.

Eine riesige und zweifelsohne die höchste Mülldeponie gibt es inzwischen am Mt. Everest. Kein Wunder, als höchster Berg der Welt übt er die größte Faszination aus, so wie alle Superlative die Menschen anziehen. Hinzu kommt die Werbung, auch von Bergsteigerorganisationen, in Expeditionen die Menschen oft in Scharen zu den schönsten und höchsten Bergen hinzuführen. An den Rändern der Wege dorthin gibt es kaum mehr Bäume, wahllos wurden sie geschlagen, um Tee zu kochen. Inzwischen hat man diese Fehler eingesehen, und es ist verboten, Holz zu verfeuern, dafür müssen Gaskocher mitgenommen werden, die nach Gebrauch oft gedankenlos zurückgelassen werden.

Mir kommt Goethes Zauberlehrling in den Sinn, der auch bekennen mußte: »... Die ich rief, die Geister, werd ich nun nicht los.« Aber uns bleibt gar nichts anderes übrig! Wir müssen die Geister loswerden, und folgerichtig müssen jene Organisationen oder Reiseunternehmen, die mit den Schlagwörtern »Naturschönheit und Einsamkeit der Landschaft« die Menschen anlocken, auch dafür sorgen, daß die Natur wieder ins rechte Lot kommt, bevor es zu spät ist.

Daß es möglich ist, behutsam mit der Natur umzugehen, habe ich schon in den fünfziger Jahren am Ruwenzori erfahren. Es war etwas ganz Neues für mich, vor der Besteigung dieses 5000 Meter hohen, vergletscherten Berges, der am Äquator Afrikas steht, mit genauen Vorschriften konfrontiert zu werden. So war es streng verboten, Holz zu schlagen, und ich wurde gezwungen, zusätzliche Träger anzuheuern, um die Petroleum-Kanister für unser Feuerungsmaterial zu transportieren. Selbstverständlich mußte jegliches Leergut — es war Regierungsbesitz — nach unserer Rückkehr wieder abgeliefert werden. Ich akzeptierte damals diese unbequem erscheinenden Maßnahmen, denn ich sah ihre Notwendigkeit ein. Das Ruwenzori-Gebirge und seine märchenhafte Vegetation ist bis zum heutigen Tag unverändert erhalten geblieben. Auf Romantik am wärmenden Lagerfeuer, wie Herbert Tichy es noch erlebt und in seinen Büchern geschildert hat, müssen wir heute verzichten. Diese Zeiten der Bergeinsamkeit sind endgültig vorbei — und wir selber sind Schuld daran. Aber es gibt auch Einsichtige, und es wird, wie ich hoffe, immer mehr Menschen geben, die jene Fehler der Vergangenheit versuchen wiedergutzumachen. Die nepalische Polizei hat mehr als tausend Säcke Unrat am Mt. Everest gesammelt, und private Initiativen gibt es inzwischen auch. Ein schönes Beispiel ist der Engländer John Barry, der die Eiger-Nordwand und den K 2 bestiegen hat. Er will im Auftrag des englischen Expeditionsclubs »Survival Aid«, zusammen mit dreißig seiner Clubkameraden versuchen, das Basislager des Mt. Everest vom Müll zu befreien. Mit faltbaren Verbrennungsöfen wollen sie diese verdienstvolle Aufgabe meistern. Anfänge, die hoffen lassen. Hoffen auch, daß die strapazierten Begriffe Ethik und Ethos eine Wiedergeburt erleben und ihre alte Bedeutung zurückgewinnen.

Könnte man zur Lösung dieses unendlich wichtigen Problems nicht auch eine Seilschaft bilden? Eine Seilschaft zwischen den Einheimischen, deren Naturschönheiten heute nicht mehr für nur wenige abseits im schwer Erreichbaren liegen, und zwischen den Berge und Natur liebenden Menschen, die inzwischen zu Hunderten zum Mt. Everest pilgern und sogar zu Tausenden als Trekker das Basislager besuchen. Wir brauchen sie als Gastgeber, und sie wollen uns als Gäste. Die Tochter des berühmtesten und erfolgreichsten österreichischen Bergsteigers Kurt Diemberger, eine Ethnologin, bekam auf Befragung der Bewohner eines Himalajatales immer die gleiche Antwort: »Wenige Touristen sind gut, manchmal eine Hilfe. Viele Touristen sind eine Krankheit, an der wir sterben.«

Es müßte sich eine Symbiose finden lassen, eine Seilschaft gegensätzlicher Menschen, die sich zusammenschließen, um zu beider Nutzen, der Einheimischen und der Touristen, ein gemeinsames Ziel zu erreichen. So wie es schon vor Jahrzehnten zwischen den Japanern und den Grindelwalder Bergführern schöner Brauch war. Die Japaner wohnten bei ihren Führern, lebten mit ihnen und lernten — ungewöhnlich für Japaner — sogar deren Dialekt.

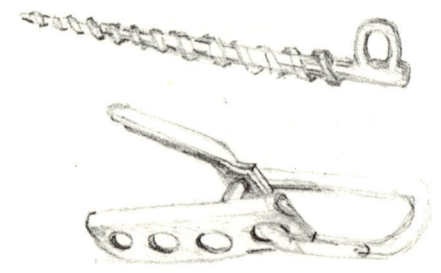

Die Seilschaft

Vieles gäbe es noch vom Eiger zu berichten. So manchen Namen müßte man erwähnen, verbunden mit aufsehenerregenden Rekorden oder Bergsteigererlebnissen, die genauso bedeutungsvoll waren, aber in der Anonymität stattgefunden haben.

Eine lange Zeitspanne vom Beginn dieses Buches bis heute ist vergangen: Jahre, in denen ich mit meinen Gefühlen und Gedanken rund um den Eiger gelebt habe. Meine Beziehung zu dieser außergewöhnlichen Wand wurde immer enger, meine Gedanken fanden kein Ende. Ich wollte mich von diesem faszinierenden Thema nicht trennen...

Meine Frau, die mir bei der vielen Arbeit und Sichtung des Materials geholfen hat, stöhnte oft und meinte: »Du bist unerschöpflich. Irgendwann mußt du zu einem Ende kommen, mußt du dich bescheiden.« Der freundliche, verständnisvolle Verleger drängte, denn der Jahrestag der Erstdurchsteigung rückte immer näher. Fünfzig Jahre ist es nun her, daß wir vier jungen Bergsteiger, fröhlich, unbelastet und voller Tatendrang, in die Nordwand des Berges eingestiegen sind, dessen Geschichte ich versucht habe zu schildern. Der Mensch hat das Recht, sich zu ändern, er muß es meiner Meinung nach, denn Leben heißt sich weiterentwickeln, und so sehe ich heute im Alter vieles anders als vor fünfzig Jahren. Der stufenweise, organische Aufbau des Lebens ist langwierig und erfordert Geduld und Ausdauer. Man braucht Vorbilder, die einem Beispiel und Ansporn sind. Man muß lernen, die Leistungen der anderen zu achten und anzuerkennen, denn wer selbst etwas gelten will, muß auch andere gelten lassen.

So sehe ich auch keine Generationsprobleme; jedenfalls sollte es keine geben. Leider werden sie oft künstlich heraufbeschworen. Wir Älteren sollten uns freuen, daß es weiterhin junge, aufstrebende Bergsteiger gibt, die sich durch Tatendrang und Phantasie aus der Masse hervorheben. Und die Jungen, die heute mehr leisten, sollten anerkennen, daß sie dazu Vorgänger brauchten, die ihnen manchen Weg ebneten. Als Ideal schwebt mir auch beim Bergsteiger — so wie beim Forscher — der Mann mit Kreativität vor, der es fertig bringt — ich nenne es, den »hat trick« —, eine Idee zu haben, sie auszuführen und dann — vielleicht das Schwerste — sie allgemein verständlich zu beschreiben.

Oft werde ich gefragt, warum ich in meinem Urteil über Menschen und Dinge so milde geworden bin. Sicherlich ist das ein Privileg des Alters, daß man gelernt hat, Toleranz zu üben und nicht vorschnell zu urteilen. So mag ich auch nicht mehr all die vielen Formulierungen von Sieg, von Triumph und von der Bezwingung und Eroberung des Berges. Ich glaube, daß die Motivation zum Bergsteigen nicht unbedingt so hochtrabend formuliert werden muß wie »Selbstverwirklichung« oder »an die letzten Grenzen der eigenen Person stoßen« und viele der großen Worte mehr. Rekorde sollen sein und gehören in unsere Zeit, aber muß man sich deshalb »als Werbeträger für Geschäftemacher mißbrauchen lassen«, wie Walter Bonatti es formuliert hat. Noch einmal möchte ich die Worte von Julius Kugy, des Erschließers der Julischen Alpen, wiederholen, wie er den Bergsteiger sehen will: »wahrhaft, vornehm und bescheiden«. Das heißt nicht, daß zum Erfolg nicht auch ein gesundes Selbstbewußtsein gehört, verbunden mit dem Glauben an die eigenen Fähigkeiten. Viktor E. Frankl, der weltberühmte österreichische Professor für Neurologie und Psychiatrie, hat in seiner Festrede anläßlich der 125-Jahr-Feier des Österreichischen Alpenvereins gesagt: »Der Kampfsport kennt Konkurrenten und Rivalen, aber der Alpinist konkurriert und rivalisiert nur mit einem, und das ist er selbst. Er verlangt etwas von sich, eine Leistung womöglich, aber auch eine Verzicht-Leistung, wenn nötig.« Müssen es immer Superlative sein, die wir brauchen? Nichts nützt sich leichter ab als sie und zwangsweise lassen sie sich auch nicht mehr steigern; irgendwann stößt man an der Decke an. Außergewöhnliche Leistungen sind nun einmal außergewöhnlich.

Ich bewundere und verehre das klassische englische »Understatement«, oder einfacher noch: die Freude! Die Liebe zum Berg, zur Natur, die für mich auf all meinen Bergbesteigungen und Expeditionen immer das Selbstverständlichste war, das ich genossen und respektiert habe, aber nie versuchte zu besiegen. So kommt auch der Tag, an dem man erkennt, daß der Weg zum Berg genauso schön in Erinnerung bleibt wie der Gipfel selbst.

Ist es nicht gerade das Unbezwingbare der Natur, das die Menschen immer wieder fasziniert? Es ist die Ungewißheit, die Sehnsucht, Neues zu entdecken, welche einen Alexander von Humboldt, einen Karl von den Steinen oder einen Alfred Wegener in die Welt hinauszog und ein Abenteuer erleben ließ. Niemals kann es ein gebuchtes Abenteuer geben, und die Aufforderung zu Abenteuerreisen ist absurd. Ein Abenteuer kann nicht zeitlich limitiert sein, und eine gebuchte Abenteuerreise zu einem Achttausender, die an einem bestimmten Tag für den Heimflug beendet sein muß, kann es nicht geben.

Ein Berg wie der Eiger, mit einer Wand, die sicherlich das Wort »Charisma« verdient, verleitet in der Berichterstattung leicht zur Übertreibung, denn je gewaltiger ein Objekt, desto größer ist die Gefahr, und man muß sich als Autor immer wieder aufs neue bemühen, sachlich zu berichten. Ich bin längst in einem Alter, wo man das Erlebte — in vielen Tagebüchern festgehalten — analysiert und überdenkt. In der Zeit größter körperlicher Aktivität liegt die Motivation, warum man gerade diesen Berg besteigt oder jene Insel durchquert, tief versteckt, und erst die häufigen Fragen von Unbeteiligten nach dem Warum fordern zum Nachdenken heraus. Nur sollte man sich davor hüten, von Sensationen zu leben. Nichts ist kurzlebiger, und wenn sie vorbei sind, will keiner mehr etwas davon wissen.

Auch dafür ist der Eiger ein Beispiel. Die Ereignisse in der Nordwand gehören für die Bevölkerung von Grindelwald längst zum Alltag. Selbst die Rettungs-Helikopter werden kaum noch wahrgenommen.

Eine Erfahrung gibt es, die ich als ausschließlich positiv bezeichnen möchte, das ist die Seilschaft. Zu ihr habe ich mich mein ganzes Leben lang bekannt, und diese Seilschaft — im weitesten Sinne des Wortes — erscheint mir so wichtig, daß ich ihr dieses Buch gewidmet habe. Bis in mein hohes Alter war und bin ich in der glücklichen Lage, stets einen Seilgefährten gehabt zu haben. Zum ersten Mal wurde ich mir dieses Geschenks bewußt, als wir zu viert die Eiger-Nordwand durchstiegen. Heute leben nur noch zwei der Seilgefährten, Anderl Heckmair und ich. Und Anderl hat unsere Seilschaft, die nun schon fünfzig Jahre dauert, so beschrieben: »Vor fünfzig Jahren lernten wir uns als Konkurrenten kennen, dann wurden wir in der Wand Partner, und heute sind wir Freunde.«

Eine meiner wichtigsten Seilschaften war jene mit Peter Aufschnaiter, die ihre entscheidende Bewährung auf unserer zweijährigen Flucht über den Himalaja nach Lhasa gefunden hat. Keiner von uns hätte ohne den anderen das Ziel erreicht. Sei es, daß wir uns in den eisigen Nächten bei minus vierzig Grad Rücken an Rücken vor dem Erfrieren geschützt haben, sei es, daß uns der feste Vorsatz, uns nie zu trennen, davor bewahrt hat, von Räubern umgebracht zu werden. Damals habe ich erlebt, daß der Mensch dem Menschen Bruder sein kann, einerlei woher er stammt oder wohin ihn seine Ziele führen. Es war der tägliche gemeinsame Kampf mit den übermächtigen Hindernissen, der äußeren und der seelischen Lage, der uns so verband und jene Seilschaft schuf, die bis zu Peters Tod hielt.

Unglücklich endete eine Seilschaft, die ähnliches plante wie Aufschnaiter und ich. Ludwig Schmaderer war ein berühmter Münchener Bergsteiger, der die erste Gesamtüberschreitung des Mt. Blanc-Peutereygrates gemacht hatte. Er war ebenfalls in unserem Gefangenenlager Dehra Dun interniert worden, und da wir beide bergsteigerische Interessen hatten, freundeten wir uns an. Durch gemeinsame

Expeditionen mit H. Paidar verbunden, der auch mit ihm nach der Erstbesteigung des 7365 Meter hohen Tent Peak in Sikkim in Gefangenschaft geraten war, beschloß er, mit seinem Gefährten zu fliehen. Es gelang den beiden 1945, aus dem Lager zu entweichen; auf unseren Spuren folgten sie dem Oberlauf des Ganges und kamen ins Spiti-Tal, von dem aus Aufschnaiter und ich im Jahr zuvor über zwei fast 6000 Meter hohe Pässe endgültig Tibet erreicht hatten. In dieser Gegend deckten sie sich in einem Dorf mit Lebensmitteln ein. Ermutigt durch die Mühelosigkeit, mit der sie einkaufen konnten, beschlossen sie, die Vorräte noch weiter zu ergänzen. Schmaderer ging zurück und Paidar blieb beim Gepäck. Das war der entscheidende Fehler des sonst so umsichtigen Schmaderer: Die Seilschaft hatte sich getrennt! Wenn auch nur, um etwas Proviant zu holen. Schmaderer wurde hinterrücks ermordet — mit Steinen erschlagen. Seine Leiche lag in einem Flußbett. Die Vorkriegsjahre waren die Zeit der großen deutschen Expeditionen unter Paul Bauer zum Nanga Parbat und Kangtschendzönga, deren harmonische Mannschaften sich aus hervorragenden Seilschaften zusammensetzten.

Sicher, auch heute gibt es noch die Seilschaft am Berg, aber die berühmten früherer Jahre sind verdrängt worden vom Alleingänger, dem Individualisten. Bergsteigen ist sicher eine jener wenigen Sportarten, in denen man als Mannschaft und als Einzelperson Leistungen vollbringen kann, doch liegt es in unserer Zeit, daß der einzelne mehr Ruhm und Publicity hat. Er wird gesponsert, verdient Geld und muß dafür Leistungen erbringen. Es ist eine neue Art von Wettstreit. Man sucht nach Neuem, hütet ängstlich seine Pläne, damit ja kein anderer sie erfahre und einem zuvorkomme — eine Entwicklung, die auch ihre Berechtigung haben mag.

Ich möchte hier die Worte des achtzigjährigen Cato zitieren, der sagte: »... es ist immer schwer, sich vor einer Generation zu verantworten, die nicht mit uns gelebt hat!« Darum sei es mir erlaubt, ein wenig traurig zu sein, wenn ich an die Seilschaften früherer Zeiten denke, und daß sie heute so selten geworden sind. Denn es gibt ja die »Überhänge« am Berg und im Leben, und die bewältigt man leichter mit einem Gefährten. Eine Seilschaft darf man nicht unterschätzen, mit dem verbindenden und rettenden Seil kann der Starke dem Schwächeren beistehen, und es muß ein tiefes Gefühl der Dankbarkeit und Erlösung sein, wenn ein in aussichtsloser Lage Verunglückter am Seil des Retters ins Leben zurückgeholt wird.

Ich habe nach Anderl Heckmair und Peter Aufschnaiter noch manche Seilschaft gehabt, an die ich dankbar zurückdenke. Sei es in Neuguinea, wo ich mit meinem Begleiter Stämme besucht habe, die noch nie einen Weißen gesehen hatten und auf deren Verhalten man zu zweit besser reagieren konnte als allein. Oder in späteren Jahren zusammen mit meinem Freund König Leopold von Belgien. Auf all unseren Forschungsreisen bildeten wir eine Interessensgemeinschaft, die sich wunderbar ergänzte. Ich denke da z. B. an unsere Tage bei den Vorsteinzeitmenschen auf den Andamanen oder den Indianerstämmen im Amazonasgebiet. Unsere Seilschaft bildete sich ganz natürlich im Einstehen für das Gemeinsame, über das man nicht viel redet und in der auch das Opfer selbstverständlich ist. Wir waren so ideale Partner, daß wir gemeinsam erleben konnten, was wir stumm in uns trugen.

Heute, da es mir vergönnt ist, zurückzublicken und durch mein vergangenes Leben zu wandern, möchte ich zum Abschluß noch jene Seilschaft erwähnen, die vielleicht die wichtigste ist: die Seilschaft mit dem Lebensgefährten. Wird einem die Gunst zuteil, einen Partner zu finden, der verläßlich ist und wesensverwandt, Gefährte, Freund und Vertrauter in allen Lebenslagen bleibt, so läßt sich ein Überhang, der Auf- und der Abstieg leichter bewältigen. Eine Ehe oder Verbindung, die auf tiefem Vertrauen, auf gegenseitiger Achtung, erworben durch Leistung, und einer unzerstörbaren Sympathie aufgebaut ist, bildet die Grundlage für eine Seilschaft zwischen Mann und Frau, die mit Gefühl viel Gutes in diese Zweisamkeit hineintragen kann, und es entsteht jene schöne Bindung aus Unzerstörbarem, Unverletzlichem zwischen Menschen, die höchste Lebenskunst ist. Heute, wo Mann und Frau auf fast allen Interessensgebieten zusammenarbeiten, weiß man von der Fülle und dem Erfolg solcher Seilschaften. Man könnte diesen Gedanken der Seilschaft noch unendlich ausdehnen, viele ihrer fruchtbaren Möglichkeiten schildern. Aber ich schreibe das Buch vom Eiger und habe das Wort in erster Bedeutung vom Berg entlehnt und danach im weitesten Sinne gebraucht. Darum widme ich dieses Buch *allen* Seilschaften.

Aus der Chronik des Eiger

1173 Erste urkundlich nachgewiesene Namensgebung in einem Schirmbrief Kaiser Barbarossas.

1578 Erwähnung in früher alpiner Literatur, der »Deliveatio Chronographica« von Dr. Thomas Schöpf.

1751 wird der Eiger als »furchtbarer Berg« in der Beschreibung der »Helvetischen Eisberge« von Johann Georg Altmann geschildert.

1760 tritt der Eiger in »Die Eisgebirge des Schweizerlandes« auf.

1858 Erste Besteigung des Eiger am 11. August durch den Iren Charles Barrington mit den Grindelwalder Bergführern Christian Almer und Peter Bohren. Damit auch erste Begehung der Westflanke und des Westgrates. Siehe auch Seite 24.

1861 Zweite Besteigung am 27. Juli durch Dr. Porges aus Wien mit den Bergführern Christian Michel, Hans und Peter Baumann.

1862 Dritte Besteigung am 26. Juli durch die Briten Hardy und Liveing mit den Bergführern Christian Michel, Peter Inäbnit und Peter Michel.

1864 Vierte Besteigung durch die Familie Walker aus Großbritannien mit ihrem Hund Tschingel.

1864 Fünfte Besteigung am 23. August durch Prof. Aeby aus Großbritannien mit den beiden Bernern Ed. von Fellenberg und Gerwer (Pfarrer in Grindelwald).

1864 Die Eiger-Nordwand wird zum ersten Mal in der alpinen Literatur »The Alps in 1864« von A. W. Moore erwähnt.

1865 »Karte des Hochgebirges von Grindelwald«, bearbeitet und gestochen von R. Leuzinger.

1870 Erste Projektierung einer Jungfraubahn von Nationalrat F. Seiler; »die Bahn, die durch den Eiger geht«.

1871 Besteigung am 14. Juli durch W. A. B. Coolidge mit seiner Tante Marguerita Brevoort und den Führern Christian und Ulrich Almer von der Kleinen Scheidegg aus.

1871 Im Spätherbst Besteigung durch Herrn Lindt aus Bern mit den Führern P. Schlegel und P. Kaufmann.

1871 31. Juli: Erste Besteigung des Rotstocks (im Nordwesten des Eiger) durch die Briten F. F. Tuckett, J. H. Fox und E. R. Whitwell mit den Führern Chr. und Ulr. Lauener von der Ostseite.

1874 Erste Begehung des Südwestgrates am 14. Juli durch die Amerikanerin Marguerita Brevoort und ihren Neffen W. A. B. Coolidge mit den Führern Christian und Ulrich Almer; zugleich erste Frauenbesteigung.

1874 6. Juli: Besteigungsversuch vom Eiger-Nordostgrat — Mittellegigrat — durch die Briten F. W. und F. C. Hartley mit den Führern Peter Rubi und Rudoph Kaufmann.

1874 Erster Versuch am Mittelegigrat; 6. Juli durch die Briten F. W. und F. C. Hartley mit den Führern P. Rubi und H. Baumann.

1874 Mitte 1874: Besteigungsversuch vom Eigerjoch aus durch den Briten G. E. Foster mit dem Führer H. Baumann.

328

1876 Erste Eigerbesteigung vom nördlichen Eigerjoch aus (erste Begehung des Südgrates) am 31. Juli durch den Briten G. E. Foster mit den Führern Hans Baumann und Ulrich Rubi.

1878 Erste führerlose Besteigung des Eiger durch Paul Montandon, Müller von Thun, R. Wyss und A. Rubin.

1879 Zweiter Versuch von der Ostseite, von der Mittellegi, durch J. Oakley-Maund und S. Hoare.

1880 Erste Besteigung des Mittellegipasses am 6. Juli durch J. W. und F. C. Hartley mit den Führern P. Rubi und P. Kaufmann.

1881 Am 30. Juli unternimmt der Brite J. Oakley-Maund einen erneuten Versuch mit den Führern H. Baumann, J. Jaun, E. Rey und A. Maurer.

1884 Erste Besteigung über das südliche Eigerjoch und erstmals Überwindung der Felsen zwischen nördlichem und südlichem Eigerjoch durch die Touristen Anderson und Baker mit den Führern Ulrich Almer und A. Pollinger.

1885 Erste Teilbegehung des Mittellegigrates (Eiger-Nordostgrat) durch den Österreicher Moritz von Kuffner mit den Führern Alexander Burgener, Josef M. Biner und einem Kalbermatten (unterer Teil im Aufstieg vom 28. bis 29. Juli, oberer Teil im Abstieg vom 31. bis 1. August).

1890 Erste Winterbesteigung am 7. Januar über die Westflanke durch die Briten M. M. Meade und Woodroff mit den Führern Chr. Jossi und Ulr. Kaufmann.

1896 27. Juli: Baubeginn der Jungfraubahn, »die Bahn, die durch den Eiger geht«.

1896 Erste Besteigung des Kleinen Eiger (Gipfelerhebung — Sekundargipfel —, den der Südwestgrat des Eiger in den Eigergletscher vorschiebt) durch die Briten J. Outram und F. W. Oliver mit den Führern Ulrich und Hans Almer (Vater und Sohn) über die Südflanke.

1901 Erste Begehung des Kleinen Eiger über die Nordflanke im August durch den Briten H. Sommerset Bullock mit einem Gefährten.

1903 Am 28. Juni: Eröffnung der Station Eigerwand der Jungfraubahn (2865 Meter).

Die einzelnen ersten Besteigungen der verschiedenen »Hörnli«:

Pt. 3043: Erste Besteigung im Abstieg, 2. September 1887,
Sir S. King, mit den Führern A. Supersaxo und L. Zurbriggen von SW.

Pt. 3043: Erste Besteigung im Aufstieg, 6. August 1927,
S. Matsukata, S. Uramatsu (beide Japan), mit den Führern E. Steuri und S. Brawand.

Pt. 3003: Erste Besteigung von SW, am 4. September 1903,
G. Hasler und Joh. v. Allmen.
Erste Besteigung von NO, am 6. August 1927,
S. Matsukata, S. Uramatsu, mit den Führern E. Steuri und S. Brawand.

Pt. 2926: Erste Besteigung am 6. September 1903 durch
G. Hasler und Joh. v. Allmen.

Pt. 2866: Erste Besteigung am 11. September 1903 durch
G. Hasler und Joh. v. Allmen.

Pte. zwischen 2866 und 2706: Erste Besteigung am 11. September 1903 durch G. Hasler und Joh. v. Allmen.

Pt. 2706 (anschließend an Pt. 2710): Nördlicher Gipfel:
1. Besteigung am 23. August 1900,
H. J. Heard, E. B. Rodway mit den Führern P. Brawand und P. Almer.
Südlicher Gipfel: Erste Besteigung am 23. August 1900,
H. J. Heard, Mr. und Mrs. G. A. Solly, Miss Maclean, mit den Führern P. und H. Brawand.

1904   Zweite Teilbegehung des Mittellegigrates am 7. Juli durch Gustav Hasler, Chr. Jossi (Vater) und F. Amatter.

1905   25. Juli: Eröffnung der Station Eismeer in 3159 Meter Höhe.

1912   1. August: Einweihung der Station auf dem Jungfraujoch der Jungfraubahn.

1914   14. Juli: erste Begehung über den Westgrat des Rotstocks durch den Briten C. Wilson mit dem Führer H. Rey (3454 Meter).

1921   Erste Begehung des Mittellegigrates im Aufstieg (vollständige Begehung) am 10. September durch den Japaner Yuko Maki mit den Führern Fritz Amatter, Samuel Brawand und Fritz Steuri.

1924   Erste Begehung des Südgrates mit Schiern bis zum nördlichen Eigerjoch am 17./18. Mai durch A. Lunn, W. Richardet, W. Amstutz und F. Amacher.

1924   Erster Versuch der Eiger-Nordostwand durch die beiden Schweizer A. Gassmann und A. Fleuti. Nach einem Biwak am Wandfuß vereitelte Schlechtwetter jeden weiteren Versuch.

1926   Einweihung der Mittellegihütte in 3354 Meter Höhe auf dem Mittellegigrat.

1927   Erste Überschreitung aller Hörnli (vorgelagert vor dem Mittellegigrat) am 6. August durch die beiden Japaner S. Matsukata und S. Uramatsu mit den Führern E. Steuri und S. Brawand.

1932   Begehungsversuch der Nordostwand im Juli durch die Franzosen L. Devies, J. Lagarde und T. de Léiney.

1932   Erste Begehung der Nordostwand am 20. August durch die Schweizer Dr. Hans Lauper und Dr. Alfred Zürcher mit den Führern Alexander Graven und Joseph Knubel über die sogenannte »Lauper-Route« in vierzehn Stunden.
Zweite Begehung: am 23. Juni 1945 durch A. Sutter, A. Graven und A. Taugwalder in einer Begehungszeit von zehn Stunden ab Alpiglen.
Dritte Begehung: am 22. Juli 1945 durch E. Hediger, mit F. und H. Steuri in siebzehn Stunden.
Weitere Begehungen:
1947 durch Jakob Pargätzi.
1949, am 3. Juli, durch E. Reiss, A. Reist und H. Kaufmann (16,5 Stunden).
1949, im August, durch die Österreicher K. Blach, K. Reiss und A. Ratay.
Erste Winterbegehung: 10. bis 12. Februar 1964 durch die Schweizer Hans Peter Trachsel und Gerd Siedhoff.

1934   Im Juli erster Begehungsversuch an der Südostwand durch die Deutschen W. Beck, K. und G. Löwinger.

1934   Im Juli erster Versuch der Eiger-Nordwand durch die Deutschen W. Beck, K. und G. Löwinger, erreichte Höhe 2900 Meter. Nach Sturz Bergung in den Ausschüttungsstollen der Jungfraubahn.

1935   16. Juli: Erste Traverse der drei Gipfel Eiger-Mönch-Jungfrau durch die Schweizer Bergführer Adolf Rubi und Hans Schlunegger von der Mittellegihütte nach Stechelberg.

1935   22. bis 25. August: Versuch der Eiger-Nordwand durch die beiden Deutschen Max Sedelmayr und Karl Mehringer; beide im Todesbiwak in 3300 Meter Höhe erfroren. 1976 findet man die letzte Nachricht in einer alten Zigarettendose. Siehe auch Seite 28ff.

1936   18. bis 22. Juli: Tod der Österreicher Edi Rainer (erfroren), Willi Angerer (in Seilschlaufen stranguliert), und der Deutschen Andreas Hinterstoisser (tödlich abgestürzt) und Toni Kurz (Erschöpfungstod beim Abseilen) beim Rückzug aus 3350 Meter Höhe. Siehe auch Seite 35ff.

1936   Verbot des Regierungsrates des Kantons Bern für die Begehung der Eiger-Nordwand.

1937   Einschränkung des Verbots von 1936 durch neuen Beschluß des Regierungsrates des Kantons Bern vom 6. Juli.

1937   15. Juli: Franz Primas und Bertl Gollackner, Österreicher, steigen in die Lauperroute ein. Schlechtwetter. Primas wird gerettet, Gollackner kann nur tot geborgen werden. Siehe auch Seite 55.

1937   Erste Begehung am 11./12. August der Eiger-Südostwand (Sonnenwand) durch die Deutschen Otto Eidenschink, Ernst Möller, Matthias Rebitsch und Ludwig Vörg.
Zweite Begehung im Sommer 1964 durch die Schweizer A. Schelbert und G. Steiger.
Erste Winterbegehung vom 21. bis 23. Dezember 1972 durch K. Haas, W. Müller, E. Ott und M. Wacker.
Erste Begehung der direkten Route der Südostwand durch die Schweizer K. Moser und W. Müller.

1937   Erkundung der Nordwand am 6. Juli durch die Deutschen Andreas Heckmair und Toni Lösch, erreichte Höhe 2900 Meter. Siehe auch Seite 54.

1937   Mitte Juli Versuch der Eiger-Nordwand durch die Österreicher R. Fraissl und L. Brankowsky, erreichte Höhe 2700 Meter. Siehe auch Seite 54.

1937   Mitte Juli: Versuch der Deutschen Lohner, Wollenweber und Zimmermann, erreichte Höhe 2800 Meter.

1937   21. Juli: Versuch der Schweizer P. Bonnant und L. Boulaz, erreichte Höhe 2700 Meter.

1937   Begehungsversuch am 27. Juli durch Matthias Rebitsch (Österreich) und Ludwig Vörg (Deutschland), Unterbrechung nach dem Leichenfund von Andreas Hinterstoisser; Abstieg aus 2850 Meter Höhe; am 30. Juli neuerlicher Versuch der beiden Bergsteiger, erreichte Höhe 3000 Meter, Einrichtung des Querganges; Schneefall, Abstieg. Siehe auch Seite 61ff.

1937   11. bis 14. August: Matthias Rebitsch und Ludwig Vörg, Rückzug vom Todesbiwak aus ca. 3350 Meter Höhe wegen Wettersturz. Siehe auch Seite 63ff.

1938 21. Juni: Tödlicher Absturz der beiden Italiener Bartolo Sandri und Mario Menti in der Höhe des Schweren Risses in 3200 Meter Höhe. Siehe auch Seite 67.

1938 20./21. bis 24. Juli: Erste Durchsteigung der Eiger-Nordwand durch die beiden Deutschen Andreas Heckmair und Ludwig Vörg und die Österreicher Heinrich Harrer und Fritz Kasparek. Die Route wird von jetzt an als »Heckmair-Route« bezeichnet. Siehe auch Seite 67ff.

1945 23. Juni: Zweite Begehung der Nordostwand durch A. Sutter, A. Graven und A. Taugwalder.

1945 22. Juli: Dritte Begehung der Nordostwand durch E. Hedinger mit den Führern F. und H. Steuri.

1946 16. bis 17. August: In der Nordwand sind Edwin Krähenbühl und Hans Schlunegger (Schweiz). Nach einem Wettersturz in 3500 Meter Höhe wurde ein Biwak eingerichtet. Anschließend Rückzug vom oberen Ende der Rampe.

1947 Begehung der Nordostwand durch Jakob Pargätzi.

1947 14. bis 16. Juli: Zweite Begehung der Nordwand durch Lionel Terray und Louis Lachenal (Frankreich). Siehe auch Seite 119ff.

1947 4. bis 5. August: Dritte Begehung der Nordwand durch Hans Schlunegger, Karl Schlunegger und Gottfried Jermann (Schweiz). Erste Schweizer Seilschaft. Einstieg: 4. August um 2.30 Uhr. Das Brüchige Band wird um 16.00 Uhr erreicht. Gewitter, Biwak. Am 5. August wird bei Gewitter um 16.25 Uhr der Gipfel erreicht. Siehe auch Seite 126ff.

1949 3. Juli: Begehung der Nordostwand durch E. Reiss, A. Reist und den Führer H. Kaufmann.

1949 28. Juli: in der Nordwand sind J. Fuchs und R. Monney (Schweiz). Erreichte Höhe: 2900 Meter, Wettersturz, Rückzug. Siehe auch Seite 128.

1949 Begehung der Nordostwand im August durch die Österreicher K. Blach, K. Reiss und A. Ratay.

1950 9. Juli: M. Hamel und R. Seiler (Schweiz). Erreichte Höhe: 3000 Meter, Wettersturz, Abstieg. Siehe auch Seite 128ff.

1950 14. Juli: M. Hamel und R. Seiler (Schweiz). Erreichte Höhe: 3100 Meter, Wettersturz, Abstieg zum Stollenloch, ein Biwak.

1950 22. Juli: Karl Reiss und Karl Blach (Österreich). Beide kommen bis zum Schweren Riß in 2900 Meter Höhe, wo sich K. Blach bei einem Sturz eine Hand bricht; Rückzug. Siehe auch Seite 129.

1950 26. Juli: Vierte Begehung durch Leo Forstenlechner und Erich Waschak (Österreich). Diese Begehung erfolgte erstmals an einem Tag, in 18 Stunden. Siehe auch Seite 129ff.

1950 25. bis 27. Juli: Fünfte Begehung durch Jean Fuchs, Raymond Monney, Marcel Hamel und Robert Seiler (Schweiz). Oberhalb der Spinne wurde die Viererseilschaft von einem Wettersturz überrascht. Insgesamt drei Biwaks. Am 27. Juli um 20.00 Uhr wurde der Gipfel erreicht. Siehe auch Seite 130ff.

1952 22. bis 23. Juli: Sechste Begehung durch Maurice Coutin und Pierre Julien (Frankreich). Sehr gute Verhältnisse. Einstieg am frühen Morgen. Am Ende der Rampe Biwak. Am 23. Juli 1952 um 16.00 Uhr wurde der Gipfel erreicht. Siehe auch Seite 137.

1952 26. bis 27. Juli: Siebente Begehung durch Karl Winter und Sepp Larch (Österreich). Siehe auch Seite 137ff.

1952	Juli: Zwei Bergsteiger aus Monaco befinden sich in der Nordwand.
1952	26. bis 29. Juli: Achte Begehung. 8a Begehung durch Hermann Buhl und Sepp Jöchler (Österreich). Siehe auch Seite 138ff.
1952	26. bis 29. Juli: 8b Begehung durch Otto Maag und Sepp Maag (Deutschland). Drei Biwaks, ohne Biwakausrüstung. Siehe auch Seite 139ff.
1952	27. bis 29. Juli: 8c Begehung durch Jean Bruneau, Paul Habran, Pierre Leroux, Guido Magnone und Gaston Rébuffat (Frankreich). Siehe auch Seite 140ff. Am 29. Juli klettern die drei Seilschaften getrennt über das Gipfeleisfeld. Siehe auch Seite 156f.
1952	6. bis 8. August: Neunte Begehung durch Karl Lugmayer, Hans Ratay und Erich Vanis (Österreich). Am 8. August am Abend Gipfelerfolg. Drittes Biwak im Abstieg. Bei dieser Begehung wird K. Lugmayer in der Spinne durch Steinschlag getroffen. Siehe auch Seite 158ff.
1952	14. bis 15. August: Zehnte Begehung durch Karl Blach (Österreich) und Jürgen Wellenkamp (Deutschland). Siehe auch Seite 159ff.
1952	15. bis 16. August: Elfte Begehung durch Karl Reiss und Siegfried Jungmeier (Österreich). Siehe auch Seite 162f.
1953	erreichen die beiden Deutschen Paul Körber und Roland Voss das Todesbiwak (3300 Meter). Nach einem Wettersturz stürzen beide Bergsteiger beim Rückzug vom Zweiten Eisfeld tödlich ab. Sie waren vom 26. bis 28. Juli in der Wand. Siehe auch Seite 164.
1953	20. bis 22. August: Zwölfte Begehung durch Uli Wyss (Schweiz) und Karl Heinz Gonda (Deutschland). Am 20. August versuchte diese Seilschaft einen direkten Anstieg zur Spinne, vom Bügeleisen aus. Rückzug, Biwak im Todesbiwak. Am 21. August Wettersturz, in den Ausstiegsrissen zweites Biwak mit Neuschnee und starker Vereisung. Am 22. August um die Mittagszeit stürzen U. Wyss und K. H. Gonda vom Gipfeleisfeld aus ca. 3950 Meter, unterhalb vom Gipfelgrat, tödlich ab. Die Ursache blieb unbekannt. Die Eiger-Nordwand war aber begangen worden, und so gebührt dieser Seilschaft die zwölfte Begehung. Siehe auch Seite 164ff.
1953	25. bis 27. August: 13. Begehung durch Albert Hirschbichler und Erhard Riedl (Deutschland). Siehe auch Seite 165ff.
1955	sind G. Rébuffat, G. Tairraz und M. Baquet (Frankreich) im unteren Wandteil.
1956	Am 8. August stürzen Dieter Söhnel und Walter Moosmüller (beide Deutschland) in der Nordwand links vom Schweren Riß in den Tod. Siehe auch Seite 166f.
1956	8. August: Klaus Buschmann und Lothar Brandler (Deutschland). Erreichte Höhe: 2900 Meter. Aufgabe nach dem tödlichen Absturz von Söhnel und Moosmüller; Rückzug. Siehe auch Seite 166f.
1957	Juli: Günther Nothdurft (Deutschland). Begehungsversuch als Alleingänger.
1957	Am 3. August Einstieg von zwei Seilschaften in die Nordwand; zwei Italiener, Stephano Longhi und Claudio Corti sowie zwei Deutsche, Günther

Nothdurft und Franz Mayer. Nach einem Wettersturz stirbt Longhi in der Wand, seine Leiche wird 1959 geborgen; Corti wird gerettet, das ist die erste geglückte Rettung aus der Wand. 1961 werden die Leichen der beiden Österreicher an der Westflanke geborgen; den beiden wird die 14. Begehung der Eiger-Nordwand zugeschrieben. Siehe auch Seite 168ff.

1957   7. August: Wolfgang Stefan und Götz Mayr (Österreich). Rückzug vom Ersten Eisfeld.

1958   31. Juli bis 1. August: Hias Noichl, Herbert Raditschnig und Lothar Brandler (Deutschland). Diese Dreierseilschaft kehrte nach einer Verletzung von H. Noichl vom Todesbiwak zurück. Siehe auch Seite 198f.

1958   Engelbert Titl, ein Wiener Kletterer, seit Aufstieg über Mittellegigrat vermißt.

1958   5. bis 6. August: 15. Begehung durch Kurt Diemberger und Wolfgang Stefan (Österreich). Siehe auch Seite 199f. (Diemberger bestieg übrigens insgesamt sechs Achttausender.)

1959   10. bis 13. August: 16. Begehung durch Adolf Derungs und Lukas Albrecht (Schweiz). Siehe auch Seite 203f.

1959   13. bis 14. September: 17. Begehung durch Peter Diener und Ernst Forrer (Schweiz).

1961   Erste Winterbegehung vom 6. bis 12. März der Eiger-Nordwand über die »Heckmair-Route« durch die Deutschen Toni Kinshofer, Anderl Mannhardt, Toni Hiebeler und den Österreicher Walter Almberger in 150 Stunden. Siehe auch Seite 205f.

1961   Ende Juli: Jan Mostowski, Stanislaw Biel, Crestan Momatiuk und Jan Dougosz (Polen). Die vier polnischen Alpinisten erreichen den Hinterstoisser-Quergang und treten dann den Rückzug an.

1961   stürzt der Österreicher Adolf Mayr bei seinem Alleinbegehungsversuch aus dem Wasserfallkamin der Rampe tödlich ab. Er war vom 27. bis 28. August in der Nordwand. Siehe auch Seite 207ff.

1961   30. August bis 2. September: 19. Begehung durch Radovan Kuchař und Zedon Zibrin (Tschechoslowakei). Erste tschechoslowakische Seilschaft in der Eiger-Nordwand. Siehe auch Seite 212f.

1961   30. bis 31. August: Ernst Schmied und Alois Strickler (Schweiz). Wegen Erkrankung Schmieds müssen die beiden Alpinisten vom Schwalbennest den Rückzug antreten. Siehe auch Seite 214.

1961   31. August bis 2. September: 20. Begehung durch Leo Schlömmer (Österreich) und Alois Strickler (Schweiz), 20a Begehung. Siehe auch Seite 214f.
Stanislaw Biel und Jan Mostowski (Polen), 20b Begehung. Siehe auch 213f.
Kurt Grüter und Sepp Inwyler (Schweiz), 20c Begehung. Siehe auch Seite 214f.
Den beiden Polen S. Biel und J. Mostowski gelang die erste polnische Begehung.

1961   19. bis 22. September: 21. Begehung durch Georg Huber und Gerhard Mayer (Deutschland), Karl Frehsner und Helmut Wagner (Österreich). Siehe auch Seite 215f.

1961   23. bis 24. September: 22. Begehung durch Hilti von Allmen und Ueli Hürlimann (Schweiz). Siehe auch Seite 216f.

1961   26. bis 29. September: 23. Begehung durch Erich Streng und Robert Troier (Österreich). Siehe auch Seite 217.

| 1962 | 23. bis 25. Juli: 24. Begehung durch Jean Braun, André Meyer, Bernard Meyer und Michel Zuckschwert (Schweiz). Siehe auch Seite 219. |

1962   23. bis 25. Juli: 24. Begehung durch Jean Braun, André Meyer, Bernard Meyer und Michel Zuckschwert (Schweiz). Siehe auch Seite 219.

1962   24. bis 26. Juli: Brian Nally und Barry Brewster (Großbritannien). Am 25. Juli 1962 stürzt B. Brewster vom Zweiten Eisfeld tödlich ab. Sein Seilkamerad B. Nally wird aus der Wand gerettet. Siehe auch Seite 219f.

1962   25. bis 26. Juli: Chris Bonington und Don Whillans (Großbritannien). Beide Bergsteiger bergen Brian Nally aus der Nordwand. Siehe auch Seite 222ff.

1962   28. bis 31. Juli: Frau Loulou Boulaz, Michel Darbellay, Frau Yvette Attinger-Vaucher und Michel Vaucher (Schweiz). Wegen Schlechtwetter mit starkem Nebel und Schneefall erfolgte der Rückzug von der Rampe. Siehe auch Seite 225f.

1962   31. Juli bis 1. August: Adolf Derungs (Schweiz). Dieser Alleinbegehungsversuch endet mit dem tödlichen Absturz von A. Derungs vor dem Hinterstoisser-Quergang. Siehe auch Seite 230.

1962   31. Juli bis 3. August: 25. Begehung durch Helmuth Drachsler und Walter Gstrein (Österreich). Siehe auch Seite 227ff.

1962   Mitte August: José Manuel Anglada, Jori Pons (Spanien) und Heinz Pokorski (Deutschland). Rückzug vom Schwalbennest wegen Schlechtwetter.

1962   13. bis 15. August: 26. Begehung durch Klaus Hoi, Walter Almberger, Hugo Stelzig und Adolf Weissensteiner (Österreich). Siehe auch Seite 231.

1962   11. bis 17. August: 27. Begehung durch Pierlorenzo Acquistapace, Armando Aste, Gildo Airoldi, Romano Perego, Franco Solina und Andrea Mellano Erste italienische Durchsteigung. Siehe auch Seite 231.

1962   19. bis 22. August: 28. Begehung durch Felix Kuen und Dieter Wörndl (Österreich); 28a Begehung. Siehe auch Seite 232.
Konrad Kirch (Deutschland) und John Harlin (USA); 28b Begehung. Siehe auch Seite 232.
Franz Gnos, Joseph Jauch, Franz Jauch und Josef Zurfluh (Schweiz); 28c Begehung. Siehe auch Seite 232.

1962   19. bis 23. August: 29. Begehung. Hans Hauer und Nikolaus Rafanowitsch (Österreich). Siehe auch Seite 232.

1962   27. August: Diether Marchart (Österreich). Bei seinem Alleingangsversuch stürzt D. Marchart beim Übergang vom Ersten zum Zweiten Eisfeld tödlich ab. Siehe auch Seite 233.

1962   29. bis 30. August: 30. Begehung durch Paul Etter und Martin Epp (Schweiz). Siehe auch Seite 232.

1962   30. bis 31. August: 31. Begehung durch Chris Bonington und Ian Clough (Großbritannien). Erste britische Seilschaft. Siehe auch Seite 234f.

1962   30. August: Egon Moderegger (Österreich) und Tom Aston Carruthers (Großbritannien). Beide stürzen vom Zweiten Eisfeld tödlich ab. Siehe auch Seite 234f.

1962   28. bis 31. August: 32. Begehung durch Werner Hausheer und Paul Jenny (Schweiz). Siehe auch Seite 236f.

1962   29. bis 31. August: 33. Begehung durch Robert Bögli und Willy Mottet (Schweiz).

1962   2. bis 3. September: 34. Begehung durch Walter Spitzenstätter und Otto Wiedmann (Österreich).

1962	2. bis 3. September: 35. Begehung durch Kurt Walter (Deutschland) und Otto Wintersteller (Österreich).
1962	2. bis 3. September: 36. Begehung durch Claude Asper, Bernard Voltolini, Christian Dalphin und Roger Habersaat (Schweiz).
1962	3. bis 5. September: 37. Begehung durch Alfred Brunner und Edwin Brunner (Schweiz).
1963	März: Rainer Göschl und Leo Schlömmer (Österreich). Rückzug vom Schwalbennest.
1963	April: Jan Mostowski und Czeslaw Momatiuk (Polen). Die beiden Polen kommen bis zum Ersten Eisfeld. Rückzug. Versuch eines Direktanstieges in der Nordwand.
1963	18. Juli: Albino Michielli, Bruno Menardi und Lorenzo Lorenzi (Italien). Vor der ersten Steilstufe Wettersturz; Rückzug. (Versuch einer Direttissima.)
1963	28. Juli: Walter Bonatti (Italien). Einstieg 2.45 Uhr. Bei seinem Alleinbegehungsversuch erreichte er den unteren Rand des Zweiten Eisfeldes; Biwak. Am 29. Juli Rückzug.
1963	30. bis 31. Juli: 38. Begehung durch Erich Friedli und Arnold Heinen (Schweiz). Einstieg zwei Uhr. Biwak in den Ausstiegsrissen. Am 31. Juli wurde um zwölf Uhr der Gipfel erreicht. Reine Kletterzeit für die Wand 19 Stunden plus Abstieg. Siehe auch Seite 239.
1963	29. bis 31. Juli: 39. Begehung durch Max Friedwanger und Friedl Schicker (Österreich). Drei Biwaks. Diese Seilschaft wurde von den beiden Schweizern (38. Begehung) überholt.
1963	29. bis 31. Juli: 40. Begehung durch Dougal Haston (Großbritannien) und Robert Baillie (Rhodesien).
1963	1. bis 2. August: Ekkert Gundelach und Dieter Zelnhefer (Deutschland). Rückzug vom Todesbiwak.
1963	Erste Alleinbegehung der Eiger-Nordwand über die Heckmair-Route durch den Schweizer Michel Darbellay am 2. und 3. August; 41. Begehung. Am 2. August um zwei Uhr Abmarsch von der Kleinen Scheidegg. Am 3. August um 8.07 Uhr erreichte Darbellay den Gipfel, und um 13 Uhr war er wieder auf der Kleinen Scheidegg. Siehe auch Seite 239f.
1963	3. bis 4. August: 42. Begehung durch Helmut Salger und Horst Wels (Deutschland). Siehe auch Seite 242.
1963	im August: Ignazi Piuzzi und Roberto Sorgato (Italien). Direttissima-Versuch; nach der ersten Steilstufe Wettersturz; Rückzug.
1963	11. bis 12. August: Daihachi Okura und Mitsuhiho Yoshin (Japan). Abstieg vom Schwalbennest.
1963	11. bis 15. August: Alberto Rabada und Ernesto Navarro (Spanien). Am 29. Dezember Bergung der Leichen. Siehe auch Seite 242ff.
1963	27. bis 31. Dezember: Erster Abstieg durch die Eiger-Nordwand durch Paul Etter, Ulli Gantenbein und Sepp Henkel (Schweiz). Dieser Dreierseilschaft gelang anläßlich der Totenbergung der beiden Spanier A. Rabada und E. Navarro der erste Abstieg durch die Eiger-Nordwand. Siehe auch Seite 247.
1964	12. bis 15. Januar: W. Bittner, R. Kauschke, P. Siegert und G. Uhner (Deutschland). Der tiefverschneite Wandvorbau ließ diese Seilschaft nicht bis zum

336

Ersten Eisfeld durchkommen. Wettersturz. Rückzug in die Station Eigerwand. (Direttissima-Versuch). Siehe auch Seite 248f.

1964 Erste Winterbegehung der Eiger-Nordostwand vom 10. bis 12. Februar
durch die Schweizer Hans Peter Trachsel und Gerd Siedhoff.

1964 22. Februar: M. Bonafede, N. Menegus, I. Piuss, R. Sorgato (Italien) und
John Harlin (USA). Direttissima-Versuch; die fünf Alpinisten kamen bis zur
ersten großen Wandstufe. Wettersturz, Rückzug ins Stollenloch.

1964 im Juni: Tsuneaki Watabe und Hattori Yoshino (Japan). Im ersten Wanddrittel wurde H. Yoshino von einem Stein an der rechten Hand verletzt und
die beiden Japaner stiegen ab.

1964 25. bis 27. Juli: 43. Begehung durch Michl Anderl und Gebhard Plangger
(Deutschland).

1964 26. bis 27. Juli: 44. Begehung durch Hans Peter Trachsel und Hans Grossen
(Schweiz).

1964 Zweite Südostwand-Begehung im Sommer durch die Schweizer A. Schelbert
und G. Steiner.

1964 26. bis 29. Juli: 45. Begehung durch Karlheinz Werner, Ernst Mahner, Pit
Schubert und Rüdiger Steuer (Deutschland).

1964 30. Juli bis 1. August: 46. Begehung durch Franz Häppl und Herbert Kettner
(Deutschland).

1964 30. Juli bis 2. August: 47. Begehung durch Kurt Güngerich und Rolf Güngerich (Schweiz).

1964 4. bis 7. August: 48. Begehung durch José Anglada und Jordi Pons (Spanien).
Erste spanische Begehung der Nordwand.

1964 4. bis 7. August: 49. Begehung durch Gert Uhner und Wulf Schefeler (Deutschland).

1964 5. bis 7. August: 50. Begehung durch Georg Ostler und Dietmar Bachstein
(Deutschland).

1964 1. bis 4. September: 51. Begehung durch Daisy Voog und Werner Bittner
(Deutschland). Erste Frauenbegehung der Eiger-Nordwand. Siehe auch Seite
248f.

1964 3. bis 5. September: 52. Begehung durch Stefan Rausch und Franz Grundner
(Deutschland).

1964 9. bis 13. September: 53. Begehung durch eine Zweierseilschaft, bestehend
aus einem Franzosen und einem Algerier (Namen unbekannt).

1965 19. bis 22. August: 54. Begehung durch Mitsumasa Takada und Tsuneaki
Watabe (Japan). Am 19. August Einstieg am Nachmittag. Am 24. August wird
T. Watabe am Wandvorbau zerschmettert aufgefunden. Siehe auch Seite 255.

1966 Daisy Voog begeht als erste Frau auch die Nordostwand über die Lauper-
Route.

1966 23. bis 25. März: John-Harlin-Direttissima, auch John-Harlin-Climb (Eiger-
Nordwand-Route), benannt nach dem Amerikaner John Harlin, Leiter der
amerikanisch-britischen Erstbegehungsmannschaft, stürzte am 21. März
durch Seilriß aus der Spinne tödlich ab.
Erste Begehung: vom 23. Februar bis 25. März 1966. Am 25. März 1966 erreichte der Brite Dougal Haston und die Deutschen Jörg Lehne, Günther

Strobel, Roland Votteler und Siegfried Hupfauer den Eiger-Gipfel. Diese Begehung war auch gleichzeitig die erste Winterbegehung dieser Route.
Die Begehungsmannschaften:
John Harlin und Layton Kor (USA).
Chris Bonington, Dougal Haston und Don Whillans (Großbritannien).
Karl Golikow, Peter Haag, Siegfried Hupfauer, Jörg Lehne, Rolf Rosenzopf, Günter Schnaidt, Günther Strobel und Roland Votteler (Deutschland). Siehe auch Seite 250ff.
Weitere Begehungen der »John-Harlin-Route«:
Zweite Begehung: 24. Dezember bis 21. März 1970 (2. Winterbegehung der John-Harlin-Direttissima), durch die Japaner Jiro Endo (Leiter), Nobuyiki Ogawa, Takao Hoshino, Yukio Shimamura, Ryoichi Fukata, Masaru Sanba und Yukio Takaku.
Dritte Begehung: 3. bis 9. August 1976 (1. Sommerbegehung der John-Harlin-Direttissima) durch die Tschechen Petr Bednarik, Parel Cicoarek, Pavel Sevcik und Jindrich Sochov.
Vierte Begehung: 13. bis 17. Oktober 1977 durch Sorenson Tobin (USA) und Alexander Mac Intyre (Großbritannien). Im Abstieg war diese Seilschaft sehr fahrlässig. Ohne Seilsicherung traten sie vom Eigergipfel bis zum Eigerjoch den Abstieg an.
Fünfte Begehung: 24. Februar bis 11. März 1978, durch die Franzosen J. C. Marmier, M. Rabet, D. Begnier, A. Rey, M. Grohens, P. Royer, P. Martinez und B. Muller.

1967   Anfang März: Roland Travellini (Frankreich) wollte die »John-Harlin-Route« im Alleingang bezwingen. Er stieg zwar in die Nordwand ein, blieb aber seitdem verschollen.

1967   Am 21. Juni steigen die vier Ostdeutschen Fritz Eske, Günter Kalkbrenner, Kurt Richter und Günter Warmuth in die Nordwand ein. Zwei Seillängen vom Hinterstoisser-Quergang entfernt stürzen die vier Bergsteiger, vermutlich wegen einem ausgebrochenen Griff oder Tritt und keinerlei Sicherung, tödlich ab. Siehe auch Seite 254.

1967   4. bis 7. Juli: 55. Begehung durch Otto Cudrich, Toni Schramm und Franz Hawelka (Österreich).

1967   8. bis 9. August: 56. Begehung durch Ignaz Gansberger und Helmut Fiedler (Österreich).

1967   befinden sich die beiden Österreicher Hans Herzel und Kurt Reichardt am 12. August in der Nordwand. Nach einem überstandenen Wettersturz erreichen sie am 15. August den Eigergipfel. (57. Begehung der Nordwand). Beim Abstieg über die Westflanke glitten beide auf vereistem Fels aus und stürzten in den Tod. Siehe auch Seite 254.

1967   22. bis 25. August: 58. Begehung durch Hans Saler und Manfred Rogge (Deutschland).

1967   22. bis 26. August: 59. Begehung durch Ernst Neeracher und Paul Nigg (Schweiz).

1967   26. bis 28. August: 60. Begehung durch Helmut Lenes und Hermann Göllner (Österreich).

1967   26. bis 28. August: 61. Begehung durch Karl Winkler und Michael Schneider (Deutschland).

1967	26. August bis 1. September: 62. Begehung durch Jack Sangnier und Frau Christine de Colombelle (Frankreich).
	Anmerkung: Ab 1968 führe ich keine numerierten Begehungszahlen mehr an, da mit der Zeit die Eiger-Nordwand-Begehungen nicht mehr überblickbar sind.
1968	Eiger-Nordpfeiler (»Polenroute«), Variante zur Nordpfeiler-»Messner-Hiebeler-Maschke-Route«; 28. bis 31. Juli erste Begehung durch die Polen Krzystof Cielecki, Tadeusz Laukajtys, Adam Zysak und Ryszard Szafirski.
1968	Erste Begehung der Eiger-Nordpfeiler-Route vom 30. Juli bis 1. August durch die Südtiroler Reinhold und Günther Messner mit den Deutschen Toni Hiebeler und Fritz Maschke.
1968	4. bis 8. August: Nordwand durch Harry Rost (Deutschland) und Oldrich Gult (Tschechoslowakei).
1969	Erste Begehung der Nordwand auf der Japaner-Route, »Japaner-Direttissima« im rechten westlichen Wandteil der Eiger-Nordwand (Sommer-Direttissima) vom 15. Juli bis 15. August durch die Japaner Takio Kato, Yasuo Kato, Susumu Kubo, Hirofumi Amano, Satoru Nigishi und Frl. Dr. med. Michiko Imai (zugleich erste Frau). Siehe auch Seite 256.
1969	20. bis 21. Juli: Yves Morin und Vincent Renard (Frankreich).
1969	22 Juli: Albrecht Bösch und Andreas Scherer (Schweiz).
1969	20. bis 22. Juli: Wolfgang Börg und Wolfgang Ries (Deutschland).
1969	22. bis 23. Juli: Isamu Tatuno und Sanji Nakatani (Japan).
1969	21. bis 23. Juli: Manfred Schreck und Peter Heil (Deutschland).
1969	21. bis 23. Juli: Michael Dacher und Franz Martin (Deutschland).
1969	22. bis 24. Juli: Janez Resnik und Dusan Kukovez (Jugoslawien). Erste jugoslawische Seilschaft in der Eiger-Nordwand.
1969	25. bis 27. Juli: Tadashi Tomiyasu und Daihachi Okura (Japan).
1969	28. Juli: Toni Rosifka und Robert Kittl (Österreich).
1969	27. bis 29. Juli: Lothar Mauch und Thierry Cardon (Frankreich).
1969	28. bis 30. Juli: Paul Vogler und Peter Vogler (Deutschland).
1969	27. Juli bis 1. August: Cesar Perez und Carlos Romero (Spanien).
1969	31. Juli bis 2. August: Peter Loos und Willi Hermann (Deutschland).
1969	1. bis 3. August: Isao Yagi und Masahumi Konishi (Japan).
1969	2. bis 3. August: Gerhard Egloff und Fredi Deutsch (Schweiz).
1969	Am 3. August erhält die Nordwand erneut von einem Alleinbegeher Besuch. Diesmal ist es der Österreicher Martin Weiss. Beim Queren einer etwa 35 Grad steilen Schrofenstufe im Wandvorbau, über die er seilfrei aufgestiegen war, rutschte M. Weiss aus und stürzte hundert Meter tief in den sicheren Tod.
1969	5. bis 7. August: Iwor Ganahl und Heinz Bächli (Schweiz).
1969	4. bis 7. August: Kenji Kimura und Masao Tomoda (Japan).
1969	7. bis 8. August: Daniel Corminboeu, Theo Marti und Hans Peter Ryf (Schweiz).
1969	6. bis 8. August: Daniel Grimm, Hansruedi Jost, Alfred Hennet, Michel Vallat, Jean René Affolter und Raymond Monnerat (Schweiz).
1969	7. bis 9. August: Hans Zebrowski und Rudi Bollier (Schweiz).

1969	8. bis 9. August: Armand Sarrasin und René Mayor (Schweiz).

1969   8. bis 9. August: Armand Sarrasin und René Mayor (Schweiz).

1969   8. bis 9. August: Franci Gselman, Milan Meden, Ivan Sturm und Beno Reis (Jugoslawien).

1969   9. bis 10. August: Walter Fuchs und Walter Lüthy (Schweiz). Reine Kletterzeit: 21 Stunden.

1969   9. bis 10. August: Masaru Okabe, Masatoshi Techima und Toru Nakano (Japan).

1969   9. bis 10. August: Gübi Luck und Toni Lampert (Schweiz).

1969   8. bis 10. August: Murray Jones und Graeme Dingle (Neuseeland).

1969   8. bis 11. August: Fujikato und Mutsui (Japan).

1969   9. bis 10. August: Gerd Siedhoff und Peter Jungen (Schweiz).

1969   9. bis 10. August: Hans Müller und Peter Allenbach (Schweiz).

1969   9. bis 10. August: Walter Keusen und Hans Rufibach (Schweiz).

1969   11. bis 12. August: Georg Wurm und Erwin Murg (Österreich).

1970   24. Dezember 1969 bis 21. März 1970: Zweite Winterbegehung der John-Harlin-Direttissima, durch die Japaner Jiro Endo (Leiter), Nobuyiki Ogawa, Takao Hoshino, Yukio Shimamura, Ryoichi Fukata, Masaru Sanba und Yukio Takaku.

1970   19. bis 27. Januar: 2. Winterbegehung der Heckmair-Route durch Masaru Morita, Masaru Okabe, Yuji Hattori und Tetsuo Komiyama (Japan).

1970   Zweite Begehung, zugleich erste Winterbegehung der Japaner-Route vom 20. bis 25. Januar durch die Schweizer Hans Peter Trachsel, Peter Jungen, Otto von Allmen, Hans Müller, Max Dörflinger und Werner Asam.

1970   25. Januar: Erste Winterrettung. Fünf japanische Bergsteiger wollten die zweite Winterbegehung der Nordwand machen. Der 24jährige Kenji Kimura stürzt in den Ausstiegsrissen ins Seil und bricht sich den Unterschenkel. Er wird durch die beiden Bergführer Oskar Gertsch und Rudolf Kaufmann vom Gipfel aus mittels Drahtseilwinde gerettet. Siehe auch Seite 259.

1970   Am 9. März erste Skiabfahrt durch den Schweizer Sylvain Soudain über die Westflanke. Siehe auch Seite 289f.

1970   Am 13. Juli sieht man die beiden Italiener Angelo Ursella und Sergio de Infanti auf der Heckmair-Route in der Eiger-Nordwand. In der Spinne werden sie am 15. Juli von einem Wettersturz überrascht. Am 16. Juli erreichen sie die Ausstiegsrisse, wo A. Ursella wegen Hakenausbruch ca. dreißig Meter abstürzt und sich beim Sturz stranguliert. Sein Seilkamerad S. de Infanti wird aus dem Stand gerissen. Kurze Zeit später wird er gerettet. Siehe auch Seite 260f.

1970   Dritte Begehung der Japaner-Direttissima vom 28. bis 30. Juli durch die Schweizer Zweierseilschaft Hans Müller (seine zweite Begehung dieser Route) und Hans Berger.

1970   Am Eiger-Nordpfeiler erste Begehung der »Schottenroute« vom 28. bis 31. Juli durch die Schotten I. MacEacheran, A. MacKeith und K. Spence.

1970   Im September: Leo Dickinson, Eric Jones, Cliff Phillips (Großbritannien) und ein weiterer Brite. Siehe auch Seite 301ff.

1970   26. bis 28. September: Ernst von Allmen, Fritz Gertsch und Martin von Känel (Schweiz).

1971   Anfang Juli: Martin Burrows-Smith und Dave Barton (Großbritannien).

| 1971 | 5. bis 7. Juli: Chris Radcliffe und Pete Scott (Großbritannien). |

1971   5. bis 7. Juli: Chris Radcliffe und Pete Scott (Großbritannien).

1971   5. bis 7. Juli: Zwei Franzosen.

1971   13. bis 15. Juli: Wolfgang Retschitzegger und Alfred Imitzer (Österreich).

1971   14. bis 15. Juli: Peter Scholz und Jürgen Vogt (Deutschland).

1971   Ende Juli: Braithwate, Holden und Leppart (Großbritannien).

1971   Im August: Allen Fyffe, Kenney Spence, Dave Knowles und Ian Nicholson (Großbritannien).

1971   17. bis 18. August: Joos Flütsch und Jöri Bardill (Schweiz).

1971   29. bis 31. August: R. von Malderen und V. de Waele (Belgien).

1971   Ende August: Martin Biock und Peter Siegert (Deutschland). Kein Erfolg; Wettersturz, Rückzug aus der Roten Fluh.

1971   5. bis 7. September: J. Soldan und W. Sirl (Tschechoslowakei).

1971   5. bis 8. September: I. Novak und K. Prochazka (Tschechoslowakei).

1971   6. bis 10. September: J. Pechous und F. Pulpan (Tschechoslowakei).

1971   befinden sich die beiden Deutschen Martin Biock und Peter Siegert in der Nordwand. Am 9. September steigen die beiden Alpinisten ein und erreichen den Schwierigen Riß, wo sie ein Biwak einrichten. Am 11. September erreichen sie das Todesbiwak auf dem Bügeleisen in ca. 3350 Meter Höhe. Hier werden die beiden Deutschen von einem starken Gewitter mit Schneefall überrascht. Aufgrund dieser schlechten Witterung steigen M. Biock und P. Siegert zum Zweiten Eisfeld ab. Am 12. September werden sie vom Zweiten Eisfeld mit dem Helikopter (Seilwinde) gerettet. Diese Rettung war die erste Direktrettung (Helikopterrettung) aus der Luft in der Eiger-Nordwand durch die Schweizer Rettungsflugwacht (SRFW), mit dem Piloten Günther Amann und dem Bergführer Rudolf Kaufmann aus Grindelwald.

1972   wurden die Tschechen Jiri Smid und Frau Sylvia Kysilkova wegen schlechter Witterung, Nahrungsknappheit und ruinierter Kleidung aus der Nordwand (Eisschlauch) mit dem Helikopter gerettet.

1972   Im Juli: Dave Morris und John Yates (Großbritannien).

1972   10. bis 11. August: W. Prax und R. Franzl (Österreich).

1972   Am 1. August stürzen die Japaner F. Masahiro und M. Miyagawa drei Stunden nach ihrem Einstieg in der Höhe des Schweren Risses tödlich ab.

1972   Erste Winterbegehung der Südostwand vom 21. bis 23. Dezember durch K. Haas, W. Müller, E. Ott und M. Wacker.

1973   7. bis 12. Januar: Dritte Winterbegehung der Heckmair-Route durch Hans von Känel und Hansjürg Müller (Schweiz).

1973   Am 15. August steigen die beiden Japaner Teruo Kato und Buntaro Yamazaki in die Nordwand ein. B. Yamazaki stürzt in den Ausstiegsrissen ca. fünfzehn Meter ins Seil und bricht sich das rechte Bein. Beide Alpinisten werden mit der Seilwinde auf den Eigergipfel gerettet und anschließend mit dem Helikopter ins Spital Interlaken geflogen (18. August).

1973   15. bis 17. August: Xaver Aumeier und Sepp Huber (Deutschland).

1973   17. bis 19. August: Georg Bachler und Horst Schneider (Österreich).

1973   Begehungsversuch der Japaner-Route von 16. bis 22. August durch die Jugoslawen Ivo Kotnik und Franc Verko. Die beiden Alpinisten stoßen im oberen Wandteil, nach einem Verhauer auf die John-Harlin-Direttissima.

1973	18. bis 21. August: Heinz Zembsch und Bruno Wimmer (Deutschland).
1973	18. bis 21. August: P. Scetinin (Jugoslawien) und Georg Haider (Deutschland).
1973	18. bis 21. August: eine deutsche Dreierseilschaft.
1973	19. bis 21. August: P. Hofer und J. Nyffenegger (Schweiz).
1973	22. bis 23. August: Richard Steiger und Markus Gaudenzi (Schweiz).
1973	6. bis 8. September: F. Boeye, M. Massenat und P. Riga (Belgien).
1973	Drei Wochen nach der Japaner-Rettung befinden sich die beiden Schweizer Paul Marti und Ulrich Kämpfer in der Nordwand. Nach einem Wettersturz werden sie am 11. September mit dem Helikopter vom Bügeleisen gerettet. Vom 9. bis 11. September waren die beiden Schweizer in der Wand.
1974	befand sich ein amerikanisches Filmteam in der Eiger-Nordwand, das nahe an der Westgratschulter in der Nordwand Aufnahmen für den Film »The Eiger Sanction« durchführte. Der Amerikaner Dave Knowles fungierte als Mittelmann einer Dreierseilschaft. Von einem ausgebrochenen Felsbrocken wurde er am Kopf getroffen und war auf der Stelle tot.
1974	wird der Pole Ladyslav Wozniak am 15. August mit einem gebrochenen Bein mit dem Helikopter der Schweizer Rettungsflugwacht direkt vom Zweiten Eisfeld gerettet.
1974	13. bis 15. August: F. Kröll, W. Lackner, O. Pucher und O. Zöttl (Österreich) waren nach zehn Stunden am Gipfel des Eiger.
1974	15. August: Reinhold Messner (Italien) und Peter Habeler (Österreich).
1974	18. bis 20. August: japanische Zweierseilschaft.
1974	19. bis 20. August: N. Schwarz und L. Breitenberger (Italien).
1974	19. bis 22. August: F. Deutschmann, G. Hasenhüttl und M. Andrlik (Österreich).
1974	Erste Begehung der direkten Route der Südostwand durch die Schweizer K. Moser und W. Müller am 24. August.
1974	stirbt im August Fritz von Almen, Besitzer des Hotels Bellevue auf der Kleinen Scheidegg und Beobachter der Eiger-Nordwand.
1975	3. bis 8. März: Vierte Winterbegehung der Heckmair-Route durch J. Tasker und D. Renshaw (Großbritannien).
1975	28. bis 30. Juli: B. Dearman und P. Burke (Großbritannien).
1975	3. bis 4. August: B. Friedrich (Deutschland) und R. Kajanne (Finnland). Zur gleichen Zeit befinden sich eine spanische und eine britische Zweierseilschaft in der Wand. Kein Begehungserfolg.
1975	5. bis 6. August: Ph. Albrecht und J. Trenkle (Deutschland).
1975	5. bis 7. August: G. Ruckert und S. Kimmel (Deutschland).
1975	6. bis 8. August: K. Suzuki und H. Umeno (Japan).
1975	Im August befinden sich die beiden Schweizer Michel Vaucher und Jean Juge in der Eiger-Nordwand. J. Juge ist mit seinen 67 Jahren der bisher älteste Eiger-Nordwand-Begeher, der die Heckmair-Route beging. Vom 9. bis zum 11. August waren beide in der Wand. Am 13. August wird J. Juge wegen Erschöpfung, nach überstandenem Wettersturz mit Biwak, von der Eiger-Westflanke mit dem Helikopter gerettet.
1975	9. bis 11. August: M. Darbellay und L. Frote (Schweiz).
1975	9. bis 11. August: T. Gross (Tschechoslowakei) und Natacha Gall (Schweiz).

1975	9. bis 11. August: Yvette Vaucher und Stephane Schaffter (Schweiz).
1975	9. bis 11. August: H. Engl und H. Kirchberger (Deutschland).
1975	9. bis 11. August: K. Pfeiffer und R. Friedhuber (Österreich).
1976	19. Februar bis 5. März: Vierte Begehung der Japaner-Route durch die Tschechen Peter Gribek, Leo Herua, Jan Martinek, Milan Moticka, Martin Novak und Ladislav Starcala. Diese Begehung erfolgte im Expeditionsstil. Martin Novak wird nach dem Gipfelerfolg beim Abstieg wegen starker Erfrierungen mit nachfolgendem Absturz in der Westflanke mit dem Helikopter gerettet.
1976	Am 21. Juni findet man die letzte Nachricht von der deutschen Seilschaft Sedelmayr-Mehringer (1935).
1976	3. bis 9. August: Dritte Begehung der John-Harlin-Route durch die Tschechen Petr Bednarik, Parel Cicoarek, Pavel Sevcik und Jindrich Sochov. (Erste Sommerbegehung der John-Harlin-Direttissima.)
1976	Tschechen-Direttissima (Tschechenroute I), diese verläuft in der Nordwand westlich der Japaner-Direttissima; erste Begehung vom 4. bis 29. August durch die Tschechen Jiri Smid, Frau Sylvia Kysilkowa, Petr Plachecky und Josef Rybicka.
1977	steigen die beiden deutschen Bergführer Holger und Uwe Schelhas am 28. Februar in die Nordwand ein. Nach einem Wettersturz und starkem Schneefall werden beide vom Bügeleisen am 2. März mit dem Helikopter gerettet.
1977	6. bis 23. März: L. Palenicek, J. Pechous, K. Prochazka und F. Pulpan (Tschechoslowakei). Versuch einer Neuroute zwischen der John-Harlin-Route und der Heckmair-Route. Am 22. März Rückzug aus der Wand wegen Wettersturz.
1977	Am 3. Juli steigen die beiden Österreicher Wolfgang Merhar und Martin Wechselberger in die Nordwand ein. Am 4. Juli hat es viel Schnee und starker Steinschlag macht ihnen das Leben am Götterquergang schwer. Am 7. Juli werden beide Bergsteiger vom Rampeneisfeld mit dem Helikopter gerettet.
1977	3. bis 4. August: Erste Begehung des Ostegg-Südostpfeilers durch die beiden Schweizer Bergführer Edi Bohren und H. Stähli.
1977	Im September erster Deltaflug vom Eigergipfel durch den Schweizer Jürg Frey nach einem Aufstieg über die Westflanke.
1977	13. bis 17. Oktober: Vierte Begehung der John-Harlin-Route durch Sorenson Tobin (USA) und Alexander MacIntyre (Großbritannien).
1977	befinden sich die beiden Spanier Miguel A. Perez und Jesus Dominquez Fernandez am 8. November auf der Heckmair-Route in der Eiger-Nordwand. Am 18. November wird M. A. Perez und J. D. Fernandez mit schweren Erfrierungen in direkter Helikopterrettung aus der Rampe geholt und ins Spital von Interlaken geflogen. Siehe auch Seite 266ff.
1977	12. bis 19. November: Spanische Zweierseilschaft. Gipfel erreicht.
1978	17. bis 21. Januar: Zweite Begehung der Nordpfeiler-Schotten-Route und zugleich erste Winterbegehung durch die Tschechen Jiri Benes und Jan Krch.
1978	»Tschechenroute II", erste Begehung 16. Januar bis 27. Februar durch die Tschechen Jiri Smid, Miroslav Smid, Josef Rybicka und Jaroslav Flejberk. Jiri Smid lebt jetzt als Dachdecker in der Schweiz. Im Winter hält er sich oft

auf der Kleinen Scheidegg im Hotel Bellevue auf — und schöpft aus Dankbarkeit den Schneeberg vom Dach.

1978 24. Februar bis 11. März: Fünfte Begehung der John-Harlin-Route durch die Franzosen J. C. Marmier, M. Rabet, D. Begnier, A. Rey, M. Grohens, P. Royer, P. Martinez und B. Muller.

1978 3. bis 9. März: Erste Alleinbegehung der Eiger-Nordwand im Winter über die Heckmair-Route durch den Japaner Tsuneo Hasegawa.

1978 Vom 7. bis 12. März begeht der Franzose Ivan Ghiradini die Nordwand im Alleingang.

1978 Im März befinden sich die Tschechen J. Pechous, J. Slegl, D. Smejkal, H. Scopec und V. Jarolim sowie Dr. P. Jirko in der Nordwand. Einstieg: 7. März. Dr. P. Jirko fährt nach den ersten Tagen mit einer Lungenentzündung wieder nach Hause. Am 24. April sieht man Notsignale am oberen Rand des Zweiten Eisfeldes. D. Smejkal wird mit schweren Erfrierungen mit dem Helikopter aus der Wand geholt. Am 29. April stürzen die beiden Alpinisten J. Pechous und J. Slegl oberhalb der Fliege (rechts oberhalb der Spinne) tödlich ab. Am 3. Mai erreichen V. Jarolim und H. Scopec nach anstrengendem Abstieg die Kleine Scheidegg.

1978 11. bis 16. März: M. Wechselberger (Österreich) und W. Studer (Deutschland).

1978 29. bis 31. August: A. v. Bergen und E. Rufibach (Schweiz).

1978 17. bis 18. September: Edi Bohren und Fritz Imboden (Schweiz); die erste Grindelwalder Seilschaft.

1978 20. bis 22. September: L. Andoubert und F. Labaye (Frankreich).

1978 21. bis 22. September: H. Stähli und M. Grossen (Schweiz).

1978 12. bis 15. Oktober: J. C. Marmier und P. Royer (Frankreich).

1978 13. bis 15. Oktober: J. Vaudelle, P. Martinez, B. Muller und M. Grohens (Frankreich).

1978 14. bis 16. Oktober: A. Estere und H. Giot (Großbritannien).

1978 Vierzig-Jahr-Feier in Grindelwald anläßlich der Erstdurchsteigung vor vierzig Jahren; anwesend u. a. Heinrich Harrer, Andreas Heckmair und Michel Darbellay, der die Eiger-Nordwand 1963 erstmals im Alleingang beging.

1979 Im Februar befindet sich eine britische Mannschaft von sechs Personen in der Eiger-Nordwand. Neun Tage verbrachten die Alpinisten in der Wand. Danach werden sie wegen schlechter Wetterverhältnisse (große Kälte und Erschöpfungszustände) von der Spinne mit dem Helikopter evakuiert.

1979 12.—19. April: S. Haston und T. Saunders (Großbritannien).

1979 14.—20. April: S. McCartney und C. Hoyland (Großbritannien).

1979 14.—15. August: Eine Schweizer Zweierseilschaft in der Wand. Zwei Biwaks. Gipfel erreicht.

1979 Am Westgratpfeiler, auch Genfer Pfeiler oder »Tor des Chaos« genannt, erste Begehung vom 13. bis 15. August durch die Schweizer Michel Piola und Gérard Hopfgartner.

1980 15. bis 18. Februar: Zehnte Winterbegehung und fünfte Frauenbegehung der Heckmair-Route durch W. Loacker, W. Amann, B. Kammerlander, D. Galehr und Claudia Heissenberger (Deutschland). Wilfried Amann war mit seinen siebzehn Jahren der bisher jüngste Eiger-Nordwand-Begeher.

344

1980	21. Februar: Strzelski Bogdan und Jerzy Zajac (Polen) befanden sich fünf Tage auf dem Nordpfeiler. Werden mit Erfrierungen durch Helikopter gerettet.
1980	Eric Jones begeht die Eiger-Nordwand als erster Brite im Alleingang über die Heckmair-Route und wird von Leo Dickinson gefilmt. Siehe auch Seite 302f.
1980	26. bis 28. September: F. Emmenegger und U. Kempfen (Schweiz).
1980	30. September bis 1. Oktober: P. Marti und A. Rey (Schweiz).
1980	4. bis 5. Oktober: S. Henkel und T. Keil (Schweiz).
1980	28. bis 29. Oktober: J. Afanassieff und M. Afanassieff (Frankreich).
1980	drehte der Deutsche Gerhard Baur einen Film in der Eiger-Nordwand unter dem Titel »Der Weg ist das Ziel« (Eiger-Nordwand-Tragödie von 1936).
1981	Erste Winterbegehung des Westgratpfeilers vom 12. bis 16. Februar durch die Schweizer Bergführer Kaspar Ochsner und Norbert Joos; zweite Winterbegehung am 26. Februar durch die Schweizer Bergführer Peter Hiltbrand und Ueli Bühler.
1981	Vom 12. bis 13. Juli beging der Italiener Dante Porta im Alleingang die Eiger-Nordostwand in der Fallinie des Großen Turmes.
1981	Mitte August stürzte der Japaner S. Ueda beim Alleinbegehungsversuch tödlich ab.
1981	25. August: Die Südtiroler H. Kammerlander und W. Beikircher (Italien).
1981	25. August: Ueli Bühler (Schweiz) im Alleingang. Er begeht die Heckmair-Route in einer Zeit von knapp 8,5 Stunden. Siehe auch Seite 292.
1981	Eiger-Nordwand-Nordverschneidung: Erste Begehung dieser im westlichen Wandteil riesigen Verschneidung vom 26. bis 27. August durch die Schweizer Christel Howald, Hans Howald und Marcel Ruedi.
1981	28. bis 29. August: Begehung der Heckmair-Route durch Christel Howald, H. Howald und M. Ruedi (Schweiz).
1981	30. bis 31. August: F. Bence und S. Frantar (Tschechoslowakei).
1981	7. September: Charles Bryan, Thomas Johnes (Großbritannien), Hans Berger und Beda Fuster (Schweiz) werden nach Wettersturz mit Helikopter aus dem Bügeleisen gerettet.
1982	Ende März/Anfang April: Zwei Amerikaner in der Wand.
1982	5. April: Zwei britische Alpinisten in der Wand.
1982	Helikopterrettung von fünf Spaniern vom Bügeleisen.
1982	Im Juli: Drei Franzosen steigen in die Nordwand ein. Am 20. Juli wird ein Franzose in den Ausstiegsrissen durch Steinschlag an einem Arm getroffen und verletzt. Seine beiden Kameraden feuern um ca. 21.30 Uhr ein Notsignal ab. Am 21. Juli wird der Verletzte aus der Wand mit dem Helikopter gerettet. Die beiden anderen Franzosen erreichen den Gipfel.
1982	Im August: Eine Dreierseilschaft, Nordwand-Begehung.
1982	Im August: Eine Viererseilschaft, erfolgreiche Begehung.
1982	13. August: Erste Begehung einer Neuroute im westlichen Wandteil, rechts neben dem Genfer Pfeiler, durch die Schweizer K. Ochsner und U. Brunner.
1983	»Hiebeler-Messner-Maschke-Route« am Nordpfeiler, erste Winterbegehung am 1. Januar durch Kaspar Ochsner, Norbert Joos; als zweite Seilschaft: Martin Grossen, Bernhard Misteli. (Norbert Joos bestieg sechs Achttausender.)

1983	Vom 20. März bis 2. April eröffnete der Tscheche Pavel Pochyly die absolute Eiger-Direttissima im Alleingang. »Pochyly-Route«, Einstieg links vom ersten Pfeiler, gerade über das Erste und Zweite Eisfeld in direkter Linie zur Fliege, weiter direkt zum Eiger-Gipfel.
1983	19. Mai: Erste Skiabfahrt über die Eiger-Nordostwand durch die Italiener T. Valeruz und B. Pederiva. Siehe auch Seite 290.
1983	Eiger-Westpfeiler-Route: Im rechten Nordwandteil, rechts der Roten Fluh, über einen 300 Meter hohen Felsvorsprung und endet im Westgrat. Erste Begehung vom 3. bis 12. Juli durch die Schweizer P. Maillefer und P. A. Steiner. Zweite Begehung am 28. Juli durch M. Ballerini und M. Pedrini.
1983	Am 23. Juli durchstiegen Th. Bubendorfer und P. Rohrmoser (Österreich) die Heckmair-Route in 10 Stunden.
1983	Die schnellste Begehung der Eiger-Nordwand: Am 27. Juli in vier Stunden und fünfzig Minuten durch den Österreicher Thomas Bubendorfer über die Heckmair-Route. Siehe auch Seite 293.
1983	Am 31. Juli wieder eine Schnellbegehung durch den Italiener Reinhard Patscheider in fünf Stunden über die Heckmair-Route. Siehe auch Seite 293.
1983	»Ghilini-Piola-Route«, Eröffnung dieser Route im westlichen Nordwandteil, vom 25. bis 30. Juli durch die Schweizer M. Piola und R. Ghilini.
1983	Am 31. Juli kletterte der Franzose Jean-Marc Boivin über die Heckmair-Route bis zum Bügeleisen; von hier weiter auf der John-Harlin-Führe bis zum Gipfel in 7,5 Stunden. Erste Alleinbegehung und erste Begehung dieser Route.
1983	Am 31. Juli steigen die deutschen Alpinisten Thomas Burger und Holger Wendel in die Wand. Am 1. August Wettersturz, am 8. August Helikopterrettung vom Zerschrundenen Pfeiler. Siehe auch Seite 305f.
1984	In diesem Jahr waren verschiedene Seilschaften in der Nordwand tätig. Deutsche, Franzosen, Engländer und Schotten. Die schlechten Wetterverhältnisse zwangen zur Umkehr.
1984	Am 21. Juli war der Pole Slavc Svetlicic bei schlechtesten Wetterverhältnissen auf der Heckmair-Route unterwegs. Obwohl der ganze Fels mit einer dünnen Eisschicht bedeckt war, benötigte er nur acht Stunden.
1984	Am 30. Juli Helikopterrettung zweier Tschechen aus 2900 Meter Höhe bei schlechten Wetterverhältnissen.
1985	Das absolute Eiger-Nordwand-Jahr. Die Anzahl der Begehungen war nicht abzuschätzen; schönes, trockenes Wetter mit optimalen Felsbedingungen. Trotz der guten Verhältnisse gab es Unfälle.
1985	Am 1. März gelang dem Franzosen Christophe Profit die dritte Winteralleinbegehung der Nordwand über die Heckmair-Route in etwas über zehn Stunden. Siehe auch Seite 299f.
1985	Vom 10. bis 27. März eröffneten die drei Exiltschechen Jiri Smid, Michal Pitelka und Cestmir Lukes eine neue Nordwand-Route, die sogenannte Toni-Hiebeler-Gedächtnisführe. Der erste Teil der Route beginnt in der Fallinie des Ersten Eisfeldes, der zweite Teil der Route verläuft zwischen Japaner-Route und Tschechen-Pfeiler hinauf zum Westgrat.
1985	Am 25. Juli machte der Franzose Christophe Profit die Matterhorn-Nordwand, die Eiger-Nordwand und die Grandes-Jorasses-Nordwand an einem Tag. Für die Eiger-Nordwand benötigte er neun Stunden.

1985	Am 5. August Helikopterrettung der Franzosen Laurent Terray und Remy Martin vom Todesbiwak.
1985	Am 22. August Helikopterrettungen von einer Frau (Belgien), einem Luxemburger und zwei Deutschen vom Bügeleisen.
1986	Am 7. März beging der Jugoslawe Tomo Cesen die Nordwand im Alleingang über die Heckmair-Route in zwölf Stunden. Am 9. März folgte dann die Grandes-Jorasses-Nordwand und am 12. März die Matterhorn-Nordwand in zwölf Stunden.
1986	Ende März: Helikopterrettung zweier österreichischer Alpinisten wegen Wettersturz.
1986	5. August: Paul Stachowitz und Rudolf Stadelwiesel (Österreich), werden wegen Erkrankung mit dem Helikopter aus dem Todesbiwak geholt.
1986	Im Sommer wird die Mittellegihütte renoviert. Schlüsseldepot im Bergführerbüro von Grindelwald.
1986	Im Oktober 1986 durchstieg Reinhard Patscheider nochmals im Alleingang, in 5 ¹/₂ Stunden, die Nordwand des Eiger, anschließend den Nordostgrat des Mönch. Nach zehn Stunden war er am Jungfraujoch.
1986	Am 11. Dezember Einstieg zweier Koreaner in die Nordwand. Wettersturz in den Ausstiegsrissen. Beide sterben in der Wand im Schneesturm. Siehe auch Seite 309f.
1987	Zahlreiche Begehungen. Im Februar Helikopterrettung des Spaniers Guillermo Mateo Yeste beim Hinterstoisser-Quergang, Sturz beim Alleinbegehungsversuch auf der Heckmair-Route.
1987	Am 22. April Befahrung der Westflanke mit Schnee-Surfbrett durch den Franzosen Bruno Gouvy in 28 Minuten. Siehe auch Seite 290f.
1987	Am 31. August stürzen die deutschen Alpinisten Andreas Müller und Ulrich Unseld vom Zweiten Eisfeld tödlich ab.
1987	September: Die letzte erfolgreiche Seilschaft und gleichzeitig zweite Durchsteigung der Nordwand durch die einheimischen Bergführer Adolf Schlunegger, Erich Sommer, Hansruedi Rösti und Hansruedi Gertsch in einem Tag.
1987	Montage neuer Sicherungsseile am Mittellegigrat durch Grindelwalder Bergführer.
1987	Im November stirbt der berühmte Künstler und bekannteste Maler der Grindelwalder Berge Alex Walter Diggelmann.
1988	Am 10. März traversieren vier bekannte polnische Bergsteiger im tiefen Neuschnee zum Einstieg, um im Winter die John-Harlin-Direttissima zu machen. Ein Schneebrett reißt sie in die Tiefe. Drei von ihnen werden von Lawinenhunden lebend gefunden. Slawomir Maczinski wird tot geborgen.
1988	Fünfzig-Jahr-Feier in Grindelwald anläßlich der Erstdurchsteigung der Eiger-Nordwand 1938.

Register

Aasheim, Stin 283
Acquistapace,
 Pierlorenzo 231, 335
Aeby, Prof. 328
Afanassieff, J. 345
Afanassieff, M. 345
Affolter, Jean René 339
Airoldi, Gildo 231, 335
Akihito 15
Albert von Belgien,
 König 17
Albrecht, Lukas 203, 204,
 230, 334
Albrecht, Ph. 342
Allenbach, Peter 340
Allmen, Albert von 35, 36,
 37, 42, 43, 46
Allmen, Ernst von 340
Allmen, Hilti von 216, 217,
 218, 222, 224, 232, 334
Allmen, Johann von 329, 330
Allmen, Otto von 257, 340
Almberger, Walter 205, 218,
 227, 228, 231, 334, 335
Almen, Adolf von 295
Almen, Albert von 216
Almen, Fritz von 121, 180,
 207, 208, 209, 210, 212, 216,
 222, 240, 241, 243, 254, 260,
 261, 287, 290, 301, 312, 342
Almen, Heidi von 208, 224,
 240, 243, 287, 299
Almen, Kaspar von 121, 216
Almer, Christian 16, 24, 25,
 328
Almer, Hans 329
Almer, P. 330
Almer, Ulrich 328, 329
Alpiglen 11, 28, 30, 32, 48,
 49, 50, 55, 57, 61, 62, 63, 65,
 67, 69, 71, 101, 127, 128, 129,
 134, 137, 149, 158, 159, 162,
 166, 189, 218, 219, 234, 303,
 304, 311, 312, 320
Altmann, Johann Georg 328
Amacher, F. 330
Amann, Günther 258, 264,
 265, 271, 306, 341
Amann, Wilfried 296, 344
Amano, Hirofumi 256, 339
Amatter, Fritz 14, 26, 330
Ambros, David 316
Amstutz, W. 330
Anderl, Michl 337
Andersen, Hans
 Christian 14
Anderson 329
Andoubert, L. 344

Andrlik, M. 342
Angerer, Willy 35, 37, 38, 39,
 40, 41, 42, 44, 45, 47, 75, 316,
 331
Anglada, José-Manuel 242,
 247, 335, 337
Applegate, Paul 303
Asam, Werner 257, 340
Asper, Claude 237, 297, 336
Aste, Armando 231, 335
Attinger, Yvette 225, 226,
 335
Aufschnaiter, Peter 119, 206,
 325, 326
Aumeier, Xaver 341
Ausstiegsrisse 22, 87, 127,
 134, 135, 156, 158, 162, 164,
 181, 186, 188, 208, 210, 213,
 215, 217, 229, 236, 237, 239,
 241, 249, 255, 259, 278, 282,
 285, 309, 312, 314, 333, 336,
 340, 341, 345, 347

Bachler, Georg 299, 341
Bächli, Heinz 339
Bachstein, Dietmar 248, 337
Baillie, Robert 239, 252, 336
Baker 329
Ballerini, M. 346
Balmat, Jacques 51
Balmer, Frau und Herr 190
Baquet, M. 333
Barbarossa, Kaiser 328
Bardill, Jöri 341
Barker, William 283
Bärnthaler, Hans 311
Barrington, Charles 24, 25,
 314, 328
Barry, John 321
Barton, Dave 340
Bauer, Gerhard 305
Bauer, Paul 326
Baumann, Hans 328, 329
Baumann, Peter 328
Baur, Gerhard 345
Beck, W. 331
Bednarik, Petr 336, 343
Begnier, D. 338, 344
Beikircher, Werner 314, 345
Belak, Stane 284
Belart, Frau Dr. 110
Bence, F. 345
Benes, Jiri 343
Bergen, A. von 344
Berger, Eugène 284
Berger, Hans 258, 283, 284,
 340, 345

Berner Alpen 15
Berner Oberland 11, 12, 17,
 21, 62, 67, 112, 120, 126, 257,
 300
Bernet, Hans-Rudolf 247
Biel, Stanislaw 213, 334
Biner, Josef M. 329
Biock, Martin 264, 310, 341
Bittner, Werner 248, 249,
 251, 336, 337
Biwakhöhle (-loch) 69, 70,
 71, 122, 130, 137, 139, 166,
 227, 357
Blach, Karl 129, 159, 160,
 161, 162, 163, 330, 332, 333
Boeye, F. 342
Bögli, Robert 335
Bohag 271, 279, 288
Bohren, Eduard (Edi) 271,
 272, 279 u. r., 309, 314, 343,
 344
Bohren, Familie 313
Bohren, Fitz 8
Bohren, Führerobmann 43,
 45
Bohren, Peter 16, 24, 25, 328
Boivin, Jean-Marc 346
Bollier, Rudi 339
Bonafede, Marcello 337
Bonington, Chris 8, 222,
 223, 224, 234, 235, 236, 251,
 252, 253, 335, 338
Bonatti, Walter 239, 240,
 290, 320, 324, 336
Bonnant, P. 331
Börg, Wolfgang 339
Bösch, Albrecht 339
Boulaz, Loulou 225, 226,
 238, 331, 335
Bradac, Thoma 284
Braithwate 341
Brand, Ldj. 247
Brandler, Lothar 166, 167,
 198, 199, 200, 204, 333, 334
Brankowsky, Leo 54, 62, 68,
 69, 70, 72, 73, 78, 112, 331
Braun, Jean 219, 335
Brawand, Chr. 262
Brawand, H. 330
Brawand, P. 330
Brawand, Samuel 8, 14, 15,
 16, 19, 26, 48, 49, 50, 329,
 330
Breitenberger, L. 342
Breuer, Thomas M. 8, 256,
 287
Brevoort, Marguerita 328
Brewster, Barry 219, 220,

221, 222, 223, 224, 238, 316, 335
Brüchiger Riß 213, 229, 236, 314
Brüchiges Band 94, 126, 158, 159, 161, 183, 213, 214, 219, 226, 229, 239, 332, 358
Bruneau, Jean 137, 143, 145, 150, 153, 156, 333
Brunner, Alfred 237, 336
Brunner, Edwin 237, 336
Brunner, U. 345
Brunnhuber, Sepp 68
Bryan, Charles 283, 345
Bubendorfer, Thomas 273, 293, 346
»Bügeleisen« 30, 32, 33, 40, 63, 76, 132, 164, 179, 198, 209, 210, 212, 214, 220, 226, 229, 231, 235, 244, 245, 247, 249, 282, 283, 284, 285, 302, 306, 333, 341, 342, 343, 345, 346, 347, 357
Buhl, Eugenie 137, 138
Buhl, Hermann 135, 137, 138, 139, 140, 141, 142, 143, 144, 145, 146, 147, 148, 149, 150, 151, 152, 153, 154, 155, 156, 157, 161, 177, 200, 201, 216, 217, 237, 315, 333
Bühler, Christian, Dr. 265
Bühler, F. Dr. 271
Bühler, Fritz 244, 247
Bühler, Ueli 292, 314, 345
Bullock, H. Sommerset 329
Burgener, Alexander 329
Burger, Thomas 284, 305, 306, 307, 346
Burke, P. 342
Burkhard, M. 271
Buri, E. 8
Burrows-Smith, Martin 340
Buschmann, Klaus 166, 167, 333

Cadiach-Puig, Oscar 284
Cardon, Thierry 339
Carrel 51
Carruthers, Tom Aston 219, 234, 235, 238, 316, 335
Cartesi, Bruno 275
Cartnes → Mac Cartnes 283
Casola, Jouan 284
Cassin, Riccardo 121, 168, 177, 187, 188, 190, 194
Cempela, Zbynek 282
Cermag, Dr. 305, 306
Cesen, Tomo 347
Chichibu, Prinz und Prinzessin 15
Chicken, Lutz 119, 206

Churchill, Winston Spencer 13
Cicoarek, Pavel 338, 343
Cielecki, Krzystof 339
Clough, Ian 234, 237, 335
Colombelle, Christine de 286, 339
Comici 121
Coolidge, W.A.B. 328
Corminboeu, Daniel 339
Cornelissen, Frank 285
Corti, Claudio 168, 177, 178, 179, 180, 182, 183, 184, 185, 186, 187, 188, 193, 194, 195, 196, 197, 198, 210, 239, 333, 334
Cortibiwak 210, 260
Coutin, Maurice 137, 332
Cudrich, Otto 338
Cuthbertson, David 283

Dacher, Michael 339
Dalphin, Christian 336
Darbellay, Alfons 243
Darbellay, Michael 226, 227, 228, 239, 240, 241, 242, 243, 245, 299, 335, 336, 342, 344
Dearman, B. 342
Derungs, Adolf 203, 204, 230, 231, 238, 316, 334, 335
Detassis, Bruno 50, 52, 53, 54, 56
Deutsch, Fredi 339
Deutschmann, F. 342
Devies, L. 330
Dickinson, Leo 8, 174, 175, 176, 301, 302, 303, 304, 340, 345
Diemberger, Kurt 198, 199, 200, 201, 202, 315, 322, 334
Diener, Peter 334
Diggelmann, Alex Walter 4, 8, 9, 12, 19, 347
Dimai, Angelo 17
Dingle, Graeme 340
Direttissima 170, 177, 205, 247, 248, 249, 250, 251, 252, 256, 257, 266, 275, 276, 297, 303, 313, 318, 336, 337, 339, 343, 346
Dörflinger, Max 257, 340
Dougosz, Jan 334
Drachsler, Helmuth 227, 228, 229, 248, 335
Dülfer, Hans 39, 294, 295

Eberle, Bernd 284
Egger, Gottfried 11
Egloff, Gerhard 339
Eidenschink, Otto 55, 62, 65, 331

Eigergletscher, Station 11, 43, 81, 257
Eigerjoch 25, 289, 305, 328, 329, 330, 338
Eigerwand, Station 30, 31, 36, 38, 129, 165, 177, 248, 251, 283, 304, 329, 337
Eiselin, Max 200
Eisfeld, Erstes 30, 31, 38, 39, 40, 41, 62, 63, 64, 65, 75, 129, 131, 132, 140, 141, 209, 228, 233, 241, 248, 251, 283, 306, 313, 334, 335, 336, 337, 346, 357
Eisfeld, Zweites 31, 40, 63, 64, 75, 76, 77, 80, 122, 129, 131, 132, 140, 141, 142, 164, 177, 179, 180, 181, 209, 212, 213, 214, 215, 220, 223, 224, 226, 228, 231, 233, 235, 237, 238, 240, 244, 245, 249, 255, 264, 265, 273, 282, 283, 284, 286, 297, 303, 306, 310, 313, 333, 335, 336, 341, 342, 344, 346, 347, 357
Eisfeld, Drittes 30, 64, 79, 131, 132, 137, 138, 142, 149, 158, 162, 174, 199, 208, 209, 210, 211, 212, 226, 229, 235, 239, 255, 264, 303, 313, 357
Eismeer, Station 295, 330
Eisschlauch 75, 76, 140, 209, 224, 228, 235, 241, 244, 283, 310, 341, 357
Elizabeth II., Königin 252
Emmenegger, F. 345
Endo, Jiro 256, 338, 340
Engl, H. 343
Epp, Martin 232, 335
Erster Pfeiler 38, 140, 302, 346, 357
Eske, Fritz 316, 338
Estere, A. 344
Etter, Paul 232, 246, 247, 248, 335, 336

Fanck, Arnold, Dr. 33
Faulberghöhle 24
Fearon, Ch. D. 8
Fearon, Robert B., Revd. 8
Fellenberg, Ed. von 328
Fernandez, Jesus Dominguez 266, 270, 279 u. r., 280, 282, 343
Fiedler, Helmut 338
First 11
Flejberk, Jaroslav 343
Fleuti, A. 330
Fliege 283, 344, 346
Flütsch, Joos 341
Formay, Guy 243
Forrer, Ernst 334

Forstenlechner, Leo 130,
131, 132, 133, 134, 135, 138,
190, 216, 292, 332
Foster, G. E. 328, 329
Fox, J. H. 13, 328
Fraißl, Rudi 54, 62, 68, 69,
70, 72, 73, 78, 112, 115, 331
Franco 122
Frankl, Viktor E. 324
Frantar, S. 345
Franzl, R. 341
Frehsner, Karl 215, 334
Frei, Ueli 271, 272, 279, 280
Frendo 122
Frey, Jürg 343
Friedhuber, R. 343
Friedli, Erich jun. 239, 336
Friedli, Erich sen. 190, 191,
192, 194, 195, 239
Friedrich, B. 342
Friedrich Wilhelm III.,
König 13
Friedwanger, Max 239, 336
Frote, L. 342
Fuchs, Jean 128, 130, 133,
332
Fuchs, Walter 340
Fujikato 340
Fukata, Ryoichi 256, 338,
340
Fuster, Beda 283, 284, 345
Fyffe, Allen 341

Galehr, D. 344
Gall, Natacha 342
Gama, Mechaniker 309
Ganahl, Iwor 339
Gansberger, Ignaz 338
Gantenbein, Ueli 246, 247,
336
Gasser, Peter 285
Gassmann, A. 330
Gaudenzi, Markus 342
Geer, Edmund 204
Geiger, Hermann 190, 244,
247, 251, 319
Genfer Pfeiler (Westgrat-
pfeiler) 170, 297, 344, 345
Georges, André 300
Gertsch, Fritz 245, 340
Gertsch, Hansruedi 347
Gertsch, Oskar 259, 263,
279, 340
Gerwer 328
Geyer, Peter 4, 311
Ghilini-Piola-Route 346
Ghilini, R. 275, 276, 346
Ghiradini, Ivan 314, 344
Giltay, Jaap 196
Giot, H. 344
Gipfeleisfeld 30, 79, 112,

113, 127, 134, 156, 165, 198,
237, 241, 249, 333
Glatthard, Arnold 44, 47,
217
Glowacz, Stefan 294
Gnos, Franz 232, 335
Godoffe, Jacky 294
Goethe, Johann Wolfgang
von 14, 321
Golikow, Karl 253, 338
Gollackner, Albert
(Bertl) 55, 56, 57, 58, 59,
61, 331
Göllner, Hermann 338
Gonda, Karl Heinz 164, 165,
198, 316, 333
Gorter, Wolfgang 204, 218
Göschl, Rainer 336
Götterquergang 95, 102,
123, 133, 149, 159, 161, 163,
174, 183, 208, 210, 213, 226,
229, 231, 232, 236, 239, 255,
266, 285, 302, 343, 358
Gouvy, Bruno 290, 347
Graf, Lgj. 262
Gramminger, Ludwig
(Grammingersack) 8, 33,
190, 191, 192, 194, 195, 272
Grandes Jorasses 26, 121,
130, 137, 146, 168, 201, 253,
291, 293, 299, 314, 346
Graven, Alexander 26, 52,
330, 332
Gribek, Peter 343
Grill-Kederbacher,
Johann 53
Grimm, Daniel 339
Grindelwald 7, 8, 11, 12, 13,
14, 15, 16, 17, 18, 19, 24, 25,
26, 29, 30, 33, 36, 43, 48, 54,
55, 63, 67, 68, 95, 97, 110,
166, 169, 181, 189, 190, 196,
198, 199, 234, 238, 239, 243,
244, 245, 246, 247, 249, 259,
260, 261, 262, 263, 264, 267,
270, 271, 272, 278, 279, 281,
290, 292, 295, 298, 305, 307,
308, 309, 310, 313, 314, 322,
325, 328, 341, 344, 347
Grohens, M. 338, 344
Gross, T. 342
Große Scheidegg 101
Grossen, Hans 337
Grossen, Martin 297, 314,
344, 345
Grundner, Franz 337
Grüter, Kurt 214, 215, 334
Gselman, Franci 340
Gstrein, Walter 227, 228,
229, 248, 335
Guignard, O. 271, 272, 281
Gult, Oldrich 339

Gundelach, Ekkert 336
Güngerich, Kurt 337
Güngerich, Rolf 337
Gurtler, Othmar 8
Gurtner, Othmar 38, 128

Haag, Peter 253, 338
Haas, K. 331, 341
Habeler, Peter 292, 342
Habersaat, Roger 336
Habran, Paul 137, 144, 145,
153, 156, 333
Haider, Georg 342
Hamel, Marcel 128, 129,
130, 332
Häppl, Franz 337
Hardy 328
Harlin, John (siehe auch John-
Harlin-Route) 231, 232, 249,
250, 251, 252, 256, 303, 304,
313, 316, 335, 337, 338
Harrer, Heinrich 67ff., 172,
332, 344
Hartley, F. C. 328, 329
Hartley, F. W. 328, 329
Hasegawa, Tsuneo 314, 344
Hasenhüttl, G. 342
Hasler, Gustav 328, 329, 330
Haston, Dougal 239, 251,
252, 253, 313, 336, 337
Haston, S. 344
Hattori, Yuji 340
Hauer, Hans 232, 335
Hausheer, Werner 236, 335
Hawelka, Franz 338
Heard, H. J. 330
Heckmair, Andreas
(Anderl) 8, 50, 54, 55, 70,
71, 72, 78, 79, 80, 85, 87, 88,
89, 91, 92, 93, 94, 95, 98, 99,
100, 101, 102, 104, 106, 107,
108, 109, 111, 112, 113, 114,
115, 118, 125, 172, 304, 312,
325, 326, 331, 332, 344
Heckmair-Route 118, 292,
313, 314, 332, 334, 336, 340,
341, 342, 343, 344, 345, 346
Hediger, E. 330, 332
Heidegger, Philosoph 11
Heil, Peter 339
Heinen, Arnold 239, 336
Heissenberger, Claudia 296,
344
Heizmann, Stanec 284
Helikopter 255, 258, 259,
261, 262, 264, 265, 269, 270,
271, 272, 273, 282, 285, 286,
287, 289, 290, 292, 296, 299,
300, 305, 306, 309, 311, 325,
341, 342, 343, 344, 345, 346,
347
Hellepart, Alfred 186, 188,

191, 196
Henkel, Josef (Sepp) 246, 247, 336, 345
Henn, Hans 310
Hennet, Alfred 339
Herbst, Albert 37
Hermann, Willi 339
Herron, Rand 319
Herua, Leo 343
Herzel, Hans 254, 316, 338
Herzog, Maurice 122, 124
Hesse, Hermann 14
Heudfonds, François 283
Hiebeler-Messner-Maschke-Route 339, 345
Hiebeler, Toni 8, 204, 205, 243, 244, 254, 287, 298, 334, 339
Hill, Lynn 294
Hillary, Sir Edmund 250, 293
Hiltbrand, Peter 345
Hinterstoisser, Andreas (Anderl) 35, 39, 40, 41, 42, 44, 46, 47, 61, 67, 74, 75, 165, 178, 180, 295, 316, 331
Hinterstoisser-Quergang 4, 40, 41, 42, 62, 65, 74, 75, 83, 126, 128, 130, 131, 140, 166, 179, 180, 204, 205, 208, 216, 218, 224, 228, 230, 240, 254, 267, 285, 304, 305, 306, 310, 334, 335, 338, 347, 357, 358
Hirni, Dr. 8, 11
Hirni, Pilot 310
Hirohito, Kaiser 15
Hirschbichler, Albert 165, 166, 198, 333
Hoare, S. 329
Hodler, Herdinand 12, 13, 169
Hofer, P. 342
Hoheneis 69
Hoi, Klaus 231, 335
Holden 341
Hollmann, Wildor Prof. 304
Holzer, Heini 290
Hoover, Mike 282
Hopfgartner, Gérard 297, 344
Hörnli 12, 329, 330
Hoshino, Takao 256, 338, 340
Howald, Christel 298, 345
Howald, Hans 298, 345
Hoyland, C. 344
Hradecky, Josef 284
Huber, Bernd 160
Huber, Georg 215, 216, 219, 334
Huber, Sepp 341

Humboldt, Alexander von 324
Hupfauer, Siegfried 253, 313, 338
Hürlimann, Ueli 216, 217, 334
Huston, Teven 283

Ichaz 122
Imai, Michiko, Dr. 256, 286, 339
Imboden, Fritz 314, 344
Imitzer, Alfred 341
Inäbnit, Fritz und Sohn 247
Inäbnit, Peter 54, 328
De Infanti, Sergio 260, 261, 262, 279, 340
Innerkofler, Michel 107, 114
Interlaken 17, 50, 178, 179, 199, 245, 246, 259, 260, 263, 270, 271, 272, 305, 306, 341, 343
Ineyler, Sepp 214, 215, 334
Iranyi, Dr. med. 262

Jakob, Gfr. 247
Jann, Fritz 247
Japaner-Route (-Direttissima) 170, 256, 258, 286, 339, 340, 341, 343, 346
Jarolim, V. 344
Jauch, Franz 232, 335
Jauch, Josef 232, 335
Jaun, Fritz 196, 197, 261
Jaun, J. 329
Jenny, Paul 236, 335
Jermann, Gottfried 126, 127, 332
Jirko, P., Dr. 344
Jöchler, Hans 137, 138
Jöchler, Sepp 137, 138, 139, 140, 141, 142, 143, 144, 145, 146, 147, 148, 151, 152, 153, 154, 155, 156, 216, 217, 333
John-Harlin-Route (-Direttissima, -Climb, -Führe) 170, 252, 254, 256, 283, 284, 313, 337, 338, 340, 341, 343, 344, 346, 347
Johnes, Thomas 283, 345
Jones, Eric 174, 175, 302, 303, 340, 345
Jones, Murray 340
Joos, Norbert 297, 345
Jossi, Dr. 329, 330
Jost, Hansruedi 339
Juge, Jean 296, 342
Julien, Pierre 137, 332
Jungen, Peter 257, 258, 340
Jungfrau 11, 14, 24, 81, 101, 278, 295, 331
Jungfraubahn 11, 15, 25, 30,

35, 43, 129, 165, 166, 199, 205, 248, 257, 328, 329, 330, 331
Jungfraujoch 11, 81, 285, 291, 295, 309, 330, 347
Jungmaier, Siegfried 162, 163, 333

Kajanne, R. 342
Kalkbrenner, Günter 316, 338
Kammerlander, B. 344
Kammerlander, Hans 292, 314, 345
Kämpfer, Ulrich 282, 342
Känel, Gottfried von 257
Känel, Hans von 341
Känel, Martin von 340
Kasparek, Fritz 67, 68, 69, 70, 71, 72, 73, 74, 75, 76, 77, 78, 79, 80, 83, 86, 88, 91, 92, 93, 94, 95, 96, 97, 98, 99, 100, 101, 102, 103, 104, 105, 106, 107, 108, 109, 111, 113, 115, 117, 129, 130, 131, 133, 315, 332
Kato, Takio 256, 339
Kato, Teruo 282, 341
Kato, Yasuo 256, 319, 339
Kaufmann, Hans 11, 330, 332
Kaufmann, Peter 54, 328, 329
Kaufmann, (Hans-) Rudolf 8, 259, 261, 264, 265, 271, 272, 279, 309, 310, 328, 340, 341
Kaufmann, Ulr. 329
Kauschke, R. 336
Keil, T. 345
Keltenberger, Alex H. R. 278
Kempfen, U. 345
Kettner, Herbert 337
Keusen, Walter 340
Kimmel, S. 342
Kimura, Kenji 259, 261, 339, 340
King, Sir S. 329
Kinshofer, Toni 205, 206, 334
Kirch, Konrad 232, 249, 335
Kirchberger, H. 343
Kittl, Robert 339
Kleine Scheidegg 4, 11, 15, 18, 30, 32, 36, 37, 48, 63, 67, 71, 115, 121, 127, 128, 131, 134, 135, 137, 181, 189, 191, 192, 197, 199, 200, 204, 205, 207, 210, 214, 215, 220, 221, 222, 225, 227, 233, 240, 242, 243, 244, 245, 251, 255,

256, 257, 260, 261, 262, 264, 265, 272, 287, 289, 290, 299, 305, 307, 309, 313, 328, 336, 342, 344
Knowles, David (Dave) 282, 341, 342
Knubel, Joseph 26, 52, 330
Kogan, Claude 225
Komiyama, Tetsuo 340
Konishi, Masahumi 339
Kopeczynski, Chris 201
Kopfer, Erwin 285
Kor, Layton 251, 253, 338
Körber, Paul 164, 316, 333
Kotnik, Ivo 341
Krähenbühl, Edwin 121, 122, 123, 125, 332
Krch, Jan 343
Kriener, Bernhard 284
Kröll, F. 342
Kubo, Susumu 256, 339
Kuchař, Radovan 212, 213, 334
Kuen, Felix 232, 335
Küfenacht, Adolf 258
Kuffer, Moritz von 329
Kugy, Julius 118, 324
Kukovez, Dusan 339
Kukuczka, Jerzy 299
Kurz, Marcel 128
Kurz, Toni 34, 35, 39, 40, 41, 43, 44, 45, 46, 47, 75, 111, 120, 124, 126, 156, 165, 217, 218, 254, 307, 316, 331
Kysilkova, Sylvia 282, 285, 341, 343
Kyum, Kim Won 285, 316

Labaye, F. 344
Lachenal, Louis 120, 121, 122, 123, 124, 125, 126, 163, 332
Lackner, W. 342
Lagarde, J. 330
Lampert, Toni 340
Larch, Sepp 137, 138, 142, 218, 222, 224, 332
Lauener, Chr. 328
Lauener, Ulr. 328
Laukajtys, Tadeusz 339
Lauper, Hans, Dr. 26, 52, 53, 330
Lauperroute 52, 53, 55, 56, 79, 158, 283, 330, 331, 337
Lauperschild-Rampe 272
Laurant, Claude 284
Lauterbrunnen 11, 100, 101, 137, 196, 222, 244, 247, 260, 261, 263, 271, 272, 295, 307
Lehne, Jörg 253, 313, 337
Léiney, T. de 330
Lempen, Willy, 238

Lenes, Helmut 338
Leopold von Belgien, König 17, 327
Leppart 341
Leroux, Pierre 137, 145, 153, 156, 333
Liebl 55, 57, 61
Lindt 328
Link, Ulrich 100, 102
Liveing 328
Lncashiere, Hoeward 283
Loacker, W. 344
Lobenhoffer, Hans 119, 206
Lohner 50, 331
Longhi, Stefano 168, 177, 178, 179, 180, 183, 184, 185, 186, 187, 188, 189, 193, 196, 197, 198, 316, 333, 334
Löns, Hermann 103
Loos, Peter 339
Lorenzi, Lorenzo 336
Loretan, Erhard 300
Lösch, Toni 54, 55, 331
Löwinger, G. 331
Löwinger, K. 331
Lucas-Lop, Enrique 284
Luck, Gübi 340
Luggen, Josef 8, 11
Lugmayer, Karl 158, 159, 333
Lukes, Cestmir 346
Lunn, Sir Arnold 13, 47, 146, 330
Lüthi, Walter 309, 340

Maag, Otto 137, 139, 140, 141, 142, 144, 146, 147, 148, 153, 154, 156, 217, 333
Maag, Sepp 137, 139, 140, 141, 142, 144, 146, 147, 148, 151, 152, 153, 154, 156, 217, 333
Mac Cartnes 283
MacEacheran, J. 340
MacIntyre, Alexander 338, 343
MacKeith, A. 340
Maclean, Miss 330
Maczinski, Slavomir 317, 347
Magnone, Guido 122, 137, 145, 153, 154, 156, 333
Mahner, Ernst 337
Maier 26, 121
Maillefer, P. 346
Maix, Kurt 7, 28, 233
Maki, Yuko 14, 16, 17, 26, 82, 330
Malderen, R. von 341
Mannhardt, Anderl 205, 206, 334
Männlichen 11, 313

Marchart, Diether 233, 234, 238, 316, 335
Mariani, Fulvio 4, 311, 312
Maria Louise, Kaiserin 13
Märkle, Hermann 247
Marmier, J. C. 338, 344
Marti, Paul 282, 342, 345
Marti, Theo 339
Martin, Franz 339
Martin, Remy 284, 347
Martinek, Jan 343
Martinez, Dany 289
Martinez, P. 338, 344
Martinsloch 13
Masahiro, Furukawa 282, 316, 341
Maschke, Fritz 298, 339
Massenat, M. 342
Mathews, George 25, 51
Mathews, William 25, 51
Matsukata, Saburo 16, 329, 330
Matterhorn 21, 24, 25, 26, 51, 130, 219, 259, 291, 318
Matterhorn-Nordwand 17, 26, 121, 138, 212, 219, 233, 248, 293, 296, 299, 303, 314, 346
Mauch, Lothar 339
Maurer, A. 329
Maurer, Lutz 311
Mauri, Carlo 187, 188, 190
Mayer, Franz 177, 178, 183, 184, 185, 196, 197, 198, 316, 334
Mayer, Gerhard 215, 334
Mayor, René 340
Mayr, Adolf (Adi) 207, 208, 209, 210, 211, 212, 217, 238, 316, 334
Mayr, Götz 199, 334
McCartney, S. 344
Meade, M. M. 329
Meden, Milan 340
Mehringer, Karl 28, 29, 30, 31, 32, 33, 35, 38, 40, 41, 42, 47, 61, 63, 67, 74, 76, 142, 162, 177, 198, 228, 237, 248, 249, 297, 316, 331, 343
Mellano, Andrea 231, 335
Menardi, Bruno 336
Mendelssohn-Bartholdy, Felix 14
Menegus, Natalino 337
Menet, U. 271
Menti, Mario 67, 316, 332
Merhar, Wolfgang 282, 343
Messner, Günther 298, 339
Messner-Hiebeler-Maschke-Route 339, 346
Messner, Reinhold 201, 251, 292, 298, 299, 339, 342

Meuron, Maximilian de 171
Meyer, André 219, 335
Meyer, Bernard 219, 335
Michel, Christian 16, 328
Michel, Peter 328
Misteli, Bernhard 297, 345
Michielli, Albino 336
Mittellegigrat 14, 25, 26, 30,
 48, 54, 56, 57, 59, 69, 94,
 112, 186, 196, 198, 242, 249,
 261, 295, 305, 309, 328, 329,
 330, 347, 358
Mittellegihütte 14, 53, 54,
 56, 58, 196, 242, 330, 331,
 347
Mitterberg 12
Miyagawa, Masaru 282, 316,
 341
Moderegger, Egon 234, 235,
 238, 316, 335
Möller, Ernst 55, 62, 331
Momatiuk, Crestan 334, 336
Mönch 11, 69, 101, 278, 295,
 300, 331, 347
Monnerat, Raymond 339
Monney, Raymond 128, 130,
 133, 135, 332
Montandon, Paul 329
Montblanc 21, 51, 123, 124,
 212, 266, 290
Moore, A. W. 23, 328
Moosmüller, Walter 166,
 167, 198, 316, 333
Moravec, Ing. 138
Morin, Yves 339
Morita, Masaru 340
Morris, Dave 341
Moser, K. 331, 342
Mostowski, Jan 213, 334,
 336
Moticka, Milan 343
Mottet, Willy 335
Mühlemann, Pilot 309
Müller, Andreas 310, 316,
 347
Muller, B. 338, 344
Müller, Hans 257, 258, 340
Müller, Hansjürg 341
Müller W. 331, 341, 342
Müller von Thun 329
Murg, Erwin 340
Mutsui 340
Myrer, Lund 283

Nägeli, Untersuchungs
 richter 260, 262
Nakano, Toru 340
Nakatani, Sanji 339
Nally, Brian 218, 219, 220,
 221, 222, 223, 224, 335
Nansen, Fridtjof 27
Navarro, Ernesto 242, 244,

245, 246, 316, 336
Neeracher, Ernst 338
Nicholson, Ian 341
Nigg, Paul 338
Nigishi, Satoru 256, 339
Noel, Pascale 284
Noichl, Hias 198, 199, 200,
 334
Nordostwand 26, 52, 56,
 121, 158, 290, 330, 332, 337,
 345, 346, 358
Nordpfeiler 283, 298, 339,
 340, 343, 345
Nordverschneidung 170,
 298, 345
Nordwestgrat 23, 25, 54,
 170, 204, 228, 230, 249
Nordwestpfeiler 170
Norgay, Tenzing 249, 250
Nothdurft, Günther 177,
 178, 182, 183, 184, 196, 197,
 198, 316, 333, 334
Novak, I. 341
Novak, Lumbomir 282
Novak, Martin 343
Nyffenegger, J. 342

Oakley-Maund, J. 329
Ochsner, Kaspar 297, 345
Ogawa, Nobuyiki 256, 338,
 340
Okabe, Masaru 340
Okura, Daihachi 242, 255,
 336, 339
Oliver, F. W. 329
Ostegg-Südostpfeiler 343
Ostler, Georg 248, 337
Ott, E. 331, 341
Outram, J. 329

Paccard, Dr. 51
Paidar, H. 326
Palenicek, L. 343
Pargätzi, Jakob 330, 332
Patissier, Isabelle 294
Patscheider, Reinhard 293,
 346, 347
Pechous, Jiri 283, 316, 341,
 343, 344
Pederiva, Bruno 290, 346
Pedrini, M. 346
Perego, Romano 231, 335
Perez, Cesar 339
Perez-Gil, Xavier 284
Perez, Miguel Angel 269,
 270, 279 u. r., 280, 282, 343
Pessel, Manfred 311
Peters 26, 121
Pevell, Marc 285
Pfeiffer, K. 343
Pfeiler, Erster 346
Pfeiler, Zweiter 65, 166

Pfeilerkopf 62, 63, 159, 357
Phillips, Cliff 302, 340
Piola, Michel 275, 276, 297,
 344, 346
Piola-Route 170
Piravano, Giuseppe 50, 52,
 53, 54, 56
Pitelka, Michal 346
Piuss, I. 337
Piuzzi, Ignazi 336
Plachecky, Petr 343
Plangger, Gebhard 337
Pochyly, Pavel 346
Pochyly-Route 170, 346
Pokorski, Heinz 335
Polenroute 339
Pollinger, A. 329
Ponigas-Martorell, Neil 284
Pons, Jordi (Jori) 242, 247,
 335, 337
Porges, Dr. 328
Porta, Dante 345
Prax, W. 341
Preuss, Paul 294, 295
Primas, Franz 54, 55, 56, 57,
 58, 331
Prochazka, K. 341, 343
Profit, Christophe 299, 300,
 320, 346
Pucher, O. 342
Pulpan, F. 341, 343

Rabada, Alberto 242, 244,
 245, 246, 316, 336
Rabet, M. 338, 344
Radcliffe, Chris 341
Raditschnig, Herbert 198,
 199, 200, 334
Rafanowitsch, Nikolaus
 232, 335
Rainer, Edi 35, 37, 38, 39, 40,
 44, 47, 75, 316, 331
Rampe 79, 80, 85, 86, 90, 92,
 121, 126, 132, 137, 143, 145,
 146, 158, 160, 162, 182, 183,
 199, 207, 208, 211, 212, 215,
 217, 226, 229, 236, 239, 241,
 243, 244, 249, 255, 270, 271,
 272, 279 u. r., 282, 283, 284,
 314, 332, 334, 335, 344, 357,
 358
Rampeneisfeld 208, 215, 226,
 236, 285, 313, 343
Rasp, Franz 319
Ratay, Hans 158, 159, 330,
 332, 333
Rausch, Stefan 337
Rebitsch, Matthias (Hias)
 55, 57, 58, 59, 61, 62, 63, 64,
 65, 66, 67, 74, 76, 78, 125,
 204, 227, 331
Rébuffat, Gaston 122, 130,

353

137, 140, 141, 142, 143, 144, 145, 148, 149, 152, 154, 155, 156, 157, 159, 333
Reichardt, Kurt 254, 316, 338
Reis, Beno 340
Reiss, E. 330, 332
Reiss, Karl 129, 160, 162, 163, 330, 332, 333
Reist, Dölf (A.) 18, 330, 332
Renard, Vincent 339
Renshaw, D. 342
Resnik, Janez 339
Retschitzegger, Wolfgang 341
Rey, A. 338, 344, 345
Rey, E. 329
Rey, H. 330
Richardet, W. 330
Richter, Kurt 316, 338
Riedl, Erhard 165, 198, 333
Rieger 55, 57, 61
Ries, Wolfgang 339
Riga, P. 342
Rodway, E. B. 330
Rogge, Manfred 338
Rohrmoser, Peter 293, 346
Romero, Carlos 339
Rosenzopf, Rolf 253, 338
Rosifka, Toni 339
Roskelley, John 201
Rösli, Thomas 285, 316
Rost, Harry 339
Rösti, Hansruedi 347
»Rote Fluh« 38, 39, 40, 54, 73, 76, 129, 139, 160, 205, 257, 264, 285, 294, 341, 346
Roth, Arthur 8, 202
Roth, Ulrich 263, 271, 306
Royer, P. 338, 344
Rubi, Adolf 43, 44, 331
Rubi, Christian 43, 44
Rubi, Peter 328, 329
Rubi, Rudolf 8, 13, 290, 308
Rubi, Ulrich 329
Rubin, A. 329
Ruckert, G. 342
Rudatis 121
Rüedi, Marcel 298, 345
Rüfenacht, Ad. 271, 305
Rufer, Ty 261
Rufibach, E. 344
Rufibach, Hans 340
Rutkiewicz, Wanda 298
Rybicka, Josef 343
Ryf, Hans Peter 339

Sailer, Toni 216, 218, 221
Saler, Hans 338
Salger, Helmut 242, 336
Sanba, Masaru 256, 338, 340
Sandri, Bartolo 67, 316, 332

Sangnier, Jack 339
Sarrasin, Armand 340
Saunders, T. 344
Savoia, Luigi Amedeo di, Herzog der Abruzzen 52
Sayer, Peter, Dr. 254
Scetinin, P. 342
Scopec, H. 344
Scott, Pete 341
Seaton, Marc 285
Sedelmayr, Max 28, 29, 30, 31, 32, 33, 35, 38, 40, 41, 42, 47, 63, 67, 74, 76, 142, 162, 177, 198, 228, 237, 248, 249, 297, 316, 331, 343
Seiler, Fritz 247, 328
Seiler, Robert 128, 129, 130, 190, 191, 332
Senger, Dr. 19
Sevcik, Pavel 338, 343
Shimamura, Yukio 256, 338, 340
Siedhoff, Gerd 330, 337, 340
Siegert, Peter 248, 264, 336, 341
Silbergraben 207, 211, 229
Sirl, W. 341
Slegl, Jiri 283, 316, 344
Slowenenweg 170
Smejkal, Dieter 283, 344
Smid, Jiri 282, 283, 286, 297, 341, 343, 346
Smid, Miroslav 343
Sochov, Jindrich 338, 343
Söhnel, Dieter 166, 167, 198, 316, 333
Soldan, J. 341
Solina, Franco 231, 335
Solly, Mr. und Mrs. G. A. 330
Sommer, Erich 347
Sommer, Ulrich (Ueli) 19, 258, 262, 271
Sommerset Bullock, H. 329
Sonnier, Georges 320
Soom, Bea Jong 285, 316
Sorgato, Roberto 336, 337
Soudain, Sylvain 289, 290, 340
Spence, Kenney 340, 341
»Spinne« der Eiger- Nordwand 21, 22, 23, 26, 30, 76, 79, 94, 95, 96, 97, 98, 99, 100, 101, 106, 112, 123, 127, 133, 134, 142, 150, 151, 158, 159, 161, 162, 180, 181, 183, 185, 194, 198, 199, 203, 204, 213, 215, 220, 228, 229, 236, 244, 245, 246, 248, 249, 252, 255, 266, 283, 284, 302, 303, 309, 313, 332, 333, 337, 340, 344, 358

Spitzenstätter, Walter 335
Spring, Flughelfer 310
Spyri, Johanna 14
Südgrat 25, 329, 330
Südostwand 331, 337, 341, 342
Südwestgrat 25, 328, 329
Supersaxo, A. 329
Susumu, Ueda 283, 316, 345
Sutter, A. 330, 332
Suzuki, K. 342
Svetlicic, Slavc 346
Szafirski, Ryszard 339

Schaffter, Stephane 343
Schatz 122
Schefeler, Wulf 337
Schelbert, A. 331, 337
Schelhas, Holger 343
Schelhas, Uwe 343
De Schepper, Johann 283
Scherer, Andreas 339
Schicker, Friedl 239, 336
Schlegel, P. 328
Schliessler, Martin 177
Schlömmer, Leo 214, 215, 216, 334, 336
Schlunegger, Adolf 347
Schlunegger, Hans 17, 43, 44, 45, 112, 120, 121, 122, 123, 125, 126, 127, 128, 222, 331, 332
Schlunegger, Karl 126, 127, 222, 224, 332
Schmaderer, Ludwig 325, 326
Schmid, Brüder 26, 121
Schmied, Ernst 214, 334
Schnaidt, Günther 253, 338
Schneehorn, Nordwand 37, 81
Schneider, Horst 341
Schneider, Michael 338
Schnider, Thomas 285
Scholz, Peter 341
Schönherr, Dietmar 216
Schopenhauer 23
Schöpf, Thomas, Dr. 328
Schottenroute 340, 343
Schräge Schlucht 100
Schramm, Toni 338
Schreck, Manfred 339
Schubert, Pit 337
Schwalbennest 63, 65, 74, 75, 77, 180, 213, 214, 216, 217, 218, 219, 220, 222, 230, 242, 255, 284, 302, 306, 310, 312, 334, 335, 336, 357
Schwarz, N. 342
Schweizerische Rettungsflug-wacht (SRFW) 258, 263, 265, 266, 285, 286, 305

Schwendener, Kurt 8, 18, 243, 245, 260, 262, 263, 270, 272, 279, 281, 282, 305, 307, 309, 310, 312, 316
Schwieriger (Schwerer) Riß 39, 41, 62, 72, 73, 126, 128, 129, 131, 132, 139, 140, 160, 167, 178, 199, 208, 216, 218, 226, 227, 228, 234, 235, 240, 264, 282, 285, 314, 332, 333, 341, 357

Stachowitz, Paul 285, 347
Stadelwiesel, Rudolf 285, 347
Staeger, Werner 196, 197
Stähli, Hannes 271, 272, 303, 314, 343, 344
Stangier, Siegfried 259
Stär, Kurt 316
Starcala, Ladislav 343
Stäuble, Werner 164, 165
Stefan, Wolfgang 198, 199, 200, 202, 334
Steiger, Dr. med. 246
Steiger, G. 331
Steiger, Richard 342
Stein, Charlotte von 14
Steinbach, Hans 284
Steinen, Karl von den 324
Steiner, G. 337
Steiner, Hans 94
Steiner, P. A. 346
Stelzig, Hugo 231, 335
Stephen, Leslie 25, 51
Steuer, Rüdiger 337
Steuri, Emil 15, 329, 330
Steuri, Fritz 14, 33
Steuri, Fritz, Senior 17, 26, 67, 330, 332
Steuri, Hermann 8, 17, 243, 244, 330, 332
Stöckli 313, 314
Stollenloch (-eingang, -fenster) 30, 35, 36, 42, 43, 44, 129, 162, 165, 199, 205, 222, 224, 251, 257, 285, 306, 332, 337
Strahlegg 24
Strasser, Gottfried, Pfarrer 308
Streng, Erich 217, 334
Strickler, Alois 214, 215, 216, 334
Strobel, Günther 253, 313, 337
Strzelski, Bogdan 283, 345
Studer, W. 344
Sturm, Ivan 340

Taguchi, Brüder 16
Tairraz, G. 333

Takada, Mitsumasa 255, 337
Takaku, Yukio 256, 338, 340
Tangme, Guido 285
Tasker, J. 342
Tatuno, Isamu 339
Taugwalder, A. 330, 332
Techima, Masatoshi 340
Terray, Laurent 284, 347
Terray, Lionel 120, 121, 122, 123, 124, 125, 126, 161, 163, 187, 188, 189, 190, 195, 229, 332
Teufel, Hans 37
Thommen, Eduard 244
Tichy, Herbert 216, 321
Tilman, Harold William 320
Titl, Engelbert 198, 334
Tobin, Sorenson 338, 343
Todesbiwak 33, 40, 41, 63, 74, 76, 79, 96, 142, 162, 180, 181, 198, 208, 209, 210, 212, 214, 220, 228, 235, 248, 264, 284, 285, 286, 297, 298, 302, 303, 311, 331, 333, 334, 336, 341, 347, 357
Tomiyasu, Tadashi 339
Tomoda, Masao 339
Tonella, Guido 8, 136, 179, 186, 187, 188, 212, 290
Toni-Hiebeler-Gedächtnis-führe 346
»Tor des Chaos« 344
Torres, Felix Mendez 246
Trachsel, Hans Peter 257, 320, 337, 340
Travellini, Roland 254, 256, 316, 338
Trenker, Luis 216, 218, 222, 230, 231
Trenkle, J. 342
Troier, Robert 217, 334
Tschaenn, André 284
Tschaenn, Raymond 284
Tschechen-Pfeiler 346
Tschechen-Route (-Direttissima) 170, 343
Tucci, Giuseppe 250
Tuckett, F. F. 328

Udet, Ernst 33, 63
Uhner, Gert 336, 337
Umeno, H. 342
Unseld, Ulrich 310, 317, 347
Ursella, Angelo 260, 261, 262, 279 u. l., 316, 340
Urumatsu, S. 15, 329, 330

Valeruz, Toni 290, 346
Vallat, Michel 339
Vanis, Erich 158, 159, 163, 182, 333
Vaucher, Michel 225, 226,

227, 228, 296, 335, 342
Vaucher, Yvette 343
Vaudelle, J. 344
Verko, Franc 341
Vodicka, Vaclav 284
Vogler, Paul 339
Vogler, Peter 339
Vogt, Jürgen 341
Voltolini, Bernard 237, 297, 336
Voog, Daisy 248, 286, 337
Vörg, Ludwig (Wiggerl) 55, 57, 58, 59, 61, 62, 63, 64, 65, 66, 67, 70, 71, 72, 74, 76, 77, 78, 79, 80, 85, 88, 89, 91, 92, 93, 94, 95, 98, 99, 100, 101, 102, 104, 106, 107, 108, 109, 110, 111, 113, 117, 331, 332
Voss, Roland 164, 316, 333
Votteler, Roland 253, 313, 338

Wacker, M. 331, 341
Waele, V. de 341
Wagner, Helmut 215, 334
Walker, Familie 23, 328
Walter, Kurt 336
Warmuth, Günther 316, 338
Waschak, Erich 129, 130, 131, 132, 133, 134, 135, 190, 209, 216, 232, 292, 332
Wasserfallkamin 143, 144, 211, 212, 214, 227, 229, 236, 241, 243, 314, 334
Watabe, Tsuneaki 255, 259, 316, 337
Wechselberger, Martin 282, 343, 344
Wegener, Alfred, Professor 68, 98, 99, 324
Wegener, Else 68
Weiss, Adj., Bezirkschef der Kantonspolizei 246, 260
Weiss, Martin 316, 339
Weissensteiner, Adolf (Adi) 231, 335
Wellenkamp, Jürgen 160, 161, 162, 163, 333
Wels, Horst 242, 336
Welzenbach, Willo 62
Wendel, Holger 284, 305, 306, 307, 346
Wengen 43, 222, 259, 279
Wengern Alp 25
Werner, Karlheinz 337
Westflanke 114, 159, 173, 197, 199, 244, 250, 254, 255, 258, 289, 290, 295, 296, 305, 306, 314, 328, 329, 334, 338, 340, 342, 347
Westgrat 15, 33, 111, 187, 188, 328, 330, 342, 346

355

Westgratpfeiler (Genfer Pfeiler) 170, 297, 344, 345
Westpfeiler 346
Wetterhorn 9, 11, 12, 13, 15, 23
Whilians, Don 222, 223, 224, 234, 235, 253, 335, 338
Whitwell, E, R. 328
Whymper 51, 219
Wiedmann, Otto 335
Wilhelm I., Kaiser 13
Willenpart 138
Wilson, C. 330
Wimmer, Bruno 342
Winkler, Albert 199
Winkler, Georg 233, 294, 295
Winkler, Karl 338
Winter, Karl 137, 138, 142, 332

Wintersteller, Otto 336
Wojciech, Dzick 282
Wollenweber 50, 331
Woodroff 329
Wörndl, Dieter 232, 335
Wozniak, Ladyslav 282, 342
Wurm, Georg 340
Wyss, Hugo 164
Wyss, R. 329
Wyss, Ueli (Uly, Uli) 164, 165, 198, 316, 333

Yagi, Isao 339
Yamazaki, Buntaro 282, 341
Yates, John 341
Yeste, Guillermo Mateo 310, 347
Yoshin, Mitsuhiho 242, 255, 366
Yoshino, Hattori 337

Zajac, Jerzy 283, 345
Zajic, Václav 297
Zebrowski, Hans 339
Zelnhefer, Dieter 336
Zembsch, Heinz 342
»Zerschundener Pfeiler« 38, 69, 70, 126, 130, 139, 226, 346, 357
Zibrin, Zdeno 212, 213, 334
Ziljak, Boris 317
Zimmermann 50, 331
Zöttl, O. 342
Zuckschwert, Michel 219, 335
Zurbriggen, L. 329
Zürcher, Alfred, Dr. 26, 52, 330
Zurfluh, Josef 232, 335
Zysak, Adam 339

Routenbeschreibung der Eiger-Nordwand

Wandhöhe 1800 Meter
Rechts des Ersten Pfeilers durch ein System von Kaminen und Rissen drei Seillängen empor, dann Quergang nach rechts zu einem großen Schneefeld. Dieses an der linken Begrenzung hinauf und vom linken oberen Ende über ansteigende Bänder im Zickzack nach links bis zum Fuß des Zerschrundenen Pfeilers. Dann so weit nach rechts, bis sich eine günstige Möglichkeit ergibt, gerade empor zu steigen. (Hierbei werden zwei etwa vier Meter hohe Wandstellen durch Steigbaum erleichtert.) Nun waagrechte Querung nach links auf den Kopf des Zerschrundenen Pfeilers. Auf einer leichten Rinne empor bis unter die senkrechte Wand zur Nassen Biwakhöhle. Eine schwache Seillänge gerade empor, dann Quergang 45 Meter nach rechts, wo ein kleiner Pfeilerkopf den Beginn des Schwierigen Risses anzeigt. Der Schwierige Riß ist 25 Meter hoch. (—V. Haken!) Darauf folgt eine 20 Meter hohe Verschneidung. Von hier etwa vier Seillängen ansteigende Querung nach links auf einen Absatz. Hier Beginn des Hinterstoisser-Querganges. Einige Meter hoch zu mehreren Haken.
Befestigung des für den 40 Meter langen Seilquergang nötigen Seiles. Vom Standplatz am Ende des Querganges ein senkrechter Riß von 20 Meter empor in das Schwalbennest. Kurzer Quergang nach links in das Erste Eisfeld. (55 Grad Neigung.) Gerade empor zwei Seillängen zum Fuß der senkrechten Felsbarriere zwischen Erstem und Zweitem Eisfeld. Nun beste Möglichkeit 15 Meter links des Eisschlauches über eine 12 Meter hohe Wandstelle (IV) empor zu einem Stand. Dann schräg rechts zum Eisschlauch und diesen hoch zum Zweiten Eisfeld. Bei viel Eis kann durch den ganzen Eisschlauch aufgestiegen werden. Schräg links aufwärts zum oberen Rand des Zweiten Eisfeldes. (55 Grad Neigung.) Unter Zuhilfenahme der Kluft zwischen Fels und Eis quert man nach links bis etwa 40 Meter vor die Wandeinbuchtung vor dem Bügeleisen. Ringhaken unter einem Felsdach. 15 Meter schwach links empor mit kleinem Überhang und Haken (—V) hinauf auf ein Band. Drei leichte Seillängen, erst waagrechte, dann leicht ansteigende Querung auf den Kamm des Bügeleisens. (Sehr steinschlaggefährdet.) Eine Seillänge über dem Kamm empor zu einem Platz unterhalb einer überhängenden Wand. (Todesbiwak.) Horizontale Querung im Dritten Eisfeld (60 Grad Neigung) bis auf das nächstliegende Felseck. Leicht absteigend zum Beginn der Rampe. Fünf Seillängen die Rampe hoch mit schwierigen Stellen (IV) zu einem Kamin. (Wasserfall oder Eis.) Hier guter Biwakplatz. Durch diesen Kamin (IV+) eine Seillänge

hoch. (Variante Schwierigkeitsgrad VI, rechts davon.) Standplatz. 2 Meter Quergang links an eine Kante und 10 Meter hinauf (—V). Standplatz. 15 Meter durch eine Eisrinne zum Eiswulst. Über diesen, oder besser links im Fels umgehend (Haken, IV+), empor, zum Eisfeld im oberen Teil der Rampe. 50 Meter gerade empor (55 Grad Neigung) zum Beginn eines Brüchigen Bandes, das nach rechts auf einen kleinen Absatz hinauszieht. Dies ist die erste Möglichkeit, aus dem Eisfeld rechts herauszukommen, und muß unbedingt gegangen werden, da sonst der Götterquergang nicht erreicht wird. Weiter 20 Meter waagrecht nach rechts an den Beginn eines schweren (V) 40 Meter hohen Risses mit schlechtem Fels. Hier Beginn des Götterquerganges (III) zur Spinne. Durch die Spinne (in der Mitte auf einem Wulst sich haltend) empor zu ihrem linken oberen Rand an den Beginn eines markanten Couloirs. (Dieser Couloir ist von links gezählt der zweite; der erste endet im Grat!) In diesem markanten Couloir eine Seillänge bis zu einem 15 Meter hohen Aufschwung aus schwarzem Fels auf der rechten Seite empor. Über diesen konkaven Aufschwung hinauf (Haken, V), worauf die Rinne wieder flacher wird. Hier nicht links gerade empor (Sackgasse), sondern rechts in leichtem Bogen zwei Seillängen im Hauptcouloir zum Beginn eines weißen Quarzrisses. Diesem Riß folgend zu einem Überhang (40 Meter). In der Höhe des Überhanges (IV+) Querung über glatte Platten nach links in eine seichte Rinne. Durch diese etwa 8 Meter empor. Stand. Nicht gerade hoch, sondern 10 Meter nach links auf eine deutliche Kanzel. Von der Kanzel kurzes schräges Abseilen nach links auf ein Band am Beginn einer Steilrinne. (Wasser oder Eis!) Durch die Steilrinne vier Seillängen zuerst steil, dann flacher werdend zu einem wenig ausgeprägten Grat. Rechts von diesem vier Seillängen empor über abwärts geschichteten Fels beziehungsweise Eis hinauf bis an das Ende der Felsen (Grat), die die Grenze zur Nordostwand bilden. Nun schräg rechts halten zum »Mittellegigrat« und über diesen zum Gipfel.
1. Die Schwierigkeitsbewertung bezieht sich auf die reine Felsform und berücksichtigt nicht die jeweiligen Verhältnisse.
2. Es ist dringend anzuraten, das 40 Meter lange Seil am Hinterstoisser-Quergang für einen eventuellen Rückzug hängenzulassen.

Quellenangaben

Thomas M. Breuer, Wiesen, Schweiz.
Fremdenverkehrsverband Grindelwald.
Kurdirektion Grindelwald.
Direktor J. Luggen, Grindelwald.
Polizeichef Kurt Schwendener, Grindelwald.

Bonington Chris, The Next Horizon; Victor Gollancy Ltd., London.
Brawand Samuel, Grindelwalder Bergführer, 1973.
Breuer Thomas M., Eiger im Detail; Selbstverlag des Autors, Sumiswald 1983; derzeit Wiesen, Schweiz.
Dickinson Leo, Filming the Impossible; Jonathan Cape, London.
Diggelmann Alex Walter, Gedanken zu drei Bergbildern; Eigenverlag, 1985.
Diggelmann Alex Walter, Berge und Menschen im Jungfraugebiet; Eigenverlag, 1983.
Diggelmann Alex Walter, Mein Weg zum zeichnerischen und malerischen Gestalten; Eigenverlag, 1982.
Harrer Carina, Alle Träume des Lebens beginnen in der Jugend; Pinguin-Verlag, Innsbruck, 1985.
Harrer Heinrich, Die Weiße Spinne; Ullstein-Verlag, Berlin, 1958.
Harrer Heinrich, Wiedersehn mit Tibet; Pinguin-Verlag, Innsbruck, 1983.
Hiebeler Toni, Eigerwand; Mosaik-Verlag GmbH, München, 1978.
Lunn Arnold, A Century of Mountaineering; George Allen & Union Ltd., London, 1957.
Müller Paul, Red., Aus dem Tagebuch der Schweizerischen Rettungsflugwacht; Zürich, 1982.
Roth Arthur, Eiger, Wall of Death; Verlag Victor Gollancy, London.
Rubi Rudolf, Im Tal von Grindelwald, Band II.
Rubi Rudolf, Challigrossi und Muggestutz; Verlag Heimatvereinigung, Grindelwald.
Schmid Walter, Alpinismus.
Stangier Siegfried, Retter, die vom Himmel kommen; Scherz-Verlag, Bern und München.

Gertrude Reinisch,
Willi Bauer
Licht und Schatten am K2
220 Seiten, 50 farbige Abbildungen, Format 15 x 22 cm,
gebunden mit Schutzumschlag
Pinguin-Verlag

Die Journalistin und Bergsteigerin Gertrude Reinisch und der vielfach erfolgreiche Expeditionsbergsteiger Willi Bauer schildern in diesem Band die österreichische K2-Expedition 1986 und das Schicksal anderer Bergsteiger, die zur gleichen Zeit auf diesem zweithöchsten Berg der Welt waren.

Impressionen, die von Katastrophen überschattet werden — Lawinen, Schneesturm, Kälte, Rückschläge auf dem Weg zum Gipfel. Der Weg dauerte Monate und endete mit einer Tragödie, die von den österreichischen Gipfelstürmern nur Willi Bauer, der viele Tage in der Todeszone über achttausend Meter festsaß, überlebte. Die Opfer des K2 1986 haben traurige Berühmtheit erlangt. Die Bilder dokumentieren die Berichte und geben eindrucksvoll die Stimmung am Berg wieder.

Die Autoren zeigen in diesem Buch auch die Gründe auf, warum überhaupt versucht wird, solch einen Berg zu besteigen, lassen den Leser Anteil haben am Erlebnis der ungeheuren Freiheit in der wilden Landschaft, weitab von der Zivilisation, am überwältigenden Gefühl, auf einem Achttausender zu stehen, am gemeinsamen Erleben mit Kameraden, die zu Freunden auf Lebenszeit werden können.

Eigergipfel 3970 m

Westflanke

Gipfeleisfeld

Ausstiegsrisse

Spinne

Götterquergang

Rampe

Mittellegigrat

Nordostwand

Drittes Eisfeld

Todesbiwak

Bügeleisen

Zweites Eisfeld

Erstes Eisfeld

Eisschlauch

Schwalbennest

Hinterstoisser Quergang

Rote Fluh

Schwerer Riß

Zerschrundener Pfeiler

Stollenloch

Erster Pfeiler

Station Eigerwand